フランスの肖像
歴史・政治・思想

ミシェル・ヴィノック　訳＝大嶋 厚

PARLEZ-MOI DE LA FRANCE

HISTOIRE, IDÉES, PASSIONS

MICHEL WINOCK

吉田書店

フランスの肖像——歴史・政治・思想

目次

凡例

一、本書は、Michel Winock, *Parlez-moi de la France : histoire, idées, passions*, Perrin, 2010 の本文全訳と、「ブログ」の抄訳である。
一、原書の脚注は、＊を付し、見開きの奇数ページに傍注として入れた。
一、訳注は、本文中に〔　〕でくくって入れた。
一、書名・定期刊行物名は、初出箇所に原題を付した（例・『大戦回顧録』(*Mémoires de guerre*)、「ル・モンド」(*Le Monde*)。定期刊行物はカナ表記としたが、必要と思われた場合は訳を付した（例・「ラ・リーブル・パロル」（自由公論、*La Libre parole*)。
一、原書中でイタリックで強調している箇所は、傍点を付した。
一、各章の冒頭に、訳者による要約を掲げた。
一、原書の「ブログ」は五五本を収録しているが、八本を選んで訳出した。
一、本文に関連する事項を中心に、訳者による地図と年表を付した。

【フランス地図】

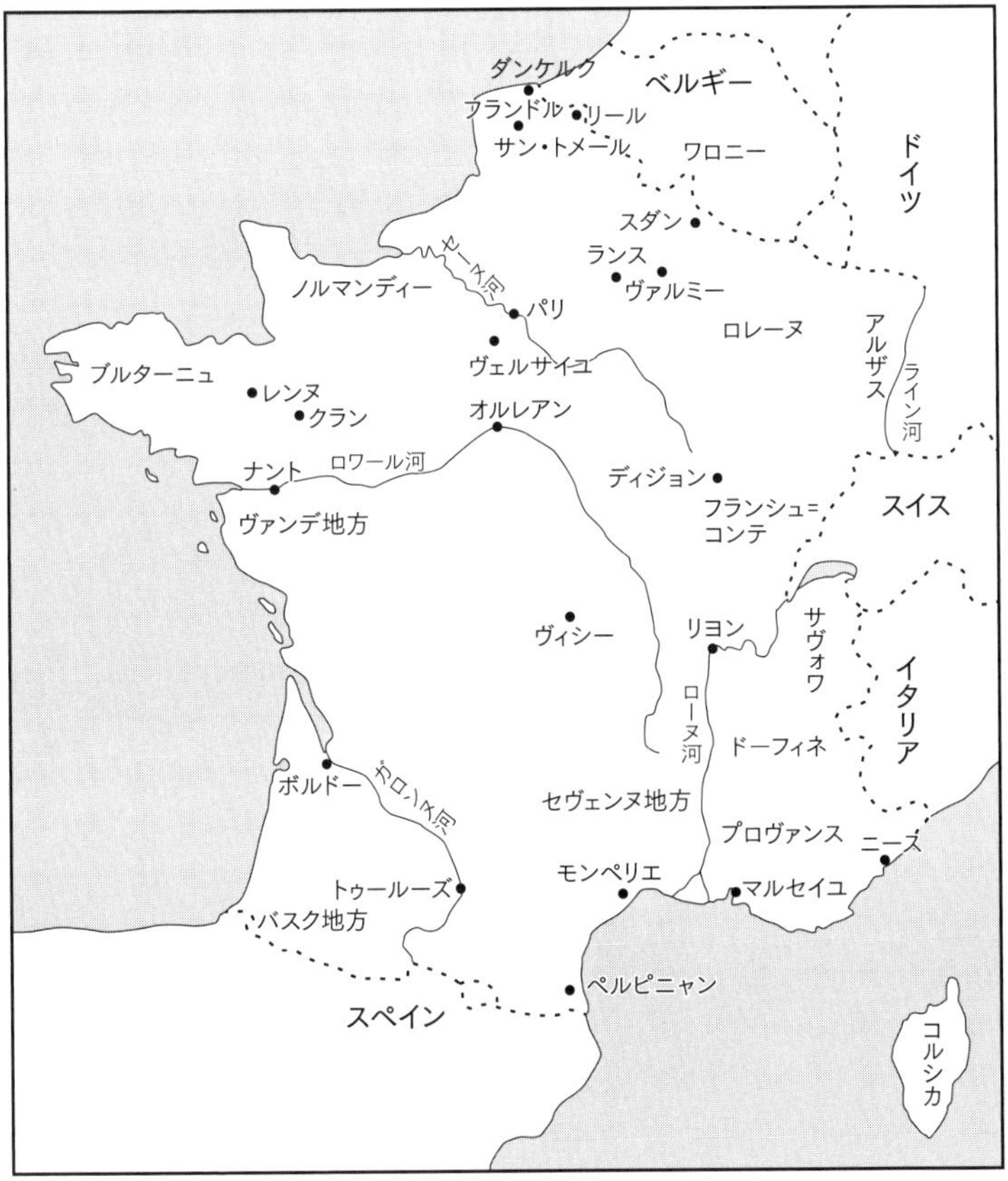

ダンケルク
ベルギー
フランドル
リール
サン・トメール
ワロニー
ドイツ
スダン
ランス
ヴァルミー
セーヌ河
ノルマンディー
パリ
ロレーヌ
アルザス
ヴェルサイユ
ブルターニュ
レンヌ
クラン
ライン河
オルレアン
ナント
ロワール河
ディジョン
ヴァンデ地方
フランシュ＝コンテ
スイス
サヴォワ
ヴィシー
リヨン
イタリア
ローヌ河
ドーフィネ
ボルドー
ガロンヌ河
セヴェンヌ地方
プロヴァンス
ニース
モンペリエ
トゥールーズ
マルセイユ
バスク地方
ペルピニャン
スペイン
コルシカ

いろいろな意味で、私にとってわが祖国は謎に満ちている。

ジョルジュ・ベルナノス『英国人への手紙』

(*Lettre aux Anglais*)

過去と現在が障害物、丘陵、山、断層、さまざまな差異によって隔てられている一方で、二つは道路や小道、侵入口などによってつながっている。過去は私たちのまわりに浮かんでいる。知られることなく、浸透してくる。そして、いつの間にか私たちは絡め取られているのだ。

フェルナン・ブローデル『フランスのアイデンティティー』

(*L'Identité de la France*)

はしがき

この本は、私がニューヨークやサンクト・ペテルブルグで外国の学生たちから受けた質問から生まれた。その質問とは、「フランスについて、簡単に説明していただけますか」というものだ。この質問に答えることは私にはできないと感じたものの、逃げるわけにはいかなかった。この本の各章は、自分がどこで生まれ、どのような者で、これからどうなりうるのかを話しても差し支えのない、故郷から遠く離れた場所で生まれたものだ。それぞれの章では、教育的な要素、個人的な意見、短い歴史の講義、現在に対する考察などが入り混じりながら続いている。構成が折衷的で、ときとして繰り返しのある性格になっていることは、私自身気づいているところだ。一九九五年に出版されたこの本の初版が好意的な評価を得たことから、改訂版を出すことにしたものである。

第*1*章

フランス国民はフランスの存続を望んでいるか

グローバル化する世界にあって、フランスは国家として生き延びることができるのか。

二〇〇九年一〇月に、わが国の移民大臣はある不可思議なテーマの全国民的な議論を行うことを提案した。それは、「ナショナル・アイデンティティー」をめぐるもので、全国の県庁と、このために新たに開設されるウェブサイトを通じて行われるというものだった。大統領の支持率が記録的に低下する中、野党は、地方選挙を数カ月後に控えた時期にこの議論が開始されたことを選挙運動の前触れとみなした。このアイデアは、以前に成功した事例に想を得たものだった。二〇〇七年の大統領選挙で、ニコラ・サルコジはセゴレーヌ・ロワイヤル、フランソワ・バイル両候補を相手に戦ったが、世論調査では三候補の支持率はかなり拮抗していた。三月八日にテレビ出演した右派候補のサルコジは、「国」というテーマを提示して、外国人の家族の呼び寄せ条件を厳しくするとの考えを示すと同時に、移民・ナショナル・アイディンティティー省を設置するとの計画を明らかにしたのである。それから数日の間に、反対や抗議の声が沸き起こった。移民とナショナル・アイデンティティーを結びつけるのは、移民によってナショナル・アイデンティティーが侵されていることを意味するのではないか、というのである。そのとおりだ。しかし、サルコジの意図は見事に的中した。五五％の人々がサルコジの計画に賛同し、彼が当選する可能性は四％上昇したのである。サルコジと他の候補の間に、はっきりと差がついた。四月二二日と五月六日の投票では、かつて国民戦線を支持した有権者がサルコジの勝利に貢献した。

二〇〇七年の選挙で機能したアイデアを、二〇一〇年の地方選挙で使わない手があるだろうか。しかし、世論はそれを見抜いていた。誰にとっても、この議論が選挙目的であることは明らかになった。担当大臣であるエリック・ベッソンによってリードされたこの議論は、尻すぼみに終わった。

とはいえ、サルコジがこの国をめぐるテーマを鳴り物入りで取り上げたのは、これがフランス国民の間にある、ある種の不安に応えるものでもあったからだ。一九八〇年代以降、移民は怖いと感じられるようになり、それによって国民戦線が躍進し、排外主義が広がってきた。この現象はその後全ヨーロッパに拡大し、ほとんどすべての国で欧州外からの移民に敵対的で、ポピュリズム的でイスラム嫌いの政党が誕生したのである。彼らの心配は、学術的な研究によっても裏づけられた。オクスフォード大学のデイヴィッド・コールマン教授は、二〇〇六年に「ポピュレーション・アンド・デヴェロップメント・レヴュー」(*Population and Development Review*)誌に次のように書いている。「低い出生率と多数の移民の流入は、その結果としてヨーロッパ諸国の国民の構成を変化させるが、それに伴い住民の文化、人々の外見上の特徴、社会慣行と自覚的なアイデンティティーもまた変化することになる」。米国では、ヨーロッパは中期的に見てイスラム権力の支配下に入るであろうとの見方が、大量の図書資料によって流布されている。クリストファー・コールドウェルの『欧州の革命に関する考察』（*Reflections on the Revolution in Europe*）のような本では、ヨーロッパが「ユーラビア」に変化していくとの理論が展開されているが、この種の出版物を「ワシントン・ポスト」や「ニューヨーク・タイムズ」のような高級紙もむしろ好意的に論評している。テロリズム、中東での戦争、大都市の街路でイスラムのスカーフ――全身を覆うヴェールの場合もあるが――がますます目立つようになっていることは、旧大陸の社会の未来に対する疑問を新たにさせるものだ。

フランスの人々の不安には、これ以外の要素も関わっている。まず、欧州建設が挙げられる。フランス人の多数は、もしフランスが国際舞台で影響力を行使し続けようとするなら、地理、人口、経済、結局は政治の面で欧州の規模を持つ空間によってのみそれが可能になるとの意見を共有している。欧州だけが、統一欧州がもしいつか実現するなら、影響力の点から米国、ロシア、中国、そして近い将来インドとブラジルに対抗することができるだろう。しかし、欧州建設は国家主権の一部の喪失を通じてしか現実となりえない。独自の外交と一国単位の防衛の原則を失うだけでなく、多数――その中でのフランス人の重みは相対的なものでしかない――によりなされる決定に従うことを受け入れなくてはならないのだ。地方分権化も、現在のパリへの集中が弱まることによる恩恵をもたらすだけでなく、求心力を失うことの危険、すなわち「小さな祖国」〔地方〕の覚醒、さらには二次的ナショナリズムの再生などを危惧させるものだ。多様性や多文化主義の思想も、国の解体の危険を呼び覚ます。

経済的、文化的なグローバリゼーションも、フランス人の不安をさらに強めるものだ。工場の海外移転、中国製品の大量流入、かつてない全地球的規模での人口移動、二〇〇八年の危機によりその実態と被害の大きさが明らかとなった国際金融による支配、米国製の文化的消費財（テレビ・ドラマ、英語題名のまま封切られる映画、英語の歌詞の歌、科学者がいきなり英語で書く学術論文……）による支配などがそれにあたる。これらのすべてが、そしてまたここでは書かなかった諸々の事実が国民意識を苦しめることになる。

ポール・ヴァレリーをまねて、国家も死ぬものであると言うこともできよう。フランスという国は、常に存在したわけではない。人類史の中で、フランスはある一時期にだけ存在したと仮定することも正当だろう。多くの魅力と弱点を抱えたフランスには、永遠の存在が保証されているわけではない。しかし、偶然だけがすべてを支配しているのではない。私たちにその意志があれば、生き延びることができるのだ。フランス人にとっての問題は、ドイツ人やポーランド人の場合と違って、国家の枠組みの外で存在した経験がないことだ。果たして私たちは、伝統的な国家の枠組みが問われ、見直されるであろう来るべき時代に、一つの国民であり続ける方策を習得できるだろうか。上からの力が弱まったときに、国は下からの力によって生き延びることができるだろうか。こんにち、政府の行動は外的要因により大きく左右され、一国単位での「社会建設の計画」――特に、かつての社会主義的な夢――は現実を踏まえない頭の中の構築物になってしまっている。いまや、一人だけでいることはできない。それは、死を選ぶのと同じだからだ。それでは、ヨーロッパ的な精神のうちにあって、全地球的な意識も持ちながら、フランス的であり続けることは可能なのだろうか。フランスがすでに組み込まれている制度や法体系がどうであれ、「フランスであり続けようとする強い希望」を持ち続けることができるのだろうか。

一五年前に本書の初版が出版された時期以降に起きた変化を見ると、「ナショナル・アイデンティティー」の概念がいかに流動的なものかがわかる。それは、次々と起こる出来事、そして私たちのものの見方や判断の仕方における目立たないけれども根の深い変化に左右されるものなのである。

網羅的ではないが例を挙げるなら、フランスだけでも、兵役の廃止（一九九七年）、新国籍法（一九九七年）、週三五時間労働制（一九九八年）、市民連帯協約（PACS、一九九八年）、男女均等法（二〇〇〇年）、大統領任期の七年から五年への短縮（二〇〇〇年）、産休・育休制度の男性への適用（二〇〇一年）、年金制度改正（二〇〇三年）、学校における宗教的標章着用の禁止（二〇〇四年）、国民投票による欧州憲法条約批准否決（二〇〇五年）、リスボン条約批准（二〇〇八年）、憲法改正（二〇〇八年）、統合最低所得（RMI）に代わる能動的連帯所得（RSA）制度の導入（二〇〇九年）などがある。これらの法律は議論を巻き起こし、これまで当然だと思われてきたことを突き崩した。そして、これら以外に、技術的な革命が起こっている。携帯電話とインターネットは、私たちの生活に大きな変化をもたらした。

最もはっきりしているのは、フランスが全地球的な問題にますます密接に関わるようになったということだ。それは、ニューヨークの九・一一のテロ事件に端を発するさまざまな出来事、それに引き続くアフガニスタンとイラクでの戦争、中東でのオスロ合意の失敗、欧州連合の拡大、二〇〇八年の金融危機とそれがもたらした経済的な影響のすべてについて言えることだ。

私たちの思考習慣は、各国間の相互依存が日に日に強まっているにもかかわらず、いまでもひどくフランス中心的だ。客観的に見た私たちの存在の実態と、私たちが習慣的に抱いているその存在の表す限られたイメージとの間には、しばしば大きなギャップがある。同時に、新しい時代に適応するには、私たちの集団としての系譜を知っておくことも必要だ。私がここで試みようとしているのは、現代の風景を見失うことなく、その家系図の枝の部分を書き直してみることである。

第2章

フランスは地理ではない

フランスは歴史的に形成された国家であり、自然の地形によって作られたものではない。

フランスは地理ではなく、歴史だ。その意味は、フランスは必然により作られたのではなく、地形などにより物理的に決定されたものでもないということだ。国土がほぼ六角形をしているのはたどりついた結果なのであって、あらかじめ決められた枠組みだったのではない。*

フランスは人間が築き上げたものだ。そして、まず支配した王朝によって構築された。フランスを作ったのは、努力と犠牲の精神の上に成り立つ征服への意思であり、現実的な政略結婚に立脚した野心である。それはときとして、宗教的理想を口実にした栄光を求める気持ちである。つまるところ、フランスの国境線はより強く、より賢い者の掟によって引かれてきたのだ。その境界線は、一九四五年までの間、時代によってかなりの変遷を見た。特に想起されるのは一八七一年の普仏戦争の結果ドイツに併合された東部三県（アルザスとロレーヌ北部）である。五〇年近くにわたり「失われた地方」

だったこの三県は、一九一八年の第一次大戦での勝利によってフランスに復帰した。しかし、一九四〇年の敗北により再び失われ、フランス解放とともに再度復帰した。海外領土については何と言うべきだろうか。アルジェリアの三県についてはどうなのか。まず、この領土についての視点からするならば、「永遠のフランス」は詩における破格〔詩作の上で認められる文法上あるいは綴りの上での例外〕のようなものでしかない。

「自然国境」は自然の中にはなく、地政学的なものだった。つまり、それは戦争をする際の目標だった。フランス革命はこれを原則に仕立てたが、革命軍は自然国境を越えて進軍することもあった。厳密に自然国境の理屈を守らなければならないのだったら、フランス軍はライン河左岸全域を占領すべきだということになっただろう。確かに、私たちの祖先はそのように考えたのだが、長期間にわたって占領を続けることはできなかった。そうしたところから、フランスの北東部での不鮮明な状況が浮かび上がる。果たしてワロン人はコルシカ人に比べてフランス的でないと言えるだろうか。答えは簡単だ。歴史がワロン人をベルギー人の一部となし、コルシカ人をフランス人の一部としたのである。自然国境という考え方は、したがってフランスの国土の姿とは重なり合っていない。それに、ロー

＊地理学者のイヴ・ラコストは、著書『国民万歳――ある地政学的思想の運命』（*Vive la nation. Destin d'une idée géopolitique*, Fayard, 1997）の中で、フランスは歴史であると同時に地理であり、一方が他方を妨げるものではないと記している。そのとおりだ。しかし、私が「フランスは地理ではない」と書くときに言いたいのは、フランスの始まりとその建設のことであり、それは歴史的な事実であって、地理的な現実ではないということなのである。

ヌ河もライン河やアルプスの山々と同様に「自然」*だということができる。したがって、サヴォワ、ドーフィネ、プロヴァンスといった地方も、必ずフランスの一部となるべき定めではなかった。現在のフランスの領土が形成されたのは比較的近年のことだ。一七一五年に、その長い治世の一部を領地の拡大のために費やしてきたルイ一四世が亡くなったときには（彼はスペインからフランシュ＝コンテとアルトワと取り戻し、メス、トゥル、ヴェルダンの三司教区をフランス領と認めさせ、アルザスを獲得した）、まだいくつかの地域がフランス領に編入されていなかった。ロレーヌがフランス領となるには、一七六六年まで待たねばならなかった。サヴォワとニース地方が国土に加えられたのはナポレオン三世下の一八六〇年、住民投票を経てのことだ。

地理とは、単に国と国とを分かつために引く線だけではない。国境線は何世紀にもわたって消されては新たに引かれ、前進するかと思えば後退を繰り返してきた。それはまた、一定の土地、生活の場を形作る地学的、気候的条件の総体でもある。しかしながら、フランスは実は単一の形を持った生活の場なのではない。気候は地方によってかなり異なり、そこに暮らし、発展することになった人々の集団と文化は非常に多様なものだった。この多様性が、複数の国家や国家の一部を生み、共通の一つの国旗に反旗を翻すこともできたはずだ。実際、二〇世紀に入って、ブルターニュの夢、オクシタニーの幻影、バスクのナショナリズムなどが再生してきた。果たして、私たちはこうした内なる境界の復活に脅かされているだろうか。もしかしたら、フランスは歴史の時間の一部を占めるだけのものかもしれない。その時期はすでに一〇〇〇年の間続いているわけだが、非常に長い目で見たとき、一〇〇〇年とはどれほどのものだろうか。

はっきりしていることだけを記しておこう。フランスとは不確かなものではあったが、現に存在している、と。地学的にも気候的にも混合しているこの国は、人間の面でも複合的だ。電話帳をめくるか、インターネットで調べてみるとよい。あらゆる種類の姓を見つけることができるだろう。確かに、ロマンス言語に属するものの比率は高い。ラテン語から派生したオイル語とオック語が大きな部分を占めている。南仏ではルベ Loubet、デルプラ Delprat、ヴィギエ Viguier といった姓が、北仏ではヴォワイエ Voyer、シュウール Sueur、ロワ Roy、デュプレ Dupré といった姓が多く見られる。しかしながら、フランスはローマによる征服の結果としてラテン化したガリア人だけの国ではない。それ以外にも、「民族大移動」の時期だけを考えても、ケルト、ゲルマン、スカンディナヴィアなどの多くの系統の人々が暮らしている。

私の父、ガストン・ヴィノック Gaston Winock の例を見てみよう。父はパ・ド・カレー県サン・トメールの野菜栽培の農家に生まれた。第一次大戦後にパリ地方で暮らすようになった父は、自分の苗字がデュポン Dupont やマルタン Martin といったよくある名前を持つ人たちからおかしな目で見られることに非常に憤慨していた。よくあったのは、人からポーランド人の子供だと思われることだった。何という無知な連中だろう。デュポンやその仲間は、フランドル(の一部)がルイ一四世の時代にフランス領となったことさえ知らなかったのだ。詳しく言えば、サン・トメールは一六七七年の太

＊フェルナン・ブローデルは、『フランスのアイデンティティー』(*Identité de la France*)の中で、ローヌ河のことを「河にして境界」だと述べている。

陽王の入城に際して、恭順の意を表したのである。それはつい最近の出来事ではない！　それ以前に、サン・トメールがブルゴーニュ、次いでスペインの支配下にあったことは父も認めなくてはならなかっただろう。しかしながら、八四三年のヴェルダン条約では、エスコー河の西側はシャルル禿頭王の西フランク王国に属すると決められたと言うこともできた。そして、ルイ（ルートヴィヒ）敬虔王の死後、カロリング帝国が分割されたとき以来、父祖の土地は「フランス」だったと言ってもよかったはずだ。

私の父方の一家の姓の歴史は、フランスの複雑性をよく表していると言える。もともとWinnocと綴られたこの名はアイルランドからきたもので、北フランスに根づくことになった。Winnock、Guennoc、Vinnocあるいは Winnocと表記される名の修道僧（トゥールのグレゴリウスがこの僧について書いている）が七世紀にアイルランドからやってきて、他のアイルランド人の修道僧とともに、ブルターニュのキリスト教化のために尽くしたのだという。それから彼はダンケルクにたどりつき、仲間とともにウォルムハウトの修道院を建設して、七一五年頃に亡くなった。遺体はベルグに運ばれて、彼を讃えるために新しい修道院が建てられた。この修道院はフランス革命の際に四分の三が破壊されたが、聖人に列されたこの修道僧の名が現在でも冠されている。聖人事典を見ると、この人は製粉業者の守護聖人とされており、記念日は一一月六日である。かつては、毎年この日に、私の一族の兄弟姉妹、甥や姪、そしてその子供や孫たちが集まって、この聖人を祝ったものだ。私の父方は、ケルト系でもなければ、修道院と関係があったとも思えない。北フランスでは、他の地方と同様に中世末期に現在の姓が決められたのだが、地元の聖人の名前を借用することは珍しくなかった。私の父方の姓は最後にkを加えることでフラマン化されたもので、他にもドゥボック Debock、ベルク Berck、ソメルランク Sommerlinck などの類例がある。

私の母はジャンヌ・デュソール Jeanne Dussaule という名で、父親はモルヴァン地方の生まれだった。家のそばに柳の木〔フランス語で saule〕があったためだが、同様に家の近くにあった木の名前を取った姓としてはシャテニエ Châtaignier〔栗の木〕から変化したカスタニエ Castagnier、デュシェーヌ Duchêne〔樫〕、ドロルム Delorme〔楡〕などがある。ラファイエット Lafayette は、近くにブナ〔フランス語で hêtre〕林があったことを示すものだ。デュソールは、フランスのロマンス系言語の地域からきている。だが、私の義父はヴェルネール Werner といい、これはゲルマン系の姓である。名はエルネスト Ernest で、モーゼル県のブーレイの出身だった。他の家族では、イテュルブ Iturbe やリサガライ Lissagaray といった姓を持つ人がルフェーヴル Lefebvre やベルトラン Bertrand と結婚した例に出会うことは珍しくない。デュフ Duff というのはブルトン語で黒を意味するが、デュフさんがブーヴィエ Bouvier さんと結婚することもある。アルザスのクーニグ Koenig さんが南仏のリビエール Ribière さん、あるいはオーヴェルニュのリベール Ribeyre さんと人生をともにすることもある。一八世紀にフランス領となったコルシカの人たちは、トスカーナ起源の姓を名乗っている。コルシカでは、モロー Moreau は Moro と表記される。

特定の地方と結びついているが、時代とともに混合が進んだこれらの姓に加えて、古い時代から近年にかけてフランスに移住してきた多くの家族によりもたらされた姓があることも忘れてはいけない。ユダヤ人はアンシャン・レジームのもとでは姓を持っていなかったが（代々受け継がれた姓をもつ少数の家族は別として）、一八〇八年に姓を選ぶことを求められた。ある人々は個人のあだ名を、あるいは父から子に受け継がれてきた呼び名を姓として選んだ。カエン Cahen あるいはコエン Cohen といったヘブライ語の呼び名、古い身分の名前であるレヴィ Lévy、聖書起源の名であるサロモン Salomon やアブラアム Abraham、動物から取ったヴォルフ Wolf（狼）あるいはイルシュ Hirsch（トナカイ）、植物から取ったブルム Blum（花）、ローゼンタール Rosenthal（バラの谷）、あるいは一族の出身地とされる都市や地方の名であるヴォルムス Worms あるいはリスボンヌ Lisbonne などがそれである。より近年の移民からは、これまでの伝統的な姓に加えて、多くの国や地域からの姓がもたらされた。イタリア、スペイン、ポーランド、ロシア、アラブ、ベルベル〔古代より北アフリカに居住し、ベルベル諸語を母語とする人々〕、トルコなどからのものだ。こうして、フランスは混合され、巨大な人間の坩堝となり、色とりどりで、多様な国になった。いまやこの国とその住民を、いくつかの起源だけに限定することはできないのだ。

これらの素晴らしく多様な姓、加えて地学的、気候的な多彩さ、長いこと別々に歩んできた歴史が、巨大な万華鏡の中でさまざまな環境や生活様式や習慣を形成したのである。この国土の料理地図は、その最も味わい深いものの一つだ。油を使って料理をする地方があるかと思えば、バターを用いる地方もある。シードルを飲む地方もあれば、ビールあるいはワインを飲む地方もある。あるところでは小麦を食し、別なところでは栗を食べている。山羊の乳でチーズを作る地方もあれば、牛の乳で作る土地もある。現在でもなお、地方を訪ねれば、ガイドブックによって知られるようになった特色ある料理を味わうことができる。食事はいまなお地方ごとの違いを保っているのである。それぞれの地方が、フォワグラや仔牛の腎臓といった特産品を自慢している。あるいは、ボルドーやブルゴーニュ、コート・デュ・ローヌといったワインがある。車で二〇キロほど走れば、味覚の楽しみも風景も変わるのである。

一九六〇年代初頭、私は教員として最初のポストをモンペリエに得て、二年間を過ごした。根っからの北フランス出身者の私にとっては、すべてが異なって見えた。ラングドックの溢れんばかりの陽光は、人々を温和で陽気にするものだった。県庁前広場の野外市場で買い物をしながら、商店の人たちの温かい感じを与える南仏訛りを聞くのは楽しみだった。けれども、正午頃には、いつも買い物をしていた青果店が早くも店じまいしてしまうことがしばしばあった。早いうちからかなり商品を売ってしまったために、さっさと店をたたんで遊びに行ってしまうのだ。自宅用に家具を買ったときなど、請求書が届くまで何週間も待たされることは珍しくなかった。お客様、何も急ぐことはありませんよ、というのである。こうした暮らしの心地よさは、しかし注文した品物がなかなか届かないこと、またアポイントの約束を守らない人がいるために損なわれることがあった。この地方では、時間に対する感覚が違っていたのだ。こうした生活のスタイルに、慣れさえすればよかった。学校の同僚の一人は、あるとき私に向かって、自分はバルザックの全作品を四回も読んだと語ったものだ。この作家は百以上にも上る小説を書いているから、それだけ読むのは大変なことだった。実際にはそんなに読んでいないことを知って、私はこの同僚をほら吹きだと思ったものだ。しかし、それは間違いだった。バルザックを四回読んだというのは、この南仏人にとっては、ちょっとした言葉のあやでしかなかった。大袈裟であることは間違いないが、嘘をついていたわけではない。彼は、『幻滅』(*Illusions perdues*)

を二回読んだのに加えて、自宅の書棚に並ぶ「人間喜劇」（*La Comédie humaine*）の作品のうち五つか六つを読んだ、と言いたかったのである。

そこは間違いなくフランスではあったが、別のフランスなのだった。その頃新たに知り合った友人たちは、概してその土地の出身ではなかった。彼らは、国内での移住者だった。私がよく夕食をともにした大学区の視学官はノルマンディーの人だったし、親しくなった同僚の夫妻はカレーの出身だった。それはあたかも、故郷を離れた私にとって、ロワール河より北の人々と新たな親戚関係を築かなければならなかったかのようだった。それまでの私は、自分の国に対して、抽象的で、型にはまった、書物から得た知識に頼った、いかにもパリ的な考え方しか持っていなかった。それは、パリの一四区で生まれ、パリ郊外の住人だった者の考え方だ。国内の移住者となって、私はエロー県で初めてフランスが多元的だということを知ったのである。そして、これほど異なる人々が、いったいどのような秘法を用いて一つの国民となることができたのかと自問するほどだった。

第3章

フランスは思想である

フランスは革命以前から、中央集権的な国家を形成してきた。しかし、国民意識は革命によって生まれた。異なる地方の住民たちが統合されることで、フランス国民が形成されたのである。

ポール・クローデルは『ロワール・エ・シェール県での会話』(*Conversation dans le Loir-et-Cher*)の中で、自動車の故障のために饒舌になった登場人物の一人に、次のように語らせている。

「このパラドックスをご覧なさい。ヨーロッパ半島の端っこにあるこの国で、世界でこれまで誰も見たことのないものを私たちは生み出したのです。フランス人というのは四〇ものばらばらの民族、三つか四つの異なる人種(フラマン人とバスク人、コルシカ人、アルザス人、果てはカビール人とブルトン人の間にどんな共通点があるといえるでしょうか)の残滓からできているのに、いきなり一緒にされて、押し固められて、振り回されて、混ぜこぜにされて、一つになったのです。それは国民という、精神と意思が材料の中に入り込んで形を作った結果できた塊です。私たちの共和国は『一にして不可分』という最高の呼び方で呼ばれるほど統一され、一体化されたものなのです」。

私たちフランス人は、国民意識というものなしに国家を考えることはできない。この点については、フランスは隣人のドイツと長いこと対立してきた。ドイツの思想家たち——少なくとも一九世紀の思想家たち——にとっては、国民とはいくつかの民族的、あるいは言語的な判断基準に基づいて客観的に定義できるものだった。一八七一年の普仏戦争での敗北とアルザス・ロレーヌのヴィルヘルム二世のドイツ帝国への割譲のあと、ルナンはドイツ人に向けて次のように書いている。

「私たちの政策は、諸国民の権利の政策です。あなた方の政策は、人種の政策なのです」*。

何世紀にもわたってある文化を伝承してきた母なる言語、これこそが肝心な点である。ドイツ人に生まれることはできても、ドイツ人になることはできないのだ。汎ゲルマン主義はこの言語的な基準を根拠にして、ドイツ的なミッテル・オイローパ〔中欧〕を形成しようとした。その際、アルザス・ロレーヌと呼ばれるフランスの土地も、当然そこに加わるべきなのだった。

この問題は、一八七〇年以前に提示されていた。フランス革命で農地が領主に納めるべき税金から解放されたとき、一部のドイツ貴族からはアルザスにある領地からの徴税権を奪われたとして抗議の声が上がったのである。この一件は、一七九〇年一〇月二八日の国民議会で取り上げられた。このとき、メルラン・ド・ドゥエは、フランス人にとっての新たな哲学を、次のように見事に説明してみせた。

「かつて国王たちは、民衆の導き手という立場を巧みに利用して、わが群れと呼んだものを自分の所有物とみなしていました。（中略）しかし、こんにちでは、国王はそれまで自分がその主人であり、所有者だと考えていた国民の代表者、受任者でしかないことが広く認められています。アルザスの民、フランスの民にとって、専制君主制の時代に国王と民衆を結びつけていた約束などに、いまやどんな価値があるというのでしょうか。アルザスの民は、自らの意志によって、フランスの民と結びついたのです」。

こうして、民衆の自決権の原則が宣言された。何世紀もの間、アルザスの人々も、さらにはガスコーニュやフランシュ＝コンテの住民も、意見を求められたことなどなかった。彼らは、より強い者の掟によってフランス人となったのである。しかしながら、革命はいまや世界に対して新たな福音を伝えた。すなわち、私たちがある歴史的集団に属するのは、それを私たちが望んだからだ、というのである。私たちは、フランス人たることを選択したのだ。国祭日である七月一四日は、こうして全国連盟祭という名の、一七九〇年七月一四日にパリのシャン・ド・マルスで革命下のフランスが開催した大祭典を記念している。この祭典は、ミシュレによって「フランスとフランスの結婚」と名づけられた。すべての県の代表がパリに集合し、厳かにフランス国民の一員たることを宣言したのだ。もはやブルトン人も、プロヴァンス人も、ブルゴーニュ人もなく、ただ一つの国民を形成する民衆があるのみだった。

フランスで国民意識が形成されるにあたっては、二つの別々の要素が混合された。それは一つの政治的共同体への帰属意識と、民主主義的な集団的主権の意識である。一七九二年九月二〇日にフランス軍が、フランス領に侵入しアルゴンヌを越えてヴァルミーの風車の下に達したプロイセン軍を迎え

＊ E. Renan, *Nouvelle Lettre à M. Strauss*, 15 septembre 1871

撃ち、勝利を収めたときの「国民万歳！」という掛け声の意味を考えてみるとよい。ここには、互いに補い合う二つの意味が込められている。それは、「フランス万歳！」を意味しているのだが、同時に「専制君主制から解放された民衆万歳！」とも言っているのである。フランス国民にとって最初の戦いは、ルイ一六世がタンプル塔で審判を待ち、かつ国民公会の議員たちが正式に王政を廃止する直前に行われた。

フランス国民、すなわち同じ一つの原則と同じ利害関係を共有する共同体に帰属しているという意識は、一七九〇年あるいは一七九二年よりも前から存在していたという見方もある。確かにそうだろう。ミシュレは、祖国の誕生を百年戦争とジャンヌ・ダルクの輝かしい英雄的行為に始まるとした。別の言い方をするなら、中世末期以来、フランス王国の住民たちは自分が生まれて、離れることなど滅多になかった村あるいは地方にだけ愛着を持っていたわけではない。たとえ外国からきた敵、侵略者、占領者がいるからという理由だけによるものだとしても、より大きな尺度で自分と似た者たちを結びつける紐帯を想像することができたのである。それに引き続く時代には、容易に移動ができるようになったことや、政治的な知識が増大したことでこの意識がより強まったのは当然だった。しかしながら、この国民意識は一人ひとりの国王その人に対する愛着と不可分に結びついていたのである。

英国の農学者でよく知られた旅行者のアーサー・ヤングは、フランス社会のすぐれた観察者でもあった。彼は、一七八七年に初めてフランスを旅した際に、次のように記している。「最近でも多数の旅行者が、国王に対するフランス人の多大な関心についていろいろ話してくれた。それは、彼らの言によれば、単なる好奇心ではなく、愛情によるものなのである」。事実、一七八九年五月の三部会の招集に先立って作成された請願書を読むと、フランス人がその君主に対して持っていた尊敬や愛情が表現されている例に出会うことが少なくない。これらの請願書は、革命の綱領などでは決してなかった。君主制とカトリシズム（これらについては後述する）は、手を携えて人心の統一を図ったのだ。そこには、二つの要素が組み合わされていた。それは、共通の信仰と早くから中央集権化された国家の組織であり、それによって国王の意思を辺鄙な教区にまで届けることができたのである。

しかしながら、やがてフランスを構成することになる地方の住民たちがひどく従順だったと考えてはならない。フランス人が国家を形成したのは、ただ指導者たちの意向によるものではなく、すべての人々の意志によるものだった。中央集権化された権力は数世紀を経て神授による世襲の「絶対主義」王権となるが――この表現はやや大仰ではあるが、理由のないものではない――、その代表的な君主であるルイ一四世が鬘《かつら》をかぶった宮廷貴族たちから挨拶を受けている間にも、国王に反対する動きは実際にあったのである。権力の集中に対して異議を唱える人々が存在しており、やがてそうした動きが絶対王権の基盤を突き崩していくことになる。最初に絶対王権を批判したのは大貴族で、彼らは貴族の権利を守ろうとした。彼らは国王が歴史的大貴族たちから特権を取り上げることで大貴族の力を削ぎ、それによって国と官僚制およびその主要な構成員だった「悪しきブルジョワジー」を強化しようとすることに耐えられなかったのだ。フェヌロン、ブーランヴィリエ、モンテスキューらは、制限的な君主制の法則を定めたが、それによれば大貴族は国王の権限が大きくなりすぎることに対する歯止めとなるべきだった。英国が彼らのモデルだった。

もう一つの批判からは、より多くの成果が生まれた。これは、絶対王政あるいは貴族の要求に対して、国民の主権を訴えるものだった。それは、政治の中心的な課題である税制に関するものだ。誰が課税内容を決定するのか、納税するのは誰なのか。たとえば、クランの町の請願書には次のように明快に書かれていた。「ラ・シャペル・クラネーズの教区住民とその共同体は、国民にとって取り消されるべきでなかった権利を復活するよう、三部会議員に要望するものです。すなわち、いかなる税も三部会の合意なしに制定されることのないように求めます」。さらに、同じ請願書は、三部会を「五年に一度招集すること、いかなる権限をもってしても招集が遅らされ、あるいは別々に招集されることがない*」ように求めてもいた。

大革命は、国民意識と王権への服従の断絶、国民と国王の間の断絶をもたらした。以後、国民は国王から独立したものとなり、やがて国王に対してその存在を明確に示すようになる。フランスでは、国民主権と国民意識は同時に生まれたのである。それは、革命軍の二重のメッセージであり、後にナポレオンが自らのものとしたものでもあった。国民よ、独裁者から解放されることで自分自身となれ！

フランス国民とはまず、時系列的には、長い政治的中央集権化の成果である。最初に国家があった。そこからすべてが出発したのだ。封建制度下での分裂状況から、カペー王朝の辛抱強い努力によって、国家が形成されてきたのだ。イル・ド・フランス地方の小さな領地から始まって、この王朝は代々、やがてフランスになるべき土地を少しずつ領地に加えていった。そのためには武器を用いて血を流し、また政略結婚も活用した。彼らの王杖のもとに服従した住民たちはさまざまな言語を話し、その生活習慣も多様だった。徴税を通じて――彼らはそれに対してしばしば反乱を起こしたが――、彼らは地元の領主よりも上位に位置する君主の支配下にあることを知ったのだ。信心深き国王、これこそが古びた呼び方によれば「さまざまな人種」すべてを統合する第一の存在だった。国王はあるいは愛され、あるいは憎まれまた恐れられたが、いずれにせよフランス人の頭と心の中でますます大きな位置を占めるようになった。国王は一人で国民を体現し、フランスを具現化する存在だった。

国民は革命によって生まれたわけではない。けれども、国民が国王に対する服従から解放されて、国民としての意識を持ち、その意味を完全に見出すようになるのは革命によってだった。人権宣言によって確立された個人の自立と、国民としての自立という二つの立場を明らかにすることで、一〇〇〇年にわたり少しずつ進んできた中央集権化は、一にして不可分の共和国としてさらに堅固なものとなったのである。

徐々に、ブルターニュの農民、北海の漁師、ジュラ山地の林業従事者、南仏のワイン生産者などが、ゆっくりした統合の動きに組み込まれていった。その動きは、ときとして戦争によって加速された。それはもはや領主や国王の戦争、季節労働のような戦争、どこか遠くで行われている戦争ではなく、侵略戦争だった。一八一五年、一八七〇年、一九一四年の戦争である。東からやってきた敵軍に相対するとき、フランス人は一つの国民としての意識を強めることになった。ジュリアン・バンダにとっては、重要なのは一九一四年八月二日の宣戦布告である。彼は次のように書いている。「この日、そ

＊ *1789. Les Français ont la parole. Cahier des états généraux* présenté par P. Goubert et M. Denis, Julliard, 1964, p. 29

してこの日になって初めて、あらゆるフランス人が、貴族も平民も、軍人も商人も、都会の者も田舎の者も、民主主義者も専制主義者も、資本家も労働者も、同じ一つの集団に属しているという感覚を共有したのである。この日、そしてこの日になって初めて、私は脅威に直面したフランスを救うために、この土地の住民たちが例外なく立ち上がるのを目のあたりにしたのである」*。

この時期に、もう一つ、国民統合の上で重要な役割を果たした要素があった。フランス人がフランス語を話すようになったのである。まず義務教育に国の主要言語を広める任務が託されたわけだが、その後はマス・メディアもそれにひと役買うことになった。近年では、移民が多くなったにもかかわらず、九五％の家庭では子供たちと話すときに、フランス語を用いている。国立人口学研究所の調査によれば、フランスで最もよく使用される外国語であるアラビア語は、国内の全世帯のうち二％未満で使われているにすぎないばかりか、一世代を経過した後には半分の親たちはアラビア語を使わなくなるという。一九五一年のディクソヌ法と、その適用範囲を拡大した一九八二年のサヴァリ通達以来、地方言語を中等教育課程で教えることができるようになったが、積極的に教科に取り入れる学校は少ない。もとは多言語だったフランスではあるが、いまではすっかりフランス語が標準となったのである。

長い年月をかけた中央集権化、行政組織の充実、国家の統合の仕事に加えて、すべてを超越するフランスという考え方が形成された。これは、教会の学僧、芸術家、詩人、あらゆる形の進歩に貢献したパイオニアたち、そして国のために命を落とした兵士たちによって作られたものだ。「フランスについてのある一つの観念」と言っても、その指し示す内容はフランス人一人ひとりによって異なるに違いない。しかし、それは普通の人々の上に君臨する純粋な思想ではあった。これについて、ド・ゴール将軍は『大戦回顧録』(*Mémoires de guerre*)の冒頭から、「フランスが本当におのれ自身であるのは、それが第一級の地位を占めているときだけである」とし、もしフランスが凡庸な国に堕してしまうとしたなら「たまたまフランスの行為や身ぶりが凡庸さの刻印を帯びるのをみるとき、祖国の真髄にではなく、フランス人の過誤に帰せしめるべき、なにか理に合わない異変といった感じを受ける」(ド・ゴール著、村上光彦・山崎庸一郎訳『ド・ゴール大戦回顧録I 呼びかけI、1940―1942』みすず書房、六ページ)と書いている。それというのも、フランスは死者まで含めたとしてもフランス人を数字の上で積み重ねたものではなく、それよりも上位にある概念だからである。

フランス人同士は決して愛し合ってはいないが、フランス人はフランスを愛している。フランス人は多くの場合隣人をたいして評価しておらず、互いに悪口を言い合い、醜く争ったりするが、どんなに人のことを悪く思ったとしても、この「フランス」と呼ばれるプラトン学派的な存在をあたかも一人の人物であるかのように捉えつつも、抽象的な観念として認識し、愛してやまないのだ。ある首相が「フランス」という言葉を口にするとき、その意味するところは恐らく自分の率いる政府のことなのだが、自らが実行する政策を正当化する目的からだとしても、同時に、私たちの共同体の運命に特別な神慮により与えられたいい表しようのない真髄にも触れているのである。したがって、存在論的な観念としてのフランスと、限定的、個別的な存在でしかなく、しかもしばしばがっかりさせられる

＊J. Benda, *Esquisse d'une histoire des Français dans leur volonté d'être une nation*, Gallimard, 1932, p. 101

フランス人とを決して混同すべきではない。わが同胞の恥知らずな行為に直面したときでも、不滅のフランスという存在があることを思えば、私たちは大いに慰められるのだ。

少なくとも、これは長いこと広く共有されてきた確信だった。これが果たしていまもなお生きているかどうか、ときとして疑問に思わないものでもない。

第4章

「教会の長女」は堕落したのか

「教会の長女」と呼ばれた歴史的カトリック国のフランスだが、カトリック信仰は大きく後退した。しかし、その文化的影響は現在も色濃く残っている。

フランスは歴史的なカトリック国である。しかし、その住民はいまでもカトリック信者だと言えるだろうか。* 一九五二年から一九八八年にかけて行われた七三の世論調査からは、一定の傾向が見て取れる。フランス人五人のうち四人が、自分はカトリックだとしているのだ。しかし、よく見てみると、日曜日ごとにミサに参列する人は多くない。週に一回以上ミサに参列するのは、自らをカトリックだとする人々の一四%、すなわちフランス人全体の一一%である。毎日祈りをささげる人の割合も、それ以上に多くはない。二一世紀に入って、カトリック離れはさらに加速した。二〇〇九年一二月に「ラ・クロワ」(*La Croix*)紙が発表した調査では、自らをカトリックだとするフランス人の割合は六五%、そして定期的にミサに参列する人の割合は四・五%でしかなかった。ミサへの参列者の減少傾向は、懐疑論の拡大を伴っている。調査対象となった人のうちで、神が「確かに」存在すると信じているのは三分の一以下にすぎないのである。

このように、大多数の人々が自らをカトリック信者だとしつつも、神の存在については大きな疑問を持っている。フランスはカトリック国でありながら、信仰を持たない人々の国、あるいは確信を持てないでいる人々の国、知的な表現を用いるなら不可知論者の国となったのである。かつてのイデオロギー闘争の盛んだった時代とは異なり、無神論が語られることは少なくなった。むしろ、「信仰の欠如」へと変わってきているようだ。教会に通っている人たちにしても、教義はあたかもレストランのメニューのようなもので、ある項目については自分自身の考えに基づいて賛同しても、他のものについては同意しないといった具合だ。特に、地獄の株が下がっていることには言及しておくべきだろう。いまや、地獄を信じるカトリック信者は全体の二三%にすぎないのである。こうした調査結果を見ると、これほど多くのフランス人が神の存在に疑問を投げかけていることと、いまでもフランス人の六割がカトリック信者であると称していることのいずれがより注目に値するのか、自問しないわけにはいかない。

この矛盾は、表面的なものかもしれない。子供の頃に公教要理〔カトリックの教義の学習〕を教わった人、正式に堅信礼〔幼時洗礼を受けた信者が信仰告白を行う儀式で、一二歳ぐらいで行われる〕を受けている人（かつての堅信礼は、それは厳かなものだった。私の時代には、小さな女の子たちは白い衣装に白いヴェールをまとい、男の子は純白の腕章をつけていた）、教会で結婚式を挙げた人、教会での結婚式や葬儀にしばしば出席している人（フランス人の七二%は自分の葬儀は宗教的に行ってほしいと希望している）、これらの人々はプロテスタントやユダヤ教徒、イスラム教徒の友人や隣人とは異なるコミュニティーに属しているという感覚を持っている。たとえ信仰を失っていたとしても、外国に行って公式な書類に宗教に関する質問が含まれていた場合には、「なし」と書くよりは、「カトリック」と記入する可能性が高いのである。フランスにおけるカトリックが量的にも質的にも衰退しているとしても、ローマ教会は一五世紀にわたってこの国に深い痕跡を残したのだ。だからこそ、たとえばポール・ブルジェの『真昼の悪魔』(*Le Démon de midi*) の女主人公は次のように言う。「教会はフランスにとって必要なものです。私が教会を愛するのは、フランス人だからなのです」。

私たちのうちには、マックス・ウェーバーの言葉によれば、まだ「脱魔術化」以前の世界に住んでいた子供が宿っているのである。いかに固定観念から抜け出そうとしても、映像、匂い、身振り手振りなど、消えることのない記憶がある。五つか六つの頃に、父がベッドの横で跪いて夕べの祈りを捧げる姿を盗み見したときの驚きを、どうして忘れることができるだろうか。私に記憶力がある限り、枝の主日〔復活祭の一週間前の日曜日〕のこと、歌ミサでの延々と続く福音書の朗読、教会の近くで臨時の屋台を構えた商人たちが売っているツゲの枝の祝福の様子、そして緑の葉のついた枝を持って家に帰り、この枝で寝室の十字架を飾るのであろう人々の姿、これらすべてを忘れることはできない。いまでも、私は聖体の祝日の行列の際に持つ小さな籠から立ち上るバラの花びらの香りを、実際に嗅いでいるかのように思い出せる。他にもいろいろあるが、これらのカトリック信者の子供時代の光景や象徴は、シャルル・トレネの膨大なレパートリーのうちに見出される。自転車に乗った神父や、青少

＊ G. Michelat, J. Potel, J. Sutter, J. Maître, *Les Français sont-ils encore catholiques?*, Cerf, 1991 参照。

年クラブが、トレネの歌の中には頻繁に登場しているのだ。

当時から、私は信仰を実践するカトリックの家族という、少数派に属していたのかもしれない。私とともに公教要理の授業に出ていた仲間たちは、父親譲りの伝統に従い、堅信礼を受けた後は宗教のことは女性と子供に任せていた。それでも、大多数の家庭では、この通過儀礼は重要なものだと考えられていたのである。私の家族が住んでいたパリ郊外の町では、一九三五年以来共産党が市政を担当していたが、それでも堅信礼を行わない小学生は稀だった。私はいまでも、小学生たちが、そして私自身が堅信礼を受けた翌日に――その中には白い腕章を着けた子供もいたが――記念の絵付きカードを先生に選んでもらおうとしたことを思い出す。私の担任だったA先生は大変にすぐれた教師で、明らかにライック〔宗教が政治や社会に対して影響力を持つことを排する立場、またそうした立場を取る人〕で共産党員だったが、それでもごく穏やかにこの害のない宗教的な儀礼に付き合ってくれた。私の小学校の校長先生は南西部出身の社会党員で、首に下げたお守りや宗教めいたあらゆる標章を追放するのに普段は熱心だったが、毎年行われるこの儀式は大目に見るべきだと思っていたようだ。かつて、社会主義運動の最も有力な指導者だったジャン・ジョレスも、妻が娘のマドレーヌにカトリック的教育を受けさせることを黙認していた。娘が堅信礼を受けた年には、左派の内部にも多くの敵を抱えていたジョレスはさまざまな批判を受けることになった。下院でジョレスと対立関係にあったモーリス・バレスは、さんざん皮肉を言ったものである。この偉大な指導者は労働組合の集会では七〇〇〇人もの人々を説得する力があるにもかかわらず、夫人を説得することはできなかった、というのだ。*

カトリック的文化――すなわち信仰と、祭儀と、実践の総体――は、フランスのアイデンティティーの最初の実体的な構成要素だった。一九世紀末から二〇世紀初頭にかけてのフランスのナショナリズム作家たちは、フランス国民の真髄を規定する基準を求めようとしたときに、宗教以外のものを見出すことができなかった。ポール・ブルジェや、モーリス・バレス、あるいはシャルル・モーラスは、フランス人とは、何よりもまずカトリック信者であると声をそろえたのである。彼ら自身は、必ずしもそうではなかったのだが。アクシオン・フランセーズ〔一九世紀末に設立されたナショナリストで王党派の政治団体。同名の日刊紙を発行し、ドレフェス事件から第二次大戦にいたる時期に影響力を持った〕の指導者で包括的ナショナリズムの理論家だったモーラスの場合は最も特徴的だ。洗礼は受けたものの不可知論者となった彼は、キリスト教の預言を警戒し、福音書の作者を「四人の無名のユダヤ人」と呼び、そして聖書を「東洋の騒がしい書」と形容していた。しかし、それはローマ・カトリック教会を擁護することを妨げるものではなかった。モーラスによれば、カトリック教会は「公会議における多くの学者、法王たちや近代のエリートの偉人たち」のおかげで神についての考えを「整理」する英知を有していた、というのである。カトリック教会は、知的かつ道徳的な規範だった。それは正統であり、秩序であり、序列だった。つまり、プロテスタンティズムの生んだ民主主義とは正反対のものだ。モーラスとバレスは、フランスが一つの民族的なアイデンティティーを主張できないために、カトリシズ

＊バレスは、『わが覚書』（*Mes Cahiers*）で、どのようにジョレスが堅信礼の件で攻撃されたかを書いている。「彼を非難した野獣のような男は、まだ話し続けていた。『あなただったら、どうしましたか』と、ブリアンが訊ねた。『わたしなら、絞め殺していたでしょう』。『そうですか』とブリアンは言った。『絞め殺して、その後、非宗教的な葬儀をしたというわけですね』」（Plon, 1994, p. 314）。

ムを政治的ナショナリズムに利用したのだ。人種としてのフランス人というものが存在しないため、彼らはカトリックという宗教を社会的な結合の基盤にしようとしたのである。これによって、ルナンによる国民の定義は大きく修正されることとなった。

モーラスは、「社会が生きていくための基盤となるのは、その大部分において、意識されない習慣を遵守することでなければならない。それらの習慣は、意識されないだけに強力で、かつ貴重なものだ。それらを意識させることはほとんど不敬虔だ。現代の大きな不幸は、市民が国家について自由な意見を持たなければならないというところにある」と書いている。

この領域では、バレスはさらに過激だった。彼は、「このカトリック的な空気の中でしか」呼吸することができないと言ったが、それは過去の遺産、根を下ろすこと、「大地における活動」、祖先の行為の再生、「我らの父や母の後を継ぎ、その営為を継続していくこと」などを称揚するためだった。生物学者で高等応用研究院教授だったジュール・スリーは、ドレフュス事件の時期に『ナショナリズムの戦い』(*Campagne nationaliste*) を書いているが、彼は「無神論的政教一致論者」だと挑発的に自称していた。

この、何世紀もの歴史を持つ宗教的伝統を強調することは、同時に戦闘的な言説をなすことでもあった。議会制民主主義がライシテ〔宗教が政治や社会に対して影響を及ぼすことを排する考え方〕の名において法律を制定していたこの時代に、反対勢力は当然カトリックである「本当のフランス」を押し立てて対抗した。それは、排他的なカトリシズムだった。最大の敵とされたのは、モーラスが敵視していたプロテスタントである。

フランスも、他のヨーロッパ諸国と同様に、プロテスタント国になってもおかしくはなかった。プロテスタンティズムの創始者の一人は、フランス人のジャン・カルヴァンである。一五三五年に初めて聖書をフランス語訳したのも、彼らプロテスタントだ。しかし、当時のフランスはすでに中央集権的な王政を確立しており、しかもその王権は他の宗教の並立を認めないカトリシズムと当初より結びついていた。このため、プロテスタントの勢力拡大は国家権力とカトリック派の狂信的な勢力であるカトリック同盟（ラ・リーグ）に行く手を阻まれたのである。一六世紀の激しい宗教戦争の後、もとは新教徒でありながら政治的な理由で旧教に改宗したアンリ四世は、一五九八年にナントの勅令を発して、国内では少数派であるかつての仲間のプロテスタントに対して、一定の保証を与えた。しかし、この妥協は長くは続かなかった。絶対的な権力となった王権にとっては、国家の中にもう一つの国家があるような状態は容認できなかったのである。強制的な改宗を試みた後、ルイ一四世はこのよく知られた勅令を廃止した。これによって、多数の人々、文人や職人、商人や農民が、スイス、イギリス、ブランデンブルクあるいはオランダに逃れることになった。国内に残った新教徒は、あるいは改宗したと見せかけ、あるいは自らの信仰を隠さなくてはならなかった。こうした人々はセヴェンヌ地方に多かったが、この地方でカミザールと呼ばれた新教徒は反逆者であり続け、彼らの信仰は「砂漠の教会」〔一六八五年のナントの勅令の廃止から、一七八七年にプロテスタントの信仰が許容されるようになるまで、プロテスタントが隠れて信仰の実践を行っていた時期、またその実践を指す〕を通じて受け継がれた。カトリックの王権は、プロテスタンティズムを根絶やしにできたと考えた。プロテスタントは決定的といっていいほどに衰退したが、死に絶えたわけではなかった。一七八七年には、ルイ一六世は勅令によりプロテスタントを容認し、新教徒の戸籍の作成を認めている。

ユグノー、ルター派、パルパイヨなどの新教徒は、フランスでは常に少数派でしかなかったし、しかも迫害されていたが、彼らの中からは影響力を持つエリート層が生まれてきた。革命期の出来事や、政治的・経済的自由主義の発展、第三共和制の発足などにあたっては、そのエリート層が一定の役割を演じた。モーラスは、彼らのうちに社会全体を脅かす毒素を見出していた。彼らは、実際、自由意思の思想を広めたのである。聖書を直接読んでいた彼らは、自らの信仰について自分で知識を得て、考えることができた。カトリックの規範であった祖先への服従に対して、彼らは個人意識という毒を持ち込んだのである。そこから批判精神と個人主義が生まれ、最終的には権威に対する疑義が発生してくる。モーラスは「スイス的思想」——彼はルソーだけでなく、ジュネーヴの後見人となったカルヴァンをも念頭に置いてこう言っている——に私たちの不幸の起源があるとしてこれを糾弾したのである。

バレスもまたプロテスタンティズムを拒絶したが、それは宗教的理由によるものではなかった（「私は信仰の問題を取り上げているのではない。論点は、いい宗教とは何か、ではない」）。彼はドレフュス事件の際に、次のように書いている。「私の本能はすべてロレーヌ的な伝統の中にある。それはまた、私の理性が受け入れる規律でもある。私がもう一つの血統から受け取ったものは、プロテスタンティズム（私の受けたものとは異なる幾世紀にもわたる教育）とユダヤ教（私の人種とは反対の人種）に対する嫌悪をより強いものにした」。

それというのも、ユダヤ人とプロテスタントは、フランス・ナショナリズムの思想家たちからは、私たちの伝統、習慣、考え方とはかけ離れたものとされていたからだ。こうした敵対的な態度には、プロテスタントよりもユダヤ人がより苦しめられた。プロテスタントとは宗教により規定されるもので、改宗することが可能だ。これに対して、ユダヤ人は先祖代々の宗教を捨てたとしても反ユダヤ主義者にとってはユダヤ人であり続けた。バレスの言うように、ユダヤ人とは「人種」であり、つまりその出自に関わることだったからだ。私たちの歴史のこの暗い部分についてはまた後で触れることになる。なぜなら、不幸なことに、ナショナリストたちがユダヤ人に浴びせた呪いは、ドレフュス事件の解決によっては終わらなかったからである。

まずは、歴史的に重要な事実に注目しておこう。フランスでは、カトリックが多数を占めている、という事実だ。フランスは「本質的に」カトリックなのだと、ある人々は言うかもしれない。二〇世紀においても、スペインの黄金時代が過去のものとなり、ハプスブルク朝オーストリアが崩壊した後では、フランスは主要国の中で唯一のカトリック国だった。第一次大戦以降、最有力となった国のうち、米国と英国はいずれもプロテスタント国である。ロシアは正教を捨てたものの、マルクス・レーニン主義を新たな国家宗教とした。ドイツも引き続き有力国だったが、多数派はプロテスタントだ。中国もある程度の力を持ったが、この儒教の国はその後共産主義国となった。フランスだけは、ライックの共和国になったものの、カトリックの過去が深く刻み込まれていた。そのために、かなりの影響があったわけだが、それを詳しく説明するのは必ずしも容易ではない。

フランスの生活習慣にとっては、よい面もあった。いまもなおプロテスタント国で吹き荒れているピューリタン的な強迫観念から、フランスは逃れることができたのである。ホーソンの『緋文字』は、姦通のため有罪となり、胸にAの文字、「緋文字」を生涯身に着けなければならなくなった女の物語だが、このようなことはフランスでは想像できない。カトリック的な文化の中から、恐らくある種の生きる喜びが生まれたのは、悔悛の秘跡によって物事をあまり深刻に捉えずにすんだためだろう。フランス人は、セックスの問題と過ちの観念にとらわれすぎることがないため、指導者たちの私生活を厳しく問わずにきた。英国や米国でメディアが大臣らの不倫を追及して報道することは、フランスではやや風変わりだと見られている。確かに、カトリックの中にもジャンセニズムのような、アングロ・サクソンのピューリタニズムに近い、非常に厳しく、あるいは不安に基づく信仰もあるにはあるが、それは少数派のものだ。二〇一〇年三月一三日付の「リベラシオン」(*Libération*)紙上で、ロラン・ジョフランは次のように書いている。「政治家の私生活は、我々の取材の対象とはならない。ただし、それが当事者によって明らかにされた場合、あるいは政治的に重大な影響を及ぼすか、制度上シンボリックな意味を持つ場合は別である(中略)。フランスでは、民法第九条によりすべての市民に私生活の尊重が保証されている。それは、大統領にとっても、一般市民にとっても変わることはない」。

フランス人にとっては、アングロ・サクソン社会での男女間の戦い、あるいは男女を分けへだてる伝統などは不思議なものに見えた。スタール夫人は、小説『コリンヌ』(*Corinne*)の中でこのテーマを取り上げている。フランスにも、ワシントンやサン・フランシスコで「セクシャル・ハラスメント」と呼ばれているものは存在するが、フランスで女性解放運動やレイプされる恐怖から異性を誘惑することがなくなったかというと、そうではない。大学で、男性教授が研究室で女子学生と一対一で対面することはいまでも珍しくないし、仮にそのときドアを閉めたとしても非難されるのを恐れる必要はない。

イエズス会士による反宗教改革によって、宗教美術では庶民的で、明るく、色鮮やかな表現が発展した。フランスでは、バロックの悦楽、渦巻装飾、大仰な表現などは完全に受け入れられることはなかったが、それは宗教的見地からの厳しさというよりは、デカルト主義にいくらか影響を受けた古典的な境地を好んだことによるものだ。フランスでは、「キリスト教の真髄」は、堅信礼の記念カードに彩色を施し、聖母像を黄金色に塗り、お祭りの行列を賑々しく行わせ、サン・シュルピス教会の装飾を請け負った業者には多額の利益を与え、乳香と没薬を用いて飽きることがなかった。

パスカルとイエズス会の神学者の論争では、ヴォルテールを初めとするフランス人は、パスカルを賞賛しつつも、神学者が正しいとの判断を下した。ジャンセニウスの悲観的な精神性に与《くみ》する人々は、贖罪の考え方を重視するフランス的な宗教精神を前にして勝利を得ることはなかった。地獄は、他人のためにあるものなのである。

これとは逆に、カトリックの伝統は責任ある市民の確立と民主主義にはほとんど貢献しなかった。革命の思想が定着したのは、むしろカトリックに反対することによってである。フランスでは、道徳上の義務という考え方はあまり受け入れられているとは言えない。法律とは、お上から下されるものだ。禁止や許可は、外から通達されるものなのである。カトリック的文化の市民は、プロテスタント的文化の市民に比べて罪の意識が弱いというのは、別の言い方をするならより責任感に乏しいということだ。法律に従うことは、ある程度は尊重している他者に従うことなのであって、自分自身に従うことではない。警官を怖れる気持ちが、市民的道徳の代用品になっているのである。

その結果として、こんにちでも、たとえば汚職事件、脱税事件、ひどく攻撃的な振る舞いをした場合などで、当事者に罪悪感がなく、非難されるべき態度――その理由はさまざまでも、カトリックあるいはポスト・カトリック的な習慣と無縁ではない――を取るケースが見られる。フランス人はわざと傲慢な態度を見せたり、行列で順番を守らなかったり、運転者であっても歩行者であっても交通法規を無視したり、他人を尊重しない行動を取ったりする。これは、フランスを訪ねたアメリカ人やスイス人がよく批判する点だが、その批判は正しい。もし神様がフランス人だとしたら――ドイツの作家ジーブルク〔フリードリヒ・ジーブルク Friedrich Sieburg（一八九三―一九六四）はドイツのジャーナリスト、作家。フランクフルター・ツァイトゥンク紙特派員としてパリに滞在。一九二九年に出版した『神はフランス人か』（*Gott in Frankreich*, 仏訳版 *Dieu est-il Français ?* は一九三〇年に出版）は、フランスで広く読まれた〕がそのような言い方をしているが――、その神様はいささかカトリック的すぎるのである。

第5章

玉座と祭壇――古くからの同盟関係

教会と王権の結びつきはメロヴィング朝にまで遡るが、その影響は現代にも及んでいる。フランスの普遍主義は、カトリック的な考え方に影響されたものだ。

ジャック・リヴェットは、監督作品「ジャンヌ・ダルク」(*Jeanne la Pucelle*)の中で、ランス大聖堂でのシャルル七世の荘厳な戴冠式を再現してみせた。これを見ると、カトリシズムとフランス王権を結びつけた近親性を、本で読むよりもよく理解することができる。この歴史を強調しておくことが、革命によって起きた断絶と、さらにフランスの独自性をよりよく知る上で大切なのである。

王笏《おうしゃく》と司教杖の同盟は、フランス王国が実質的に成立する以前に結ばれたものだ。なぜなら、この同盟は少なくともクロヴィスにまで遡るからである。五世紀末のガリアでこの蛮族の首長が権力を獲得したとき、彼は洗礼を受けることが適切だと考えた。四九八年または四九九年、ランスの洗礼堂でのことである。洗礼は、ランス司教のレミが授けた。一三世紀の詩人リシエ*の書き残した伝説によれば、聖油を持つ係の者が洗礼盤までたどり着けずにいたところ、聖油の入った小瓶をくわえた白鳩が天から舞い降りて、この聖なる液体が授洗に用いられたのだという。クロヴィスとときを同じくして、彼の配下にある三〇〇〇人がキリスト教徒となった。奇跡——聖油瓶の奇跡——が、神とフランク族の王との同盟を取り持ち、レミはクロヴィスとその子孫たちに輝かしい未来が待っていると語った。その代わりに、クロヴィスとその子孫である国王たちは、キリスト教を尊重しなければならないとされた。

八世紀にメロヴィング朝からカロリング朝への交代が起こると、新王朝の創始者であるピピン三世（小ピピン）は、王位簒奪を受け入れてもらいやすくするためにある宗教的な行為を行った。彼はフランス王として初めて、ヘブライの首長たちにならって、聖職者の手による塗油式を受けたのである。伝説によれば、クロヴィスは受洗と同時に戴冠もしたという。こうして、この儀式は揺るぎないものとなった。

それでは、一八二五年のシャルル一〇世まで、その後の後継者たちはどのように振る舞ったのだろうか。彼らは、同じ儀式を繰り返した。聖職者の手によって、できうる限りランスで戴冠式を行ったのだ。マルク・ブロックは、ランスでの戴冠式を国王の生涯において最重要な出来事の一つと位置づけた。フランス人なら、たとえ生まれながらの共和主義者であっても、これに無関心でいるべきではない。戴冠式の儀礼はルイ九世（聖王ルイ）の時代に定められた。宗教的なものと政治的なものとの融合は、これによって最高点に達したのである。宗教的な戴冠式は新しい国王に奇跡を起こす力を与えるものだった。瘰癧《るいれき》（リンパ腺結核）を治癒させる力である。これによって、フランス王はキリスト教徒の諸国王の中で最高の地位を与えられることとなった。Francia の語源にも、中世にはフランス王国の優位性が見出せるとされていた。それは、「自由人」（Franci）の国という意味だとされたからである。フランスは「新たな選ばれた民の国」―― Francia Deo sacra「神にとって聖きフランキア」、regnum benedictum a Deo「神により祝福された王国」だと見られていたのである。

フランスが二〇世紀にいたるまでカトリック大国であり続けたのは、王権と教会の当初からの結びつきによるものだ。両者ともに、この同盟に利益を見出したのである。カトリックはフランス王に神より授けられた聖なる正統性を付与した。一方、フランス王はカトリックの大義の正式な擁護者となった。およそ二世紀にわたる十字軍の歴史は、かなりの部分までフランスの作った歴史である。一八七〇年に、ナポレオン三世は親イタリア的な気持ちを持っていたにもかかわらず、普仏戦争の勃発までローマ法王庁の軍事的警護を続けていた。法王はといえば、フランス革命にははっきりと反対の立場を取り、それによってルイ一六世の支持者のうちで最も宗教に無関心だった人々も、この深刻な時期に信仰の効用を知ることとなったのである。

もちろん、この教会とフランス王権の結びつきには、問題がなかったわけではない。フィリップ・オーギュストからルイ一四世にいたるまで、内輪もめの種にはこと欠かなかった。ガリカニスム〔法王庁に対するフランス教会の独立強化論〕が編み出され、ローマ教会に対して距離を置く姿勢もはっきり認められた。ただし、それは英国国教会のような徹底したものとは一線を画していた。多くの紛争にも

＊リシエ『聖人レミの生涯』（E・カントーロヴィチ『王の二つの身体』より引用）。Richier, *La Vie de saint Rémi*, London, 1912. Cité et commenté par Ernst Kantorowicz in *Les Deux Corps du Roi*, Gallimard, 1989

かかわらず、教会と王権の結びつきが切れることはなかった。英国の場合はそうではない。一八七一年にようやく国家統一を果たしたドイツは、カトリックとプロテスタントに分かれたままだった。ロシアの国家宗教は、一一世紀以来ローマとは縁が切れていた。他のカトリック国では、スペインとオーストリアがフランスのライバルだったが、両国の勢力は次第に衰えた。

この長い歴史は、当然フランスにいくつもの痕跡を残した。宗教的伝統においてもそうだし、権力に対する考え方にしてもそうだ。カトリック信仰の統一性は、何世紀にもわたって、異端者――その最後のものはプロテスタントだった――に対して剣を振りかざすことを厭わない世俗的権力の幇助により保たれたのである。「一にして不可分」な私たちの共和国が作られるにあたって、ほぼ独占的な立場の宗教だったカトリックの遺産が重要な役割を果たしている。統一された民衆と一般意志の代弁者たるジャコバン派の人々は、いずれもカトリックの学校で教育を受けていた。早くも一六八九年にロックが英国で唱えた寛容の精神、信者たちが自分の流儀により祈りを捧げる自由、祈りを捧げるために競合する異なる教会を作ることなどは、フランスの古い支配者だけでなく、革命期の新しい支配者も望まなかった。フランスの民主主義者は、自由主義者ではなかったのである。

二〇世紀フランスでの共産主義の成功は、カトリックの伝統と何らかの関係がありそうだ。上から与えられる真理、公認教義の遵守、規律の尊重、革命の聖人たちへの尊崇、指導者の写真などへの愛着、盛大かつ厳粛な葬儀を好む傾向、政治的駆け引きに対する侮蔑、自由主義への嫌悪、罪と贖罪の意識の強さ、活動家が相互に持つ共感などに、それらを見出すことができる。このような、古くからある比較をことさら強調する必要もないだろう。宗教的に一色でないドイツは別としても、プロテスタント大国である米英両国は、共産主義が世界に広まるにあたってほとんど何の寄与もしなかった。

フランスでは、このように独占的傾向を持つ支配的イデオロギーが根強く、しかも中央集権的な国家が何百年にもわたりそれを支援してきたことが、自由主義思想の諸潮流がなかなか受け入れられなかった——そしていまもなお受け入れられないことの理由である。筋金入りともいうべき信仰の統一はいわば鉄筋コンクリートのように固められていて、開かれた競争的な社会を作ることを阻んできた。その登場が「思いもかけぬ奇跡」と見られたヴィシー政権は、教会にかつての地位を再度与え、学校の教室に十字架をかけることで教会に対する敬意を表した。それによって、高位の聖職者たちは政治権力と積極的に協力しようとする熱意を再び持つようになった。ペタンは、ある意味ではカトリック国フランスの保護者だったのだ。ポーの聖ジョゼフ教会の会報には、以下のように書かれていた。

ペタン元帥は共和国を葬った
共和国は人殺しから生まれた体制だった
憎しみを撒き散らして
宗教を弾圧し
祖国を裏切った
元帥はフリーメーソンを禁止した
祖国と宗教に反するセクトは
正しいフランス人を敵とみなして暗躍した

元帥は教育の自由を復活させた
フリーメーソンに奪われた自由を取り戻した
元帥は信心深き者にフランス人としての権利を取り戻した
我らカトリックにとって
すべてが満足させられた
我々は起立して胸いっぱいに
大声で叫ぼう
元帥万歳*！

第二次大戦後に、数が多く影響力もあった「カトリック左派」と呼ばれる人々もまた、自由主義を受け入れようとはしなかった。キリスト教徒の若手哲学者だったエマニュエル・ムニエが、彼が「既成の無秩序」と名づけたものと教会の共同謀議に戦いを挑むために、何人かの友人とともに「エスプリ」（*Esprit*）誌を創刊したとき――この雑誌は一九三二年の創刊以来七五年以上を経た現在も発行されている――この若き預言者は「私たちは自由主義、自由主義のあらゆる形に嫌悪を感じる」と述べている。しかしながら、一九世紀初めに生まれたカトリック自由主義は、ローマ教会と、伝統的な教育と産業が発達し複数政党制下にある近代世界との和解を推進しようと試みていた。もっとも、これらの自由主義者たちは常に少数派で、砂漠で説教をしているのと変わらなかった。

神とフランスをつなぐ伝説的な関係は、ジャンヌ・ダルク崇拝がその最も代表的な例であるが、それは結果として神に選ばれたフランスという考えを醸成した。ユダヤ人を別にすれば、フランス人――あるいはフランス人の名において発言する人々――以外のいかなる民族も、選ばれたとの確信を持ったことはない。この観点からすると、第一次大戦の兵士たちは、ゴードフロワ・ド・ブイヨンとともに戦った十字軍の戦士の流れをくむ存在だった。そう主張したのは、反教権派の内閣を率いていた首相である。一九一八年に、ジョルジュ・クレマンソーは下院でこのように演説している。

「他に類を見ない偉大で素晴らしいこの瞬間に、私は義務を果たしたのだと申し上げたい。（中略）フランス国民の名において、フランス共和国の名において、私は統一されて不可分のフランスからの挨拶を、祖国に復帰したアルザスとロレーヌに送りたい」。

「そして、私たちにこの勝利をもたらした偉大なる死者たちを褒め讃えなくてはならない。（中略）生き残った兵士たちは、大通りを行進して凱旋門に向かうときに、私たちの出迎えを受けることになるが、彼らにはいまから挨拶の言葉をかけておきたい。私たちは、彼らが社会の再建という大事業に参加してくれるのを待ちわびている。彼らのおかげで、かつて神の兵士だったフランスは、こんにちでは人類の兵士となった。そして永遠に理想に尽くす兵士なのである」。

革命直後に、フランス人が使命を負ったと感じたのは、カトリックと国家の間の相互浸透がその素地を築いてきたからだ。宗教的な後見人がいなくなってからも、フランス人は自分たちに使命があるものと考えていた。社会主義運動が少しずつ発展した時期、社会主義者たちは国際的で平和主義的な

＊ J. Duquesne, *Les Catholiques français sous l'Occupation*, Grasset, 1966, p. 60-61

思想と運動に賛同していたが、戦争が勃発するや、ジョレス暗殺の翌日には彼らのほとんどが一致して国家防衛政策に同意した。彼らは、戦争にはゼネストをもって対抗すると主張していたのに、いまや一七九二年と同様に、「市民よ、銃を取れ」と叫んでいたのだ。それというのも、彼らにとってフランスとは、たとえ「資本主義」的だったとしても革命の聖地であり、人間の先導者であり、人類の希望だからである。共和国を救うことは階級のない社会への希望を救済することであり、それはあらゆる革命家にとっての義務だったのだ。

「聖なる土地」という概念は中世にまで遡る。「神はフランスを特別な慈愛で抱擁し、キリストはフランスに対して格別に卓越せる特典を授与し聖霊はフランスを住処とするがゆえに、フランスの聖き土地のために至高の犠牲を払うことは価値のあること、そして甘美なことでさえあった。したがって、フランスの土地を防衛し守護することは、本来の聖地の聖き土地を防衛し守護することにも似た、半ば宗教的な意味合いを有していたと考えられるだろう」（エルンスト・H・カントーロヴィチ著、小林公訳『王の二つの身体』平凡社、二四二ページ）。

神に選ばれた、という思想の世俗化、あるいはカトリックから世俗の宗教への転換は、フランスの知識層の一部にしか影響を及ぼさなかった。それ以外の人々は、カトリックのもとに社会と政治権力が置かれるという考え方に引き続き頑ななまでに忠実だった。

一九世紀末から二〇世紀初頭にかけて、カトリシズムが政治権力からだけでなく、それ以上に実証主義と科学主義を奉じ、信仰を人間の思想の中で低い位置に追いやろうとするインテリゲンチアからもさまざまな攻撃を受けていた時期に、何人かの、改宗したばかりの作家たちは、ときとして大仰な表現を用いて、玉座と祭壇の結合をつかさどる伝統的な教育と協調しながら、旧秩序への強烈なノスタルジーを謳い上げた。第二帝政期から第三共和制の初期にかけて、ルイ・ヴィヨは主宰する「リュニヴェール」(*L'Univers*)紙上で、「法王の至上にして威厳に満ちた言葉」と「社会的な力」を分離すべきではないと書き続けた。バルベイ・ドルヴィィは、伝統の名において、近代の世界──彼の言葉によれば「近代の醜い獣」──を徹底的に批判した。彼の弟子たち、ユイスマンスやレオン・ブロワは、大仰な表現で民主主義に対する嫌悪と彼らの中世キリスト教への絶望的なまでの忠誠を語っていた。カトリック作家にとっては、現代の世界から逃避し、瞑想と祈りの中に閉じこもって最後の審判、あるいは精霊が君臨する時代がくるのを待つことへの誘惑は非常に強いものだった。地上の利害の不純性は、陶酔を求める絶対の絶叫者にとっては、あまりにも平凡で耐えられないものだった。レオン・ブロワは、一九一〇年にこう書いている。「いまやすべてが不用なものだ。殉教者となることを受け入れる以外には(中略)矯正など、できるはずがないのだ」。

フランス革命と近代世界によって打ち負かされた妥協なきカトリックは文豪たちを生んだ。クローデル、ベルナノス、マリタン──『反近代人』(*L'Antimoderne*)のマリタンである──などがそれにあたる。それは、孤立した奇人の表現などではなく、フランス文化の一部をなすものだ。何とかして前に進もうとする自由主義的カトリシズムに対して、フランスには、法王の妥協を拒む態度に長いこと励まされてきたカトリックの極端な傾向が存在した。それは政治的というよりも、むしろ中世キリスト教の理想を基盤とする社会に対する忠誠から成り立っていた。もちろんいまでは流行遅れだが、これらのフランスの大作家たちの文学的遺産、古い世紀の憤り、懐古的な預言なしには、こんにち他国に比べてフランスで原理主義が力を持っていることの説明がつかない。そして、これらの作家たちは、世俗派が勝利を収めた後も長い間、神なき世界と折り合いをつけることを拒否し、過激な言葉が並ぶ印刷物を読み続ける下級聖職者たちの支持を受けていた。

こんにち、カトリックが私たちに残した遺産を正確に評価することは容易ではない。なぜなら、この遺産はさまざまな形を取っているからだ。原理主義は、衰退しつつもまだ死に絶えてはいないキリスト教世界の残滓の表れである。かつてのキリスト教はいまやすたれてしまったが、カトリシズムから最も離れたところに位置する考え方にも影響を与えている。それは、統一された一つの世界、一つになった民衆、思想共同体へのノスタルジーである。選民思想が変身を遂げ、世俗化し、非宗教化しつつも、いまでも生き続けているのだ。神を捨てても、ミシュレの言うように、フランスは「ある一つの宗教」であることをやめなかった。ミシュレは書いている。「さまざまの形で、(中略)世界が抱いた精神的理想は永続する。フランスの聖人はいかなるものであろうと、すべての国々の聖者なのであり、人類全体によって選ばれ、祝福され、嘆かれ、悲しまれる存在なのである」(ミシュレ著、大野一道訳『民衆』みすず書房、二七〇ページ)。

また、フランスには自国の歴史と人類の歴史を混同してしまうという思い上がりがあった。それはいまも消えてはいない。その最初の表現は、十字軍の形で姿を表したカトリック国フランスである。カトリックのフランスは、その聖人たち、殉教者たち、そしてローマに対する忠誠を誇りとした。革命時代のフランスがその後をしっかりと引き継いだ。フランスは、苦しむ人々のいるところ、迫害や不正義の犠牲者のいる場所にいなければならなかった。他国民には、それは醜悪に思われた。なぜなら、心からの同情の背後には、常に植民地拡大を目論む帝国主義的な大国の利益が隠されていたからである。しかし、世界を救おうとするこの傾向は、単なるマキャヴェリズムなのではない。最後の十字軍の遠征時にチュニスで亡くなった聖王ルイの人物像は、宗教のためには自らを顧みない疑いようのない精神を、この王らしいやり方で映し出したものだ。そして、人権という宗教がキリスト教に取って代わっても、フランス人は十字軍の戦いを続けている。十字軍の中身は変わったが、それでもその根底にあるのはカトリシズムから大革命に引き継がれた普遍的な理想である。ペギーは、少年時代の信仰を取り戻したときに、『嬰児の神秘劇』(*Le Mystère des saints innocents*) の中で、このような示唆に富む考察を創造者に語らせている。「困ったことだ、と神は言った。もしこのフランス人たちがいなくなってしまったら、私がいろいろなことを行っても、それを理解する人間がいなくなってしまう」。

この、制度および感情に関わる長い歴史は、外国人から、あるいはフランスの若い世代からは、嘲笑の対象になるかもしれない。それでも、過去が完全に消え去ることはない。その痕跡は、はっきりとは見えないことが多いが、無意識のうちに取る態度、あるいは公式な言説の中に見出される。めくったページは、完全に閉じられることはないのである。

第6章 中央集権と行政組織——フランスの二つの乳房

フランスは王政時代から中央集権国家だったが、それは革命によってさらに強化された。以来、行政組織と高級官僚が、国家権力の中核を形成してきた。

多くのフランス人が、フランスの系図をごまかしてきた。モーラスの誤りは、フランスを一七八九年以前に閉じ込めてしまったことだ。その時点で、もう芝居の幕が下りたのである。その幕は、あたかも経帷子《きょうかたびら》のように見える。バレスが賢明だったのは——賢明さは、決してバレスの最高の美徳ではないのだが——時代の選択を行わなかったことだ。ナショナリズムにおける仲間でありライバルだったモーラスとは異なり、『デラシネ（根こそぎにされた人々）』（*Les Déracinés*）の著者はフランスとその歴史を「君主制というシステム」の中に閉じ込めようとはしなかった。

アクシオン・フランセーズの指導者が、すべてが終わったと考えた一七八九年に、すべてが始まるわけでもない。中央集権化は、まずは王政にとっての課題だった。何世紀をもかけて、歴代の国王は権力の拡大に努めた。まずは、王権と権力を競おうとする教会の要求、そしてそれ以上に武力、領地、裁判所、多くの臣下などを持ち、必要以上に傲慢な大貴族たちと戦わなければならなかった。国王は、大貴族の持つ特権に異議を唱え、徐々にその権利を剝奪していった。大貴族には、税に関するものと象徴的な意味を持つものだけを特権として残し、身分を保つことができるようにする一方で、危険なライバルとなるだけの力を残さないようにした。

一三世紀初めに、フィリップ・オーギュストは早くも中央集権化の最初の一歩を踏み出していた。この戦士は、初期のカペー王朝を代表する征服者だった。まず、彼は一一八〇年にイザベル・ド・エノーと非常に有利な結婚をした。これによって、アルトワ地方が領土に加わった。その後の手段は、戦争である。後にフランス領となる地域の多くは、イギリスの支配下にあった。戦闘、合従連衡、さまざまな術策は、それでもフィリップがよきキリスト教徒としての努めを果たして、サン・ジャン・ダクル（アッコ）の攻略に参加することを妨げるものではなかった。十字軍から戻ると、彼は再び武器を取り、プランタジネット朝のヘンリー二世、次いでジョンと戦った。ジョンには強力な味方がいた。神聖ローマ皇帝オットー四世、ブーローニュ伯ルノー、そしてフランドル伯フェランである。彼らの同盟軍を相手にしたフィリップは、一二一四年にリール近郊のブヴィーヌの戦いで大勝利を収める。この遠征の結果、ノルマンディー、メーヌ、アンジュー、トゥレーヌ、サントンジュ、さらにはオーヴェルニュ、アミエノワ、ヴェルマンドワ、ヴァロワの各地方を手に入れた。

新たに征服したこれらの地方をよりよく治めるために、フィリップはバイ、あるいはセネシャルと呼ばれる代官職を設けた。バイは北部と東部に、セネシャルは西部と南部に置かれた。代官は、バイの場合はバイヤージュ、セネシャルの場合はセネショッセと呼ばれる所管地域内で国王の代理人としての役割を果たした。これら代官は高官であり、特に税と軍事の面において大きな権限を持っていたが、同時にいつでも職を解かれうる立場であり、また異動することもあった。中世末期まで、代官は国王の監督下で、フランスの統一のために働いたのである。

中央集権化の中心となったのはパリだった。パリは、フィリップ・オーギュストの生まれた都市でもある。即位すると、彼はこの町を拡大し、美化し、そして城壁を造って防御しようとした。彼が造ったルーヴルは、城砦として建設された。ネール塔と新しい城壁も、彼が造ったものだ。一二一五年に、パリ大学に最初の規則を作って与えたのもフィリップである。クロヴィス以来の王国の首都であるパリは、ノートル・ダム寺院が建造されているまさにそのときに、重要な発展を遂げた。王国の心臓であると同時に頭脳でもあるかつてのルテティアは、さらなる飛躍を約束されたのである。

この中央集権化は、当然、封建領主たちの抵抗を伴うものだった。国王が中央集権化を推し進めるには、粘り強さと、勇気と、策略が必要だった。カロリング帝国の残骸の上に成立した封建制は、長期間維持された。国王は、何度も大領主の反乱に直面せざるをえなかった。摂政が置かれた時代――マリー・ド・メディシスの時代、アンヌ・ドートリシュの時代――は、特に貴族の反乱に適していた。この反抗的な貴族階級を、ルイ一四世は徹底的に無力化しようと考えた。それには、武力だけでは不十分で、誘惑というもう一つの手を用いる必要もあった。「太陽王」と呼ばれたルイは、フランスの貴族のうちで最も良質の人々を惹きつける才に恵まれていた。彼は、自らの宮廷をそうした貴族たちで固めたのである。ヴェルサイユ宮殿建設の動機は、国王の周辺に貴族たちを集め、反抗できなくすることだった。ルイ一四世は、無論彼らのために有利な年金を与えたが、同時に貴族たちには非常に複雑かつ厳密な礼法を作って、それに従うことが貴族としての人生にふさわしいと思い込ませることに成功した。国王の起床と就寝に立ち会うこと、宮廷人の前を歩き回る国王陛下の目に留まることなど、かつては服従を拒否した身分にとって、いまや屈従がならわしとなった。ヴェルサイユは、盛大な儀式と追従を国家的な義務にまで高めたのである。ラ・ブリュイエールいわく、「帝王の竜顔が朝臣至上の幸福をなしていること、朝臣はその一生を通じて帝王を見ることに専念し、帝王（かれ）のお目にとまって始めて至大の満足を感ずるのだということを考えて見たら、如何に神を見ることが聖者たちの身にあまる光栄幸福であるかが少しは理解せられよう」（ラ・ブリュイエール著、関根秀雄訳『カラクテール（中）』岩波文庫、四九ページ）。

国王は貴族階級を飼いならし、同時にまた中央集権を強化していった。地方長官の役割を拡大したのも、ルイ一四世である。地方長官は一六世紀以来国王の親任官であり、君主に直属する行政組織の典型であった。地方長官とは、ラヴィスが言うように、あたかも国王その人が地方にいるかのように行動する活動的な代理人、用心深い監視人、忠実な職務執行者だった。その職責を通じて、強大になった権力が施策を実行し、可能な限りその地方の生活を支配するのだった。

威厳、寛大、鷹揚、これらは絶対王政の理論家ボシュエから借りた言葉であるが、こんにちの第五共和制の大統領を迎えての儀式などにも生き残っているのではないだろうか。エリゼ宮の豪華な装飾のもとでのド・ゴール将軍の記者会見を憶えている人なら、国家の最高レベルの催しがどのようなものか心にとどめていることだろう。ド・ゴール以降でも、新大統領の就任式の光景には、共和国の仮面の下から聖なる儀式を思わせる要素が見え隠れするのである。真紅の絨毯、厳かな音楽、あたかも冠であるかのように手渡されるレジオン・ドヌール勲章の頸章、私たちが選出した君主制の新しい当主をシャンゼリゼ通りで歓呼により迎える民衆にいたるまで、一つとして欠けるものはない。「社会主義者」の大統領は、儀礼を変更し、大げさな態度をより簡素なものに改め、地方や海外に出向くときの同行者の数を減らしただろうか。そうはならなかった。自分自身が権力の座につくまで個人的権力に反対していたフランソワ・ミッテランは、あたかも王位継承者であるかのようにして大統領官邸に入った。ヴェルサイユを思わせる宮廷人に囲まれて、民主的とはいえない習慣が続いたのである。

群衆の中に入って人々と握手を交わすのも、ド・ゴール将軍が始めた、元首が地方などを訪問するときの習慣である。その際には、一斉に大統領に向けて手が差し出される。大統領に触れること、あるいはわずかにかすることで、何らかの治癒効果が得られるかのようだ。私たちの大統領は、人気が絶頂にあるときには、いまでも治療を行う者なのである。しかしながら、ヴェルサイユの時代からすでに行われている民衆と指導者の接近は、実は幻想でしかない。むしろ、距離こそが国家の筆頭官の聖なる性質を強調している。大統領が移動するときには、大量の警察官が警備にあたり、周囲ではサイレンが鳴り響き、白バイ部隊はわが物顔に振る舞い、一般民衆は君主の車列の両側に追いやられるのである。

大統領にならって、大臣たちもその序列に適う同様の扱いを受けている。かつての馬車はリムジンに変わったが、どんな大臣でも移動に際しては堂々としている。「そこの者、前を空けよ、大臣さまのお通りだ」という具合だ。装飾の施された鏡、金箔、ゴブラン織り、ルイ一五世様式の家具など、民主的な共和国は図々しくも贅沢と華美の中に居を定めた。ルーヴル宮の一翼を占めていた財務省がベルシー地区の、機能的だが魅力に欠ける新しい建物に移転することが決まったとき、新たに財務大臣に就任したエドゥアール・バラデュールは不満そうな表情を見せてこの財産接収を中止させ、再びルーヴルに執務室を構えた。彼にとって、国の金庫番が仕事をするのにふさわしい場所は、他にはなかったのである。

こうした威厳に満ちた国家の様子は、国の組織全体に広がっている。アランは、「プロポ」の中で、役所の各部署や窓口の係官の高飛車な姿勢について、次のように不満を述べている。「市民は常に、末端の係官にいたるまで、国の代理人の偉そうな態度と戦わなければならない」。

長いこと、フランスの地方は自治を奪われてきた。私の父の出身地であるアルトワ地方を見てみたらどうだろうか。一六七七年四月三〇日にサン・トメールに入城したルイ一四世は、行政に関わる伝統を尊重するそぶりは見せた。人頭税も、塩税も課されることはなかった。しかしながら、すぐに地方長官補佐がサン・トメールに着任し、警察条例や職業団体の規則など、かつては市参事会が担当していた事項を取り上げてしまった。この地方長官補佐は市の財政をも監督した。地方総督が任命され、軍事上の権限と責任を負った。検察官の業務は主席検事に委ねられた。一六八二年からは、地方長官補佐が市長を任命するようになった。一七三三年になると、地方長官補佐は市参事会のメンバーもすべて任命するようになった。市参事会の権限は次々と縮小させられた。この地方での一例を見ても、王権による中央集権化の勢いが凄まじかったことがわかるだろう。

この中央集権化の事業において、国王が支持基盤としたのは発展しつつあったブルジョワ階級である。すでにルイ一一世は、貴族と戦うために、上流社会で「取るに足りない人たち（下層の人たち）」

と呼ばれた人々を周囲に集めた。都市に住み、手工業や商業を営む彼らが、絶対王政を建設する上で社会的な基礎となったのである。ルイ一四世の宮廷に敵対していた反動的文筆家のサン＝シモンは、「悪しきブルジョワジーによる治世」という有名な言葉を残している。これは予想されたことだった。絶対王政に対する異議は「ブルジョワ」革命からではなく、やはり貴族、それもいまや自由主義に染まった貴族から発せられた。これは保守的な自由主義である。なぜなら、貴族が絶対主義を否定したのは、ルイ一四世時代末期のフェヌロンがそうだったように、かつての特権へのノスタルジーによるものだったからだ。ルイ一四世が亡くなった後に摂政が置かれると、また大貴族たちが頭をもたげてきた。特に、ルイ一四世によって権能を国王の発する政令を登録することだけに縮小されてしまった高等法院評定官らである。彼らは、「太陽王」の遺言書を無効と判定した。

　アンシャン・レジームの分析を行ったトクヴィルは、中央集権化は貴族階級の弱体化と対になって進められたと指摘している。貴族階級は、中央の権力と国王とをつなぐ仲介者の役割を担っていた。貴族階級の力が弱くなればなるほど、中央集権は強化された。法官貴族の出身だったモンテスキューは、絶対王権、すなわち無統制な権力の批判者だった。彼が唱えていたのは「阻止能力」というもので、それはフランスでは国王の手に集中していたいくつかの異なる権限の間の均衡を取ろうとするものだった。しかしながら、英国で王権を制限し、議会制を敷くまでに進化した貴族的自由主義は、フランスでは発展を妨げられた。ルイ一五世とルイ一六世が、摂政時代には再検討の対象とされていた絶対君主制を復活させたからだ。普遍性を宣言した革命によって初めて、「専制政治」は倒されたのである。そして、一七八九年に樹立され、国王を処刑するにいたった驚くべき体制は、またもや貴族の反乱によって揺るがされることになった。

大革命は国の機構を民主化しようと努めたが、一〇年後にはクーデターによって終焉を迎え、ボナパルトの執政政府、次いで帝政に席を譲った。ボナパルト体制は、フランスの中央集権化を確固たるものに仕上げた。一七八九年の憲法制定国民議会によって作られた新しい地方行政の単位である県は、それ以降、中央政府の指揮下にある県知事が監督することになった。県知事のもとには、郡ごとに副知事が置かれた。こうして、ピラミッドは完成した。内務大臣シャプタルは、一八〇〇年に立法院で次のように演説している。「県知事は主として行政事務の執行を担当し、副知事に指示を与える。副知事は、市町村長に指示を伝える。このようにして、行政事務は大臣から住民にいたるまで途切れることなく執行され、また法律や政府の指令を社会秩序の末端にいたるまで電流のすばやさで伝えるのである」*。これは驚くべきことだ。大革命は、政治上、行政上の権力を立て直すこと、すなわち国民主権のもとに置くことを目指していた。帝政は、国民主権の名において、非民主的な中央集権を復活させた。すべては上から下へと向かうのである。

第三、第四、第五の各共和制は、それまでの県の行政制度を廃止することを怠った。一九八二年に成立した、ガストン・ドフェールの手になる地方分権化法でも、中央政府の代表者を各県に配置する制度は維持された。ボナパルトは、いまなお生きているのだ。

国家参事会、会計検査院、教育大臣を長とする大学、政教条約に付加された追加条項により服従し

＊ C.Charle, in *Les Hauts Fonctionnaires en France au XIXe siècle*, Gallimard, 1980, p. 80

た教会、皇帝に忠実な軍隊、これらすべては秩序が回復し、自らの事業が奨励されたことに満足した名士たちの祝福のもとで作られたのである。こうして、近代フランスの行政組織は完成した。

その要となったのが、高級官僚である。アンシャン・レジームの末期に、セバスティアン・メルシエは次のように記している。「一部の行政官は自分たちがいなければ社会は無秩序でお互いのつながりのない有象無象の集団と化すと考えているが、これは、まったくもって馬鹿馬鹿しい、愚かな言動だ」。しかしながら、この二〇〇年で、その自信はますます深まった。フランスでの高級官僚の威信は特別なものだ。議会制共和国は、行政機構に対する政治権力の優位を確保すべく、最大限に努力してきた。第五共和制の発足以来、行政機構はますますテクノクラート化している。一人の国民議会議員は、財務監察官を前にしてどの程度の重みを持ちうるだろうか。大臣にしてからが、高級官僚の前では思った以上に主張を抑えざるをえない。選挙で選ばれたわけでなく、表に出てこない高級官僚の仕事は実行することだ。政治的に脆弱なため次々と体制が変わっていく中で、高級官僚は政治家よりもしっかりと国家を体現したのである。一九世紀初めの制限選挙制下の王政においては、縁故で採用される者が多かった高級官僚だが、その後は試験を経て採用されるケースが次第に増えていった。第一および第二帝政は、中間団体や選挙により選ばれた議会を警戒して、高級官僚に一つの階級としての地位を与えた。アンシャン・レジームの貴族階級の後を、職能による貴族階級、国家組織による貴族階級が継いだのである。しかも、新しい貴族は古い貴族と同様に世襲のこともあった。

一九四四年に国立行政学院（ＥＮＡ）が設立され、官僚の地位は最終的に確立された。他のいかなる近代国家にもまして、フランスはＥＮＡでよく教育され、訓練され、型にはめられた官僚の集団を持つにいたったのである。ＥＮＡは生徒と卒業生に能力の高さを根拠とする名声を与えるとともに、強い連帯意識を植えつけた。恐らく、新しい世代の卒業生たちは、国家のために働くことに対して、一九四四年のフランス解放時とは異なった感覚を持っていることだろう。天下り、すなわち民間企業に移籍することは普通になり、抵抗はあまり感じられなくなった。しかしながら、第五共和制は、「エナルシー（ＥＮＡ支配）」の批判に、絶えず応えなければならなかった。それは、この体制をになう人々――政治家だけでなく、大臣補佐官、高級官僚、財務監察官、外交官、国家の主要機関のメンバー等――のうちの多数が、各個人の政治的な色分けにかかわらず、政治家と行政官の養成にあたって重要な役割を演じたＥＮＡという豊かな母胎の出身者だったからだ。今後の大統領選挙の決選投票では、常にこの有名校の同窓生二人が対決するようになるのではないか、とさえ思えるほどだ――そうなれば、「同級生の共和国」が再現されることになるだろう。事実、一九九五年の選挙では、シラクとジョスパンという二人のＥＮＡ卒業生が対決したのである。

他国に例を見ないこのような国家の構造、次々と続いたいくつもの政治体制が形成してきた中央集権には、利点もあった。それが国家を統一し、政治的不安定にもかかわらず、国家の継続を保証してきたからだ。その代償は、すべてがパリに集中することだ。フランスには、中央集権的機構に対しては、二つの感情が存在している。一方には、止むことのない不平不満があり、他方には同様に際限のない国家に対する要求がある。

古くから、中央集権化を進める国王は、納税者の不満に対処しなければならなかった。戦争遂行と行政のための手段であり、国王の栄光を支える道具だった税務当局は、住民にとっては我慢のならない存在だった。彼らは次々と反乱を起こした。反乱はときとしてきわめて激しく、税務当局の職員にひどい暴力を加えることもあった。* クロカン〔一七世紀に一揆を起こした農民〕は、遠く離れたところにあり満足することを知らない中央政府への抗議の歴史的シンボルの一つである。何世紀も以前から、この種の反乱は終わることがない。一九五〇年代半ばのピエール・プジャード〔第11章参照〕の運動も、そのうちの一つだ。

首相官邸のマティニョン館や、大半の中央官庁が集中しているパリ七区の平和な住民は、ラスパイユ大通りやバック通りに買い物に出かけたときに、自分たちの要求を主張するためにヴァレンヌ通りやグルネル通りに近づこうとするあらゆる種類のデモ隊に、一年を通じて遭遇する。理解されない公務員、失望した年金生活者、怒れる身体障害者、勇気ある看護師、DV被害者の女性、苦しめられている父親、勤務時間延長の脅威にさらされる列車の機関士、労働時間短縮の危機にある製鉄所の労働者、政府の改革案に反対する高校生、奨学金支給を要求する大学生、社会保険機関に抗議する薬剤師、年金を要求するアルジェリア戦争の元兵士、ピレネーの最後の熊の保護を求める環境保護団体、深刻なものからより軽いものまで、あらゆる主張を振りかざすNPOや職能団体、さまざまな運動家が、全国のいたるところからバスに乗ってやってきて、プラカードを掲げてセーヴル・バビロヌ交差点からアンヴァリッド前広場にかけてパリの路上を行進する。権力は、ここにある。この、ごく狭いが有名な街区にあって、機動隊に守られている。包囲戦は、多くの場合穏やかな雰囲気の中で行われ、担当大臣を風刺する歌を歌って揶揄するぐらいだ。ときによっては、暴力沙汰が起こり、血が流れ、デモ隊は警棒を持った機動隊員に強制的に解散させられるが。

中央集権化と確実な行政能力の代償は、政府が遠く離れた存在となることと、市民が無責任になってしまうことだ。フランス人は、しかつめらしいこの国家、話がうまくて上級カーストへの帰属感を醸し出す高級官僚、政府と国民の間にいくつもの関門を設ける巨大で冷たい官僚機構を嫌っている。しかし、それは自分の子供がＥＮＡに合格することを夢見るのを妨げはしない。官僚に対する警戒感と、その仲間に加わりたいという、アンビヴァレントな感情がそこにはある。フランス人は国家が好きではないが、国家に対してすべてを求める。治安、失業対策、教育、好調な経済、健康、そして幸福さえも国家に要求しかねない。フランス人は、フランスではすべてに国家が関わることを、歴史から学んだのである。

＊ J. Nicolas, *La Rébellion française*（*Mouvements populaires et conscience sociale 1661-1789*）, Folio-Histoire/Gallimard, 2010

第7章

革命の名声、大革命の失敗

一七八九年のフランス革命以来、フランスは革命を繰り返し、革命の国とさえ見られるようになった。しかし、それはフランスが安定した政治体制をなかなか作れなかったことを意味してもいる。

「世界を作り直さねばならない」。一九六七年にラウール・ヴァネイゲムは自著『若い世代のための礼儀作法概論』（*Traité du savoir-vivre à l'usage des jeunes générations*）で、こう宣言した。一九六八年五月の危機が訪れたのは、その一年後のことだ。後になって、これまでの幾多の人々に続いて、不発に終わった革命を描いた映画には「私たちはこれほどに革命を愛した」（Nous avons tant aimé la Révolution）という題名がつけられた。一七八九年と、それに引き続く一八三〇年〔巻末の年表を参照のこと。以下同〕、一八四八年、一八七一年は、すでに歴史的遺産の一部になっている。フランスは教会の長女であるだけではなく、革命の母でもあるのだ。私たち一人ひとりのうちに、反逆者が眠っている。もしくは、その分身であるヴェルサイユ派が。二〇世紀においてもなお、革命は夢を見させた。社会主義者、共産主義者、シュルレアリスト、トロツキスト、極左、状況主義者、毛沢東主義者、彼らはいずれも、それぞれのやり方で革命を追求したのである。

フランス人は革命を発明したと思っているが、イギリス人はそれよりも早く、二度の革命を経験している。最初は、一七世紀中葉、オリヴァー・クロムウェルの指導のもとで国王チャールズ一世を斬首刑に処した後、クロムウェルが清教徒の共和国の先頭に立ったときのことだ。この事件は、フランス人にはヴィクトル・ユゴーが題材にした劇の序文によって知られており、かつては高校生たちがそれについて作文を書かされたものだ。この共和国は、クロムウェルの死とともに終焉を迎えた。二度目は一六八八年、スチュアート朝の絶対主義が自由主義勢力により最終的に清算されたときのことだ。国王は逃亡したが、死者は一人も出なかった。もはや共和制は話題にも上らなかった。王朝だけが交代し、オラニエ＝ナッサウ家のウィリアム三世が即位した。

合衆国が成立したアメリカ独立戦争は革命でもあり、アメリカ人はこの革命をフランス人よりも先に行っていた。しかしながら、イギリス人やアメリカ人が革命家だと思う者はいないだろう。一六八八年の「名誉革命」をもって、英国の革命のサイクルは閉じられた。それ以降、英国はさまざまな内部対立を経験したが、その政治制度は民主的な方向に発展を遂げ、王政や宗教の是非が問われることはなかった。アメリカ人にとっての革命は一回で終わり、こんにちでも当時の憲法を維持している。憲法改正は何度も行われたが、神聖なその根幹部分はいまでも変わっていない。

フランスはというと、一七九一年以来、一五にも及ぶ憲法が起草された。この国では、革命は安定したサイクルを開くのではなく、自由と平等の原理の名において、再生、再建、再興への決して満たされることのない欲望に活動の場を与えたのである。第五共和制発足後五〇年を過ぎて、ジャーナリストや政治家が第六共和制の樹立を求めることもある。憲法とは、改正可能なものであることを思い出すのもよいだろう。憲法自身が、上下両院の合同会議か、国民投票により改正できると規定している。しかし、タブラ・ラサ（白紙状態に戻すこと）ほど美しいものはない。すべてを消し去って、また一から始めるのだ。第一条、云々。

それは気性の問題だろうか。英国人がクリケットを得意とし、アメリカ人が芝刈り機の扱いに秀でているように、フランス人はバリケード作りに向いているのかもしれない。フランス人——の一部——と、想像世界のあらゆる欲望が流れ込むこの時代転換との間には、愛情関係があるのだろうか。一九三六年の大ストライキの際の社会党左派のマルソー・ピヴェールの言葉「すべてが可能だ」(tout est possible) は、決して冷めることのない欲望を表しているのかもしれない。これは、ランボーの別の表現によれば、「生を変える」(changer la vie) ことなのである。

この独特な心理状態について、メルロ＝ポンティは、『弁証法の冒険』(*Les Aventures de la dialectique*, 一九五五年）の中で、次のように書いている。「ある境界線を想定し、それを越えれば人類はようやく無分別な騒ぎに終止符を打ち、自然の静止状態に戻るのだと仮定することができる。この歴史の絶対的浄化という観念、無力さも偶然も危険もないこの体制という観念は、私たちの不安と孤独の裏返しの反映なのである。不安な感覚を隠すための手段でしかない『革命的』精神というものもあるのだ」。

フランス人がいくつもの革命を起こしたのは、実際には、フランス近代史の幕開けを告げる事件である一七八九年の最初の革命に失敗したからだ。私たちの祖先は、絶対主義を打ち倒したときに、イギリス人やアメリカ人と違って、憲法を基本とする安定的な枠組みを作ることができなかった。枠組みがあれば、その内側で、光の部分も影の部分も含めて、私たちの歴史は進んだことだろう。一七八九年に始まった建設事業は、本当には完成していないのである。

革命の政治的な目的はよく知られている。それは絶対王政を廃し、その代わりに国王の権限を制限した、穏健な立憲君主制を打ち立てることだった。しかし、そうした体制を作り上げ、永続的に維持することは不可能だった。英国人は、力を失った王朝を新たな王朝と交代させることで、議会主義による君主制の樹立に成功したが、フランス人にはそれができなかった。フランス人は国王本人と王家の承認のもとで国王の権限を縮小できると考えたが、それは間違いだったことを知ったのである。主権の分割は、立憲議会の議員たちにも、国王にも想像できなかった。立憲議会はルイから神聖な権威の象徴を奪った上で、彼を国王の地位に留めようとした。かつてのフランス王は、いまや「フランス人の王」、新しい国家の高官の筆頭者でしかなかった。その権限——行政権——は、一般意志と一体化した議会——立法権——に従属するものだった。このような仕組みは、権力間の均衡を実現するものではなく、逆に主権者たる国民の代表を上位に置くものだった。

ルイ一六世は、自らの権能がこのようにおとしめられることには同意できなかった。国王は、国外逃亡を試みたが、その逃避行には周知のとおりヴァレンヌで終止符が打たれる。彼は表面的には原則を受け入れ、自らの意思に反して、しかしそのことを気づかれないように憲法遵守の宣誓を行い、実際には外国との戦争によって革命が打ち負かされ、かつての特権を回復することに期待をつないでいた。戦争は始まった。議員たちの多数も戦争を求めていた。国王の本心を明らかにすることができるから、というのがその理由だったかもしれない。しかし、戦争が終わる前に王は反逆罪に問われ、有罪判決を受け、処刑されたのである。

それ以来、フランスは新たな政治体制を求めることになった。実は、フランスは密かに新たな父親を求めていたのである。提案された民主的体制には、頭がなかった。頭は、（ルイ一六世の処刑により）フスマ入りのかごの中に落ちてしまったからだ。国民の大半は、顔が見えず遠く離れた感のある、喧嘩ばかりしている兄貴たちの権力を認めることができなかった。その後の展開は、フランス人の多数が一人の人物によって体現された権力を必要としていることを証明するものだ。国王がいないため、彼らは偶像を、安物の英雄を、すぐに賞味期限の切れる指導者を作り出した。この要求が満たされるためには、不幸なペタン体制という災難を別にすれば、ド・ゴール将軍の第五共和制を待たなければならなかった。

ここにいたるまでにはずいぶんと時間がかかった上に、全員から受け入れられる政治システムを確立することができたのかどうか、私たちは確信を持てないでいる。大統領と議会の多数派が一致している場合には、権力の独占が批判の対象となる。エリゼ宮は君臨し、かつ統治するのである。大統領と議会の多数派の一致しない共存政権（コアビタシオン）下では、政府の無力と無策、そして混乱は体制のせいだとされる。そのとき、改革派は改革案を振りかざして、大統領の任期の七年から五年への短縮などを提案する。この案は、事実、実現した。スタートの時点では、大統領と議会の任期は同じなのだが、議会には解散の可能性がある。大統領は辞任することもあるし、死ぬかもしれない。大統領と議会が同じ色であるという保証はないのだ。有権者が大統領を人物本位で選び、下院選では利害に基づいて投票することも十分にありうる。そうなれば、大統領と議会が共同歩調を取るとは限らない。いずれにしても、現在の私たちの政治制度は、一七八九年以降で最もましなもののように思える。それでも、主権者たる国民の代表と、国民が最高責任者として選んだ人物の間の均衡が取れることが望ましいだろう。それが、現在の制度の弱点なのである。

こうした疑問の中で、第三の権力、すなわち司法権は自己主張をし始めているようだ。憲法評議会から予審判事にいたるまで、司法官は立ち上がって、政治権力に異議を唱え、公共道徳に関する判断を下す権限を手に入れた。彼らが国民によって選ばれた代表の正統な権限に取って代わろうとするのでなければ、私たちは司法官の独立性に進んで喝采を送るだろう。しかし、司法官たちの意図は必ずしも明らかではない。二〇一〇年の時点では、より問題なのは司法官の独立性の不足であって、その権限が大きすぎることではない。クリアストリーム事件で、裁判所がドミニク・ド・ヴィルパン元首相に対して無罪判決を下し、これに対して検察官が控訴したときには、疑義が生じた。皆が、検察が控訴したことの背後に、ニコラ・サルコジ大統領の影を見たからだ。しかしながら、二〇〇九年には民主主義と法治国家を強化する新たな前進が見られた。それ以降、あらゆる市民が、所定の事前審査を経た後で、憲法評議会に提訴することが可能になったからである。

一九五八年以来、私たちは進歩を遂げた。そのことは確実である。国家の組織は、政府が政策を実行し、司法が裁くことができるようにしなければならない。弱点は、私の見るところ、市民の参加である。市民は、必ずしもその声を届けることができない。選挙では多くの有権者が動員されるものの、本当にその意見が生かされているとは言えないし、デモは長続きしないものだ。世論調査は活力のある民主主義に取って代わっているが、それには大雑把なところがあり、カリカチュアめいている。権力を執行する者は多かれ少なかれ気まぐれな方向に進もうとしがちだ。世論に従う政府は、優柔不断な政府なのである。

一七八九年に宣言された民主主義は、いまもなお新しい考え方だ。ポール・リクールは『倫理と政治』(*Ethique et politique*)の中で、次のように書いている。「権力に対して、民主主義は決定への参加が常により多くの市民に保証されている制度だと私は考える。したがって、主君と臣下の間にある隔たりが縮小する制度である(中略)。この決定への参加に加えて、私は権力が分割されなければならないことを付け加えておきたい」。民主主義とは、一義的には、市民が国家元首あるいは国家を指導する集団を投票によって交代させられることだ。その次は参加であるが、ここにいたるまでにはまだ相当な距離がある。

第*8*章
大革命からライックな共和国へ

フランスは、革命によって神授の絶対王政からライックな共和国へと舵を切った。その結果、独自のライシテの概念が誕生した。

大革命は、憲法制定の面では失敗したが、それでも私たちの歴史に、剣の刃で断ち切ったかのような大きな断絶をもたらした。最も大きな意味を持った断絶は、宗教的かつ形而上学的なものだった。何世紀にもわたる玉座と祭壇の同盟関係は、政治権力が持つ権威は神から授けられたものであることをフランス人に教えていた。権力の正統性は、社会の外部にその起源があったのである。大革命とは、まずこの権威における関係の逆転だった。神により授けられた権力は、国民主権から発した権力に取って代わられた。学術用語でいえば、他律から自律へと変化したのである。人および市民の権利宣言（人権宣言）は、その前文で「最高存在」に触れているものの、それはこの宣言を構成する一七カ条から、神の超越性を排除するためだった。その第三条によると、「すべての主権の淵源は、本来的に国民にある」（初宿正典・辻村みよ子編『新解説世界憲法集』第二版、三省堂、二六九ページ）のである。

大革命は、その当初において無神論的ではなかった。人権宣言第一〇条は、「何人も、その意見の表明が法律によって定められた公の秩序を乱さない限り、たとえ宗教上のものであっても、その意見について不安を持たされることがあってはならない」（前掲『新解説世界憲法集』二六九ページ）と明記している。ここで主張される自由は、しかしながらカトリック教会の教えとは相容れないものだ。ローマの教導権に従うなら、真実はただ一つでなければならず、そこから逃れることは許されていなかった。そうである以上、革命下のフランスとローマ教会の分裂は避けがたかった。

多くの歴史家は、反対に、両者間の妥協は可能だったはずだと考えた。表面的にはそうだったのだろう。なぜならば、両者間の紛争は教会財産の国有化をめぐる、世上権に関わるものだったからだ。立憲議会は、ルイ一六世のもとで破綻の危機にあった財政を立て直すために、教会がフランスに所有する莫大な財産に手をつけることを決定したのである。教会の所有地を国有化することで、議会は聖職者の組織を見直さざるをえなくなった。その結果が、一七九〇年七月の聖職者民事基本法である。議会が法王の意見を聞くことはなかった。ピウス六世は、八カ月たって初めて、この法律を非難する声明を発表した。したがって、双方ともにその対応は適切でなかったと言えよう。立憲議会は、秘密裏にであってもローマと交渉し、何らかの妥協点を見出すこともできただろう。法王が優柔不断な態度を取らなければ、最終的な決裂にいたらずにすんだかもしれない。議会が聖職者一人ひとりに求めた法に対する宣誓が分裂を決定的なものとし、宣誓した聖職者とこれを拒否する者を対立させ、フランスを二分することになった。これらすべては、あまり賢明だったとは言えない。宗教戦争を避ける手立てはあったはずである。

右に述べた理屈には疑問の余地がある。大革命とローマ教会の間の紛争は、小さな問題ではなかった。それは、カトリックの教えの本質、そして革命の哲学の本質に関わるものだったからだ。一七九一年三月に、ピウス六世は自らの判断を公にした。聖職者民事基本法によればローマ法王は教会全体に対する裁判権における優位を失うこととなり、その限りにおいて「カトリックの破壊をその目的かつ結果とするもの」だと述べたのである。同時に、これが問題の核心なのだが、法王は一人ひとりに信教の自由、宗教上の自由、「宗教に関して、最も異常な想像力が想起させるものを、罰せられることなく勝手に考え、書き、印刷することとさえ」認めた人権宣言を非難した。

当時のカトリシズムは、自由主義の原則を認めることができなかった。ローマは繰り返し、二〇世紀の半ばにいたるまで、反自由主義的な教義を主張したのである。ピウス六世の後継者たちは、代々同じ非難を続けた。グレゴリウス一六世は、一八三二年に「一人ひとりに信教の自由を与え、これを保証しなくてはならないという愚かで無意味な考え、というよりは妄想というべきもの」を糾弾して、次のように述べている。「完全で無制限な言論の自由は、あらゆるものの中で最も危険なこの誤りに道を開くものだ」。

教会は、人間の本性は悪に傾きやすいものだとの理由から、自由を認めていなかった。神は君主たちの権力を確立し、人々はこれに従う義務を負っているというのである。一八六四年に、ピウス九世の回勅「クアンタ・クラ（注意深く）」が発せられたが、これには「シラブス（誤謬表）」と呼ばれる、最も犯されやすい八〇の過ちのリストが付属していた（そのうちの上位に位置していたものの一つに、ローマ法王が「進歩、自由主義および近代文明」と「和解する」もしくは「妥協する」ことがありうるという考え、があった)。これが発せられた直後、フランスの聖職者から範とされていた思想家ルイ・ヴィヨは、はっきりと書いている。「非キリスト教の権力というものは、他の宗教と結びついていないとしても悪であり、悪魔であり、さかさまの神権政治だ」。そのはるか後、カトリック信者で若いエンジニアだったマルク・サンニエがカトリックと民主主義の理想の和解を夢見て「ル・ション」を結成したとき、ピウス一〇世は「大革命の影響を受けたもの」だとした上で、この最初のキリスト教民主主義の実験を非難した。教会がようやく刷新を果たし、政治的多元体制と宗教的な自由を本当に認めるためには、一九六五年に終了した第二ヴァティカン公会議を待たねばならなかった。

両大戦間に、キリスト教哲学者ジャック・マリタンは、『反近代人』(*L'Antimoderne*)という意味深長な題名の本を著している。大部分のカトリック信者と教会は、いまだに新たな中世、すなわち教権が世俗に直接的に指針を与える時代の再来を夢見ていた――少なくとも、そうした時代が再来しうると考えたかったのである。それは、社会が宗教的な感性に満ちていて、教会の掟に従ってその鐘楼のまわりに組織されていた時代への郷愁である。そうしたカトリックの教育から解放されたエマニュエル・ムニエは、仲間の信者たちによく目を開くよう、マリタンの著書と同じくらい多くを物語る題名の著書『いまは亡きキリスト教世界』(*Feu la chrétienté*)で呼びかけた。

フランスには長い間にわたって、政治を宗教の監督下から解放しようとする革命派の思い上がった要求に反対する人々がいた。この人たちの見るところでは、人間は自律的な存在ではなく、国家は中立的ではありえなかった。教会は真理、教会の守護のもとにあるただ一つの真理に疑問を呈する民主主義とそこから派生する自由を否定したのである。

フランスでは、民主主義は――共和制の形をとって――ローマの教えに敵対する形でしか定着することができなかった。聖職者は自然と王党派、あるいは少なくともボナパルト派の側についた。それは、ピー枢機卿がガンベッタの共和国を厳しく叱責していた、第三共和制の最初の二〇年間に見られた現象である。レオ一三世が、フランスの信者たちに対して共和制に賛同するよう勧告した際には、物事がうまく収まるのではないかと期待されたが、一九世紀末のドレフュス事件は、この賛同に限界があることを露呈するものだった。カトリック系の新聞の大半は、議会制共和国を転覆しようとするナショナリストを支持したのである。一九三〇年代には、第一次大戦とユニオン・サクレ（神聖同盟）の時期に始まった新たな展開が何かをもたらすのではないかとの期待があった。しかし、一九四〇年の敗戦とヴィシー政権の誕生は、教会上層部の考え方が基本的に変わっていないことを明らかにした。一九四四年のフランス解放までの期間、多数のカトリック信者が自由フランスとレジスタンスに参加したにもかかわらず、司教や大司教はわずかな例外を除いてペタンに忠実であり続けた。家父長主義的なペタンの体制は非民主主義的、反ユダヤ的であり、宗教を尊重していたから、司教たちには一七八九年の革命に対する復讐のように思われたのだ。一九八九年の革命二〇〇年記念に際して、パリ大司教のリュスティジェ枢機卿は、教会と忌むべき啓蒙主義の哲学を起源とする大革命の間にあった根源的な断絶について発言している。

フランス人の伝統的な宗教と、フランス人の多数が賛同した民主主義との間の断絶――民主主義を支持する人の割合は、長いこと半数を少し超える程度にすぎず、このことは対立の根深さを物語っている――のゆえに、憲法は不安定な状態に置かれることになった。同時に、この断絶により政治的に二つの極が形成された。一つは保守的かつ反動的な右派グループで、教会の意向に従っており、もう一つの左派グループは自由主義的かつ（あるいは）民主的で、教会の後見人的な権力を否定していた。その結果、「教権派」と「反教権派」との間の闘争が長く続いたのである。「反教権派」が「教権派」に強制しようとした結論が、ライシテだった。一八七七年以降、決定的な勝利を収めた共和派は、社会の世俗化と国家における政教分離を加速させた。共和派は、宗教教育を排した、無償で非宗教的な義務教育制度を確立させた。宗教教育は、学校の外で、特定の日（当時は木曜日だった）に行われた。共和派は、ローマ法王が忌み嫌っていた報道の自由とそのほかの自由を認めた。離婚も再び認められた。そして、ドレフュス事件での対立の後、一九〇五年に、国家と教会の分離を法制化したのである。

プロテスタント諸国と比較して、フランスは特色のある思想と法制度を整えたといえる。米国の例を見てみると、教会と国家は分離しているが、宗教的感情はかつてもいまも公的な場面に深く浸透している。祈り、儀式、聖書の朗読は国の行事でも認められている。フランスでは、宗教は立法者によって私的領域に限るものとされた。それ以来長い間、二つのフランスの間では緊張関係が続いた。なぜなら、共和制となった国家は、完全に中立的ではなかったからだ。アルベール・ティボーデは、「一世代にもわたって教会と対立した共和国は、反教権の戦いの中で、一つの思想的世界を作り上げ、反伝統の立場から国家精神を構築し、それを教えなければならなかった」と書いている。一八七九年から一八九六年まで初等教育局長を務め、『教育学事典』（*Dictionnaire de la pédagogie*）を著わしたフェルディナン・ビュイソンは、その代表的な思想家だった。

こうした時代は、もはや過去のものだ。カトリックの衰退は、和解を容易にし、対立を緩和し、信者にとっても祖先の遺産である非妥協的な立場から徐々に解放されることを可能にした。それでもなお、ときとして、司教あるいは大司教が立法者に対して、大聖堂で説教するのにとどまらずに意見を述べることがある。フランス人は、その意見に耳を貸すこともあれば、そうでないこともあるが、どちらかといえば後者の場合が多いだろう。いずれにしても、私たちの政治システムはこの大きな対立を中心に形成されていて、左右対立の二重性、ライシテ、学校教育をめぐる論争は、その独特の結果なのである。

第三共和制により法制化されたライシテは、イデオロギー的対立のある場合に不可欠な解決策となった。ライシテは、カトリック教会が、キリスト教世界全体が――政治にせよ私生活にせよ――教会に従属するとの理想に執着を持っていた時代に、教会との戦いの中で多数の人々により生み出されたものだ。形而上学的な戦いは終わり、共存の時代となったいまでは、ライシテは中立的な原則となり、平和共存のためのルールとなった。それでもライシテは、宗教的な信条を私的なもの、共和制の理念に従属するものと位置づけた。すなわち、信仰告白は目立たないよう、控えめに行われなければならないのだ。どの一神教にも、自らの立てた行動規範に基づいて、社会を支配しようとする傾向がある。多元的な社会においては、その作用を中和させることが必要だ。学校におけるイスラム教のスカーフ問題に際して、「寛容」を掲げる善意の人々の一部は、そのことをよく理解していなかったが、これはあらゆる点から重要な問題だ。ある宗教への帰属の明示を拒否することは、あらゆる神権政治に対して自由の原則を強調することでもある。女性蔑視に対しては男女平等を明確化し、神を信じるものと信じない者の間にも、共和主義的な博愛があることを主張しなくてはならない。

イスラム教のスカーフ着用をめぐって、いくつかの学校で問題が発生したとき、ジャック・シラク大統領のイニシアティヴで「共和国におけるライシテ適用の原則」につき審議する委員会が設置された。委員長の名前を取ってスタジ委員会と呼ばれたこの委員会は、二〇〇三年一二月一一日に報告書を提出し、これを基に公立の小・中学校および高校において「特定宗教の信仰を特に目立った形で明らかにする標章や服」の着用を禁止する二〇〇四年三月一五日の法律が制定された。二〇〇八年六月には、国家参事会は、イスラム原理主義の一派であるサラフィズムを信奉し、ブルカを着用するモロッコ人女性のフランスへの帰化申請を却下する二〇〇五年五月一六日の政令を適法とする判断を下した。その根拠として国家参事会が挙げたのは、「過激な宗教の信仰およびその実践」は「フランス社会の根幹を形成する価値観」とは相容れない、というものだった。それは、男女間の平等に関わる問題だった。

一神教とは独占的、排他的な傾向を持つものである。こんにち、ライシテはそれぞれの宗教の独占的性向や排他的傾向にもかかわらず、それらが共存することを可能にしている。そのためには、譲歩、伝統からの脱却、信仰の一致がもはやなくなった現代社会への適応が求められる。差異を強調しすぎることは市民間の分裂を引き起こし、民主的な国民の敵であるコミュノタリスム〔宗教的、民族文化的マイノリティが、自らの特性を強調した共同体を形成しようとする考え方。フランスの伝統的な同化主義と対立し、社会の分裂を助長するものとしてしばしば危険視される〕を生みだすものなのである。

第9章 平等を求める意思

フランス革命は自由とともに平等をもたらした。以後、平等はフランス人にとって、自由以上に重要な価値になった。頻繁に起きるストやデモは、平等を求める衝動によるものだ。

フランス革命は、自由だけを求める革命ではなく、平等の革命でもあった。かの一七八九年八月四日の夜、社会に急激な変化がもたらされた。この日までは、どのような出自かによってすべてが――あるいは、ほとんどすべてが――あらかじめ決められていた。シエイエスの言葉によれば、特権を得るためにはおよそ三〇万人の一人に生まれればいいのであって、それによって残る二五五〇万人を屈従させることができた。人および市民の権利宣言は、第一条でこう謳っている。「人は、自由、かつ、権利において平等なものとして生まれ、生存する。社会的差別は、共同の利益に基づくのでなければ、設けられない」（前掲『新解説世界憲法集』二六九ページ）。これは、大革命にとって決定的な勝利だった。なぜならば、それ以降のフランスのいかなる体制も、市民間の平等という神聖な原則を――少なくとも理論上は――問題にすることがなかったからだ。

社会批判――特にマルクス主義に基づくもの――は、この民主主義の成果を、「形の上のもの」だとして、しばしば過小評価してきた。経済的な不平等が、現実には特権の仕組みを継続させている、というのがその理由である。それは、変化の根深さが十分に理解されていなかったことを物語っている。フランス国家成立以来と言ってもいいが、何世紀も前から住民の一人ひとりが、他の国でと同様、両親の身分によって規定され、それは変更のしようがないことだった。新しい規則では一人ひとりが平等と認められたのであり、これは社会の序列が激変したことを意味していた。三身分制の廃止により、それ以降、農民の息子と元侯爵の子供に同じ権利が認められた。財産の面での不平等が残ったとしても、フランス人はわずかな時間のうちに、言語表現と意識の中で、平等の精神を獲得したのである。

これを理解するには、一九〇〇年前後にドイツ、英国とオーストリアで生活した後にパリにたどり着いた旅人の言葉を聞いてみるとよいだろう。その旅人シュテファン・ツヴァイクは、『昨日の世界』(*Die Welt von Gestern*、仏訳題 *Le Monde d'hier*)の中で、当時、パリの日常生活において平等が広く行きわたっていることの驚きを書き綴っている。ロンドンやウィーン、ベルリンで目につく下層の人々に対する傲慢な態度や蔑視、あるいは身分意識の象徴がパリには見られないことを知って、彼は大いに喜んだ。特に、彼はパリ有数の高級レストランに、お祝いのためにある農民の家族がやってきたときのことを語っている。他国とは異なり、給仕や給仕長は、田舎者が入ってきたのを見て軽蔑する素振りを見せるどころか、農民たちに「ご主人様」、「奥様」と呼びかけた。「給仕は大臣や閣下たちに対応するときと同じだけの丁重さと注意をもってサービスをした」のである。そして、他の同種の光景を描写した後、パリでは「革命の遺産が血に流れている」のだと説明している。

こうした平等への愛着は、熱狂的なものとなりうる。トクヴィルは、フランス人は「自由の中に平等を求める。もしそれが得られないならば、隷属の中に平等を求める」と書いている。自由と平等の二つの概念を極限まで追い求めるなら、それは相容れないものとなる。遅かれ早かれ、最大限の自由を求める者は、次のレーニンの言葉に行きつくのだ。「自由？　何のために？」。自由の国とされるフランスは、政治的に自由主義の重要な運動を経験していない。逆に、平等に関する理論と宣言については、恐らくその祖国だと言っていいだろう。すべての革命家が、好きなだけ汲みだしても枯渇しないほどの平等論の蓄積がある。

すでに大革命以前から、哲学者たちは、人間の不幸の原因はただ一つだけだと考えていた。それは、私的な利害であり、別の言い方をすれば私有財産だった。モレリーは、その著『自然法典』（*Code de la nature*）に次のように記している。「所有権という概念が、父たちによって思慮深くも遠ざけられ、共有財産の利用をめぐる競合関係を封じ込め、排除していたなら、人間が力や策略で、これまで取られそうになったことがないものを奪い取ろうなどと考えることがありえるだろうか」。モレリーは、社会の欠点を補うために、兵舎の習慣に着想を得た共産主義的な制度を提唱した（「街区は同様に造られ、同じ景観で、規則的な街路により区分けされる」「同じ形状の建物」など）。一八世紀のフランスで盛んだったユートピア文学には、夢のような、左右対称で、細部にいたるまで違いのない建物が繰り返し登場するが、それはこの種の文学の大きな特徴なのだった。『バジリアード』（*Basiliade*）、『浮かぶ島』（*Isles flottantes*）、兄弟愛の土地、伝説の楽園、喜びの大地など、枚挙に暇がない。これらの場所では私有財産廃止の決定を通じて人類同士が和解するのである。このジャンルがどれほど重要だったかは、フランスで最も魅力ある作家の一人であるレティフ・ド・ラ・ブルトンヌに目を向けてみると理解できる。『アントロポグラフ』(*L'Anthropographe*)の中で、彼はトマス・モア以来のユートピア文学のあらゆる要素をまとめて取り入れた改革計画を考え出した。財産の共有、全員で同時に分かち合う食事、公共の倉庫に保存される食糧、全員が同じ服を着用すること、等々。これはまだ夢だったが、やがて状況が——すなわちフランス革命が——共産主義革命の試みを可能にするときが訪れた。一七九六年の、グラッキュス・バブーフによる「平等主義者の陰謀」である。

憲法制定国民議会は、市民間の平等を制度化した。しかし、経済的条件の不平等は廃止されなかった。もし議会にそれを行う意思があったとしたなら、そのためには議会はずっと恐怖政治の体制を敷き続け、社会を鉋《かんな》で平らに削り、磨き上げ、画一化しなくてはならなかっただろう。一七九三年の人権宣言と同様に、バブーフは「共通の幸福」の実現を考えた。モレリーのよき弟子らしく、彼はそれに必要な手段としての「私有財産の廃止」に立ち戻った。そうなれば、もはや境界線も、垣根も、壁も、扉の鍵も不要になり、諍《いさか》いも、裁判も、盗みも、人殺しも、犯罪もなくなると言うのである。なぜならば、人間は自然な善良さを取り戻し、「ねたみや嫉妬心、満足させられることのない強欲、傲慢さ、欺瞞、裏表のある偽善性、そしてそれ以外のあらゆる悪徳」から解放されるからだ。バブーフは「平等主義者宣言」を発表し、仲間とともに権力奪取を図った。彼は、当然人民の護民官である自分の指導のもとで進むはずの「大衆の自発的な運動」を信頼しようと考えていた。この試みは完全な失敗に終わったが、バブーフの立てた原則は高い評価を受けてきた。共産党系の出版社エディシオン・ソシアル社は、「人民の古典」叢書の一冊として、バブーフの『評論集』(*Textes choisis*, 一九六五年、一九七六年)を出版している。それは恐らく、バブーフがプロレタリア独裁の思想の先駆者とみなされたからだろう。編者の解説には、それは「革命による暫定的な独裁であり、社会主義共同体建設準備のために必要な強制措置であり、また大衆教育の手段だった」と記されている。

平等主義はサン・キュロットたちに固有の考え方だった。サン・キュロットとは、ジャコバン革命のもとで、彼らが自ら用いた呼称であるが、これは貴族や富裕階級が着用する絹の半ズボン(キュロット)ではなく、長ズボンをはいていたことに由来する。敬語を排し、tu〔君〕を用いる親しい話法を義務づけたのにも、同様の意味があった。サン・キュロットは、この話法を全員に強制しようとしたが、これはvous〔あなた〕を用いる丁寧な話法は「背徳者の傲慢と追従」を維持する「封建制の残滓」とみなされたからだった。サン・キュロットは共産主義者ではなく、彼らが求めていたのは、私有財産の廃止ではなくてその制限だった。彼らが欲していたのは「享有の平等」であり、平等制のもとでの財産の分割と資産における格差の解消だった。彼らが理想としたのは、自由で、小規模な財産の所有者たちの社会であり、彼らは一つにまとまって、大きな財産の所有者に対抗すべきだったのである。これは、フランスの歴史上非常に重要な傾向なので、後ほどまた触れる機会があろう。取りあえず言っておきたいのは、フランスではボルシェヴィキ革命を歓迎する下地が整えられていたということである。平等主義への熱い思いにより、共産主義の理想は正当なものとして受け入れられたのだ。

一八七一年三月に、国民議会——その多数派は王党派で構成されていた——とティエールの政策への反発から生まれたパリ・コミューンは、大革命に源を発する思想にとっての転換点となった。この分野の研究の第一人者ジャック・ルージュリは、コミューン派の人々の発言（新聞、政治クラブや市庁舎での集会）を見ると、彼らはすべてについて同じ意見だったわけではないが、大多数がサン・キュロットの共和主義的で愛国的な伝統に愛着を持っており、聖職者を主要な敵とみなしつつも、食料品屋、土地所有者、警察官なども敵視していたことがわかる、としている。しかしながら、少数派は階級闘争という新しい主張を始めていた。

「人類はその始まりから二つの階級に分かれていて、絶えず戦っていた。絶えず変化しながらも、その本質と本性は変わることがなかった。一方には搾取する者、もう一方には搾取される人々がいた。こちらには奴隷が、あちらには暴君がいた。こちらには賃金労働者が、あちらには経営者がいた。こちらにはプロレタリアが、あちらには資本家がいた。搾取の連続はもうこれでおしまいだ。これからは、労働者だけが存在する。両者の対立は破壊されて労働者に統合され、普遍的な解放が行われる」*。

フランスでの最初の大きな紛争は、自由主義的な共和主義者と教会の優位性を支持する人々の間のものだったが、これにもう一つの戦い、労働と資本の対立が加わった。この対立は、他の工業国でも、程度の差こそあれ激しいものだった。フランスと同様に、社会主義思想は発展し、大きな役割を演じた。この対立は、次第に妥協が成立することで和らげられた。アラン・ベルグニウーとベルナール・マナンは「妥協」の語を社会民主主義の歴史と結びつけている。** フランスでは、妥協は常に事実上行われるだけにとどまった。社会主義あるいは共産主義を唱える組織は、いまもなお圧倒的に階級闘争に理論的基盤を置いている。

ストライキ、デモ、交渉を不得手とする傾向などを通じて現れる過激さの根源にあるものは、まず大革命の文化的遺産と、革命がもたらした平等への激しい希求であるというのが私の見方だ。二世紀にわたり続いてきた革命的なメンタリティーは、そう簡単に消えるものではない。そこから反射的な反応が生まれ、行動が繰り返されてきた。最近、革命めいた舞台となったのは一九六八年五月に起きた事件である。それはパロディーにも似た、舞台上で皆が自分の役を探す「失われた革命」だった。バリケードが築かれ、燃え上がるようなアジ演説があり、市内での行進や大集会などは、歴史の紙吹雪のようなものだった。過大な期待を抱いた一部の人々は、立ち直ることができなかった。しかし、距離を置いて見てみるなら、この全国規模のシット・インは、取るに足らない次元のものだった。この出来事の模様を映したフィルムは、あたかも家族のアルバムに貼られた少年時代の写真のようなものだ。この五月に起きたことは、大革命の埋葬だったのかもしれない。

より深いところに、革命的文化は痕跡を残した。フランスで、労使間の関係がうまくいかないのは、革命的文化の影響によるものだと私は考えている。企業は、国営企業であっても、いまもなお対立が当然と思われている利害が衝突する場なのである。フランスの給与所得者は、組合関係者に言われるまでもなく、経営者と労働者、経営者と従業員の意見が一致することはないと知っている。企業の責任者は常に、社員たちの苦労と、汗と、血によって金を儲けていると疑われる立場にある。このテーマについては、CGT（労働総同盟）の刊行物を読んでみるとよい。それによれば、経営者たちは敵

＊ J.Rougerie, *Paris libre 1871*, Seuil, 1971, p. 241
＊＊ A.Bergounioux et B.Manin, *La Social-démocratie ou le compromis*, PUF, 1979

であり、階級闘争は当然であり、搾取はいまもなお資本主義体制の基本なのである。

コーポラティズム（協調組合主義）的傾向のあるFO（「労働者の力」派）や、やや輪郭のはっきりしないCFDT（フランス民主労働同盟）以上に、フランス最大の労働組合であるCGTは、一九四七－四八年の分裂以来共産党と連携しており、たとえ長期的にはある工業分野を衰退させることになるとしても、労働争議を厭わない。共産主義の影響を受ける以前に、まず一八九五年に結成された最初の労働総同盟と、それを強化した二〇世紀初頭の労働組合センター連盟（Fédération des Bourses du travail）の革命的サンディカリスムの影響があった。ある意味では、CGTの文化は共産党の文化とは正反対だったとも言える。党の組織、ヒエラルキー、指導者崇拝などを排したからだ。しかしながら無政府主義により近かった労働総同盟も、革命による資本主義社会との断絶という考えを、共産主義の理想と共有していた。とはいえ、政党による社会主義あるいはレーニン主義と異なり、直接行動派のサンディカリスムの思想では、ゼネストを行うことで新しい社会に移行するはずだった。この大いなる神話は、活動家たちの頭から離れずに、彼らは誇り高く自由な人々の世界を夢見たのだった。

レーニン主義革命は、徐々に革命的サンディカリスムの伝統を消滅させた。少なくとも、組織の面からはそう言えたのだが、冷戦とともに共産党の指導下に入ったCGT傘下の多くの組合には、激しい労使闘争の遺産がまだ生きていた。「中間団体（労使代表）」の語は、大臣の演説や記者の書いた記事の中にしか存在しない。中間団体は交渉の当事者ではなくて、闘争の相手であり、戦いが止むことはないのだ。そして、相手が国営企業の場合には、組合は「経営者たる国」をやり玉に挙げる。「経営者」という語は、「資本主義」や「資本家」と同じくらい嫌悪をもよおさせるものなのである。大統領選挙に何度も立候補した不屈のトロツキスト、アルレット・ラギエの政見放送を見ると、わずか数分の間に、私たちが労働問題の歴史から受け継いだものが、こんにちにいたるまで深い爪跡を残しているのを知ることができる。彼女の後を継いだのは、別のトロツキスト政党の指導者で、反資本主義新党（ＮＰＡ）の創設者オリヴィエ・ブザンスノだ。彼は二〇〇八年五月に、党の綱領を説明する中で、「もはや改良主義が存在する余地はない」と語っている。

労使の諸団体が妥協に向いていないのは、極左、共産党とＣＧＴの「階級対階級」思想だけが原因なのではない。しかしながら、この思想は、「ビジネスマン精神」、特定の生産活動従事者間の連帯、競争のメカニズムについての理解などを前進させるものでないことは間違いのないところだろう。

こう言うと、人々は私に向かって、「わかった。確かに我々は二流の資本家で、実業家としては最低レベルで、規則を守らない従業員だ。でも、それが我々にとっての人間的な豊かさではないのか」と言うかもしれない。確かに、欠点を長所に変えることも可能だ。私たちは反逆者で、反抗的で、現代の生産活動の論理に従うことを拒否している。革命的精神は歴史の空気の中に雲散霧消してしまったとしても、私たちの身体には反逆精神、バリケードを作る力、声の大きい者や怒りを爆発させる者を好む傾向が染みついている。フランスでは、繰り返しトラック運転手が高速道路を通行止めにし、エールフランスの従業員が滑走路をブロックし、農民が県庁に放火し、高速鉄道の路線計画に不満を持つ一般市民が国鉄の線路に侵入し、その間に、国鉄職員はストライキ時間の記録を更新している……。

しかしながら、ストライキに走りたがる性向は、健康の印ではなくてフランスに特有の病なのかもしれない。海外のジャーナリストの意見は一致している。フランスでは、まずストライキを決行し、それから交渉に入るのである。それは、フランスの労働組合に力があるということを意味しない。組合の組織率は、ヨーロッパで最低レベルの一〇%未満でしかないのだ。この弱点に加えて、カリカチュアともいえるほどに細分化している。RATP（パリ交通公団）には幸福なことに一一の組合があり、エールフランスにいたっては一四もの組合が存在する。どのようにして交渉のテーブルに着くのか、想像するだけで気が遠くなりそうだ。労働組合は、力が弱ければ弱いほど正統性に欠けると感じて、底辺の組合員に異論を唱えられることを恐れてしまう。その結果として要求はエスカレートし、オール・オア・ナッシングの態度が常態化する。ヴァグラムか、ワーテルローか、というわけである。

長いこと、そして恐らくは現在でもなお、フランスの労働組合運動家はドイツの労働組合を軽蔑してきた。ライン河の向こう岸では、ストライキがない。これは、惨めなことではないだろうか、というわけだ。ドイツの労働組合は強力であるがゆえに、経営者団体と国に対して対等の立場で交渉ができる。それは同時に、過激な要求、極端な思想、戦闘的な言辞を排して、交渉と妥協を求める意識に有利に作用した。最終的には、それは労働者側にも、社会全体にとっても有益なことなのである。

フランスでは、対話の重要性は強調されるが、実際に対話しようとする人はほとんどいない。政府はほとんどの場合、無重力状態にあって、社会の上空を浮遊し、自らの意見を述べることもなく、その施策を説明することもできず、またその政策について理解を得ようとする意思もない。ときの政権が左派であれ右派であれ、そのことに変わりはない。左派出身の首相リオネル・ジョスパンも、その後任で右派のジャン＝ピエール・ラファランも、ドミニク・ド・ヴィルパンも同様だった。社会はいまも二つの反逆、二つの暴動、二つの火事の間で分裂し、代表としての役割を長期間果たしうる者もなく、コーポラティズムの狭い見方から解放されたスポークスマンもないままなのである。

大革命は、もともと市民社会の構築という使命を帯びてはいなかった。反対に、国家に対して団結するはずの個々人を孤立させる傾向にあった。同時に、大革命は蜂起を想像世界の中に作り上げ、そのためにこの二世紀の間、フランス人はこの想像世界を通じて自らの欲求を投射し続けてきたのだ。フランス人は人間存在の悲しみ、季節と労働のつまらなさと「民主主義の憂愁」を甘んじて受け入れたのだろうか。そうではなかろう。火花が散るか、癇癪玉が破裂するか、きちんと消されていない火が燃え上がるといった機会が訪れると、フランス人の心は激しく揺さぶられるのである。

ド・ゴールは、フランスでは改革を達成するには革命が必要だと語ったことがある。この言葉を逆に捉えるなら、フランスは改良主義的な文化に乏しいために、必ず革命の語を口にしてしまうのではないだろうか。「階級間の戦争」といったスタイルの過大な社会的要求と、政権を担当する人たちの保守的な態度の間には、本格的な改革の余地はわずかしかない。税制の根本的な改革案が何度作られ、そのたびにゴミ箱行きになったことだろうか。一方は、すべてを求める。もう一方には、ほんのわずかな譲歩も混乱の原因と思われる。そのため、すべての労使紛争は思わしくない結果をもたらす。譲歩を余儀なくされた使用者側は悔しさをにじませ、満額回答を得られなかった組合側では不満がつのる。「妥協」はフランス的ではないのである。

第10章

共産主義――フランス的熱狂

なぜ共産主義はフランスで大きな力を持ちえたのか。その宗教に近い側面、英雄的なレジスタンス神話、そして労働者と知識人を結びつける博愛などが、フランスで共産主義に力を与えた。

一九八〇年のことだが、当時の共産党書記長ジョルジュ・マルシェは、ソ連の歴史を総括して「概ね肯定的」との評価を下した。その九年後、ベルリンの壁が崩壊すると、その興奮のさめやらぬ中で、歴史的事実を直視する必要が生じた。ソ連共産主義の歴史的評価は、間違いなく全般的に否定的だった。さらにはっきり言えば、それは惨憺たるものだったのである。何百万何千万の人々が、内戦、飢饉、粛清、収容所での迫害などのために命を失った。これが、一九世紀の最も強力な思想家の一人であるカール・マルクスから着想を得たものではあるが、マルクス自身にはまったく想像もつかなかった全体主義体制が支払わなければならなかった代償だった。一九一七年以来、レーニン、スターリン、そしてブレジネフの指導のもとで、その預言的な社会主義がどうなったかを知って、墓の中のマルクスは何度となく驚愕し、悲憤慷慨したことだろう。

このような、自由を認めない非人間的な体制を、何百万何千万もの人々が支持したことを、どのように説明したらいいだろうか。そして、なぜフランスは西側諸国の中で、イタリアとともに最も共産主義の呼び声に強く反応したのだろうか。この問いへの回答を得るには、まず感情と情緒の面を見てみなくてはならない。

まずは、信仰の側面がある。共産主義は、その最盛期においては一つの宗教だった。それはスターリン時代の大祭典の際に見られたような、素朴かつ揺るぎない信仰だった。一九四九年のスターリン生誕七〇年記念祭、一九五三年のスターリンの死、一九六四年のモーリス・トレーズの葬儀などがそれにあたる。こうした典礼は、民衆にとって信仰を表現する機会だった。独裁者の七〇歳の誕生日に際しては、想像もできないような贈り物を貧しい人々が生ける神に捧げた。たとえば、ある母親は、息子の堅信礼に用いたミサ典書をクレムリンの支配者に贈ったのである。彼が亡くなると、過度な賞賛が次々と寄せられた。「フランス・ヌヴェル」(*France Nouvelle*)誌は、「スターリンの心臓はもはや鼓動していない」と認めつつも、「スターリン主義は死んでいない」とことさらに強調した。

ベルナール・ジョルジュによるクラフチェンコ事件〔元ソ連共産党員ヴィクトール・クラフチェンコが著書でソ連に強制収容所が存在することなどを暴露し、仏共産党に近い「レットル・フランセーズ」誌がこれを虚偽だとしてクラフチェンコを批判したため、クラフチェンコが同誌を名誉毀損で訴えた事件。当時(一九四九年)、「世紀の裁判」と称された〕に関するドキュメンタリー・フィルム*には、二人の重要な証人が登場する。作家のドミニ

＊二〇〇九年一〇月七日にARTE〔仏独両国が共同運営する、文化専門のテレビ局〕で放映された。

ク・ドザンティと社会学者のエドガール・モランである。二人は、クラフチェンコ裁判において、マルガレーテ・ブーバー・ノイマンの証言がいかに強烈な印象を与えたかを語っている。この女性はドイツ共産党の指導者の夫人で、一九三二年に夫とともにソ連に渡った人物である。夫は、スターリンによる大粛清の際に逮捕された。彼女自身も収容所送りとなり、独ソ不可侵条約締結後にヒトラー政権下のドイツに引き渡されて、ラーフェンスブリュック強制収容所に収容された。ドザンティとモランは、この女性の言っていることがでたらめではないと信じた理由を説明すると同時に、この「司法の誤った判断」をどのように「やむをえざることとしてあきらめた」かについて語っている。共産主義への信頼は、社会主義の祖国が実現しつつある大いなる希望と比べるなら、少しばかりの失敗や、実現の過程での誤りがあっても深刻な問題ではないと考えさせたのである。

　信仰にさらに輝きを与えたものに、共産主義の詩情がある。スターリン体制下の集団主義による残虐行為や、カティンでの大量虐殺を想起すれば、何が詩情だと思われるだろう。しかし、やはりそれは事実なのだ。チェコスロヴァキアにおける社会主義体制の希望に満ちた初期を体験したミラン・クンデラは、この点に関してはすぐれた案内人だ。彼は、『生は彼方に』（仏訳題 *La Vie est ailleurs*）で、次のように書いている。「とどのつまり、あの遠い時代の何が残されているのか？　今日では、皆にとって、あれは政治裁判、迫害、禁書、裁判による暗殺などの年月である。しかし、そのときのことを覚えているわれわれとしては、自分なりの証言をしなければならない。あれはただ恐怖の時代であるというだけではなかった、あれはまた抒情の時代でもあったのだ！　詩人たちはその時代、死刑執行人たちと一緒に君臨していたのだった」（ミラン・クンデラ著、西永良成訳『生は彼方に』早川書房、二七〇ページ）。フランスでは、若者たちはエリュアールとアラゴンを読んでは、目に涙を浮かべた。「あなたたちの叫びの一つ一つは、普遍的革命の／燃え上がる吐息を彼方にまで運ぶ」。[*]

この詩情は、英雄的なるものへの憧れと対になっている。なぜなら、共産主義は反革命勢力を打ち破った赤軍の勝利と、ナチス・ドイツを敗退させた愛国的な大戦争と、レジスタンスと「七万五〇〇〇人の処刑者」を誇る党が組み合わされた伝説であり叙事詩だったからだ。多くの若者が、ナチズムへの抵抗運動の中で、共産党に入党した。さらに若い人たちは、戦後になって、レジスタンスに加われなかったことへの埋め合わせとして入党した。彼らは、列車を爆破できなかった代わりに、マキ〔第二次大戦中の対独レジスタンスにおいて、山岳地帯などで武装闘争を行ったグループ〕団員やパルチザンだった人々の同士となることを名誉に感じたのである。彼らの親の一部は、あるいは対独協力者として、あるいは静かに目立たないようにして暗黒の時代を過ごしていた。入党することは、それに対する復讐だった。階級闘争は、革命叙事詩が語る古いバリケードを想起させた。ストライキは聖なる行為だった。アンドレ・スティルの小説では、資本主義に対する「大衆闘争」は、飢えたる者が何百年来繰り返してきた反乱をイメージさせるものだった。[**]

信仰と、詩情と、英雄的なるものに加えて、博愛の高揚も忘れてはならない。知識階級は特に、プロレタリアとともにあって、彼らの名において、彼らのために働きたいと願っていた。ここには、か

---

* Aragon, «Front Rouge» in *Œuvres poétiques complètes*, t. 1, Pléiade/Gallimard, 2007

**アンドレ・スティル『最初の衝突』（*Le Premier Choc*, Editeurs français réunis, 1951、一九五二年スターリン賞受賞作）が代表的な小説。

なり強い宗教意識を見て取ることができる。一九三〇年から一九三六年にかけて共産主義に好意的だったアンドレ・ジイドは、彼が共産主義に惹かれるのは、山上の垂訓に見られる真福八端のキリスト教精神を思わせるためだと語っている。多くのカトリック信者が、貧しい者に対する愛情を共産党のうちに、あるいはその周辺に見て取っていた。迫害された労働者とともに細胞で活動することで、自らがブルジョワであることの恥辱が洗い流されたのである。ミシェル・トゥルニエは、「コミュニストにとって重要なことは頭や足に位置づけられるのではなくて、その二つの中間にある胸や心に位置づけられるということである。コミュニストであること、それは――カトリック教徒にとってと同じく――大きな一族、つまりそのグループだけに通用する隠語、祭り、論争、夢想を持つ一族に所属しているということなのである。思考したり、街路に出ていくことではなく大事なのは連帯しあい、暖かさを保つことなのだ*」（ミシェル・トゥルニエ著、諸田和治訳『聖霊の風』国文社、三〇九ページ）と書いている。現実への回帰は、しばしば非常に苦しいものだった。立ち直ることができなかった者も少なくなかった。それでも、共産主義を信じ続ける者もあった。彼らの中には、独裁政権の犯罪と、権力を得た大いなる理想郷の欺瞞を否定する者もあった。共産主義は、こうした信仰をめぐる悲劇をも通して、理解しなければならないのである。

しかしながら、知識人にとって、信仰は問題ではない。二〇一〇年二月五日付の「ル・モンド」(*Le Monde*) 紙読書特集は、そのトップに「共産主義――哲学の亡霊」と題する記事を掲載した。その記事のリードには、「ベルリンの壁が崩壊してから二〇年を経て、マルクス主義は何人かの著名な知識人にとって闘争の象徴となって復活した。あくまで、理論としての流行である……」とあった。

文中では、その傾向にある哲学者のうち最も有名な二人、アラン・バディウーとスロベニア人のスラヴォイ・ジジェクの著作が論評されていた。ジジェクは、次のように書いている。「ここで私は、共産主義思想がまだ生きているということを言っておきたい。繰り返し、繰り返し、止むことなく、戻ってくる亡霊のように。ベケットは、これを『いざ最悪の方へ』（*Worstward Ho*, 仏訳題 *Cap au pire*）で最もうまく表現している。『またためす。また失敗する。もっと良く失敗する』（サミュエル・ベケット著、長島確訳『いざ最悪の方へ』書肆山田、一二ページ）」。一方、バディウーは、「ル・モンド」紙への寄稿（二〇一〇年二月一四―一五日付）で、こう書いている。「方向性を見失ったこの時代に直面したとき、共産主義という仮説はまだ未来を向いた思想なのであり、二〇世紀における失敗によって完全に衰退したわけではない」。バディウーは、「共産主義という仮説」の時代の再来を確信している。過ちを改めようとしない毛沢東主義者のバディウーは、歴史の主人公はもはやブルジョワ化した西欧のプロレタリアではなく、非正規移民であり、これが革命の新たな原動力になると考えているのである。

特筆すべきなのは、アラン・バディウーの書くものに見られる、スターリンや毛沢東やポル・ポトを賞賛するシニシズムと無邪気さの混合物よりも、それ以上に彼に対する注目度の高さである。これについてのメディアの役割と責任は大きい。常に普通ではないもの、エキセントリックなもの、突飛なものを求めて、メディアはバディウーのような著者にスポットライトをあてようとする。知的世界

＊ M. Tournier, *Le Vent Paraclet*, Gallimard, 1978, p. 285

が精彩を欠く時代には、彼のような存在が貴重だからだ。しかし、それ以上に深い理由が存在する。若い世代が、民主的な社会に魅力を感じられずに、絶対的なものを求めて、ほとんど本能的に、最も過激でより悪い状況を求める哲学に接近してしまうのである。全体主義批判は、彼らの父親の世代が抱いた幻想を打ち砕いていたが、それはいまや彼らによって資本主義擁護の思想とみなされてしまった。*トロツキストの知識人ダニエル・ベンサイドによれば、「共産主義」という語は「爆発的な力」をいまなお保っている。この魅力は、マルクスによって革命の実験国と評価されたフランスのような国では、特に強く感じられるのである。

N・マンデリシュタームは『希望に抗う希望』(仏訳題 *Contre tout espoir*) の中で、ロシアの知識人たちに対して「革命」の語が持つ魅力について次のように書いているが、これはフランスの知識人についても言えることかもしれない。「私の兄弟のエフゲニーは言っていたものだ。知識人を服従させる上で決定的な役割を演じたのは恐怖や買収などではなく(とはいえ、そのどちらの手も使われなかったわけではないが)、『革命』という言葉だ。誰も、この言葉を絶対に手放したくなかった。この言葉があまりにも大きな意味を持っていたからだ。なぜ、わが国の支配者たちが牢獄を造り、大量処刑をしなければならなかったのか、わからないくらいだ」。

この魅力は、暴力と切り離すことができない。新しい世界、新しい人間を生み出すべき暴力である。アラン・バディウーは言う。「新しい人間が実際に誕生するとの確信は、代償を顧みず、最も過激な手段を正当化することによって定着するものだ」**。この左翼ヘーゲル主義は、あらゆる虐殺を「共産主義という仮説」の名のもとに正当化しようとするもので、二一世紀初頭のフランスではよく見られる議論だ。この思想の信奉者にとっては、実態を知ることはさして重要ではない。彼らの仕事はまったく理論的、象徴的で、革命的ユートピアの墓場に眠っている。重要なのは、現代の資本主義、さらには万物が新しくなるとき〔キリスト教における終末〕の瘴気《しょうき》と、たとえ一瞬でも関係があると思われないようにすることだ。ジャン＝ポール・サルトルは、いまも生きているのである。

＊M. Christofferson, *Les Intellectuels contre la gauche : l'idéologie anti-totalitaire en France* (*1968-1981*), Agone, 2010 参照。原著 M. S. Christofferson, *French Intellectuals Against the Left: The Antitotalitarian Moment of the 1970s.*, New York: Berghahn Books

＊＊A. Badiou, *Le Siècle*, Seuil, 2005, p. 54

第*11*章

六〇〇〇万人の自宅所有者

歴史的に、フランス人の多くは自営業者であり、革命はその構造を変えることはなかった。現代では自営の率は下がったが、フランス人は自宅所有者のメンタリティーの持ち主だ。革命の国は、意外に保守的なのである。

平等を熱烈に求めるフランス人が希求するのは、私有財産の廃止、生産手段と収穫の共有化、程度の差こそあれ質素な食事を分かち合うこと、そして一部の人の説によれば女性を共有することだが、これらにとどまるものではなかった。これらは、平等主義の最も先鋭的な部分でしかない。実際のところ、フランス人とは、まず何よりも自宅所有者だ。大革命下のいずれの議会も、何世紀も前からあるこの性向の邪魔になることはせずに、むしろ奨励した。「自由な私有地の自由な農民」という一七八九年の理想は形を変えながら、こんにちもなお生きているのである。

フランスに到着した外国人とフランス社会との最初の接触は、多くの場合、空港あるいは駅を出てタクシーに乗り込んだときに行われる。旅行者がまず意外に感じるのは、タクシーが外見上一般の乗用車とほとんど変わらないことだ。タクシーだとわかる塗装が施されているのでもなく、車種もまちまちで、これといって目立つ印もなく、その一方で運転手は商売道具を自分の好みに合わせて改装している。まるで、自分の趣味に合わせて手入れした郊外の小さな家と庭――そしてときには犬も――をタイヤに乗せているかのように。運転手は、客を快く乗せた場合には――乗車拒否されることもないわけではない――、客に尋ねられなくても自分の意見をはっきり聞かせてくれる。(将来性のない)自分の職業について、(批判の的になっている)政府について、(破滅的な)世界情勢について、などである。この無政府主義的、かつ同業者擁護的な態度を見て、フランスに着いたばかりの旅行者は民俗学的な考察にのめりこむことだろう。無論、一般化することはできない。一口にタクシーといってもいろいろだ。個人タクシーもあれば、会社タクシーもある。生粋のフランス人運転手もいれば、フランスにきて間もない移民労働者もいる。外国では、パリのタクシーに乗った経験談は、フランスにおけるベルギー小話くらい人気があるという。ラ・ブリュイエールが現代に生きていたら、きっとタクシー運転手に関心を持ったに違いない。タクシーでの体験は、旅行者がフランスのイメージを作る上での、ある種の社会的な性格、典型を提供してくれる。この風俗画的な光景は、ある社会経済的な現実の残滓であり、当然それに伴う心理的、そして政治的な現実も映し出しているのである。

一九世紀半ばには、自営業者は全労働人口の四五%以上を占めていた(一八五一年の国勢調査による)。一九三六年の人民戦線当時は、土地や生産手段を自家所有している人の割合はまだ三九%を超えていた。農民や個人事業者などの割合が急激に下がり、給与所得者が増加するのは第二次大戦後のことだ。二〇世紀末には、給与所得者の比率は八五%に達している。「栄光の三〇年」の高度成長は、小規模農場や中小工場、個人商店などを淘汰して少なからぬ損害を与えたのである。

こうした中小規模の農家、工場、商店などの起源は非常に古い。中世の封建制度のもとで、すでに「自由地」と呼ばれる自由農場が存在し、農地の相続制度が確立されていた。土地を耕作している農民は、その土地を他者に譲渡する権利を領主から認められていた。時代を経て、土地保有農民の権利は明確化され、さらにより強化された。大革命に先立つ時期には、幾世代も前から土地を受け継いできた農民たちは領主による徴税を不当だと感じて、もはや存在理由のない税負担や義務からの解放を求めるようになっていた。

大革命が農地の解放を行ったと思っている向きもあるが、そうではない。実際には貴族や教会が所有していた農地を買ったのはすでに土地を持っていた農民たちである。しかしながら、大革命は自由な土地所有者を公認した。グルーテュイゼンは、「農民は、自らの耕作地において自由である。彼はその所有者であり、主人なのである。自由な土地所有者の意識においては、権利意識は具体的で明確に定義されたものとなる。自由と平等の思想は、直接的で、生きた意味を得たのである*」と書いている。

フランス革命前夜の段階で、土地所有者の数はすでに非常に多かったが（当時の総人口二七〇〇―二八〇〇万人に対して、土地所有者数は四七〇万人と推計されている）、一九世紀を通してその数はさらに増加した。一方、英国ではその数は減少の一途をたどっていた。一八四六年に、ミシュレは『民衆』の中で次のように記している。「フランスの土地は、土地を耕している一五〇〇万人ないし二〇〇〇万人の農民たちに属している。イギリスの土地は、土地を農夫に耕させている三万二〇〇〇人の貴族階級のものとなっている」（前掲『民衆』三七ページ）。民法典によって規定された新たな相続制度は、土地の細分化を進めるものだった。ル・プレイのような学者はこの傾向に懸念を示したが、一九世紀末には、ポール・デシャネルのような共和派の政治家も次のように述べている。「民法典が土地を細かく切り刻んでしまうものであることははっきりしている。広い土地は中くらいの土地に変わり、やがて狭い土地となる。それは小が大を喰らう世界だ」。当時、土地所有者数は八〇〇万人にも上り、一九〇九年の調査では大半の農地は中小規模だった。この傾向は一九二九年の調査でも再確認されている。

小規模農場が多いというこの特徴は、他の諸国の農業構造とは大きく異なるものだ。他国の例としては、ドイツのエルベ河以東のユンカーの領地、イタリア南部のラティフンディア〔大規模農場〕、ハンガリー、そして特に英国などがある。一九一四年以前の英国では、国土の半分を二〇〇〇人余りの人々が所有し、一〇〇人ほどの大地主が土地の六分の一を持っていた。

こうした構造は、経済に影響を与えた。この構造と、英国、やがてドイツに対するフランスの「工業化の遅れ」と言われたものとの間には因果関係があったのである。第一に、農地の細分化は農業生産性の低さの原因となった。第3章で触れたアーサー・ヤングは、小規模農地の数が「多すぎる」として、「明確な法律の制定により細分化を制限すべき」だと考え、さらに「土地税制において小規模農地に認められている軽減措置は農業にとってかえって高くつくため、公共の権利に反するものと

＊ B. Groethuysen, *Philosophie de la Révolution française*, Gallimard, 1982, p. 237

して廃止されるべきだ」と述べている。

それから一五〇年後の両大戦間期に、地理学者のピエール・ジョルジュが行った検証の結果は、アーサー・ヤングの所見と大きく変わるものではなかった。「技術的、経済的な面で中心になっているのは中小規模の農場である」とジョルジュは言う。農地面積は狭小で、所得は低すぎ、技術的には立ち遅れ、生存していくのがやっとの状態だと彼は言う。「フランスの農業は西ヨーロッパで最も遅れたものの一つで、スペインよりわずかに上位に位置するくらいだ」。

この旧態依然たる農業構造は、その良し悪しは別として、本格的な工業プロレタリアートの誕生を遅らせる大きな原因となった。少なくとも一九世紀末までは、多くの労働者が出身地である農村とかなり強いつながりを持ち続けていた。畑と工場（あるいは炭鉱）との間の行き来は日常的、季節的、定期的に行われた。季節労働者や出稼ぎ者が工業都市で農民的なメンタリティーを持ち続けることも普通だった。その頃にでき始めた労働組合や政党――英国の労働党、ドイツの社会民主党など――は、フランスではごく小さな団体にとどまるか、一部の工業化された地方で組織されるくらいだった。二〇世紀の工業都市近郊の典型的な住民である近代プロレタリアートが、特に第一次大戦以降に形成されると、結成されて間もない共産党が不完全ながらもその組織化を行った。この近代プロレタリアートは、実はその大半が移民労働者によって構成されていた。

フランスの労働者は、英国の労働者とは異なり、そのかなりの部分が階級の定義に抵抗を示していた。英国では、組織を作り団結することによって自衛しようとしたのに対し、フランスの労働者は長いこと――そしていまも――、仕事を辞めて独立することを夢見てきたのである。社会主義リアリズムの作品を書いていた時代のロジェ・ヴァイヤンは、一九五五年の小説の中で、工場労働者となった元農民が長時間の残業をすることでガソリン・スタンドを買うのに必要な三二万五〇〇〇フラン（*325 000 francs*、これが小説の題名である）を貯めようとする姿を描いている。この共産主義作家にとっては、個人主義的なユートピアを罰する必要があった。残酷なことに、主人公は作業中に、機械で指を切断してしまうのである。このマルクス・エクス・マキナにもかかわらず、給与所得者としての仕事を離れて独立することは多くの人々にとって希望であり続けたし、その計画を実現させた人々も実際にいた。給与所得者の境遇を逃れて、自分で小さな工場を始めたり、店を開いたり、農業をすることは、いまもなおある種の理想である。個人にとっての救いは、集団にとっての救いより確かなものに思われるのだ。小なりといえども自分自身がトップとなることは、農民にとっての古くからの望みであり、長い間の労働者の憧れなのである。

フランスの労働人口の歴史の中で、「自営者」の数がきわめて多いことが政治にもたらした影響は小さくなかった。注目すべき側面の一つは、早くから中央集権化された国と、非雇用労働者や自営業者との間にどのような関係が成立したのかという点である。国は、徴税人の衣装をまとって非雇用労働者の前に現れたが、後者の側から示されたのは常に拒否の反応だった。国とは、要するに税務当局なのである。つまり、最大の敵であり、自由な労働者の独立心を阻害しようとするものだ。一七世紀に地方で繰り返し起こった民衆の反乱の最大の要因はそこにあった。イヴ＝マリー・ベルセは、『農民一揆の歴史』（*Histoire des Croquants*）で、アングモワ、サントンジュ、ギュイエンヌの各地方で起きた塩税に対する反乱について書いている。この反乱の結果、一六世紀半ばに、国王はアキテーヌ地方全域で免税を認めざるをえなかった。次の世紀にも、ピトー、クロッカン、タール・アヴィゼなどと呼ばれた農民たちによる春の反乱が起こり、そのたびごとに地域の住民は、毎回より多くを要求する中央政府に対して反乱側を支持したと、ベルセは述べている。そうすることによって、税制の全国統一と増税を図るパリの要求に抗して、地域の特権を守ろうとしたのだ。農民は、まず武器を手に取る。次には、町を占拠して、火を付けるぞと脅す。それは、収穫のために農地に戻らなければならない時期まで続いた。領主を追い出した後には、農民は国とその欲深い徴税人に相対した。

土地所有者を貴族と聖職者から最終的に解放した大革命は、非雇用労働者の身分を強固にしたが、同時にジャコバン化した国の脅威を受ける立場に置いた。反税闘争の後にやってきたのは、国民皆兵制への抵抗だった。フランス全国で——それは西部だけの現象ではなかった——農民と近代的リヴァイアサンとの衝突が見られた。アンシャン・レジーム下ではまだ機能していた中間団体は解散させられた。長期にわたり、社会・経済の細分化と、国の中央集権の強化が、いかにもフランス的な社会の実態を形成することになる。イヴ＝マリー・ベルセによれば、「外部から新たにやってきたのは、官僚的で中央集権的な近代国家」だった。税金そのもの以上に、命令し強制する政治権力と、臣下（もしくは市民）との間にできた溝が、後者の反逆的な性向を醸成したのである。教区の外部から、山の向こうから、地方の外からやってきた命令は、受け入れがたいものに感じられた。こんにち、ブリュッセルからくる命令については何と言うべきだろうか。「ユーロクラート」（EU官僚）の発する政令が賛同を得られず、あるいは反駁を受け、民衆の反乱が起こりかねない状態が続くと、県庁は攻撃を受けるのを恐れるのである。一九九四年二月に漁師たちの反乱が起き、レンヌ市の旧高等法院の建物が放火された例のように甚大な被害が発生する事件も起きている。

こうしてみると、一八四八年の普通選挙法施行以降、小規模の土地所有者と中央政府の関係がどのようなものだったかがより理解できる。うまく調和できるか——ボナパルト体制下、あるいは急進党のもとでのように——、古くからある反乱の再現か——プジャードの運動を思い出すとよい——、のいずれかなのである。

ルイ・ナポレオン・ボナパルトは、国民投票によって獲得した政権の基盤を、国民の多数を占める階層、すなわち中小規模の農家に置こうとした。マルクスにとっては、「ボナパルト家は農民の、すなわちフランスの人民大衆の王朝である。ブルジョワ議会に服従していたボナパルトではなく、ブルジョワ議会を追い払ったボナパルトこそ、農民が選出した人物なのである」（カール・マルクス著、植村邦彦訳『ルイ・ボナパルトのブリュメール18日』平凡社ライブラリー、一七七ページ）ということになる。マルクスによれば、これらの農民たちは、狭い土地しか持たず、貧しく、お互いに孤立していて、「自分たちの階級利害を（中略）自分自身の名前で主張することができない」（前掲『ルイ・ボナパルトのブリュメール18日』一七八ページ）のであり、このため誰かによって「代表される」ことが必要な状況にあるのだった。マルクスが『ルイ・ボナパルトのブリュメール18日』の中で分析したボナパルト体制の基盤となる階級は、第二帝政の最後まで強固なものだった。大都市が次第に反体制的になっていく中、農村は、一八七〇年にもなお、ナポレオン三世に圧倒的な支持を与えていた。「都市の高利貸し」と「ブルジョワ資本」、封建制の復活などから小農民を保護し、伝説的な名前の持ち主によって体現される強力な国家は、ささやかな農地を耕作する農民と政府の和解を、良好な経済状況のおかげもあって（第二帝政下では、ほぼ全期間を通じて物価が上昇した）、可能にしたのだった。皇帝は、プルードンが『労働者階級の政治的能力』（*La Capacité politique des classes ouvrières*）で書いているように、「その是非はともかく、農民にとって、大革命下の国有財産の売却によって決定的なものとなった自由地権のシンボルであり続けた。反対に、国王はブルジョワジーの守護者、貴族の最高位の者であり、農民にとっては封建領地の象徴であり、疑り深いその目には資本主義的ブルジョワのように映ったのである」。

誕生したばかりの第三共和制は、小規模自作農の数が多いことから、彼らの取り込みを図った。ガンベッタいわく、「農村での直接選挙」が、「祖国の命運」を握っているのであり、ジュール・フェリーによれば、「農民による直接投票は共和国を支える強力な岩盤」だったのである。後に第三共和制の哲学の地位を占めることになる急進主義（ラディカリスム）にとっては、非雇用労働者の総体――農民、職人、商人――は体制の基盤を支える主体であり、給与所得者にとっての希望となるべき自立した個人のモデルなのだった。一八九八年に、レオン・ブルジョワはその理論をこのように提示している。「個人の財産は、自由そのものと同じように、人間に内在する権利である。個人の財産は、単に自由の結果なのではなくて、自由を保証するものでもある。それゆえに、財産を所有する権利は絶対的なものである」。

レオン・ブルジョワは、その翌年、著書『連帯』（*Solidarité*）で、私有財産の擁護を補完するべく、連帯と、金持ちによる略奪に対抗するための下層民の団結を呼びかけた。「たとえば、アメリカの独占企業が、一部の人々による自由のとんでもない悪用でなかったとしたら何だろうか」。社会主義者同様、急進派は賃金労働者の消滅を目指していたが、それは財産の取得を通じてであり、それは必然的に結社の原則を伴うものだった。国は、このために富の集中を防ぐ法律を制定することで貢献しなければならないのだった。労働に基づく財産の保護、独占企業の買い取りと金融機関の監督、公正な税制の確立と所得税の制定がその要求だった。この公権力による介入は、生産性の低い産業分野の維持という効果ももたらした。近代化の遅れた農園への補助金支給、輸入品の割当制、百貨店等の近代的小売業に対抗するための小規模商店保護策などがそれである。一九三三年二月二三日の財政法（予算）が、この傾向をさらに強化した。伝統的中産階級の保護と深く結びついた急進党は、この階層がゆっくりと衰退するにつれて、下降線をたどった。

第四共和制の時代には、経済情勢が変化し、農村人口が減る一方で大都市人口が増加した。その結果、給与所得者が増え、非雇用労働者は情勢を左右する力を失った。小規模農家、職人、個人商店主は、「進歩による被害」を被ったのである。それによって、小規模財産の保有者と国の間には、三つ目となる新たな関係が成立した。それは、古い時代に見られた状況と共通性のある、対立的な関係だった。プジャードの運動である。当初は農村地域の人口減少に抵抗する運動だったが、商人職人防衛連合（UDCA）の活動家たちは大規模小売店に対する攻撃と、税負担への抵抗を一括りにしたのである。アンシャン・レジーム下でと同様、プジャード派の反乱はパリに象徴される、手の届かないところにある国と、税務調査官や会計監査官の顔をしたその手下に対する地方の反乱だったのである。

ピエール・プジャードは、庶民的な弁舌で、「金持ち」と税金を巻き上げようとする国に脅かされる非雇用労働者の哲学を語った。一九五五年七月のプジャード派の大会では、「我々は、フランスの伝統的な経済構造を守ろうとするものだ」との宣言が行われた。「ピエロ」〔プジャードの愛称〕は、絶叫調の演説でこれをより直接的に表現した。この運動は、革命の神話であるヴァルミーの戦い、三部会、公安委員会、共和国的博愛、ジャコバン的平等主義を取り上げて、それらの再来を求めた。しかし、プジャード派は防御的な運動だったため、反工業化、外国人排斥、反議会主義、さらには反ユダヤ主義でもあり、この点でコースを外れて暴走したのである。それは、下層の、目立たない、地位のない者たちが突如として立ち上がった運動だった。工業の発達、エンジニア養成学校とビジネス・スクールの隆盛、大都市への人口集中が約束される未来は「金持ち」――「独占企業、巨大メーカー、大銀行、大資本」――が牛耳る世界であり、そこでは自分たちの居場所がなくなることを、彼らは半ば認識していた。プジャード派の機関紙「フラテルニテ・フランセーズ」〔フランス的博愛、*Fraternité française*〕は、全発行期間を通じて、非雇用労働者に対し「自由な人間」を守る戦いのために立ち上がるよう呼びかけ続けた。ときとして、その調子はかつての急進派と変わらなかった。「手工業と小規模工業は、勤労者の生活水準の向上をもたらすものだ」。

プジャードの後に、職業分野の防衛を目的とする、たとえばCIDーUNATI〔非雇用労働者防衛全国連合会〕のような団体が生まれた。これはもはや圧力団体でしかなかったが、一九七三年には「ロワイエ法」を成立させるという成果を上げた。トゥール市長で、商業・手工業大臣を務めたジャン・ロワイエは、労働者の生活水準向上の考え方にヒントを得て、次のように述べている。「労働者の疎外を糾弾することと、労働者が自由になるための手段を提供するのは、別々のことだ」。そこで決定されたのは、「大規模小売店舗」拡大の歯止めとなる適切な措置を取ることだった。

経済の変化の勢いは止めようもないもので、それを前にしては独立した財産所有の理想は「失われたパラダイム」となった。いずれにしても、この理想が掲げた自由の原理――それは特に、生まれながらの急進派だったアランが賞賛していた――は、フランス人の気質に深い刻印を残したのである。この夢は一人ひとりの中では、郊外の一戸建てでの暮らし、家庭菜園、日曜大工のための作業小屋、さらにはキャンピング・カーの所有（道路を走るよりも、ポプラの木の下に駐車している時間のほうがよほど長いのだが）、自分が運転するタクシーが他のタクシーと同じ色で塗装されることへの拒否、といった形でいまもまだ生きているのである。

一九六〇年代初め、私がモンペリエの高校で教えていたとき、同僚の教員から自宅に招待されたことがある。同僚が買ったばかりの新築の一戸建ては、レズ川のほとりの分譲地にあった。彼はこう説明してくれた。「わかるかい、この家は、前に借りていた家に比べれば小さくて、立派でもないし、よくないかもしれない。でも、ここは自分の家だ。邪魔しにこようとする奴がいたら、銃で撃ってやるんだ」。この文学に造詣の深いインテリが、どうして銃のことを持ち出すのか、いかなる先祖伝来の文化に由来するのか、疑問に感じたものだ。フランスを旅したことのある人なら、猟銃の銃口を向けられるか、そうでなくとも狩猟犬と遭遇してひやっとした経験を持っているだろう。フランス中を、小径を通って旅したジャック・ラカリエールは、北のダンケルクから南のペルピニャンにいたるまで、途切れることなく番犬の吠える声を聞き続け、その声は旅を終えてからも長いこと頭の中で響いていたと述べている。* フランスの全世帯の五七％は一戸建てに住み、その大半は持ち家なのだという。**

採算、営業成績、技術革新、社会保障の全般的な改善といった言説に対しては、永遠の急進派・プジャード派はこう答えるだろう。節度、個人の自由、金持ちに対抗する貧しい者の連帯、勤労と貯蓄、経済の国家統制への抵抗、独占的な大企業グループに対する拒否、独立と尊厳、と。結構なことだが、これらは往々にして幻想でしかない。

持ち家信仰の根強さは、自宅所有者の割合に表れている。このことは、革命の国がいかに保守的かを示すものだ。莫大な財産を持っている本当の大金持ちは、社会改革派に対抗して、歴史上いつでも小規模資産所有者の協力をあてにすることができた。デマゴーグたちは、しばしば、「貧しい者」を動員することで「金持ち」に対抗しようと試みたが、大小の資産の所有者の連帯によって、先に触れた改革の精神は受け入れられずにきた。相続に関する税制が、そのことをよく表している。フランスの相続人は、資本主義国の米国でよりも優遇されているのだ。ニコラ・サルコジは、ほとんどすべての相続人に相続税を免除することで、ようやく人気の高い改革を実現できたのである。***

グラッキュス・バブーフが言ったように、私有財産は必ずしも「憎むべきもの」ではない。財産の所有が、自由に貢献することもある。しかし、フランス人の資産所有への過度の執着の前には、立法者は手も足も出なかったのである。

＊J. Lacarrière, *Chemin faisant*, Fayard, 1977

＊＊G. Mermet, *Francoscopie*, Larousse, 2009, p.169

＊＊＊サルコジ改革により、親から子への相続額一人あたり一五万ユーロ（二〇一〇年には、一五万六九七四ユーロ）の控除が認められるようになった。

第12章 いつまでも町人貴族

平等を愛してやまないフランス人は、同時に身分や地位に敏感でもある。貴族への関心も強いが、一九世紀以降は、高学歴であることがエリートへの近道となった。

フランス人は平等精神を持っているが、多くの人々が地位の概念を強く意識している。二〇世紀に社会の民主化は大きな進展を見たが、まだ私たちの生活習慣は「アメリカ的」にはなっていない。アメリカから手紙をもらうと、手紙の主がオレゴン州に住んでいようが、ニュー・イングランドの住人だろうが、手紙の末尾には決まりきったようにこう書かれている。Sincerely yours。「心から」何だと言いたいのだろうか。しかし、それはどうでもいいことだ。経験したことのない貴族社会の形式など気にしないのが、アメリカ人のよいところだ。

これに対して、私が手紙を書くと、すべてのフランス人と同様に、手紙の末尾に何と書くべきか悩むことになる。「心よりご挨拶申し上げます」とでも書いておけばよいだろうか。それとも「敬意を込めて」ご挨拶すべきだろうか。あるいは、「深甚なる敬意」を表すべきなのか。お祝いの言葉を添えるべきか。「忠誠」を表した方がいいのか。散々に頭を悩ませ、女性に、あるいは陸軍大佐、大司教に宛てた手紙を一〇回も書き直す。これらはすべて礼儀作法として定められているもので、間違ってはならない。私は民主的な教師のつもりだが、学生から手紙をもらったときに、「真心をこめて」といった挨拶が添えられているのを見ると、驚いてしまうのである。

ブルジョワ家庭では――平均的、ないしは小ブルジョワの場合であるが――、長いこと礼儀作法の手引きを読めば困らずにすますことができた。この種の本を書いて、一九世紀末から二〇世紀初頭にかけて、「礼儀作法」や「社会習慣」を教えた自称スタフ男爵夫人は、大きな財を築いた。食卓での席次、ご婦人方、あるいは召使に対する言葉遣い、子供の名づけ親の選び方、人を紹介する作法、優雅な話し方、名刺の使い方、(結婚、子供の誕生、死亡などの)通知状の書き方、予定外のものを含めた種々の出来事にどう社会的に対処するか、要するに、本物の紳士たるにはどうすればいいのか。自分の家族がこうした習慣を会得しているという特権を持たない場合は、これらを手引きで知ることができるのである。それというのも、ブルジョワであれば、財産の多寡を問わず、貴族になるか、あるいは少なくともそう見せるよう努めねばならないからだ。

フランスでは、庶民はブルジョワをまね、ブルジョワは貴族を模倣する。実は、貴族といえども最初から洗練されていたわけではない。彼らも、宮廷という名の学校で学習したのだ。革命は繰り返し起き、そのたびごとに平等が要求されるが、それでも模範は上から示されるものだった。地位にふさわしい振る舞いをしたい、人を招いたら然るべく歓待したいという気持ちは、熱烈な共和主義をもってしても打ち消すことはできなかったのだ。そして、もし祖先のうちに少しでも立派な身分の者がいたなら、家系図作りに熱中するのである。

　歴史的な貴族が形成するのは、ごく小さな社会だ。それは約三六〇〇家族、最大でも四〇万人、これに加えて偽貴族の姓がおよそ一万五〇〇〇、さらには貴族の作法を多かれ少なかれまねようとしている平民が何千万といる。確かに、一九六〇年代からは、若者の生活習慣に近づこうとする傾向が強くなった。彼らのストレートな言葉遣い、ジーンズ着用と生活態度は、クールと呼ばれるスタイルを他の国でと同様にフランスにも徐々に定着させた。それは、親しげな言葉遣い、一時期「若者の同棲」と呼ばれた現象――いまでは、年齢層が上がったために死語となったが――、大多数の人々の高校さらには大学への進学などにより進んだ社会階層間の混合などだ。しかしながら、社会階層間の交流は表面的だったと言わざるをえない。民主的な同質性の表面を少し削ってみると、品があるかないかがすぐに見えてくる。上流社会に属するために必要な出自や財産、あるいは人脈を誰でも持つわけにはいかないので、一人ひとりが、実態を隠して自分の小さな紋章を作ろうとするのである。

　ドイツの著名な社会学者ノルベルト・エリアスは、フランス社会に対する宮廷の影響が大きかったことを強調している。彼はフランスとドイツを比較して、ドイツでは中産階級が早くに誕生し、しかも宮廷――かつてのドイツでは宮廷は一つではなく、このため貴族も分散していた――の生活習慣をあまりまねようとはしなかったのに対し、フランスでは力をつけてきたブルジョワジー（モリエールを見よ）が、国王の周辺に集まる貴族たちの礼儀作法を絶えず習得しようとしたのだという。ドイツのブルジョワは、貴族とは距離を置いて、独自の道徳観を持つ一方でやや粗野な面があったが、フランスのブルジョワは官職を買うことで貴族の称号を手にして、財産や教養以外で尊敬される地位を手に入れようとした。彼らは、文明という言葉を好んで用いていた。

革命の国で、いまもなお貴族階級が公的な性格を帯びていることは注目に値する。爵位を戸籍、身分証明書、パスポートに記載することができるし、共和国の法務省はいまも爵位の登録手数料を徴収している。共和国の行政機関は、廃止されたと思われている身分制社会の残滓をいまも正式に登録しているのである。

出世を遂げた人々の一部は、立派な名前を持っているという錯覚を与えるためにある手を使う。貴族であるために、姓に「ド de」(小辞)がついていることは必要不可欠ではないが、多くの人にとってはこれこそが貴族の印である。「ド de」のついた人、といった表現は時折聞かれるものだ。姓に「ド de」がついているのは、高貴な家系の傍系に属する幸運に恵まれなかった人々の一部にとっては、レジオン・ドヌール勲章と同じくらい羨望に値することなのだ。中には、いかなる手続きもなしに小辞をつけ加えてしまう人もいる。別の人々は、あるいは戸籍の訂正を求め、あるいは国家参事会に確認を求める。この正規の手続きを経てジスカール家がジスカール・デスタン家となったのは有名な話だ。本物の貴族、少なくとも第一帝政以来、古くは十字軍以来の貴族にしてみれば、共和制のもとで貴族になった連中は軽蔑に値する。一九四七年に発行された『第二身分』(*Le Second Ordre*)という著者不明の本は、本物の貴族をリストアップしたものだが、これを補完するように『虚栄事典』(*Le Dictionnaire des vanités*)と題する偽貴族のリストを掲載した本も出版された。偽貴族に対抗すべく、正真正銘の貴族たちは一九三二年にフランス貴族協会を設立し、これには貴族の三分の二弱が加入している。自分で身を守らなければならない、というわけだ。*

「社交界紳士録」（ル・ボッタン・モンダン、*Le Bottin mondain*）は、「紳士録」（フーズ・フー、*Who's Who*）と同じくらい、いまなお多くの人々の関心を引くものだ。しかし、二つの紳士録の性質には違いがある。「紳士録」は、現代エリートの必ずしも正確とはいえないリストを提供している。それは、一時的な成功を収めた人の名前のカタログである。そこに載っているのは、これまでに挙げた実績によって知られている人々だ。これに対して、「社交界紳士録」は貴族と大ブルジョワの名前（約二〇万人）を収録した、いわば跡取り息子・娘の事典ということになる。跡取りという言葉は、悪い意味に取るべきではない。なぜなら、貴族は歴史の重み（姓、領地、伝統）によって尊重されるべき、あるいは敬われるべきものだからだ。道徳的にいえば、誰それの娘や息子だというのは、自慢すべきことではないだろう。それは、ボーマルシェが言うように、ただ生まれる努力さえすればいいわけで、しかもそれで何か得をしようとするにはあまりにもありふれたことなのだ。しかし、人間は、特にフランス人は道徳的な動物ではない。貴族たちはたいていキリスト教徒だと称しているが、彼らは福音書の唱える平等主義には無関心だ。彼らはカトリック信者で、その意味で序列、家柄、儀式などをおろそかにはしない教会の一員なのである。彼らは、美的センス、作法における上品さ、大家族の精神、金銭に対する蔑視、つまりは一定の価値観と習慣を維持するという文明的な任務を負っていると感じている。この価値観と習慣はときとして古めかしく、またおかしくも思えるが、それでも尊重には値する。もし、こんにち礼儀と呼べるものが残っているとしたら、貴族にそのことを感謝すべ

＊ E. Mension-Rigau, *Aristocrates et grands bourgeois*, Plon, 1994

きなのである。一方で、貴族から私たちが受け継いだ身分上の差別意識は、彼らが誇りとする心の広さとは矛盾するものだろう。

身分の概念は、上から下まで、フランス社会のあらゆる階層に存在している。フランス人がこよなく愛する平等の効能は、特に「より上」の階層に属すると思われる人々から自分を守ってくれることだ。一人ひとりに、自分がより「下」に見ている人々と同列だと考えさせるわけではない。一九七八年に、創刊したばかりの「ル・フィガロ・マガジーヌ」(*Le Figaro Magazine*)誌は、堂々と不平等を謳った記事によって人気を博した。最初の社説の中で、編集長のルイ・ポウェルスはいきなりこう書いている。「人間を皆平等だとみなすことは、人を尊重することにはならない。民族を大衆の状態に追い込むのは、その民族を尊重することにはならない」。人それぞれが持つ違いを重んじるべきだとの高貴な口実のもと、この雑誌は現代の「機会均等」を求める風潮、つまりは民主的社会に対する十字軍の呼びかけを行ったのである。

個人間の不平等(出自、生活条件、健康と体力、才能などの違い)があることを知るためには、ツァラトゥストラの言葉を聞くまでもない。この事実によって、平等を求める原理が無意味になるわけではないのである。なぜなら、それは抽象的な幻想ではなくて、根拠のない不平等をなくすことを可能にする生きた考え方だからだ。人間は不平等なものだと言い切ってしまうことは、あらゆる特権を合法とするだけでなく、新たな特権を認めることにもつながる。パスカルはこう書いている。「人間のあいだに不平等があるのは必要である。それはほんとうである。だが、それがいったん認められると、扉は最高の支配に向ってだけでなく、最高の圧政に向ってまで開かれることになる」(パスカル著、前田陽一・由木康訳『パンセ』世界の名著二四、中央公論社、二一四ページ）。

平等とは無垢な考え方ではないだろう。ロラン夫人が自由について語ったように、何と多くの罪がその名のもとに犯されてきたことか。平等の名においても人々が追放され、拷問にかけられ、処刑されたのである。しかし、平等主義の行きすぎは非難されるべきだが、「不平等主義」のイデオロギーに染まることは間違っている。それは、あらゆる支配者のあらゆる振る舞いに、科学と法の力を借りて、根拠を与えるものだからだ。民主主義国家が完璧に民主的でないことはそのとおりだが、それでも国家を構成する諸原則の名において、その国の市民が民主主義を深めるために戦うことができるという点において民主主義的なのである。平等の原理を葬り去ってしまったら、事実としての不平等は法による不平等になってしまう。特権は議論の余地のないものとなって、世襲により受け継がれ、より強いものの法が恒久的なものとなる。不平等の原理が不平等を生むのではない。不平等の原理が具体的、物理的な力に道徳的な力を加えることで、主人はやましさを感じる必要がなくなり、奴隷は反乱を起こすための精神的支柱を失うのである。

確かに、「ル・フィガロ・マガジーヌ」誌の創刊者と論説委員たちは、不平等それ自体がいいことだとまでは言わないのだろう。平等主義思想の成果である社会保障と有給休暇も、「下層民」のために少しであれば喜んで認めようと彼らは考えるに違いない。しかし、この雑誌は毎号、厳密な意味での貴族にはなれないとしても――誰も不可能なことをする義務はない――、せめて「より高い」身分を獲得したいという妄想を満足させようとするのだ。こうして、気力が低下したジャガーの所有者、あるいはロシア山猫の毛皮（この雑誌によれば、「毛皮のロールスロイス」だそうだ）を買う女性に元気を出させるために、ニーチェが動員されるのである。

一時期、新右翼の預言者アラン・ド・ブノワが「ル・フィガロ・マガジーヌ」誌のアドヴァイザー役だった頃、同誌は「新貴族」のアイデアを唱えて、英雄的、軍人的な美徳を賛美していた。さらには、「世界で最もエリート主義的で不平等な教育政策を採用することを決断した」新生中国にならって、「特別に能力の高い子供たち」を擁護した。

同時に、質素と禁欲主義は強く批判された。「なぜ人間の存在に光を与えてくれる『無駄』を恥ずかしいと感じなければならないのだろう。美しくパワフルな車を欲しがることのどこがいけないのだろうか」。「生活様式の同質化」に抵抗するため、貴族に好意的なこの週刊誌は、キルティングのカバーで覆われたベッド、一八世紀のクリスタル製シャンデリア、ダマスク風織物のクロスが張られた壁面などによって世界の等質化に抵抗する人々の住むアパルトマンを毎週紹介していた。

珍しい美術・工芸品と血統書付の犬を所有することで所有者が「名門」の出身でないという欠点を補うことができ、高級品の購入が一種の芸術となり、多額の出費を要する旅行がかつての騎士にとっての十字軍に代わるものとなるこの週一回の「洗練」の学校は、世間に蔓延する低俗なものに対抗しようとした。富裕層のライフスタイルは、文明化のミッションを負ったのである。伝統的な価値観、宗教、祖国、家族、古典教育、アカデミー・フランセーズなどが擁護の対象だったが、それはあらゆる所有の形を通じて行われた。トクヴィルの予想が現実になろうとしているとき、巨大な中産階級が階級社会を問い直ししているとき、「ル・フィガロ・マガジーヌ」誌は流れに逆らって、貴族的な考え方を神聖化しようとした。開かれた新しい貴族は、古い貴族階級に比べて出自よりも社会的成功に基礎を置き、エリート意識を持つ層を形成し、文明を高める役割、すなわち将来の世代に精神的遺産を伝えることのできる唯一の存在だと自覚していたのである。

ポウェルスの雑誌が提案する優位性の象徴すべてを、読者全員が手に入れることができないのは当然だ。それでも、夢をみることは許されていた。二〇世紀の、社会民主主義的ともいうべき理念に対して、読者たちはエリートの持つ優美さを対峙させた。これによって、彼らは大衆よりも一段高いところに自分たちがいると思えたのである。

しかし、いまではエリートになるための道は出自と財産だけではない。一九世紀末以来、学歴もまた出世へのパスポートとなった。長いこと、バカロレアは、男性の場合、ブルジョワと庶民の間の境界線を形成していた。少数の奨学金受給者が、民主主義による希望を象徴してきたが、バカロレア合格者の数は長年にわたって不変で、その過半は社会の支配的、指導的な階層に属していた。現在では、バカロレアにもはやそのような役割はない。同年代の半数以上がバカロレア資格を持つようになったからだ。二〇一〇年には、高校卒業生の六五％がバカロレアを取得している。この割合は、一九五〇年には五％だった。しかしながら、学歴の序列には複雑な仕組みがあり、資格の種類によってステータスや社会的評価には違いがある。

一九六〇年代に、私が兵役でモンリュソンの兵舎にいたとき、健康診断を受けたことがあった。担当の医師は同じ部隊に所属する、大病院の研修医を経験した人物だった。医師はすぐに非常に親しげな様子で私に接してきた。彼は医師で、私はアグレジェ〔高等教員資格保持者〕だったからだ。将来、必要になったら私は彼の協力をあてにすることができる、そういう関係だった。医師と私は、同じカテゴリーに属していたのだ。しかし、同じ部隊の小学校教員とは、そういう関係ではなかった。医師は私に向かってはっきりとこう言った。「小学校の先生は気の毒な連中だ」。高校で二年間教えてきた私は、いかに教員間の序列が教育省の給与表ではっきりと決まっているかを知っていた。アグレジェが最上位で、いちばん下は補助教員だった。その中間にはいくつものランクがあったが、それぞれのランクを混同してはいけなかった。最も意外だったのは、アグレジェのすぐ下のランクである。それは、アグレジェの筆記試験に二度合格しながら、口頭試問で不合格となった者が属する等級だった。温情主義的な教育省は、恐らくは組合からの要求もあって、この中間的な等級を設けたのだろう。サン＝シモン公はヴェルサイユの宮廷について、「侮辱の滝」と言ったが、これが教員室でも再現されるに足る理由があったのである。

身分意識は、ごく一部の者にしか関係しないため、なおさら強いものがある。高等師範学校、国立行政学院（ENA）、理工科学校（ポリテクニック）、国立高等工芸学校（エコール・サントラル）などの卒業生、高等鉱山学校（エコール・デ・ミーヌ）出身のエンジニア、これらの学校で優れた成績だった者が官庁の大臣補佐官となり、大銀行、国営ないしは民間の大企業などで枢要なポストにつき、大企業の社外役員となってごく少数の有力指導者の仲間入りを果たすのである。彼らは、生涯を通じて、属するグループの一員として強い帰属意識を持ち続ける。こうして、平等であるはずの私たちの社会はさまざまな形で序列化されていて、一人ひとりが、出自、社会的背景、学歴、経済力などを他人との関係において分類し、差別化し、位置づけを行うことで、アメリカ人がステータスと呼ぶものを求めることができるのである。古い紋章は、新しい紋章と地位を競っているが、たとえば名家の跡取り息子がENAあるいは理工科学校を出ている場合には、二つが組み合わさって相乗効果を生む。ダブル・スタンダードがあることは明らかだ。表向きは、一部の人たちを除いて、誰もが社会の変化、民主化、大衆化を受け入れている。しかし、実際には、より「下」のクラスとみなしている者に対しては、一定の距離を置こうと努めるのである。

一九九四年の欧州議会選挙での、フィリップ・ド・ヴィリエとベルナール・タピの勝利が、この社会の複雑性をよく示している。団地が建ち並ぶ大都市近郊部では、庶民の出で大道芸人めいた、声が大きく、司法との関係では怪しげなところがあるが、一般大衆に近いタピが支持を集めた。彼は、図々しいほどの大胆さで社会的成功を収めた人物のイメージを有権者に与えたのだ。高級住宅街では、ヴァンデ出身で七人の子供の父親、カトリックで反動的なヴィリエが、マイケル・ジャクソンよりもリュリ〔一七世紀のイタリア出身の作曲家〕を好み、優雅であることが自慢の人々から高い評価を受けた。プロ・サッカーの有力クラブ、オランピック・ド・マルセイユ元会長で、巨額の借金と裁判を抱えるタピは、成功した庶民の代表だが、エスタブリッシュメントにとっては下品さが我慢ならない人物である。地元ヴァンデにピュイ・ド・フーの歴史テーマパークを作ったド・ヴィリエ子爵は、一七八九年の平等主義革命を決して認めることができなかった名家に少しでも接近したいと願う人々の夢を、いくらかなりと満足させるのである。

このように、生活様式の大衆化、消費社会、アメリカ式のカジュアルな生活様式が全世界に広がっていく中でも、フランス人は社会生活を彩る多少なりとも貴族的な理想を持ち続けている。それは、政治よりは社会に色彩を加えるものだが、それでも投票行動に若干は現れる。アンシャン・レジーム下のように閉ざされてはいないにしても、身分制社会の廃墟の上には、序列とカーストの世界が実際に存在している。フランス人はいまも、他人との比較で自分の位置を知ろうとする。それは、共和国の理想が不安定なものであることを示している。哲学者のバランシュは、すでに一九世紀にこう言っている。「平等は社会に存在する。ただし、財産の差、身分の差、能力の差、そして最後に不平等を除いては」。

第13章

王政へのノスタルジー

共和制が確立し、王党派は衰退したが、フランスにはまだ「国父」を求める傾向が生きている。その傾向は、政治不信を生む原因ともなっている。

「一九六一年に、ド・ゴール将軍は私に一九六五年に引退するとの意向を知らせてきた。そして、将軍の希望は、私が彼の後継者になることだった」[*]。パリ伯アンリ・ドルレアンはこのように書いている。ド・ゴールは本当に王政の復活の可能性について考え、それを希望したのだろうか。ある意味では、ド・ゴール自身、君主のような存在だった。選挙により選ばれ、政党の上位に君臨し、自身がフランスを体現する君主である。パリ伯によれば、ド・ゴールはその地位を後継者たるべきパリ伯自身に禅譲することなく一九六五年の大統領選に立候補し、それによって君主ではなく、「政党の領袖」、右派の指導者となったのだという。

パリ伯の抱いた幻想はともかく、ド・ゴールの政治手法には、確かに王政の伝統との関連を感じさせるものがあった。それは、直接選挙による正統性を裏づけとした、いかにも彼らしいスタイルの王権だった。そこには、重々しい調子、高慢とも取れる言葉遣い、そして常に国の栄光を体現することへの配慮があった。もしかすると、私たちがド・ゴールに好感を覚えたのは、彼が並みの政治家とは異なる高みに自らを位置づけ、また自分の立場を個人的野心によるものではなく、運命だと捉えていたためかもしれない。

フランス人は、見かけによらず、いまだに王党派なのではないだろうか。

確実なのは、共和国は時代に応じて変化する反対勢力からの抵抗を常に受けていたということだ。初めて共和制が敷かれた一七九二年九月には、共和国は反革命勢力による拒否に直面しなくてはならなかった。共和制に敵対するのは主としてフランス西部の出身者だったが、彼らは亡命貴族の亡命先である外国の宮廷と手を結ぶことを厭わなかった。祖国が危機的状況でオーストリアとプロイセンの侵略に対抗すべく軍を動員していたとき、共和国に反対して立ち上がったヴァンデ地方の人々は、「カトリックにして王党派の軍隊」を立ち上げ、内戦を戦った。軍事的に敗北し、叩きのめされ、痛めつけられたヴァンデは、それでもその後長い期間、王党派のフクロウ党による闘争、貴族の指導によるゲリラ戦を続けた。ナポレオンでさえも、この戦争を容易に終結させることはできなかった。

ルイ一六世をギロチンで処刑した体制に対する一部のフランス人の敵対心は長く続くことになり、それは文学作品や哲学書にも反映された。ジョゼフ・ド・メストル、シャトーブリアン、ボナルド、そしてそれほど重要でない何人かの著者を挙げることができるが、彼らは同時にカトリシズムとブルボン王朝に対して深い愛着を持っていた。彼らのうちの最後の世代の人々は、一八一四－一五年の王政復古の際に、希望が実現するのを見ることになるわけだが、一八三〇年の七月革命でシャルル一〇世は玉座を追われてしまう。このとき、共和国の復活が宣言されるが、王家の分家であるオルレアン家は巧みに機会を捉え、ルイ=フィリップがテュイルリー王宮の新たな住人となった。しかし、その一八年に及ぶ治世は、一八四八年の新たな革命により終焉を迎える。王政の時代は終わったが、それでも王党派はまだあきらめなかった。第二帝政の時代を通じて、王党派は有力な政治勢力であり続けたし、一八七三年には、新たな王政復古の機会をわずかなところで逃している。議会で多数を獲得したことから、王党派はシャンボール伯が王位につくことを期待したが、外国に亡命していてフランスの実情に疎かった伯は、王位につくために求められた条件を受け入れることができなかった。彼は三色旗を拒否し、信念の象徴として王家を表す意味のある白旗の復活に固執した。加えて、王党派内部の対立がシャンボール伯の野望の実現を阻み、史上三つ目となる共和国はようやく深く根を下ろすことができた。

これらの失敗にもかかわらず、王政への支持が絶えることはなかった。ブーランジスムについてはまた後で述べるが、王政復古の闘士たちはブーランジスムに新たなチャンスを見出していた。共和制に対抗しようとしたブーランジェ将軍は、英国でクロムウェルの共和国の後に起きたこととの比較から、国王の復帰に道を開いたマンク将軍の再来と見られたのである。幻想は長くは続かなかった。ブーランジェ将軍の敗北後、王党派はますます孤立していった。ローマ法王レオ一三世が、一八九〇

＊ *Comte de Paris/Général de Gaulle. Dialogue sur la France. Correspondance et entretiens 1953-1970*, Fayard, 1994, p. 21

年代初めにフランスのカトリック信者に共和制への賛同を呼びかけたことが、それに追い打ちをかけた。もっとも、多くのカトリック教徒はなお君主制に愛着を感じており、共和制支持に転じた者は少数にすぎなかった。

忠実な王党派は、さしたる希望もないまま、古い時代へのノスタルジーのうちに生きていた。一九世紀から二〇世紀への変わり目はドレフュス事件の熱狂の中にあり、王党派の人々にまた新たな希望がもたらされた。このとき結成されたのがアクシオン・フランセーズである。この団体は、当初はナショナリストの集まりで、むしろ共和制支持に近かった。シャルル・モーラスが加わることで、王党派の集団に変化したのである。この、子供の頃のカトリック信仰を失っていたプロヴァンス出身の詩人は、感情の面からの王党派ではなかった。君主制は、彼のナショナリストとしての確信から導き出された結論だった。モーラスによれば、もし祖国を愛しているなら対立を生み出す体制とは決別し、カトリックで世襲の君主制の復活を目指すべきなのである。彼には、カトリシズムが国家・国民を構成する最も安全で確かな要素の一つと思われたのだ。カトリシズムはかつてばらばらだった信仰を一本化させ、聖職者の序列を定め、新教徒が実践するあの唾棄すべき自由検証の精神を妨害しようとした。カトリシズムが共和派からの激しい攻撃にさらされたのは偶然ではない。プロテスタント、フリーメーソン、ユダヤ人、外国人〔反フランスの四カ国同盟〕は、フランスからカトリックを排除し、堕落した彼らの権力を安定したものにしようと陰謀をめぐらしているのだった。一刻も早く、「ラ・グーズ」〔王党派が共和国を呼ぶときの蔑称〕を葬り去らなければならない、というわけである。

アクシオン・フランセーズは二〇世紀初頭に発展した。同名の日刊紙を、「キャムロ・デュ・ロワ」

〔アクシオン・フランセーズの行動部隊で、デモなどに参加して過激な行動に走ることもあった。一九三四年二月六日の右翼団体によるコンコルド広場での騒乱事件にも加わったほか、一九三六年二月には車で通りかかったレオン・ブルムを襲撃し、負傷させる事件を起こしている〕と呼ばれる青年たちが街角で売って歩いた。研修所を作り、王位継承権者のオルレアン公の支持まで得た。荒っぽいやり方は古くからの王党派の間では不評だったし、モーラスと仲間たちがその排他的で、外国人嫌いで、反ユダヤ主義的で、反ドレフュス的なナショナリズムを君主制と結びつけるようとする考え方はフランス王家のイメージをよくするものではなかった。それでも、そのダイナミズムと指導者たちの才能は、多くの人々の支持を集めたのである。

支持者の一人に、ポール・ブルジェがいた。ブルジェは、二〇世紀初頭のベル・エポック期の作家として最もよく知られ、よく読まれたうちの一人だろう。社交界で知られた作家で、カトリックに改宗した彼は、伝統主義に真実を見出したと考え、そのすぐれた点を教訓的な小説中で賞賛していた。彼はモーラスにインスピレーションを与え、アクシオン・フランセーズのメンバーにはならなかったが、この団体と強い結びつきを持つようになった。一九〇〇年に、ブルジェは次のように書いている。「君主制という解決法は、最新の科学の教えに合致するものだ」*。

もう一人、ジョルジュ・ベルナノスの例を挙げることができる。やがて『月下の大墓地』(*Les Grands cimetières sous la lune*)を書くことになるこの作家は、カトリックで王党派のプチ・ブルジョワ家庭の出身だった。彼が政治に目覚めたのは一九〇五―〇六年頃のことで、それは急進派が主導

* C. Maurras, *Enquête sur la Monarchie 1900-1909*, Nouvelle Librairie Nationale, 1909, p. 113

する共和国とカトリック教会との戦いが政教分離法の成立により終息した時期にあたっている。当時パリで学生だったベルナノスは行動的な性格で、アクシオン・フランセーズの行動部隊である「キャムロ・デュ・ロワ」に加わった。彼はモーラスの提唱する共和国打倒のための「実力行使」が実現しうると信じたのである。彼は喧嘩や対立する意見がぶつかり合う公開討論会の激しい雰囲気、カルティエ・ラタンの学生街での宣伝活動などを好んだ。ドリュモンの熱心な読者で、反資本主義、反ユダヤの彼は、愛着を抱く二つのもの、すなわち民衆と国王を結びつけたいと考えていた。

はるか後年、一九三〇年代になって、ベルナノスはモーラスと袂を分かつことになる。ベルナノスは、『我らフランス人』(*Nous autres Français*) の中で、モーラスの精神は「全体主義的精神のブルジョワ的、アカデミズム的なカリカチュア」だと述べている。彼は、王党派の指導者がムッソリーニによるエチオピア征服とミュンヘン会議でのヒトラーを前にしたフランスの降伏を支持したことが許せなかった。ベルナノスは次のように書いている。「私は、(中略) モーラス氏が国民派とされるプレスの論調をリードしたことを強く非難する。氏の打ち出した論調が、まったく受け入れがたいものであることを強調しておく」。ベルナノスは引き続き君主制を支持していたが、彼の意思は明確だった。「国王とアクシオン・フランセーズのどちらを私が選ぶかははっきりしている」と。

モーラス率いる王党派は、最後には、誇りを失った、それでも一定の支持を得たペタン元帥の体制とともに沈没してしまった。ベルナノスが早い時期に自由フランスを選んだのに対し、アクシオン・フランセーズは全力を挙げて「国民革命」という陰鬱で反動的な試みを支持したのである。「国民革命」はモーラスの反共和主義的思想の影響を大いに受けただけでなく、おぞましいことにフランスを占領していたナチスに協力した。ナチス・ドイツによるユダヤ人検挙に手を貸し、フランスのレジスタンス勢力や連合軍と武力をもって戦いさえしたのである。ヴィシー政権はドイツ占領軍に服従して、かつての反ドイツ派を対独協力派に変身させた。このイデオロギー的な災厄から、王権の大義が回復するのは大変に難しかった。モーラスは戦後の粛清裁判で有罪となり、すっかり弱体化したアクシオン・フランセーズは生き延びるのがやっとだったのである。

王党派でありながら、レジスタンスに加わった人々もいた。一九五〇年代に、ピエール・ブタンは「ラ・ナシオン・フランセーズ」(*La Nation française*)を創刊して、その周辺に純粋なモーラス派とモーラス派から離れた人々を集めることで両派の和解を試みた。一方、ド・ゴールに与《くみ》したかつての仲間との和解を拒否したモーラスのエピゴーネンたちは、「アスペ・ド・ラ・フランス」(*Aspects de la France*)誌上でご託宣を垂れ続けた。いずれのグループも、いまにも消えそうな王党派の炎を守ろうとしていたが、一九七一年には王政の大義に新たな生命を与えようとする運動が登場した。ベルトラン・ルヌーヴァンが主導するヌーヴェル・アクシオン・フランセーズは、実にベルナノス的な運動だった。その目的は、モーラスの思想のうちでまだ生きているものを救い出し、それを化石化した瀕死の古いアクシオン・フランセーズから切り離すことだった。一九七七年になると、徐々にモーラスの思想から離れたヌーヴェル・アクシオン・フランセーズは王政の大義と左派的な政策を結びつけて、名称をヌーヴェル・アクシオン・ロワイヤリストに変更し、週刊誌「ル・ロワイヤリスト」(王党派、*Le Royaliste*)を発行し始めた。

アクシオン・フランセーズから生じたこの二つの流れに加えて、ブルボン家の正統な系譜を支持する複数のレジティミスト（正統王朝派）のグループについても述べておかなければならない。これらのグループの存在は、王党派の勢力をより豊かで多様なものとしていると言えよう。カペー王朝成立一〇〇〇年記念の年、一九八七年には多くの集会や催しが行われたが、そのときに存在がクローズアップされたのはパリ伯アンリ以外にもう一人王位継承権を主張する人物、アンジュー公だった。アンジュー公はスペイン王アルフォンソ一三世の孫で、スペイン・ブルボン家の系統に属し、ファン・カルロスの従兄弟にあたる。テレビの人気司会者ティエリー・アルディソンは、この「ルイ二〇世」にアイデアを得た本を書いたほどだ。パリ伯一族の内部対立によって、王党派の大義が困難に直面する中で、正統王朝派は力を盛り返したかに見えた。しかし、不運なことに、アンジュー公は一九八九年一月にスキーの事故で亡くなってしまう。ほかにも、「ル・リス・ブラン」（白百合、*Le Lys blanc*）、「ラ・フランス・モナルシスト・エ・レジティミスト」（王政主義的・正統王朝派のフランス、*La France monarchiste et légitimiste*）などの定期刊行物が発行されており、王党派の伝統が途絶えていないことがわかる。

しかしながら、フランスで王政の名残を求めようとするなら、これまで見てきたような成果を伴わない政治的な努力の繰り返しのうちにではなく、より深いところに潜む感性に目を向けるべきだろう。フランスは共和制とともに歩んできたが、多くのフランス人は共和国の定める法の原理を好んではいない。一九九三年一月二一日はルイ一六世が断頭台で処刑されてから二〇〇年の記念日だったが、王党派の人々は処刑の場所だったコンコルド広場で大集会を企画し、ある程度の成功を収めた。国王を戴くことも悪くはない。左派であれ、右派であれ、政府の目に見える無力ゆえに社会に広がる政治への失望は、民衆に近く、父性的で、腐敗とは無縁な、将来への不安を抱える国民の運命を引き受けるのにふさわしい王権への古い夢を一部の人々になお抱かせているのである。

あまり豊かでなく、高学歴でもない人々――それ以外の人々も含めてではあるが――の間では、こうした傾向は王族をめぐるニュースやゴシップによって満足させられている。「ポワン・ド・ヴュー――イマージュ・デュ・モンド」(*Point de vue – Images du monde*)とか「ギャラ」(*Gala*)といった、ヨーロッパの王族たちの社交界などでの動静を伝えるグラビア誌は常に多くの読者、特に女性読者を獲得してきた。画一化に脅かされる社会にあって、王子や王女がいまも持つ華やかさは、この種の雑誌の読者にとっては最後に残された夢を見る機会のように感じられるのだろう。婚約、結婚式、洗礼式、パーティーなどの集まりはそのたびに報道され、それによってスーパーマーケット化した民主的な社会とはかけ離れた世界のイメージが人々の心の中で生き続けるのである。ライックな共和国の華麗な儀式は、あまり人気を集めはしない。私たちが大衆化社会のくすんだ時代を生きているのに対し、王政は、華々しさと結びついているのである。

さらに掘り下げて見てみると、フランス人は父親が家族の面倒を見るように国民の問題を扱ってくれる指導者なしには政治を考えられないことがわかる。ベルナノスの言葉を再び引いてみるなら、近代国家は名誉なき国家である。なぜならば、近代国家は抽象的であり、政府は匿名で、個人としてすべてに対して責任を負うべき権力者が官僚組織に取って代わられてしまったからだ。ベルナノスのような意見の者にとっては、近代民主主義、議会制民主主義はまさに対立と無力の君臨そのものなのだ。そのため、両大戦間の時代に、いくつもの民主主義国が独裁体制に移行した。それは、将来を約束する文書の署名欄に責任ある人物の署名を得たいと人々が考えたためだ。あまりにも横暴な独裁体制を避けるためには、君主制を復活させ、個人の顔が見える政府を作るべきなのだ。国民の一致を象徴し、階級闘争の上位に立ち、公益のためだけに尽くす、国の統一を体現する世襲君主を戴くことが必要だというわけである。

このように、王政へのノスタルジーは政治が汚いものだという認識と結びついている。それは、多くの人にとっては、出世競争であり、猟官運動であり、利益争奪のための駆け引きを意味している。あらゆる社会に争いはつきものだが、民主主義はそれを白日のもとにさらしてしまう。賛成派と反対派、労働者と経営者、カトリックとライック、パリと地方、都市と農村、工業と農業、自由貿易派と保護貿易派、先祖代々のフランス人と移民、左派と右派、政党内部での指導者間の争い、社会に混乱をもたらすすべてが、国民の一体化を求める人々にとっては耐え難い。国民の一致を保証できるのは国王なのである。

古いカトリック国のフランスには、教会は一つしかない。古い君主制国家フランスでは、指導者は一人だけである。こんにちの混乱したさまを目にしたとき、何を指標とすべきかわからなくなったとき、そして「父」が死んだとき、王杖のもとで人は調和の中にあったかつての世界を夢見るのだ。王政復古が実現すると本気で信じる者は誰もいないが、国家権力の個人による体現という要求に対しては、第五共和制憲法はすでに王政復古の始まりともいうべき回答を出している。この憲法は、民衆の持つ主権をできるだけ強めようと夢見る共和国の精神に対して一矢を報いるかのように、強力な権限を行政府に与えた。のみならず、大統領の任期は一期七年で、何度でも再選されることが可能とされていたのである。*

＊二〇〇八年の憲法改正により、大統領の任期は一期五年、連続二期までと定められた。

第14章 フランス人はいまでもボナパルティストか

ナポレオンの帝国は独裁体制ではあったが、権力の源泉は国民にあった。ナポレオン三世の第二帝政も、そのモデルを踏襲した。それは、権力が一人の人間によって体現されることと国民の統合を求める感情に合致したものだった。

フランスは、三種類の政府の形態を授かってきた。キリスト教的君主制、非宗教的共和国、そして——これが、その近代史上最も特徴的なものであろうが——ボナパルトの帝国である。共和制は、社会の新しい要請に適応できなかった王政の残骸の上に慌てて作られた体制だった。この急ごしらえの体制は、一時期成功——特に軍事的な面では、共和国は欧州全体が同盟を結んで敵対してきたときにフランス国民を鼓舞することができた——を収めたが、安定した仕組みを築けなかったために失望を生んだといえる。解決をもたらしたのは戦争だった。ボナパルト将軍という解決法である。

それは独裁制だっただろうか。確かにそうだが、それは独特な形を取った。模範とされたのは古代、共和制ローマの末期まで遡る。それはカエサル主義と呼ばれる独裁制だった。ナポレオン三世が、一八六二年にユリウス・カエサルの伝記を出版しようと考えたのは偶然ではなかった。カエサル同様、ナポレオン・ボナパルトはまず親衛隊の将軍であり、その評価は戦場での活躍に基づいていた。偉大な指揮官はその後、政治的野心を持つにいたった。国家は混乱し、国論は分裂し、総裁政府は長期的な方針とそれを実現する力を持てなかった。これに対して、ナポレオンは武力を持っている。これを用いて、国家の再生を図ろうとしてもおかしくはないだろう。「私が政権の頂点に立ったとき」とボナパルトは語っている。「フランスは、ローマで共和国を救うには独裁者が必要だ、と言われたのと同じ状態にあった」。

しかし、どのようにして政権につくべきか。答えははっきりしていた。剣によって、である。五〇〇人議会——下院にあたる——の議長を務める弟のリュシアンを介して政界の一部の協力を得て、エジプトから帰国したボナパルトは多くの人々から救世主として迎えられると、クーデターを起こしたのだ。

しかし、ボナパルトは誰の名において共和国の指導者となったのだろうか（その後、彼は皇帝となるわけだが）。ただ銃剣の力だけによる単純な独裁体制は、文明国では考えられない。正統性の源は、いまや主権を持つ国民にある。そこでボナパルトは国民にクーデターの承認を求めた。それも、議会や名士たちといった少数者を介してではなく直接に、である。それはプレビシット（国民投票）と呼ばれるものだ。ボナパルトは、三度にわたり国民投票を求めた。執政政府樹立のため、終身執政となるため、そして世襲制の帝政を樹立するために。権力の簒奪者は、民主的な基盤を持っていることを誇示したのである。彼は、直接投票を恐れない。必要であれば、操作し、ねじ曲げ、でっち上げる。

ボナパルティスムは、クーデターと国民投票の組み合わせなのである。

ナポレオン体制の功績は、大革命後のフランスに安定をもたらしたことだろう。革命が得た多くの成果が正式に追認された。市民間の平等、国有財産の取得、信教の自由などである。アンシャン・レジーム派勢力との間では妥協を成立させた。代表的なものはローマ教会と調印した政教条約で、これによって宗教面での安定がもたらされた。第一執政、次いで皇帝となったナポレオンは、近代フランスの基盤作りに乗り出した。民法典の制定、グランド・ゼコールの開設、地方長官制度の整備などである。

この体制の正統性を担保する最も強力な要素は、怪しげな部分のある国民投票ではなかった。それは軍事的な栄光、戦場で得られた栄誉、アウステルリッツやイェナでの勝利だった。カエサル型独裁は軍事独裁であり、敗北を超えて生き延びることはできない。百日天下の間、一八一四年の欧州同盟軍を前にしての退却は忘れ去られたかに見えたが、ワーテルローですべては終わることになる。

皇帝が敗れ、流刑となり、亡くなると、「ナポレオン伝説」が生まれて広まった。当初、それはナポレオン軍の元兵士たちのノスタルジーから発していた。王政復古期の政府による軍事費削減で、一万人以上の将校の俸給が半減した。仕方なく民間人になったものの、新しい市民生活に適応できず、貧窮し、恨みを持ったこれらの人々が、ナポレオン叙事詩の最初の伝承者である。彼らは自分たちの活躍をヨーロッパ中で語り歩いた。小さな村ではまだ生きていた口承の伝統が、栄光の物語と過去を惜しむ叙事詩を伝える役割を担った。『田舎医者』(*Un Médecin de campagne*)を書いたバルザックは、この現象の証言者の一人である。超人ナポレオンは、暖炉の前の人々に夢を見させる。やがて、口承は文書に取って代わられた。思い出を書いた本が次々と刊行され、さらには帝国の兵士たちを讃える絵画や銅版画、リトグラフなどが作られた。

奇妙なことに——とはいえ、それはブルボン家の体制に原因があるのだが——自由主義勢力は戦いの道具としてナポレオン伝説を利用した。ナポレオン存命中は反ナポレオンで、百日天下の際にのみ皇帝を支持した、帝国憲法の追加条文の執筆者であるバンジャマン・コンスタンは、王政復古下ではナポレオンを自由主義者として描いた。元将校で、引退してブドウ栽培をしていたポール＝ルイ・クーリエは、反ブルボンの政治文書をいくつも書いたが、その中で彼はナポレオン的愛国主義を利用して、抑圧される民衆を支援した。ナポレオン没落後の礼賛者の中で最も読まれ、知られ、歌われたのは、間違いなくシャンソニエ〔自作の風刺的作品を歌う歌手〕のベランジェだろう。彼は、一八一三年に発表した『イヴトの王様』(*Le Roi d'Yvetot*) ではナポレオンを批判していた。しかし、『小伍長』(*Le Petit Caporal*) は結婚披露宴や堅信礼の後の食事会などで歌われ、ナポレオンの庶民的で、平等主義的で、民主的なイメージを広めたのである。これに加えて、ラス・カーズの『セント・ヘレナ覚書』(*Mémorial de Sainte-Hélène*) も、ナポレオン伝説伝播の役割を果たした。著者は帝政下で伯爵に叙せられ、ナポレオンとともにセント・ヘレナで約一年半を過ごしたが、元皇帝の言葉を丁寧に書きとめていた。それをこの有名な一冊にまとめて、一八二三年に出版した。この本は、ナポレオンを革命の本当の継承者とし、自由主義的で開明的な君主としての偉大なイメージを定着させるのに貢献したのである。皇帝を讃えるこの記念碑では、国家の観念と自由主義思想が結合している。

ナポレオン伝説は、一八三〇年の革命と七月王政の成立にも耐えて、生き延びることができた。臆病な外交政策を批判されたルイ＝フィリップの体制は、皇帝の威光を利用しようと試みた。一八四〇年一二月一五日には、ナポレオンの遺骸の帰国の儀式が執り行われ、これによって伝説は公認された。ロマン派もナポレオンを賞賛した。スタンダールはナポレオンの持つエネルギーに感嘆し、バルザックはその権力への意志を讃えた。中でもユゴーは、繰り返しナポレオンについて書いている。

民衆が、いつまでも、あなたを記憶にとどめるように……。

皇帝の甥のルイ・ナポレオン・ボナパルトは、やがて、詩人、画家、シャンソニエらの作り上げたイメージによって増幅されたナポレオンの大衆人気をうまく利用することになる。第二共和制が樹立されると、立憲議会は大統領職を設けることを決定した。ナポレオン一世の甥は、大統領選に立候補する。本人の名声はないに等しいが、それでも彼には伝説的な名前があった。直接選挙によって、彼は当選した。任期は四年で、それ以上はできない。再建された共和国は民衆の期待に応えるものではなかった。一八四八年六月には、国営作業場の労働者の蜂起を武力で弾圧した。保守派が権力を掌握し、次々と復古的な法律が制定された。その最大のものは選挙法の改正で、労働者や社会主義者から選挙権を奪うために、住所が安定しない者を一方的に選挙人名簿から削除したのである。実のところ、議会の多数を占める右派は、王政復古を望んでいたが、内部対立のために王家の二つの系統――ブルボン家嫡系とオルレアン家――の和解による「王朝統一」は実現不可能だった。そのため、一部右派勢力は、大統領を再選可能とする憲法改正を考えるが、右派の一部と極左の連合に阻止されてしまう。それを受けて、ルイ・ナポレオン・ボナパルトは決意を固める。一八五一年一二月二日、アウステルリッツの戦勝記念日に、彼は軍の支援を得てクーデターを決行した。

不思議な歴史の繰り返しである。マルクスは、最もよく知られた著書の一つである『ルイ・ボナパルトのブリュメール18日』に、よくできた警句を残している。「ヘーゲルはどこかで、すべての偉大な世界史的事実と世界史的人物はいわば二度現れる、と述べている。彼は、こう付け加えるのを忘れた。一度は偉大な悲劇として、もう一度はみじめな笑劇として」(前掲『ルイ・ボナパルトのブリュメール18日』一五ページ)。一二月二日のどこが「笑劇」なのかは、よくわからない。クーデターの実行――これは完全な成功だった――も、反乱が起こった各県での血にまみれた弾圧も、執政制度の制定も、それに引き続く国民投票を経ての帝政の樹立も、いずれを取っても、野心家の甥による伯父のものまねは笑いを誘うものではなかった。

ナポレオン三世は、ボナパルティスムのモデルを完成させたといってもよい。社会の諸階層が競合する利害をめぐって戦う中で、より上位に位置し決定権を持つ皇帝は、やがて世襲制となる独裁体制を巧みに、新機軸も打ち出しつつ、近代化を図りながら一八年にわたって継続させた。復活させた直接投票による選挙制度に支えられて――もっとも選挙は厳重に管理され、公共の自由は制限され、伯父と同様に警察や地方長官を使って自らの威信を強化しようとしたが――工業の発展を奨励し、一八六〇年には自由貿易を選択し、一八六四年に労働者の団結権を認めるなど労働者に有利な措置をも取った。とはいえ、政府がまたもや絶大な力を持ち、選挙で選ばれた議会は追認機関にとどまり、新聞は言論統制下に置かれ、野党の行動は制限されていた。

それでも、帝政の自由主義、議会主義に向かう変化を見ると、一つの問題が提起される。一八六七―六八年における自由主義・共和主義的野党の勢力伸長に対して、ボナパルト体制は反対派の一部との関係改善を目指して、改革政策を取るようになった。議会で議員が大臣に質問する権利の確立、代議制に向けての制度改正、言論統制の緩和、選挙集会の自由化などである。一八六九年の選挙結果は、ナポレオン三世に大きな不安を与えるものだった。大都市では軒並み、共和派が勝利を収めたのだ。変化はさらに加速した。これ以降、立法府は皇帝と同様に発議権を持つことになる。一八六九年一二月二七日に新内閣組閣の要請を受けたのは、もともと共和派で、元野党議員のエミール・オリヴィエだった。一八七〇年四月二〇日には、元老院決議により、本格的な議会制が敷かれることとなったが、実際には、議会制とプレビシット制の混合体制だった。皇帝は、いつでも国民投票を行うことができたからだ。事実、一八七〇年五月八日に、ナポレオン三世は国民投票を実施した。「国民は、皇帝が国家の主要機関の補佐を得て進めてきた、一八六〇年以来の自由主義的な憲法上の諸改革に同意するとともに、一八七〇年四月二〇日の元老院決議を承認する」という文面が、国民投票にかけられた。賛成票は七三五万を数え、前衛的な共和派の運動にもかかわらず、反対票は一五三万八〇〇〇にとどまった。

この投票結果からは、二重の教訓を汲みとることができる。まず、自由主義的で議会制である帝政が圧倒的な支持を得たことだ。クーデターにより成立したこの体制は、最初は専制的だったがやがて政治的自由を認める制度を採り入れ、まださらに変化を遂げようとしていたと考えられるだろう。あるいは、さらに第五共和制のような民主的な制度に近づくこともできたかもしれない。この体制にとってまずかったのは、「一二月二日の犯罪行為」、つまりクーデターを起源に持つことだった。評価すべき点は、政府に権限を取り戻した後、立法府に再び役割を与えたことである。この体制はまだプレビシット制ではあったが、議員たちからの異議申し立てに直面しうる国家元首にとって、直接投票制は正統性の源となるものだった。直接投票は、決定を行うための最後の手段だったのである。

残る問題は、この帝政が世襲制だったことだ。すなわち、投票による正統性と矛盾する、家系という形の異なる正統性に依拠していたのである。ナポレオン三世が、国民投票で敗れた場合に退位したとは思えない。せいぜいが、退位して息子に帝位を譲るか、摂政を置くくらいだっただろう。どのようにして、国民と家系に同時に従属するのか。かつての王政は、国民への呼びかけという形で自らを問うことはなかった。いちど王朝が成立すれば、それはずっと続いたのである。帝政下では、皇位は国民による正統性の担保が必要であり、それがなければ簒奪者でしかなかった。帝政は、英国の君主制のように、次第に実質的な権限を失い、役割を象徴的なものに制限されていく運命をたどろうとしていたのだろうか。

恐らく、それを避けようとして、体制内の強硬派はビスマルクとの戦争を求めたのだろう。戦争は、強力な権力を再生させる機会になる。勝利の栄光を手にすれば、政権はしばらく安泰なのだ。それは魅力的だった。病を得ていた皇帝は、その魅力に抗することができなかった。戦争は、皇帝のために、左派の愛国者も、忠実な支持者も含めて、全国民の心を再び捉えてくれるはずだった。戦争がもたらしたのは敗北だった。これが二度目の帝政の終着地点となった。二度の帝政は、ともにクーデターによって成立した。いずれも、軍事的敗北によって崩壊した。ワーテルロー、スダン〔一八七〇年九月二日、ナポレオン三世はフランス北東部のスダンでプロイセン軍に降伏した〕。陰鬱な曠野よ、沈鬱な谷よ……。

ボナパルティスムは、病気の皇帝がプロイセン軍の捕虜となったこの陰惨な日から立ち直ることができなかった。ナポレオン三世は退位し、皇太子を皇位につけようとしたが、九月四日には共和国の復活が宣言された。しかしながら、フランス人は帝政モデルを完全に葬りはせず、このためボナパルティスムは死に絶えることなく、一つの政治体制のモデルとして生き残った。

ナポレオンの名は、警察や、密告者や、スパイと結びつけられることはあまりない。犯罪や、盗みや、簒奪よりは、勝利や元帥たちの軍旗がはためく音のような名前と結びついている。パリは、他のどの都市にもましてナポレオンの記憶の生きた博物館であり、通りの名前や建造物は多かれ少なかれその栄光を讃えているのである。

偉大な軍事的栄光の時代へのノスタルジーは、華々しさに欠ける時代に強まる傾向があるが、ノスタルジーですべての説明がつくわけではない。ナポレオン、そしてボナパルティスム体制は、政治権力が一人の人間により体現される最高のモデルなのである。もう一度、私はこの考えに立ち戻ってみたい。国王に死を宣告したフランスでは、国民が王殺し／親殺しから立ち直ることができずに、絶えず失われた父親への回帰を求める強い傾向がある。そんな国民の目には、無名な体制、ぼんやりとした議会、はっきりしない多数派、名を知られぬうちに次々と変わる政府は、無秩序の象徴と映る。政府は、そのまちまちな仮面の下で、つかみどころがなく、見る影もなくなってしまった。誰を信じたらいいのか。誰に助けを求めたらいいのか。誰を非難すべきなのか。

フランス人は愛情を表現するにも、怒りを爆発させるにも、名前のある相手を必要としている。バレスは、『兵士への呼びかけ』(*L'Appel au soldat*)でこう言っている。「フランス人が持つ感情は、常に造形的な表現を必要としている。一人の人物によって体現されないものに対しては、何も感じることができないのだ」。一九六二年には、政治家たちはこの有権者の要求の根深さを理解できなかった。国家のトップに、責任を持つ人物が求められていたのである。ド・ゴールは、今後大統領を直接投票により選出することを提案した。右派と左派の議員たちは——将軍の意見に常に同意する一部の従順な議員を別にすれば——ルイ・ナポレオン・ボナパルトの例まで持ち出して強く反対した。ボナパルティスムは、少なくとも一種の脅威としてはまだ生きていたのである。行政府の長には、大きすぎる権限を与えるべきではない、さもなければ専制政治の悪習に立ち戻ってしまうだろう。これらの議員は、ある意味では正しかった。国家元首により大きな正統性を与えることで、自分たちの役割が縮小し、脅かされるからだ。彼らの唯一の誤りは、国民の気持ちを理解できなかったことである。フランス人は、自分たちが、直接投票により大統領を選出できることを歓迎した。以来、大統領選挙はフランスの政治で最も人気の高い選挙となった。直接投票による大統領選挙は、市民とその第一の代表者の間の失われた絆を回復させたのである。

第三共和制は、長期間続いたという点での功績はあったが、人の顔が見えない体制という難点があった。一八七九年のマクマオン退陣以降、ジュール・グレヴィーからアルベール・ルブランにいたる歴代の大統領は、人物としてどうであれ——中には、強い個性の持ち主もいたのだが——世論には存在感に欠ける自動人形のように映っていた。第三共和制の歴史の多くの局面で重要な役割を果たした、強烈な個性の持ち主ジョルジュ・クレマンソーは、一九二〇年の大統領選に立候補したが、たいして特徴のない人物であるポール・デシャネルにあっけなく敗れた。これが直接投票だったなら、「勝利の父」が敗北を喫する可能性はほぼなかっただろう。

一九三〇年代に入ると、制度の不備はますます目立つようになった。与党は不安定で、政府は力がなく、憲法改正は求められてはいたが実現は不可能だった。そうしたときに、一部の政治勢力は、近隣諸国の強権体制に感化を受けた。極右の団体や、声の大きい人々が、強力な指導者を求めたのである。

私の父は保守的なカトリックで、その意見は父の置かれていた社会的環境では場違いの感があった。その頃、父はギュスターヴ・エルヴェの主宰する「ラ・ヴィクトワール」(*La Victoire*) 紙の日曜版を購読していたらしい。エルヴェは、ジョレスの時代には熱狂的な反軍主義者、反愛国主義者で、そのために何度も牢獄暮らしを経験していた。一九一二年に最後となる出獄をすると、意見を一八〇度変えて、熱烈な愛国主義者となった。第一次大戦開戦とともに、彼は主宰する新聞の題名を「ラ・ゲール・ソシアル」(社会的闘争、*La Guerre sociale*) から「ラ・ヴィクトワール」(勝利) に変更した。終戦にいたるまで徹底的に「裏切り者」との戦いを呼びかけ続けたエルヴェは、一九三〇年代半ばには国家社会主義を訴えるようになっていた。彼の主張する、社会主義的であると同時に愛国的な体制は、左派のボナパルティスムともいうべきものに想を得ていた。そこには、ナチズムや反ユダヤ主義を思わせるものは何もなかった。彼が求めたのは、強権的な共和国であり、政治権力が一人の個人によって代表されることだった。彼は、そのために理想的な人物を見出した。ユーリカ!(見つけた!) すでに一九三五年に、エルヴェは「我々に必要なのはペタンだ」(*C'est Pétain qu'il nous faut*) という合言葉を題名とした政治文書を著したのだ。

かつてはアナーキスト、左派社会党員、戦闘的労働組合員などから評価されたエルヴェは、田舎の神父たちの伝令使となったのである。父のようなカトリック信者には、エルヴェが転向者であること、パウロがダマスコへの道で回心したように祖国愛にいたる道程を経験したこと、階級闘争を放棄したこと、秩序を必要とする性向などが好ましく感じられたのだろう。カトリック教徒は、基本的な価値観に基づいて統一された社会を、一人の輝かしいリーダーが指導するというシンプルな考え方を評価した。当時、共和派と見られていたペタンは指導者の最有力候補であり、ライバルはどこにもいなかった。これは、ボナパルティスムの新たな変形だった。

そして、必要とされたペタンはフランスの指導者になった。それは不幸な出来事だった。ある誤解によって——歴史はこの種の誤解により人間を弄ぶことがあるが——、フランス人は一九四〇年の敗戦の後、この英雄が自分たちの名誉を救ってくれるものと想像したのだ。「ヴェルダンの勝者」は、この軍事的敗北とドイツによる占領を、「国民革命」なるものを遂行する機会だと捉えた。そうすることで、共和国の価値の大半を清算して、ドイツが最終的な勝利を収めたときにナチスの指導者がフランスに寛大な扱いをしてくれるだろうというあてにならない期待をしつつ、ヒトラーと手を握ろうとしたのである。この裏切りに当初は気づかず、フランス人の多くが、政府が一人の人物、それも尊敬に値すると思われる人物により代表されているのを見て安心した。フランソワ・モーリアックはレジスタンス運動に加わった人物だが、初めの四、五週間、船が沈没して遭難した者が、水平線に救助船を発見したときのような満足を味わったと述べている。

比較的早くに、フランス人はペタンに対して疑問を感じ始めた。しかし、多くの証言が示しているように、長いことフランス人はペタンには隠された意図があるという幻想を持ち続けた。一九四五年の裁判で、元帥の弁護人が提示した理論によると、年老いた軍人は「盾」であり、国外にあったド・ゴールは「剣」だった。これには何の根拠もないが、元帥が敗北主義者であると理解するのに時間がかかった世論にとって納得のいく理屈ではあった。

広く支持を集め、一九四四年までなお一部では人気のあったペタンの成功の原因は何だったのだろうか。イデオロギー的な理由で彼を支持したモーラス派、ファシスト、ナチス支持者、反ユダヤ主義者、伝統派カトリック信者、カグール団元団員と土への回帰を求める人々を別としたらどうだろうか。フランス人一般の場合はどうだろうか。彼らは、恐らく、フランス国の元首の性格、意図、思想については騙されていたに違いないが、彼という人物には信頼を置いていた。長い間、国家権力が一人の人物によって体現されることがなかったために、危機が訪れたときには、国家のトップに正統性があると思われ、君主、指導者、先導者と見られる人物を戴くことで国民はほっとした気持ちを味わうことができたのだ。ジャン=ピエール・アゼマの研究以降は、暗黒時代〔第二次大戦中のドイツ占領期〕を研究する歴史家は、「元帥派」と「ペタン派」を区別するようになった。一九四〇年に四〇〇〇万人のペタン派がいた、すなわち、すべてのフランス人が新体制のイデオロギーに賛同したというのは正しくないが、四〇〇〇万人近い元帥派、つまり方向を見失い、不安にさいなまれ、敗北を不名誉と思う人々が、ごく自然に元帥の持つ権威に信頼を置いたことは事実である。彼らは、徐々に自らの間違いを知るようになるのではあるが。屈辱的なヴィシー体制は、まず一九四〇年の敗戦のトラウマが作り出したものだ。そして、国民、あるいは国民の一部には、共和制下で国家権力が匿名的であることに耐えられなかったことによるフラストレーションがあった。教養のある人であれば、国を指導するのに、高名な英雄が必要だろうか、と嘆息するかもしれない。しかしながら、英雄を求める声は非常に多かった。大半の人々は自分の父の名前を知りたいと思うのである。民主主義では、父親も、首領も、先導者もいないということを人々は理解していないのだろうか。一七八九年の立憲議会は、理性を過信し、人間の行動の基となる不合理なるものを過小評価していた。一八八〇年以来の、そして戦後を迎えてからの私たちの共和国の国家組織は、国の指導者たちと彼らを選んだ国民の間にある自然なつながりを軽視する傾向があった。むしろ、社会と政治体制を結びつける文化的、知的なつながりを好んだのだ。ある意味では、「個人」、「英雄」、「偉人」を必要とせずにいられるのはよいことだろう。それは、市民として成熟していることの証しだからだ。だが、歴史的な現実を見ると、私たちはもっと謙虚であるべきだ。理想的な民主主義は本の中にしかない。現実の世界では、民主主義は個人により体現されることが必要なのだ。

第五共和制が権力の体現と伝統的な自由の両立を実現したのは、ド・ゴール将軍の功績によるものだ。第四共和制を創設する憲法草案に反対していたド・ゴールは、一九四六年六月一六日のバイユーでの演説で「本物の国家である国家」という言葉を使って、国家の頂点を個人によって代表させるという彼自身のコンセプトを表現した。一九五八年に、史上五番目となる共和国を樹立したとき、ド・ゴールは国家の化身だった。彼は、共和国の制度に、少数者支配（政治家）の次元と、民主主義（直接選挙による競争）の次元に加えて、君主制的な次元を持ち込んだのである。それは、第二帝政に反対して作られた共和制の概念にはなかった次元である。

選挙を基盤とする強力な政府以外にも、ゴーリスム（ド・ゴール主義）はもう一つの要素をボナパルティスムから借用した。国民の統合、結集の考え方である。ド・ゴール将軍は、英国式の二大政党制、政権交代、政党が代表する特定社会階層の利害の防衛からなる民主主義のコンセプトには最初から共鳴していなかった。彼にとっての民主主義は、プレビシット制の共和国である。国民は自由であり、主権者である。すべての正統性の源泉である。国民は君臨するが、統治はしない。「国民の深層」は、指導者を選び、指導者の立法についての選択を承認し、指導者を再度信任するか否かを判断する。

権力は上からくるものだ。その所在地はエリゼ宮である。大統領が選任した首相は、大統領の立てた計画を実行する以外には存在理由がない。一九八六年以降左右の「共存」と呼ばれることとなった事態――大統領と首相が異なる政治勢力に属するケース――は、ド・ゴールの思い描くフランス政府においては考えられない状態である。一九六四年一月三一日の記者会見で、彼は「権力の頂点での両頭政治は認められない」と語っている。

国民の圧倒的多数の支持を受けた指導者のもとでの結集という考え方は、ナショナリズムの神話に属するものだ。この点から見ると、ド・ゴール主義は古い伝統に根ざしている。ジャコバン的な第一共和制は、「派閥」すなわち利害関係や政治的傾向を組織化することを何よりも嫌った。歴史家のモナ・オズフは、「公益を同じだけ重視する人々が分かたれることはないとの確信があるために、体制の論理そのものの中から、反対派に権利を与えることは想像もできないという考えが生まれてくる」*のだと書いている。

カトリック文化の根幹にまで遡ることのできる全会一致主義は、左翼の最大政党だった共産党のルールでもあった。その最盛期には、有権者の四分の一以上の支持を集めた共産党は、野党ではあったが、自らを普遍的な政党と定義し、「党」という単語の意味に反して単一政党となることを目標としていた。それ以前の段階で、この党はフランス社会全体に均質化を求めることはできなかったが、党内にはそれを要求していた。それは徹底した全党一致、同一歩調で進む党組織、内部でのわずかな異論も許さない厳格な党内序列、党機関のすべての発行物が強調する一致した思想、階級もなく、人と人、労働者と労働者を分けるいかなるものも存在しない社会への希望、などである。共産党員に求められていたのは政治活動ではなく、社会主義の実現という共通の、ほとんど宗教的な大いなる任務を遂行することだった。それを理解せずに、指導部を批判し、路線に異論を挟む者は、必ず出口のほうに押しやられるのだった。共産党大会はいつでも、一九二〇年代半ばに党のボルシェヴィキ化が完了して以来、荘厳ミサのような儀式であり、「インターナショナル」が讃歌の役割を担っていた。

この均質的で、統一された、皆が同じ感動を分かち合う社会への強い志向、あるいはノスタルジーは、なぜフランス人が議会を好まないかを教えてくれる。議会は常に、無秩序と結びつけられる。混乱の中の大騒ぎ、不和の種、喧騒、統率の取れない集団、障害物、もめごと、雑然とした集積、といったイメージがあるのだ。これに、責任放棄、汚職、あらゆる種類の腐敗などが加わる。あたかも、強権的な体制下ではこの種の問題が存在しないかのようだ。議会での質疑の様子は、社会的な対立、イデオロギー的な衝突、それぞれの議員の野心などを繰り返し見せつけることで、人を不快にさせる。それは、ミサの対極だ。ミサでは、カトリックのミサであれ、非宗教的ミサであれ、ノートル・ダム

＊ M.Ozouf, «"Jacobin", fortune et infortunes d'un mot», in *L'Ecole de la France*, Gallimard, 1984, p. 83

寺院でも、オーベルヴィリエの体育館でも、ニースの会議場でも、パルク・デ・プランス競技場でも、全員が聖歌を唱和するのだ。祖国、あるいは党の中にあっては、対立は存在しないのである。

それぞれの政党の夢は、他の政党を消滅させることだ。第三共和制下では、急進党は共和主義的で、教会の支配から解放され、共和国の自由と平等の価値と科学の未来によって和解した社会を夢見ていた。ド・ゴール派は、自らの偉大さという独自の考え方に基づく国民の統一を夢想していた。共産主義者の夢は、いつか階級のない社会が現実となるのを目にすることだった。カトリック教徒は、神の子供たちが調子を合わせて歌うキリスト教世界へのノスタルジーを抱いていた。ナショナリストは、軍隊の行進曲に歩調を合わせて進む社会を夢見た、といった具合である。自由主義者は稀で、非常に少数派で、どこにもいないこともあった。彼らは、社会を競争的な、したがって紛争の内在する空間だと考えていた。社会が内部に抱える矛盾の間でバランスを取りながら発展していくという考え方は、受け入れられないものだった。マルクス主義者は確かに、矛盾が歴史を前進させると位置づけたが、和解が成立した社会では矛盾は超越されるべきだった。事実は頑固なもので、フランスでも外国でも、利害は存在するし、階級も存在する。紛争は珍しくない。しかし、これらはすべて悪だとみなされている。私たちは、いつまでも統一に憧れを抱き続ける。左派と右派の長い歴史は、次のことを教えてくれる。それは政権交代の歴史ではなく、両派が相互に補完し合ってきた歴史でもなく、排他的なイデオロギー同士の死闘の歴史だった、ということを。

ボナパルティスムと同様に、ゴーリスムもまた結集のイデオロギーだった。しかし、その実現のための手段は異なっていた。ド・ゴールはナポレオン三世と異なり、常に自由を尊重していた。彼は、世襲体制の樹立を検討したことはなかった。結局のところ、彼は国民に対して責任を持つ大統領を指導者として、国民の統一を図ろうとしたのだ。彼は、議会制の代わりに、権力の源を再び国家の頂点に置こうとしたのである。彼は資本と労働の協力によって、階級闘争を終わらせようと考えた。国家と国民はド・ゴールにとっては宗教だった。「偉大さ」の名において、彼はフランス人に日々の対立を超えた団結を促したのである。

階級間の分裂と、階級内部での分裂によって、ルイ・ボナパルトの成功を説明することができるとマルクスは言った。「闘争はこうして、すべての階級が等しく無力に、等しく無言で、銃床尾の前に跪くほどに、調停されたように見える」（前掲『ルイ・ボナパルトのブリュメール18日』一七三－一七四ページ）。一七八九年の革命は、身分制を廃止することによって階級社会の始まりを告げた。それぞれの階級にとって満足のいく政治体制についての合意ができなかったときに、裁定者として厳格なロベスピエールが軍隊を従えて登場した。このシナリオは一八五一年にも繰り返された。これは、一九五八年にも再現されたと言えるだろうか。マルクスが描いた図式は、新しいフランス社会の特性にはあてはまらない。とはいえ、フランス人の間の分裂は極まり、無力な体制に対する反抗が起き、軍は介入の準備ができていた。これらの点では、以前と変わりはなかった。その間に立ちはだかったのは、名声のある将軍だった。厳密な意味でのクーデターは必要ではなかった。アルジェリア在住フランス人は、アルジェリアのナショナリストの蜂起を前になす術のない本国に対して怒りを爆発させた。アルジェでのクーデターは、アルジェリア駐在の将校たちの黙認によって可能となったのである。マシュ、サラン両将軍らを初めとする将校たちが、ド・ゴール派の働きかけに応じて暴動をうまく誘導し、ド・ゴールの政権復帰を容易にするための「復活」作戦を準備したのだ。ド・ゴールは、自らの手を汚すことなく、クーデターを利用して彼の提案する解決法を受け入れさせた。一二月二日の翌日と違って、共和国が葬り去られることはなかったが、一九世紀末以来のモデルとは異なるものになった。議員たちの共和国に終止符が打たれ、執政官の共和国が復活したのである。

私の考えでは、ボナパルティスム的な傾向はいまもフランスには現実に存在している。世襲制は別として、私がボナパルティスムと呼ぶのは、国民世論を背景とした王政の代用品を好む傾向のことである。平等への渇望も満足させられる。全国民を対象とする独裁下では、強者から身を守ることができるからだ。エドモン・ド・ゴンクールは、一八六二年に、ボナパルティスムを歯に衣着せずに、「カエサルの長靴に接吻する平等」と定義した。フランス人は、「アナルコ・ボナパルティスト」(無政府主義的ボナパルティスト)だとは言えないだろうか。すなわち、個人主義と強力な権力の結合である。エリート層は、進んで王政や共和制を支持している。民衆は権威と、華々しさと、輝きのある政府を望んでいる。その同じ民衆は、個人によって代表される政府に対してもすぐに反抗するが、それは取るに足らない矛盾ではない。国民は常に国王を求め、同時に国王の斬首を求めるのだ。そこから、指導者に対する国民の熱烈な愛情から、専制君主に対する激しい憎しみにいたるまでの、私たちの歴史のサイクルが生まれてくる。国民は拍手したかと思えば、罷免する。崇拝するかと思えば、離れていく。慈しむかと思えば、呪う。最も我慢がならないのは、空白と抽象化なのである。

第15章 ポピュリズムという悪習

ポピュリズムは、もともと、民衆の怒りから発したものだ。何もかもうまく行かないとき、フランスは救世主を求める。ポピュリズムが現れてくるのは、為政者と民衆の間の溝が大きくなりすぎているからだ。

一九九〇年代初めに、それまでフランスで政治用語としてほとんど用いられることがなかった単語が現れた。ポピュリズムである。一九九四年六月の欧州議会選挙後に、ある有力週刊誌が「ポピュリズム戦線」と題した記事をトップに掲げたのだ。これは、ベルナール・タピ、ジャン＝マリー・ル・ペンとフィリップ・ド・ヴィリエの率いる三つの候補者リストが、投票総数の三分の一以上を得るという勝利を収めたことを指したものだった。フランスよりも南米の伝統に近いこの単語は、何を意味していたのだろうか。何よりもまず、この三人は左右の主要政党に同調することを拒否した。さらには、有権者への直接的な呼びかけ、そして三人が用いたデマゴギーがあった。それぞれに異なるデマゴギーではあったが。

実業家のベルナール・タピは、会長を務めるプロ・サッカー・クラブ、オランピック・ド・マルセイユの活躍で有名になったが、教養のある人たちの洗練された話し方ではなく、強烈で、ややなれなれしい、俗語をも使用する話術で民衆の心をつかんだ。政策面では欧州統合派の考えに好意的で、当時批判の的となっていた欧州連邦をも支持していた。ル・ペンとヴィリエは、政治家の用いる凝ったスタイルで話したが、それはむしろ他の政治家たちとの違いを強調して、支持者たちが聞きたがっている言葉を浴びせるためだった。「ブリュッセル」の官僚集団――「ユーロクラート」――に脅かされている伝統的フランスの守護者である二人は、生活習慣のグローバル化、文化の混合、ナショナル・アイデンティティーの風化に直面する世界にあって、「価値」――勤労、家族、祖国、道徳心、皆自分の国にとどまるべきだ……――への回帰を主張していた。

この場合、「ポピュリズム」の語を使うのは安易で不正確である。それでも、この単語は過去の事例を想起させるものだった。一般世論に不安感がある時代に、大衆的な指導者が、ときの政権、エスタブリッシュメント（ル・ペンは、この単語をフランス語で大雑把ながら「エタブリスマン、établissement」に置き換えようとしていた）に対抗して権力を得るためにこの不安を利用したのである。タピ流の「左派」のポピュリズムは、過去にあまり例がない。それというのも、左派政党は右派政党に比べて組織化が進んでいて、冒険的な政治家には活躍の余地が少なかったからだ。話術の面からは、大革命期の新聞「デュシェーヌ親父」（ル・ペール・デュシェーヌ、*Le Père Duchesne*）が思い出される。この新聞は、「こんちくしょう」だの、「くそったれ」といった下品な言葉を連発して、穏健すぎる国民公会が支配する共和国を攻撃した。第二帝政末期に、かつてのエベールの新聞のタイトルは、綴りをわずかに変えて（*Le Père Duchêne*）、ギュスターヴ・マロトーのもとで復活した。さらに、一八七一年のパリ・コミューンに際しては、ウジェーヌ・ヴェルメルシュとマクシム・ヴュイヨームが、このタイトルを継承した。その後、アナルコ・サンディカリストのエミール・プジェは、「ル・ペール・ペイナール」（呑気な親父、*Le Père Peinard*）紙上で、大衆的な言語を再生させようと試みた。特権階級、「アリスト」（貴族）と「神父」の敵であるサン・キュロッティスムは、民衆の代表でありその権利の受託者であるはずの議員が、民衆のことを忘れて出世にしか関心がないのではないかと不信感を持っていた。そうしたサン・キュロッティスムは、常に極左あるいはウルトラ左派の文献に影響を及ぼしてきたのである。しかし、この不信感の下品な言葉による表現はマージナルなものだ。本当のポピュリズムは他にある。

ポピュリズムは、必ずしも右のものではない。一九世紀末に、本格的な政治運動として出現したときには、その支持者はさまざまな方面から集まってきて、まだ分類は不可能だった。一八八〇年代のブーランジェ将軍を支持する運動は、まずは左派急進派によって始められたが、次には議会制共和国に不満を持つ人々が解任された勇敢な将軍のまわりに集まってできたものである。

ポピュリズムは、実際、民衆の怒りによって大きくなるものだ。一八八二年にフランスを直撃した不況は、失業の原因となった。国民の意志を代表していると称しながらも、多くの市民を無収入に追いやったブルジョワ共和国に対して、怒りの声が多数上がった。社会主義はまだ幼年期にあり、仕事を失った労働者の期待に応えることはできなかった。政権の座にある政治家たち――グレヴィーやフェリーのような「日和見主義者」――は腐敗を疑われていた。一八八七年には、大統領の娘婿ウィルソンがエリゼ宮内でレジオン・ドヌール勲章を不正に売買し、その収入を自らの経営する新聞社につぎ込んでいる事実が明るみに出た。大統領のジュール・グレヴィーは抵抗したが、最後は辞任せざるをえなくなった。それに、政治は不安定だった。一八八五年の下院選以来、安定的な多数派が構築されず、内閣は次々と交代するため、無力な政治体制という印象を与えていたのである。この時期のフランスでは、愛国的感情が興奮とともに高まる傾向にあった。一八七〇－七一年の普仏戦争に敗れたため、国民は復讐を夢見ていた。国際情勢を見ると、フランスは孤立し、そこから抜け出そうとするものの外交活動は成果を上げられずにいる。ビスマルクによるフランス孤立策は完璧だった。ドイツは危険を冒すことなく、敗戦国フランスに屈辱を味わわせることができたのである。そこに登場したのが、ブーランジェだった。

フランスでは、絶望的状況が訪れると救世主を求める。それは奇跡をもたらす人であり、最初の救世主は女性のジャンヌ・ダルクだった。救世主は、だいたい、華々しい行為とともに人々の前に現れるものだ。ブーランジェが陸軍大臣になったのはクレマンソーの助言によるもので、それは元貴族やカトリック派で固められていた軍にあって、ブーランジェが共和派だったからだ。事実、その意味で、ブーランジェはいくつかの証拠を示しもした。しかし、彼の人気が急に高まったのは、二つの、まったく別の種類の事件によるものだった。一八八六年三月のドカーズヴィルでの炭鉱ストの際、他の労働争議と同様に、軍の部隊が派遣された。当時は機動隊も、その他の暴動鎮圧専門の警察などの部隊もなかったのである。このとき、陸軍大臣だったブーランジェ将軍は見事な演説を行い、その中でストライキ中の炭鉱夫は兵士と飯盒の食事を分け合うことになろうと述べた。その一年後、ドイツがフランス領内でフランスのスパイであるシュネブレを逮捕するという事件が起きた。ブーランジェは、開戦の危険を冒して、ドイツに対して抗議の声を上げた。それは、素晴らしく熱情的な演説だった。その数週間後、彼は丁重に職を解かれた。一八八七年五月末に内閣が交代した際、将軍は留任できなかったのだ。

およそ二年の間、フランスは熱気に包まれた。英雄が誕生したのだ。急進派の政治家たちは、当初はブーランジェに、第二帝政下での夢だった共和国、偉大なる政治信条に忠実な共和国を作るために、ブルジョワ共和国を倒す破城《はじょう》槌《つい》の役割を担わせようと考えていた。王党派、ボナパルティストなど、第三共和制に反対のあらゆる勢力は、ブーランジェが率いる運動に対して、競って協力を申し出た。これらの勢力は、いずれもブーランジェを自分たちの味方につけようと考えていたのだ。武力によってパリに独裁体制を築き、それを出発点とした私有財産制の廃止を目指す社会主義者、ブランキ派の無政府主義者さえもが、この動きに加わった。社会の世俗化を図る法律に怨みを持つカトリックも、ブーランジェ派に合流した。彼らは、ブーランジェが勝利を収めたら、神のない学校に終止符を打ってくれるものと確信していた。

彼はどんな政策を唱えていたのだろうか。政策はなかった、もしくはほとんど何もなかった、というのが答えである。下院を解散し、立憲議会を選出し、新憲法を制定する。それ以外には、ブーランジェは信頼してほしいと言うばかりだった。思惑だらけの政治の中枢とは遠いところにいる群衆は、「勇敢な将軍」を信じた。大衆にとっては、ブーランジェは誇りを取り戻した祖国そのもの、民に手を差し伸べる国家の象徴であり、凡庸な腐敗とは無縁の強い人物だった。世論は興奮して、我を忘れた。ブーランジェが何をしようとしているかはわからなかったが、彼が社会を沈滞から、政府を無力から救ってくれると考えたのである。

彼は次々と補欠選挙に立候補するという巧妙な戦術を採り、補欠選挙があるたびに議員を辞職して出馬した。彼はノール県の労働者の多い選挙区でも、南西地方の農村の選挙区でも、次々と勝利を収めた。これが最高潮に達したのは一八八九年一月、パリでのことだ。当時、パリは左派の拠点だった――この状態は一九〇〇年まで続く。革命の都市パリの人口は、まだ労働者や貧しい人々が多数を占め、彼らは急進派や共和派に投票することを常としていた。このとき、パリはブーランジェ将軍に大量の票を与えた。

ここで一旦歴史を振り返ることを中断して、この現象の新しさ、前例となる可能性、（必ず変形を伴うにせよ）繰り返す可能性があるかについて見てみよう。ブーランジスムに関する本で最も興味深いのは、歴史家の著作ではなく、同時代の証人であり、自身が当事者でもあった小説家モーリス・バレスの『兵士への呼びかけ』である。これを読んでわかるのは、まずポピュリズムが、群衆となった民衆への信頼の一つの形だということだ。学習し、考える民衆ではなくて、多数詰めかけて、ときの英雄に拍手を送り、感動して熱狂する民衆である。バレスは、「大衆の本能的な確信」、大衆の「感性」、行動を通じた純化について語っている。「泥水」と「澱」は、「総動員の国家精神」を授かったのである。

民衆＝群衆は、それ自体が善というわけではないが、向かうべき方向を指し示す指導者が見出されたときには、あらゆる決定的な行動の基盤となるものだ。「指導者の政策綱領がどうであれ」とバレスは書いている。「人々はその人物に信頼を置くのだ。いかなる文書よりも、指導者がそこにいることが人々の心に訴えかけ、心を温めるのである。いかなる局面にあっても、指導者が国民と同じように感じると信じているから、彼に権力を与えたいと思うのだ」。

基本になるのは、民衆への呼びかけである。デルレードは、自ら率いる愛国者同盟を挙げてブーランジェを支援し、プレビシット制共和国の計画を立てた。その頂点に立つのは、「国民すべてから選ばれた大統領」であるはずだった。あらゆる段階で、国民は重要な法案について、「国民を欺くすべての議員」に対抗して、民主主義の本物の手段である国民投票により自らの意思を示すことになる、というのである。

バレスは、何回も議員に当選しているにもかかわらず、作品中ではポピュリズムの中心テーマの一つである反議会主義の必要性を説いている。彼は書いている。「一人の人物による独裁は、議会に反対して準備されるのだ。『議会解散、立憲議会、憲法改正』というこのすでに簡単なスローガンは、民衆の意識の中ではさらに単純化されている。残るのは『ブーランジェ万歳！』という愛情に満ちた言葉とともに、『泥棒をやっつけろ！』という嘲笑と羨望と憎しみの叫びだけだ」。

ポピュリズムの言説はエリートに敵対的であり、そのエリートとは、政治エリートと知的エリートの双方を同時に指している。「腐った奴ら」「泥棒」「汚職」など、議員と大臣は、ポピュリズム的な想像世界では、常に黒い資金と結びついている。ポピュリズムの指導者は道徳を守らねばならず、隙さえあれば利益を得ようとする議員たちを叱責しなければならない。常軌を逸した争いにより国民を分裂させ、公金をかすめ取り、実現できもしない公約を濫発する議会政治の役者たちは大浄化作戦により一掃されるべきなのである。

もう一方の、知的エリートもまた同じくらい危険な存在だ。何が国益に適うかを直感的に、あるいは本能的に捉えることができない知識人は、現実を不毛な分析などによって理解しようとし、その行き着く先は無力でしかない。モーリス・バレスを含むナショナリズムのリーダーたちが、知識人を諸悪の根源として非難したのは、ブーランジェ事件から一〇年後のドレフュス事件のときだ。当時『兵士への呼びかけ』を執筆中のバレスは、知識人を「人種に対する裏切り者」と罵っている。彼はこう説明する。「知識人は、社会は論理に基づいて作られるべきだと考えているが、実際には、恐らく個人の理性とは無縁の、古くからの必然に基づいて、社会が成り立っていることを知らない人物なのである」。

誰にもまして、バレスは民衆=群衆、すなわち国民的本能の持ち主を、知識人の裏切りに立ち向かわせようとした。「ときとして、我々の無意識の力、つまり組織化されていない一般大衆は、信用できないと思われることがある。だが、我々を救ってくれるのは一般大衆だ。社会が健全であるために、一般大衆の本能に期待する以外の方法があるだろうか。なぜなら、知識人によってあらゆる方向から邪魔をされても、一般大衆はいつでもこの救国のための方向を指し示す不屈の人物（デルレードを指す）のところに戻ってくるからである」と彼は『ナショナリズムの情景と思想』（*Scènes et Doctrines du nationalisme*）に記している。

ポピュリズムは、民衆に啓示を与えるカリスマ的な指導者が現れない限り、現実のものとはならない。指導者は、ブーランジェのように軍人であってもいいが、軍人は多くを語らないし、それにブーランジェの切り札は堂々とした態度と、いつも乗っている立派な黒馬と、よく手入れされた頬髯だった。彼自身ではなく、別の者が代わりに話したのである。ポピュリストの指導者は、たいていの場合は雄弁家で、社会の底辺の出身であることが望まれる。民衆=群衆に話しかける術を知っていて、彼らからは自分たちの仲間、そしてそのうちの筆頭格と見られる人物である。指導者は民衆の要求――ないしは要求の一部――を代弁し、民衆に不幸をもたらした責任者を名指しにし、法律至上主義の政治家たちのわかりにくい理屈に対して民衆の良識を称揚し、権力者の腐敗を非難し、自分は道徳的に批判されない態度を取る。デマゴーグは、そのときどきの情勢を利用する。アリストテレスは言った。「しかし凡ての国制において最も重要なことは法律ならびにその他の施政によって、役人たちが金を作ることを得ないような仕組みにしてあることである」(アリストテレス著、山本光雄訳『政治学』アリストテレス全集一五、岩波書店、二二一ページ)。実際には、どの体制においても、無私無欲という義務はしばしば守られなかった。

フランスは、一九八〇年代以来、新たなポピュリズムの波に洗われている。それは、ジャン=マリー・ル・ペンという大衆的なリーダーが登場し、「四人組」――左派の社会党と共産党、右派の共和国連合とフランス民主連合の当時の四つの既成政党を指す――に対して選挙で好結果を残すようになったことによる。当時の社会党政権が失業者の増加に対して有効な手が打てない状況が、以下の三つか四つの危険が迫っていることを世論に訴える機会をル・ペンに提供した。まず、フランス人の雇用を脅かす移民。次に、移民が野放し状態になっていることに端を発する治安の悪化。さらには国会議員と地方議員らの腐敗、そしてフランスの主権だけなくアイデンティティーをも犯そうとしている欧州連合である。このある種の歴史的遺伝子の防衛という主張から、ル・ペンの国民戦線について、ナショナル・ポピュリズムという語が用いられるようになった。これは、政治思想史を専門とする歴史家ピエール゠アンドレ・タギエフが、アングロ・サクソン系の政治学から持ち込んだ用語だ。ル・ペン自身、「国民的」かつ「大衆的」な右派であると自認しているから、この用語を使って差し支えないだろう。

ジャーナリストは、このナショナル・ポピュリズムの語を婉曲語法だと受け取った。彼らにとっては、ル・ペンはファシストでなければならなかった。あたかも、相手が悪魔でなければ、戦うことができないかのように。確かに、ファシズムはポピュリズムの亜種ではあるが、この用語は歴史上非常に特殊個別的な特徴を持った政党や体制を指しており、すべてのポピュリズムの運動をこの語で呼ぶのは適当ではない。ファシズムは何よりも、全体主義の構築と対外的な領土拡張を目指した社会の軍隊化である。ル・ペンの運動は、防衛的なナショナリズム、保護主義、排外主義でしかない。二〇世紀末に起きた世界の大きな変化と、その変化を破局的だと見る社会の一部の層のいらだちの表現なのである。アラブ人による侵略、道徳や風紀の退廃、犯罪の急増、ユーロクラート支配下での国家存立の危機、などが破局的な現象である。ル・ペンの提案する施策は単純だ。移民の帰国、貿易では保護主義の採用、あらゆる活動におけるフランス人優先、国内および国境における警察活動の強化、死刑の復活、そして一人ひとりが重要課題につき直接意見表明のできる国民投票の実施というものである。

ル・ペンのデマゴギーは話術の問題ではない。彼は接続法半過去も用いるし、ラテン語の引用をすることもある。デマゴギーは、民衆への呼びかけの二重の仕掛けの中にある。一方では、現状を誇張し、情報を歪曲し、さほど重要でもない要素を極大化することで、恐怖をあおる。もう一方では、救世主の立場を取り、単純かつ実行不能、不適切で空想的な解決策を提示するのである。

フランスの民主主義は、第三共和制の初期以来――特に危機的状況が訪れたときに――、過激なポピュリズムが、繰り返し政府あるいは体制それ自体の転覆を試みる舞台となってきた。これらの動きは、永遠のボナパルティスムのカリカチュアのごときもので、国の政治と社会を安定的かつ公正に組織することのできない政治家と高官たちからなるノーメンクラトゥーラに対して、直接に民衆を基盤とする歴史的指導者への期待を表すものだ。デマゴーグの雄弁家たちによって啓示され方向づけられた、エリートに対する目に見えない反抗であるポピュリズムは、そのさまざまな形を通じて、私たちの民主制が脆弱なものであることを示している。政府が（ヴィシー政権を別にすれば）第二帝政以来の強力な権限を持つ第五共和制にしても、国家の権限と社会の要請の間の望ましいバランスをいまだに実現できていない。ときとして、前にも書いたように、「第六共和制」の樹立を求める論説が新聞・雑誌に載ることがある。新憲法の制定をことあるごとに求めるのは、いかにもフランス的な欲求だ。

どのような形であれ、ポピュリズムは発熱と同じで、いまでも病理的な現象なのである。その原因となるフラストレーションを治そうとせずに、ただ批判し、侮辱しても何の役にも立たない。ポピュリズムが人気を博するのは、だいたいにおいて、権力と市民の間の距離が大きくなりすぎたときだ。ポピュリズムは、デマゴギーゆえ政権担当への道を絶たれているが、その抗議の声には、それがたとえ行きすぎて、気違いじみていたとしても、耳を傾けるべきなのである。

第16章
フランスの反ユダヤ主義

近代フランスで反ユダヤ主義が強まったのは一八八〇年代からで、ドレフュス事件もその流れの中にある。しかし、反ユダヤ主義の萌芽は、普遍性を求める革命思想にも潜んでいた。こんにちでは、アラブ系フランス人から、ユダヤ人が「他者」と見られる例もある。

単純化を思考法とするポピュリズムには、いつでも「悪魔の因果律」を用いたがる傾向がある。レオン・ポリアコフのこの表現は、その時代の困難の原因とされる人物あるいは特定のグループを糾弾することを意味している。陰謀説を唱えるのが、最もよくあるやり方だ。古くから、世界各地に分散したユダヤ人はその犠牲となり、さまざまな迫害にあってきた。スペインのイサベル女王の追放令やフランス王シャルル六世の追放令からヒトラーによる虐殺や帝政ロシアでのポグロム〔ユダヤ人に対して行われる、虐殺、略奪などの集団的迫害行為〕、さらにはスターリンの犯罪的な妄想にいたるまで、例にはこと欠かない。フランスもまた、この卑劣な熱狂に力を貸したと認めなくてはならない。こんにちのフランスからは、反ユダヤ主義は消えたと明言することもできないのである。

近代フランスの反ユダヤ主義の大きな波は、一八八〇年代に始まる。この時期、共和制はまだ安定せず、経済は不況にあえいでいた。フランスにポピュリズム的な流れが誕生したのもこの頃である。エドゥアール・ドリュモンは、反ユダヤ主義の出発の合図をしたわけではないが、反ユダヤ主義をナショナリズムと呼ばれるようになる潮流の中心的テーマの一つにすえたのである。著書『ユダヤ人のフランス』（*La France juive*）の中で、ドリュモンは「ユダヤ人の侵略」の餌食となる祖国の姿を描写して、大成功を収めた。その後の著書でも、彼は迫害にあうカトリック教会と、搾取されるプロレタリアを擁護して、預言者のようにみなされた。この時代の文学者の少なからぬ部分が、いくらかなりとユダヤ人嫌いの傾向に侵されていた。バレスとモーラスがそうだったし、後にはセリーヌ、ドリウ・ラ・ロシェル、ブラジヤックがそうだった。フランス最高の作家の一人であるセリーヌは、反ユダヤ文書を書いたことで呪われた存在になってしまった。そのうち最もよく知られている『虫けらどもをひねりつぶせ』（*Bagatelles pour un massacre*）は、その分野の傑作だとすら言えるだろう。より繊細、内面的であまり政治的ではない、たとえばマルセル・ジュアンドーのような作家が一九三七年に『ユダヤ禍論』（*Le Péril juif*）を出版したことについてはどう考えるべきだろうか。私は、フランス人総体で考えた場合には、他国民以上に反ユダヤ的だとは思わない。しかしながら、最も才能のある作家たちが反ユダヤ的、それもときとして激しく反ユダヤ的だったことには、困惑を覚えてしまう。

中長期的に見ると――第二次大戦以降と言ってもいい――フランスでのユダヤ人像が完全に見直され、訂正され、再評価されたことは明らかだ。一九六六年には、フランス人の半分がユダヤ系の人物が大統領になることを「避けたい」と考えていたのに対して、一九九〇年にそのように考えるフランス人は九%でしかなかった。大きな変化が起こったことがわかる。

同時に、一九八〇年以来、反ユダヤ主義の脅威はかなり大きくなった。時系列的に見て、国民戦線のような政党の躍進と、フランスおよび世界中のユダヤ人を批判する言説、暗示、表現などの数の増大は比例している。ジャン=マリー・ル・ペンは一九八七年に、公開の場で、ナチス・ドイツの作ったガス室は「ごく小さな出来事」だとつい本音を漏らしたことがあった。その翌年には、彼はある政治家の名前を使って、悪趣味な語呂あわせをした。その政治家、デュラフール氏の名前と、(ガス室で殺した後の遺体を焼却した)火葬用の炉〔フランス語で、フール・クレマトワール four crématoire〕をかけたのである。抑圧された本心の発露か、それとも話題作りのためか、いずれにしてもル・ペンが反ユダヤ的であることが明らかになった。彼の反ユダヤ主義は、他の機会にも確認された。

「ユダヤ・ロビー」あるいは「シオニスト・ロビー」をめぐる固定観念も、特に湾岸戦争の機会には、偽書『シオン賢者の議定書』などに書かれた陰謀説の妄想を再び燃え上がらせた。一九九一年には、カストロの崇拝者であるジャン=エデルヌ・アリエが、リュシアン・ルバテ以来なかったような反ユダヤ的な論説を「リディオ・アンテルナショナル」(国際的バカ、*L'Idiot international*)誌に掲載したことで有罪判決を受けた。極右の雑誌(たとえば、「ナショナル・エブド」(*National Hebdo*)誌上のフランソワ・ブリニョーの記事)などを見るだけで、フランスから消えたかと思われた反ユダヤ的なテーマが復活したか、あるいは再利用されていることがわかる。

社会経済情勢が最初の説明になるだろう。まず、終わりの見えない中東紛争があった。この紛争は、世界中でアラブ人とユダヤ人の対立の原因となっている。パレスチナ人を擁護する左派の「反シオニズム」の影響もあるだろう。ロベール・フォリソン*のユダヤ人虐殺否定論が、ウルトラ左翼の一派の支援を受けたことは知られている。この一派の出版社ラ・ヴィエイユ・トープが、虐殺否定論の書籍を出版しており、その中には元共産党員のロジェ・ガロディーの著作も含まれる。こうした小グループを超えたところで、イスラエル・パレスチナ間の悲劇は、アラブ人（特に、フランスでのテロ事件のため）とユダヤ人双方に対する反感と不信を醸成した。それが暴力的な発言の下敷きとなり、また古い反ユダヤ感情に第三世界との連帯というヴェールをかけてもいるのである。

フランスでなぜ反ユダヤ主義の復活の兆しが見られるのかを理解するには、現在見て取れる各種の傾向を遡って、長期的な視点で考えてみるべきだろう。特に注目すべきは、フランス独自の反ユダヤ主義は存在するのか、という点である。

反ユダヤ主義は、世界で最も広く共有されている情念かもしれない。フランス革命とナポレオン戦争によってドイツ・ナショナリズムの運動が発展する中で、諸国民の中でのユダヤ人の新たな役割が現れてきた。ユダヤ人は反ドイツ的だとして非難された。ドイツ的特性はユダヤ人と相反するものとして、つまり、ドイツに溶け込まず、母国の言語ドイツ語を拒み、敵国フランスのもたらした思想の一部に共鳴するユダヤ人と相反するものとして定義されたのである。ナショナル・アイデンティティーの確立は、「他者」の拒否、自分と異なる者、我々の中にいる外国人に対する拒否を通じて行わ

＊R・フォリソンは、ヒトラーによるユダヤ人虐殺を否定する妄想じみた説を唱える一派の創始者。特に、アウシュヴィッツなど虐殺収容所のガス室の存在を否定した。

れた。事実、近代的反ユダヤ主義は、宗教的な反ユダヤ主義とは異なり、国民意識の高まりと切り離すことができない。反ユダヤ主義は一九世紀の歴史の中心に位置し、二〇世紀になると燃え上がった。オーストリアの、ロシアの、ルーマニアの、ポーランドの、ハンガリーの反ユダヤ主義。反ユダヤ主義は、決してフランスが発明したものではなかったのである。

しかしながら、フランスは反ユダヤ主義の歴史において、ときには光明をもたらし、ときには陰鬱な役割を演じた。それを理解するには、フランス革命まで立ち戻る必要がある。革命は世界に向けて、君主たちの世襲の権利に対する国民の権利を宣言した。同時に、何百年も前からただ従属的な身分で国内滞在を許されていたユダヤ人を解放した。革命は、国民と国家のものであるとともに、普遍主義的でもあった。そして、フランスではユダヤ人のアイデンティティーに対するある種の否定が、革命から生まれたのである。それは、差異を認めることの拒否と、宗教との戦いから派生したものだ。このイデオロギー的傾向には、独自の歴史があり、その源には均質的な社会を求めるジャコバン的理想がある。しかし、フランスのユダヤ人の多くは、あらゆる市民と同じく身分の平等を得る代わりに同化を受け入れ、大革命に参加した。一方では、左派共和派はユダヤ人の特殊性の消滅を望み、一部の論者は異なる血筋であることを示す属人的な印をなくそうと、ユダヤ姓のフランス化を勧奨した。他方で、ユダヤ人コミュニティーの一部は、社会の多数派に溶け込むために、「普通のフランス人」になることを受け入れた。公立学校への通学、非ユダヤ人との婚姻、先祖代々の祭礼の放棄などは、フランスへの同化を助ける手段だった。

この、ジャコバン的と呼ぶことのできる潮流は、フランスのユダヤ人にとっては、少なくとも第二次大戦まで続いた。『ユダヤ人問題についての考察』（*Reflexions sur la question juive*）で、サルトルはこう書くにいたっている。「ユダヤ的な特性が反ユダヤ主義を生むのではない。反対に（中略）反ユダヤ主義がユダヤ人を生むのだ」。もし虐殺がなかったら、サルトルの同時代人のユダヤ人たち、すなわち、フランスに同化し信仰を持たず家族的伝統から離れたユダヤ人たちは、この見方に同意したことだろう。

虐殺は、もう一つの伝統の必然とは言えないまでも、論理的な帰結だった。それは、ドイツ的ではあるがフランスの歴史上でも見られる右派のナショナリズムの伝統だった（資本主義の弊害をユダヤ人のせいだとする社会主義者の主張が影響を与えることもあったが）。この種のナショナリズムがフランスと無縁でなかったことは、一九世紀末に、特にドレフュス事件で見ることができる。

民主的な左派が普遍性を志向するがゆえに、また自由で平等かつ古めかしい信仰から解放された人間による市民性を夢見てユダヤ人の存在を覆い隠そうとしたのに対して、右派のナショナリストは反対に、ユダヤ人との対比でよりよく国民の特性を定義し、そのことによって政治上支配的なカテゴリーを構成すべく、きわめて神話的なユダヤ人のアイデンティティーを強調したのである。

フランスでは、ありきたりな反ユダヤ主義、あるいは国際的反ユダヤ主義——宗教的かつ反資本主義的な反ユダヤ主義であり、その内容は「神殺し」の民族と資本家の代表とされるロスチャイルド（ロッチルド）一族に対する二重の怨恨である——は、反議会主義と反共和国の運動に利用された。ジョゼフ・ド・メストルやルイ・ド・ボナルドといった、やや狂信的な側面も持つ思想家の影響を受け、また「国王」になお忠誠を誓う家族に支持される一七八九年の反革命運動の流れを汲む勢力は、一八七三年に王位継承権を主張するシャンボール伯が最終的に敗北して以来、自力ではもはや展望が開けず、共和国に対抗する術を持たなかった。一八八〇年代になって、新たな右派勢力が姿を現して新風を吹き込むと、反革命勢力は希望を取り戻せると考えた。議会制共和国があまりにブルジョワ的で、自由主義的で、反教権的だと見た新右派勢力は、主権者たる国民に対して大銀行と大新聞と共和派を支配しているとみなされていたユダヤ人に反対して声を上げるよう訴えた。新しい右派のスポークスマンたち――ドリュモンやバレス、あらゆる右翼団体の団員など――は、(当然ユダヤ人であるはずの)資本家の犠牲になっている労働者、(ユダヤ・フリーメーソンの仕業の)世俗化法と反修道会法によって屈辱を味わわされたカトリック教徒、過去を懐かしむ王党派、強権的国家を求めるナショナリストといった人々を反ユダヤ主義により糾合しようとしたのだ。シャルル・モーラスは、厳密な意味での人種差別主義者ではなかったが、共和制との闘争の中で反ユダヤ主義に利用価値があることを理解していた。その名のもとに、カトリック信者、ナショナリスト、そして資本家の敵を結集させることができるからだ。ドレフュス事件は、一つの抗議行動の周辺に、議会制共和国に反対する人々を結集させるまたとない機会となったのである。

しかしながら、ドレフュス事件は、その発生と進展の過程で、フランスにおける反ユダヤ勢力の強さを明らかにしたものの、その最終局面では共和国擁護の戦いの模範を示すものとなった。国家的自己中心主義と、虚偽と不公正による軍の擁護、そしてフランス社会の人種主義的な解釈に対抗して知識人たちが立ち上がり、普遍的精神にとっての輝かしい時代となったのである。ドレフュス派の思想は、それがペギーのものであれ、あるいはクレマンソーやジョレスのそれであれ、共和主義精神にとっての最も尊い拠りどころとなるものだった。それは、幾世代もの人々に影響を及ぼし、国民の誇りとなった。ドリュモンに反対して、反ユダヤ同盟に反対して、アンリ中佐の偽造文書と彼の記念碑*に反対して、反ユダヤだった「ラ・クロワ」(*La Croix*)紙とその発行者聖母被昇天(アソンプシオン)修道会に反対して、モーラスと彼の主張する「四カ国同盟」に反対して、ドレフュスの罪は「人種」ゆえのものだとしたバレスに反対して、陸軍参謀本部の陰鬱な将校たちに反対して、いまなお私たちにとっての名誉となっているのである。ドレフュス派は、(アナトール・フランスは別として)アカデミー・フランセーズに反対し、(ピカール大佐は別として)フランス軍に反対し、(クレマンソーは、司法における軍事法廷は、音楽における軍楽のようなものだと言っているが)軍事法廷に反対し、フランスの名誉となったのである。

しかしながら、ドレフュス事件以来、フランスにおけるユダヤ人問題が、ユダヤ人の味方と敵の間に、踏み越えられない境界線を引いたとするのは、単純な見方にすぎる。事件当時から、すでに反ユダヤ主義あるいは反・反ユダヤ主義は、戦いの当事者たちにとって必ずしも闘争の動機ではなくなっていた。一部の反ドレフュス派は、たった一人のために、その人物がキリスト教徒であろうが、ユダヤ教徒であろうが、無宗教であろうが、軍全体を危険にさらすわけにはいかないと主張した。彼らは、

*アンリ中佐は、ドレフュスを有罪にするため偽造文書を作成したが、それが露見したため自殺した。ドリュモンの新聞「ラ・リーブル・パロル」(自由公論、*La Libre Parole*)は、アンリ未亡人のために募金を行った。募金者名簿には、募金者の名前の脇に、品のない反ユダヤ的なコメントが添えられていた。この名簿は、ピエール・キヤールが『アンリ記念碑』(*Le Monument Henry*)中に掲載した。

国家理性（レゾン・デタ）、あるいはペギーの言葉によると国家の世上（世俗）権の擁護者だった。一方、ペギーは国家の世上（世俗）権に国家の教権を対峙させ、自らは後者の擁護者であると規定した。したがって、ときには反ドレフュス派にも高貴な動機があり、ドレフュス派の動機がごく散文的な場合もあったと想像することもできる。

より深く、より長期的に見てみると、ドレフュス派の思想に影響を与えた革命の伝統は、当初からの矛盾を内包していた。迫害を受けた少数派を解放する一方で、国民の共同体内で平等な立場を与えるために、その特性、信仰や儀礼を否定しがちだったからだ。

この二世紀の間、ユダヤ人の運命に重くのしかかった、この相矛盾する二つの方向性を理解しておくことは重要だ。普遍主義的な革命家たちの目には、ユダヤ人はそのアイデンティティーゆえに怪しげな存在と映っていた。革命家にとっては、このアイデンティティーは過去のもので、君主制やカトリック同様、無に帰せしむべきものだった。フランスでは大革命と共和国は、古い世界との戦いの中に――優先度に違いはあるが――脱キリスト教化と同様、脱ユダヤ化をも内包していたのである。

これに対して、普遍性を否定し、血のつながりと言語により規定される共同体にノスタルジーを抱くナショナリストは、一九世紀後半には人種主義理論を受け入れて、ユダヤ人が迫害されてきたのは彼らが外来者であるためだと主張した。しかも、ユダヤ人は、悪魔の因果律も手伝って、秘密の「普遍的国家」に属しており、世界征服の前段階として、フランス「侵略」のために働いているから、なおさら危険だと言うのだった。

ユダヤ人の特性は、「共和主義的」感性の人々から不思議に思われ、その感情を逆なでし、驚かせさえする一方、ナショナリストからは戯画化され、悪魔視されている。この否定と排除の二重の作業は――均衡の取れたものではないが――現代史のあらゆる情念から栄養を吸収している。階級闘争、経済恐慌、世界大戦、革命、冷戦、脱植民地化、長期にわたるイスラエル・パレスチナ紛争などである。ユダヤ人は「一般市民」としては存在しないと見られているが、同時に、他方では不吉で巨大な存在として世界に力を及ぼすものと考えられている。

もちろん、左派の普遍主義は、国家社会主義のように虐殺によってユダヤ人を否定しようとはしなかった。それでも、差異に重きを置くナショナリズムが均質な民族・文化共同体を夢見るのに対して、普遍主義は市民間の一致というユートピアの流れを汲んでいる。「ユダヤ人問題」は、普遍主義においても個別的文化を無視できないこと、そして逆にナショナリズムの情念は普遍的な展望が欠けていると恐ろしいものになってしまうことを教えてくれる。だから私たちは、絶えず「私たち」と「他者」との緊張の間で、単数と複数の間で、自分の村の政治と国際政治の間で生きていかなくてはならないのである。その緊張は紛争を生むが、普遍性の不吉なパロディーである文化の否定的な画一化と、人類の概念に疑問を抱かせるほど物神に執着している、敵に包囲された部族のような意識の双方から私たちを遠ざけてくれるのである。*

このために、ユダヤ人問題に関して、フランスは独特な役割を演じたと私には思われる。フランスは、一七九一年、どこにいてもユダヤ人の立場が不利だった時代に、自由と平等の名において、ユダ

＊ P.-A. Taguieff, *La Force du préjugé. Essai sur le racisme et ses doubles*, La Découverte, 1988 参照。

ヤ人の解放を宣言した。こうした流れの中で、大革命はその目的——解放するとともに、文化的な違いを犠牲にして統一すること——に内在する矛盾によって、近代国家が抗《あらが》えない二つの誘惑の存在を示したのである。すなわち、国民の中にある差異を法によって薄めること、あるいは力をもって除去することだ。国民意識を持った共同体を形成するためには、フランスでは、「フランスに存在するさまざまな精神的集団」が、平和のうちに共存できるだけでなく、完全にフランス人だと感じられる開かれたライシテの確立を必要としたのである。

バランスを取ることは難しいが、それは必要なことだ。なぜなら、「ユダヤ人問題」を超えて、こんにちでは「イスラム問題」も課題となっているからだ。他者を受け入れよう、だが他者も私たちのライックな共和国の権利と法を受け入れなくてはならない。国民の団結がかかった問題なのである。

本書の初版が出版された後、二〇〇〇年代初頭に、中東情勢および「第二次インティファーダ」〔イスラエルによるパレスチナ軍事占領に反対する民衆蜂起。第二次インティファーダは二〇〇〇年九月に始まった〕と並行する形で、反ユダヤ主義の問題が急に再浮上してきた。いくつかの学校では、イスラム教徒とユダヤ人の間でトラブルが発生した。シナゴーグが荒らされ、「バンリウ」〔大都市近郊の移民系住民が多数住む地域〕では反ユダヤ的な偏見が浸透していることを思わせるおぞましい事件が発生した。不安にかられて、イスラエルに移住したフランス人家庭もあった。動揺は大きく、イスラエル政府も無関心ではいられなかった。シャロン首相は、フランスは反ユダヤ主義の国になったと述べた。フランス政府が発表した声明は、共和国の理念は人種差別と反ユダヤ主義の対極にあることを確認した。フランスに住むイスラム教徒五、六〇〇万人の一部にとっては、ユダヤ人には確かに自らを規定するための

「他者」としての役割がある。これらのイスラム教徒は、パレスチナ人との連帯にとどまらず、ユダヤ嫌いのアラブ諸国との連帯も表明している。そうなると、問題はイスラム系フランス人の「統合」ということになる。自分の生まれた国で居場所が見つけられず、父祖の地からもいま暮らしている土地からも受け入れられないと感じている人たちの問題だ。[*] また、人種差別と反ユダヤ主義には反対の声をすぐに上げる左派も、極右やネオ・ナチと関わりのないこの新種の反ユダヤ主義を前にすると臆病になってしまう。明らかな困難が、そこにはある。

＊本書第27章を参照のこと。

第17章

立派な制服とお粗末な作戦

貴族的な伝統と、革命の歴史の上に成り立つ軍は重要な地位を占め、尊敬されてきた。ナポレオン軍の栄光と第一次大戦の勝利は、軍の名声に大いに貢献した。しかし、軍は一八七〇年、そしてそれ以上に一九四〇年に、敗戦の惨めさを味わった。

フランスは伝統的に、「戦いの場」だった。「フランスは何度も剣を突くことで作られた」とド・ゴールは『フランスとその軍隊』(*La France et son armée*)に書いている。この短い表現は、正鵠を射ている。軍隊についていくら冗談を言っても、私たちは兵士からなる古い国民の子孫なのだ。私たちのアイデンティティーを形作るものには、軍隊にまつわる人や物がいくらでもある。デュ・ゲクラン、ジャンヌ・ダルク、バイヤール、デュケーヌ、ヴォーバンの築いた城砦、ラ・ロワイヤル〔王国海軍〕の記憶、アンヴァリッドを飾る軍旗、リュード作の凱旋門のラ・マルセイエーズ像、革命暦二年の兵士たちの栄光、閃光のようなナポレオンの登場、第一次大戦のポワリュ〔第一次大戦のフランス軍兵士〕たち、レジスタンスのゲリラ兵……。

その反面には、ショーヴィニスム〔過度な愛国主義〕、「本能的で粗暴なナショナリズムの芽生え」がある。ショーヴィニスムの語は、一八四〇年頃の大衆喜劇に現れたのが最初だ。ニコラ・ショーヴァンという登場人物の名前から取られたものだが、彼は革命軍、次いでナポレオン軍の英雄となりながらも、行きすぎた発言で知られていた。架空の人物であるショーヴァンは、歌、新聞、あるいは演劇で、農民兵士の象徴になった。いわば、大地を耕すとともに兵士でもあるホモ・ガリクス（ガリア的人間）の真髄のような人物である。ショーヴァンが人気を博すと、フランス国民の単純な軍国主義的傾向に対して警鐘が鳴らされた。戦争だけが、分裂しがちな国民に隊列を組ませることができる。平等への欲求も、不可欠な存在である敵と、約束された死を前にすれば満たされることができた。極論すれば、国民――階級や出自を問わず――は軍服を着ることによってしか存在できなかったのだ。自由を犠牲にしても、軍事優先主義者は全員が当局に従うことを好む。そうするなら、「最も激しい攻撃的かつ性的な衝動からの解放と、人殺しのタブーの撤廃」[*]によって報われるのだ。

あらゆる尊敬と、感嘆と、心遣いの対象となっている軍は、長いこと私たちの国民的な情念の中で、第一級の役割を演じてきた。一八七一年以降、「復讐」のための聖なる手段となった軍は、共和国が法により国民皆兵制度を設けて以来、国民そのものとなった。反ドレフュス派の少なからぬ人々が、「知識人」と「再審派」（ドレフュスの再審を求める人々）に対抗して戦いに加わったのは、まず何よりも国軍の名誉を擁護し、その潔白を主張するためだった。フランス祖国同盟の会長ジュール・ル

＊G. de Puymège, *Chauvin, le soldat-laboureur. Contribution à l'étude des nationalismes*, Gallimard, 1993 より。

メートルは、一八九九年一月の集会で次のように述べている。「我々の魂は軍の魂と区別されるべきではない。軍とは、生き延びるために立ち上がり、一つになった国民そのものだ。恐らく、指揮官たちの大多数は国民の最良の部分であり、そして順番に兵士になることを通じて、軍は国民そのものなのである」

ドレフュス事件はこのように、ユダヤ人問題であるのと少なくとも同じだけ、軍の問題だったのである。スパイの有罪を確定した軍法会議の決定に疑問を差し挟むことは、多くの人にとっては二重の裏切りだった。なぜなら、それは参謀本部を侮辱し、なくてはならない規律を弱体化させ、祖国を守る兵士に不名誉を着せることになるからだった。フランスの剣と盾は、いかなる疑惑も招いてはならないのである。

それは、「ナショナリスト」だけの考え方ではなかった。都市の民衆も、軍の部隊に憧れの念を持っていたのである。一八八〇年代の初めに始まり、当時はロンシャンで行われていた七月一四日の軍事パレードは、毎年大勢の観衆を動員した。一八八六年には、颯爽と黒い馬に跨った陸軍大臣のブーランジェ将軍が観衆を熱狂させた。歌手のポーリュスはアルカザール劇場でこの年の大ヒットとなる『パレードから戻って』(*En revenant de la revue*)を歌った。

明るくうれしく
ロンシャンに出かけて
ぼくらは勝利に酔った

心も軽く。
迷うことなく
皆で祝おう
見物して讃えよう
フランスの軍隊を。

アナトール・フランスはこの歌を「喚くだけの連中の讃歌」と名づけたが、当時のフランス人はこの歌に共感した。それに、こんにちフランスは西洋諸国で唯一、国祭日の軍事パレードの伝統を引き継いでいる国だ。平和を求める気持ちの広がりと、多くの人の軍に対する無関心ないしは軽蔑にもかかわらず、シャンゼリゼ大通りは何万人もの観衆を迎え入れている。彼らは消防隊だけでなく、理工科学校の学生や外人部隊が通過するときにも拍手を送る。軍服と堂々とした風格への愛着はいまも強く、それは多くの家庭で父から息子へと受け継がれている。

これは、貴族的であると同時に革命的な、二重の遺産である。アンシャン・レジーム下の貴族階級は、軍人たることを職業としていた。それが、貴族の特権を正当化するものだった。大革命までは、貴族の子弟が将校の大半を占めていた。こんにちでもなお、多くの将校が貴族の姓を持っており、一族の伝統を受け継いでいる。第二次世界大戦あるいはインドシナ戦争で名を知られるようになった軍人の中では、ルクレール・ド・オートクロック元帥、ド・ラットル・ド・タシニー元帥、ド・カストリー将軍などが、その例にあたる。これらの将軍は、ときとして名だたる反逆者だった。実は、私が好きなのはド・サン＝ヴァンサン将軍だ。第一四軍管区司令官だったこの人物は、一九四二年に、ユダヤ系外国人の一斉検挙に際してリヨン地方での警備を行うべしとのヴィシー政府の命令を拒否したのである。彼はこの件と、他のいくつかの水面下でのレジスタンス行為のため退役させられ、その後自由フランス軍に参加した。パリス・ド・ボラルディエール将軍も割に気に入っている。アルジェリアでの拷問に反対して、彼は何度も営倉を経験した。

ノブレス・オブリージュと言うが、この軍人貴族たちは、信条や政治的な選択がどうであれ、間違いなくフランス軍の名誉を守る精神を保ち続けたと言えるだろう。民主化された軍隊は、その恩恵を受けることができた。フランスは、歴史的に敵対関係にあったドイツや英国とは異なり、民衆からなる「国民軍」を持つことを誇りにしてきた。一七九二年のヴァルミーの勝利の際の「国民万歳！」の叫びが転換点だった。国王の軍隊はもはやなく、武器を手にした国民は戦いの中に民主主義を持ち込んだのである。

昔風の戦争を懐かしむこともできるだろう。「レースの戦争」とも呼ばれたが、これは各国間の対立を最小限の被害にとどめつつ解消しようとするものだった。もちろん、こうした牧歌的な見方は、三〇年戦争の時代を生きた人のそれとは違っていただろう。一七世紀と一八世紀には、国王は軍の隊列をうめるために、あらゆるところから兵士を募った。ルイ一四世は、特別な機会に最大で五〇万人を集めたこともあった。それでも、大革命とナポレオンの時代には、戦争の質が変わっていたのだ。誰でも徴兵される可能性があり、国全体で戦争に取り組むようになった。後から使われるようになった用語で言えば、「総力戦」になったのである。一七九二年から一八一五年まで、フランスはほぼ一貫して戦っていた。兵士の動員は、一七九八年に制度化される兵役の前触れだった。この二三年間に国の軍事化が進み、軍事的伝統が根づいたのである。

ボナパルトのイタリアでの軍功と、その後ナポレオンの収めた大勝利は、フランス人の想像世界の遺産の中では、栄光の時代として記憶されている。『パルムの僧院』(*La Chartreuse de Parme*)で、スタンダールはナポレオンのとてつもない叙事詩の始まりを、このように描いている。「一七九六年五月一五日、ボナパルト将軍は、ロディ橋を渡ってカエサルとアレクサンドロスがいくたの世紀を経て一人の後継者をえたことを世界に知らしたばかりの、あの若々しい軍隊をひきいてミラノに入った」(スタンダール著、生島遼一訳『パルムの僧院』スタンダール全集2所収、人文書院、七ページ)

その後、共和派はナポレオンを憎むようになった。二人の皇帝、伯父と甥の双方を、である。彼らは、この両者に反対する形で、自分たちの信念を主張した。しかしながら、当初、若き自由主義者たちはナポレオンのうちに独裁者を見ていたわけではない。スタンダールにとっては、ナポレオンは革命軍の指揮官となった若き革命家であり、同盟を組んだヨーロッパの君主たちをおののかせたのである。その後、王政復古期には、よく知られているように、伝説は記憶を選別し、第一執政と皇帝の優れた業績のみを記録した。ナポレオンの収めた勝利の名は、あらゆる人の記憶の中で歌われた。ヴィクトル・ユゴーが、次の四行にまとめたように。

イェナで勝てば、ベルリン入城だ
アルコレからマントヴァに入城する偉人よ

ロディはミラノにつながり、マレンゴからローマにいたる
モスコヴァ川はクレムリンへと導く。

戦いと広場の名前に、ナポレオン配下の元帥たちの名前が加えられれば完璧だった。ベルティエ、ミュラ、モンセー、ジュルダン、マセナ、オージュロー、スルト、ブリューヌ、ダヴー、ケレルマン、ルフェーヴル、ウディノ、マルモン、シュシェ、グヴィオン・サン・シール、ポニアトフスキなどである。

最終的な没落――まず一八一四年のフランスの戦い、次いで百日天下の末の一八一五年のワーテルローの二段構えで――の前の、これらの輝かしい戦歴は、フランス人に軍事的な優越感を植えつけた可能性があるが、それは軍の将来にとっては有害だった。長い間、フランス人はフランス軍の燃え上がるような戦意――フリア・フランチェーゼと呼ばれた――を信頼して、各部隊の装備にはたいして関心を払わなかった。ある軍事史家の言うように「ナポレオンの例はすべてを押し潰してしまい、戦術的、戦略的革新はおろそかにされた。完璧なものを、どうして変えなくてはいけないのか、というのである。ここに、一八一五年以降のフランスの軍事思想の硬直化――一八七〇-七一年の大敗の理由にもなった――の原因を見るべきであろうか*」。

敗北は勝利よりも刺激的である。一八七一年の敗戦は、立ち直るきっかけとなった。一九一八年の勝利は、軍を眠らせる結果を生んだ。一九四〇年の敗北は、核兵器保有という野心的な政策の基となるものだった。フランスはもはや中程度の国力の国であり、フランス軍はナポレオンのように世界を

相手に戦うことはできないことを知るべきだ。それでも、軍の名声は引き継がれて、いまでも途切れてはいない。いつでも、勝利や名誉ある敗北のことを語って歩く退役軍人にはこと欠かなかったのだ。

第三共和制は、軍に関する法律をいくつも制定し、「国民皆兵制」を敷いた。一九〇五年には、一部の者に兵役を免除したくじ引き方式と徴兵免除制が廃止された。徴兵審査会は新たな儀式となった。毎年、小郡（カントン）の役所所在地には、その年の徴兵の対象となる年齢の若者が集まり、審査が行われ、大半の若者は「合格」した。合格は、彼らにとっては、男性らしさの証しだった。一部の者は、不合格となって将来結婚できなくなるのを恐れて、身体的な欠陥や障害を隠そうとした。この検査が終わると、お祭りになった。新兵は三色章を上着の襟につけて、大騒ぎをし、それから忘れ難いほどの大酒を飲むのである。「新兵万歳！」世俗的で市民的な新しい通過儀礼である徴兵審査会は、若者を大人の世界に迎え入れた。二年間、もしくは三年間の兵役は、新たな世代を社会の一員としたのである。

アルジェリア戦争以降、長いこと軍は流行遅れで、非効率で、新しいタイプの紛争に適応できないと思われていた。それでも、ジャック・シラクが徴兵制の廃止を提案したときには、多くの人が憤慨した。なぜなら、兵役はなお公徳心を養い、社会階層と出身地の異なる人々が交じりあう場だと考えられていたからだ。そして、それ以上に、「男」として経験しなければならない通過点だと思われていたのかもしれない。左と右の教条主義者は、兵舎は学校に続く国民統合のための巨大な坩堝だと競

＊ A. Corvisier (dir.), *Histoire militaire de la France*, 4 vol., PUF, 1994

って主張した。下士官は、小学校教師の役割を引き継いでいるというわけだ。それでも、職業的軍隊を作り、同時に国民皆兵制を廃止する以外に選択肢はなかった。この決定は財政面では適切だったが、社会的、政治的には議論の余地があった。ジャック・シラクが決めた徴兵制廃止から一〇年を経過した二〇〇六年七月には、フランス人の五九％がこの制度がなくなったことを残念に感じていたのである。以来、徴兵制度が担ってきたとされる市民・社会的役割を引き継ぐ市民的義務制度の創設を求める声が多く聞かれる。

かつての義務兵役制は、反軍主義の引き金ともなった。フランスには、文学、歌、政治などを通じて軍の卑劣さ、破廉恥を非難する豊かな文化がある。アベル・エルマン、レミ・ド・グールモン、オクターヴ・ミルボーらがその創始者だ。無政府主義系あるいは社会主義系の新聞・雑誌は、繰り返し兵舎のもたらす害悪についての記事を掲載していた。軍の部隊はストライキ鎮圧にも使われていたから、なおさらである。社会主義者で歴史教師だったギュスターヴ・エルヴェは、ある記事に、ヴァグラムの戦勝記念日に三色旗を各兵舎で糞尿の中に突っ込むよう提案したために、勤務していた高校から解雇された。これを契機に、エルヴェはジャーナリストとなって「ラ・ゲール・ソシアル」紙の編集長を務め、愛国主義、軍、徴兵制を激しく攻撃した。このために、彼は何度も投獄されている。しかし、一九一二年に、彼はついに降参した。前述したように、何度目かの刑務所暮らしを終えたエルヴェは、愛国心に目覚めたのだ。反軍主義は終わりを告げ、エルヴェはかつて汚した旗に敬礼するようになったのである。

しかし、別の人々が彼の後を継いでいた。第一次大戦で大量の戦死者が出たことで、平和主義の世論が強まった。大戦前には尊敬されていた軍人だが（エルネスト・プシカリ、シャルル・ペギー、リヨーテイ元帥らが思い出される）、戦後になると人気は衰えた。大戦に勝利したとはいえ、多くの血を流した国民にとっては、集団安全保障の神話は信頼するに足るものだった。ヒトラーの脅威は、すぐには認識されなかった。新たな戦争準備のための努力を、人々は受け入れなかった。一九三四年一二月に、アルベール・バイエはこう書いている。「ライックにして平和主義者である我々は、ドイツとの協調を希望する。たとえ、ヒトラーのドイツであっても」。これがその時代の雰囲気だった。ベルナノスの言う一九四〇年の「大転倒」は、フランス軍司令部の凡庸ぶりを証明するものだった。

この敗北は、いつまでも癒えない傷だったと言える。国民から世界最強と思われていたフランス陸軍は、六週間で戦線を離脱せざるをえなくなったのだ。その滑稽な結末として、古びた戦略思想の持ち主だった元陸軍大臣、年老いたペタン元帥が、政治権力を掌握したのである。あたかも、最高にマキャヴェリ的な政略によって、フランス陸軍大学校のお粗末さが国家の頂点に立つための近道であるかのように。

軍は敗北したが、多くの将校と兵士たちが自由フランスとレジスタンスの戦いに参加し、名誉を保つことができた。しかし、組織としての軍は批判の対象となった。それに続く植民地の独立をめぐるインドシナ、次いでアルジェリアでの戦争は、一九四〇年の屈辱をさらに上塗りする結果となった。一九四〇年の休戦後にペタンが広めた安易な説明によると、政治家が軍人を裏切ったというのだが、ディエンビエンフーの敗北（一九五四年三月から五月にかけて、フランス軍とベトミン軍が戦った、第一次インドシナ戦争下最大の戦闘が「ディエンビエンフーの戦い」。これにフランス軍は敗れ、フランスがベトナムから撤退するきっかけを作った）

も第四共和制の脆弱さが招いた事態だとされた。新しい世代の将校たちは、もう騙されないと誓った。彼らは、フランス領でありフランス領にとどまるべきアルジェリアの地で、復讐の機会を得たと感じた。ルイ・ナポレオン・ボナパルトのクーデター以来初めて、軍は頭に血が上って、沈黙を破った。軍は、パリの正統政府に対して、一九五八年五月一三日のアルジェの暴動を支持し、合法政府を威嚇してド・ゴール将軍が新たに樹立した共和国に保証を与えた。しかしながら、ド・ゴールはやがて軍と対決することになる。唯一の現実的な策、すなわちアルジェリアの独立を将軍は承認し、軍にも認めさせたのだ。兵士への呼びかけがド・ゴールの政権復帰を実現したが、それだけではアルジェリア独立反対派の強硬路線を和らげるにはいたらなかったのである。

一九六一年四月の将軍たちによるクーデター未遂は、高位の反乱者に、軍とは兵士からできているものでもあり、兵士たちはプ、ロ、ヌ、ン、シ、ア、ミ、エ、ン、ト〔軍の反政府宣言〕には応じないことを示したものだった。アルジェリアのほとんどの兵舎では、ラジオを聴いてド・ゴール大統領の決断を知っていた兵士たちが、クーデターの指導者に従うことを拒否したのである。これで、アルジェリアをフランス領にとどめるための戦いが無用のものであることがはっきりした。職業軍人だけからなる軍隊であれば、戦争終結を選択した政府にとって事態はもっと厄介なものになっていたかもしれない。しかし、「除隊」を心待ちにしている徴集兵は、異なる歴史を生きている将校たちと連帯してはいなかったのである。

こんにちでは、パリの街角で兵士を見かけることはない。パリのエコール・ミリテールと国防省のあるサン・ドミニク通りの間で、将校を見かけるくらいだ。戦争は、私たちからは遠いものになった。一九九一年の湾岸戦争のように、遠く離れた土地で戦争があると、テレビは兵士とその家族が涙を流して別れを惜しむ様子を放映する。まるで、職業軍人にとって、戦争は場違いなものになったかのようだ。ヴィニーは、一九世紀に書いている。「たしかに兵士の存在は、さきにも言ったように、人間のうちに残っている（死の苦痛に次ぐ）未開の最も痛ましい痕跡ではある」（ヴィニー著、三木治訳『軍隊の服従と偉大』岩波文庫、二五ページ）。世界中にこれほど多くの武力紛争がなかったなら、この言葉を信じてもいいだろう。しかし、兵士の死は、私たちにとっては耐え難い考えとなった。私たちの生活水準、フランス人の多数が享受する快適な暮らし、苦痛と死に対する医学の進歩などを見ると、まるで現代文明全体が戦争の野蛮に反対しているようだ。同時に、軍隊はますます技術的で抽象的になった。白兵戦はいまでは珍しい。「スターウォーズ」計画は、国家間の武力衝突の舞台を宇宙に移そうとするものだ。核戦争により世界が滅亡しうると認識されるようになってから、かつての国民軍に代わって、軍の職業化は不可避になったかに見える。

あるドイツの評論家は、フランス人の「核男根」を揶揄した。一九九五年に、ジャック・シラクがムルロア環礁で最後となる一連の核実験を行ったとき、（他の「核」保有国には寛容な）国際世論は、フランス政府を強く非難した。その調子はヒステリックな場合さえあった。核実験を批判した日本のノーベル賞作家の大江健三郎に対して、もう一人のノーベル賞作家で、兵士として第二次大戦を経験したクロード・シモンは、簡単な言葉でこのように答えた。

「私が自分の身体と心で経験した苦しみから知ることができたのは、この前の戦争に先立つ何年かの間、フランスには『平和主義』の強い潮流があって、軍備に関するあらゆる計画に激しく反対していたことです。（中略）こうしたあらゆる善意の積み重ねの結果、私は一九四〇年五月に何万人もの仲間とともにサーベルと小銃だけを携え、航空機による支援もないまま馬に乗せられて、何もない平原で戦車や飛行機と戦わねばならなかったのです」。

「いまや私は老人で、将来の展望といえば、そう遠くない先に死が待っているだけです。私には子供はいませんが、フランスの若者に私が耐えなければならなかったのと同じ経験をしてほしくはありません。私の国が再び占領されることも望みません。それよりは、それ以外の『すべて』(ここで言いたい『すべて』とは、信ずるに足る防衛もしくは抑止のための策です)を望みます*」。

太平洋での核実験が必要だったのかどうか、私にはわからないし、いくらか疑問がある。いずれにしても、そこにはゴーリスムの伝統と、一九四〇年の記憶――この二つは一体をなすものだが――に由来する国土防衛への意志が見て取れる。外部からの脅威に対抗して生き延びようとしない社会はないだろう。その脅威が、かなり漠然としたものになっていたとしても。このことを、多くのフランス人は、半世紀に及ぶ概ね平和な時代に慣れすぎてしまって、認めようとはしない。

確かに、純粋に「国」単位の防衛は、もはや意味をなさない。フランス軍は、――政治的、戦略的に――北大西洋条約機構のもとにあるからだ。しかし、フランスの核抑止力が、欧州建設の中にあって、フランスだけのものだとは考えにくい。近隣国が防衛への努力を軽視する中で、フランスが努力を続けるのは結構なことではあるが、ヨーロッパの枠組みの中でなければ有効でもなければ、一貫性のあるものにもならないだろう。私たちは、まだそこにたどり着いてはいない。

---

*クロード・シモン「親愛なる大江健三郎へ」(Cher Kenzaburô Oe)「ル・モンド」紙一九九五年九月二一日付。

第18章

ド・ゴール、最後のトーテム像

フランス史上最後の偉人ド・ゴールは、第二次大戦でフランスを不名誉から救い、戦勝国の一員とすることに成功した。第五共和制を樹立し、アルジェリア独立に反対する勢力を抑えた。彼は、国民の統合を求めたジャコバン的考え方を体現した人物だった。

私たちにとっての最後の偉人は、軍の出身だった。シャルル・ド・ゴールである。彼はいくらかエッフェル塔に似ている。建てられたときには誰からも好かれなかったが、いまではこの高さ三〇〇メートルの塔のないパリなど考えられない。ド・ゴール将軍も同じだ。存命中には、誰もが彼を攻撃した。実際に銃撃されたこともある。だが、いまではその死後の名声に異議を唱える者はいない。日曜ごとに、私はスポーツクラブに通うために、パリの南側近郊にある長年共産党員が市長を務める市を車で通るのだが、その町には「シャルル・ド・ゴール広場」があり、かつて「リュマニテ」(*L'Humanité*)紙上で激しい攻撃の対象となったド・ゴールを讃えて、彼の胸像が建っている。スターリンは去り、レーニンもまた去ったが、ド・ゴールはとどまっているのだ。

私は、第五共和制の創立者について、感情的に同様の道程をたどったことを告白しておかねばならない。一九五八年には、私はすでに彼の『大戦回顧録』第一巻を読んでいた。著者はすでに伝説的な人物で、その想像を超える歴史はもう終わったものと私には思われた。彼に残されていたのは、ラ・ボワスリー館〔オート・マルヌ県にあるド・ゴールの別荘。現在は一部が一般に公開されている〕に閉じこもって、著作を書き終えることだった。彼の時代は過ぎ去っていたのだ。それでも、ド・ゴールは戻ってきた。マシュやサランら将軍たちの支援を受けたアルジェの暴徒に支えられて、フランス本国とアルジェリアの間に分裂の危機が迫ったときに、巧みにド・ゴール再登板という解決法を提案した忠実な側近の助けを得て、彼は再び権力を手にしたのである。私は、かつての自由フランスの指導者が、在アルジェリア・フランス人と政治的な将校たちの要求を利用して、権力の座に戻ってきたやり方に驚嘆しつつも、憤った。ド・ゴールもまた、反乱分子だったのだ。私の読んでいた左派の新聞は、一九二二年のイタリアと似た状況だと書いた。フランス人にファシズムが約束されている、というのである。

ド・ゴールが国民投票にかけた新憲法草案は、二〇歳で激しい気性だった私には、とても受け入れられないものに思えた。一九六二年一〇月二八日の国民投票で、大統領を直接選挙で選ぶよう憲法第六条の改正が提案されたときにはなおさらだった。歴史を学ぶ学生だった私は、議会の役割を最小限にとどめ、政府の長として実質的な権力をすべて手に入れようとするボナパルトの再来のようにド・ゴールを描くあらゆる論拠に共感したものだった。

しかしながら、一九六二年にはド・ゴールはすでに私の心の中では、一九五八年とは違う人物になっていた。この年の三月に、彼は後輩の将軍たちの抵抗を抑えて、長引くアルジェリア戦争に終止符を打っていた。要するに、左派の知識人たちと、彼らの書いたものを掲載していた、私が毎週読んでいた左派の週刊誌・月刊誌は、まったく間違っていたのだ。一九五八年に、左派は最悪の事態を予想した。クーデターを起こした大佐たちにとらわれた将軍は、彼らの四つの要求を実現する以外にないというのである。その第一のものがアルジェリアをフランス領にとどめることだった。自らの意思を実現しようという彼らの強い気持ちは、寛大な心に裏打ちされたものだった。中でも若手将校は、アルジェリア人のためにあらゆる社会的理想を実現したいと考えていた。確かにアルジェリア人は搾取されてきたが、それはもう終わりだ。彼らは完全な市民になれるはずだった。理想的な植民地、フランスとの完全な統合の夢。偉大な歴史的補償が行われるはずであり、そのキーワードは「兄弟関係を結ぶ」というものだった。もちろんシニカルな人々もいた。彼らにとっては、アルジェリアにとどまることができるなら、手段は何でもよかった。神秘主義者もいた。彼らは、北アフリカでソ連という名の悪魔との戦いの一部ができると想像していた。そして特に、自分たちの誓いに忠実でありたいと願う人たちがいた。彼らはフランスに属する土地を守るためにそこにいるのであり、インドシナでのように政治家によって立ち退かされることはないはずだった。

ド・ゴールにとっては、同じ陸軍士官学校を卒業した仲間と戦うのは大変だったに違いない。ド・ゴールと、アルジェリー・フランセーズの闘士たちとの違いは、彼が政治的な頭脳の持ち主だったという点にある。彼は、アルジェリアが普通の意味でフランスではないことを知っていた。その住民の九割は、フランスとは異なる文化と宗教の中で暮らしていたし、生活水準にも教育にも大きな違いがある。そして、白人が現地人を征服して植民地としたすべての大陸でと同じように、そして当然のことなから、アルジェリアという祖国、アルジェリア国民が形成されてきた。植民地の歴史には栄華を誇った時期もあったが（暗い側面にだけ目を向けることもまた空しいだろう）、その歴史は終わろうとしていた。ド・ゴールは、一九五八年にそのことに気づいていた。彼はまず移行措置を試みた。英連邦にならった、フランス共同体である。ブラック・アフリカは、ギニアを除いてその原則を受け入れた。アルジェリアも加入して、自治権を持ちながら、フランスとの関係を絶たずにいることができるはずだった。だが、共同体は長くは続かなかった。一九六〇年には、ブラック・アフリカ諸国が次々と独立したからだ。アルジェリアがこれらの国に続くのを何が止められただろうか。

ド・ゴールは、マキャヴェリの弟子にふさわしく、必然性を理解した。それは、抗いようのない歴史の大きな底流であり、それを避けるには国にとって死にいたる可能性がある危険な逃走をするしかなかった。彼に敵対した人々を悔悛させるまでには、さらに長い時間が必要だった。彼はそれを成し遂げ、私たちはその達成に必要な指導力を持つ人物は彼一人であることを知ったのである。一九六二年三月一九日に、私たちは安堵した。戦争は終わった。

実際には、戦争は完全には終わっていなかった。アルジェリア在住フランス人の過半数の支持を受けたOAS〔秘密軍事組織。アルジェリア独立に反対してテロ活動などを行った〕の抵抗、春の戦い、テロ行為、銃撃戦、アルジェリア在住フランス人の大量引き揚げ、アルキ〔アルジェリア戦争時のフランス軍アルジェリア人補充兵〕の見殺しなどが続いた。エヴィアン合意に引き続く数カ月間は、誰にとっても自慢できるものではなかった。アルジェリア在住フランス人は、約束を破られたと感じて、ド・ゴールを深く恨んだ。本国人である私に、彼らが「単純素朴」だと想像することは容易だった。私には何の危険もなかったし、紛争の終わりは私にとって好ましいことだった。私にとって、ド・ゴールは政治的には正しかった。しかし、他の機会においてと同様に、彼は自分の土地、生まれた町、家族の墓、さまざまな思い出、そして年老いた者にとっては自分の人生からさえ引きはがされた同胞に対して、語りかけるべき言葉を見出すことができなかった。ド・ゴールは感傷的な人物ではない。彼にとって、感傷や愛情はフランスという国のためにだけあるものだった。

国家元首がこれほど抽象的な祖国の観念と結びついていた例は、かつてなかった。ド・ゴールの『大戦回顧録』の最初の文章が、彼の観念的世界の何たるかを物語っている。そこでは、フランスは理念化されていて、フランス人が実際に形成している社会は軽視されていた。「生涯を通じて私は、フランスについてある種の観念を胸のうちにつくりあげてきた。感情のみならず理性もまた、私の心に、それを吹き込むのである。私のうちなる情的な要素は、おのずとフランスを、お伽噺の王女や壁画に描かれた聖母さながら、ある卓越した類例のない運命にささげられているものと思いなす。そして、神はフランスを完璧な成功かさもなくば見せしめ的不幸のために創造したのだという印象を、私は本能的に感得している。それにもかかわらず、たまたまフランスの行為や身ぶりが凡庸さの刻印を帯びるのを見るとき、祖国の真髄にではなく、フランス人の過誤に帰せしめるべき、なにか理に合わない異変といった感じを受ける」（前掲『ド・ゴール大戦回顧録Ｉ』六ページ）。

すでに述べたように、フランスはフランス人とは別のところで存在している。ド・ゴール以前にも、そう言った人はあった。しかし、かつて大政治家の書いたもので、これほどフランスを観念的に捉えたものはなかった。それは純粋かつ無形の観念であり、ド・ゴールが生涯倦むことなく抱き続けた青年時代の夢だった。フランス人はといえば、人間である以上間違えもし、勇敢に振る舞うこともできれば怖気づくこともある。だがフランス人が何をしようと、「祖国の精髄」が損なわれることはなかった。一九四〇年のように、あまりにも重大な問題が発生した場合には、シャルル・ド・ゴールただ一人でフランスを体現できるのである。

ド・ゴールは、四年にわたる戦争の間に、三度人々を驚かせて、歴史的正統性を築き上げた。一九四〇年六月一八日のロンドンからの呼びかけが、その栄光の始まりだった。大敗北の混乱の中で、新たに首相に就任したペタン元帥は、ドイツに休戦条件を照会した。その前日、英国に向かったレイノー内閣で閣外相だった無名の将軍ド・ゴールは、フランス国民に向けて、戦争は終わっていないと語りかけた。なぜなら、この戦争は全世界的な戦争だからだ。キーワードとなる言葉は、この最初の呼びかけですでに使われていた。「何があろうとも、レジスタンスの火は消えてはならないし、消えることはない」。

それは意志の強い人々にとっては大きな希望であり、思慮ある人々にとっては空想であり、現実主義者にとっては愚行だった。その後の歴史は、ド・ゴールが正しかったことを見事に証明している。ヒトラーは英国を屈服させることに失敗し、一九四一年になると、戦争は実際に全世界に広がった。それでも、ド・ゴールの予見は実効性のある行動を伴う必要があった。彼の呼びかけが、人々の記憶の中で、シンボルにとどまることもありえただろう。しかし、この呼びかけは、歴史の中で、断固とした政治的方針のシグナルとして記憶されるにいたった。実際、ド・ゴールはその後に、二つの大きな挑戦に応じている。まず、彼はフランス国内のレジスタンス勢力全体を、自らの指導下で一つにまとめることに成功した。主たる敵がヒトラーだった時代に、それぞれの思惑はともあれ、彼は強く団結を求めて共産党とも手を結んだ。ジャン・ムーランによって作られたCNR（全国レジスタンス評議会）は、フランス国土解放委員会とともに、団結のための組織だった。ノルマンディー上陸作戦の三日前に、後者はフランス共和国臨時政府に衣替えした。

それに加えて、連合国がド・ゴールの正統性を認めることが必要だった。ド・ゴールが独裁者になりかねないと見ていたルーズヴェルトは、何度もこの軍人と対立していたから、その意志はまったくなかった。米国は、上陸作戦後に解放されたフランスを米軍の統治下に置くことを考えていた。六月一四日、クルスル海岸に上陸したド・ゴールは、バイユーの臨時政府代表にフランソワ・クーレを指名した。ルーズヴェルトは、フランスに現に政府が存在しているという既成事実を前にして計画をあきらめなければならなかった。

「偉人」不用説を唱える私の友人は、「だからどうなんだ」と訊ねる。ド・ゴールの武勲詩は立派なものだが、彼の行動は本当に必要だったのか。もし六月一八日の呼びかけがなかったとしても、本質的には何も変わらなかっただろう。なぜなら、戦争終結にフランスの果たした役割は補助的で、ささやかで、わずかなものだったからだ。他の西欧諸国と同様に、戦後は国際秩序の中に居場所を見つけただろうが、その地位は以前ほどのものではなかっただろう。ド・ゴールは、何よりも、私たちにフランス人自身についての幻想を与えたのではないだろうか。一九四四年八月二五日の、パリ市庁舎でのド・ゴール演説を見るがいい、と友人は言う。「パリ、侮辱を受けたパリ。打ちひしがれたパリ。苦難を受けたパリ。しかし、パリは解放された。自らの力で、その民衆によって解放された。フランスの軍隊の力を借りて、フランス全国の支援と協力を得て……」。米軍、英軍やカナダ軍、そして反対側の戦線でのソ連軍は、パリ解放に果たして貢献したのだろうか、と自問せざるをえない。

ド・ゴールが、フランス解放にあたってのフランスの役割を、意図的に過大評価したことには疑いがない。しかし、この楽観的な言説は、フランスを「大国」の一つ、戦勝国の一つとして位置づけることを可能にした。それによって、フランスはドイツ占領に加わり、国連安保理の常任理事国五カ国のうちの一つとなった。要するに、その地位は低くならなかったのだ。フランスはヴィシー政権の屈辱を経験した。ド・ゴールは、この弱さ、あるいは過度に妥協的な態度を忘れさせてくれた。彼はフランス国民全体を、実際には少数派だったレジスタンスのレベルに位置づけ、ヒトラーのドイツに協力したのはごくわずかな恥ずべき人々だと断定した。ド・ゴールは、フランス人に誇りを取り戻させたのである。

彼は恨みを引きずる人物ではなかった。彼が求めたのは「ラサンブルマン、rassemblement」（団結、結集）である。これは彼の政治哲学にとっては、最も重要な言葉で、一九四七年に彼が結成したRPF（フランス民衆連合、Rassemblement du Peuple Français）にも用いられている。そこには、二つの、収斂する傾向を見て取ることができる。それは、君主制の思想と、ジャコバン的思想である。君主制の思想とは、フランスの声は一つでなくてはならないというものだ。その声は、全員を代表する一人の人物の声であり、その人物は神の摂理によって選ばれたか、もしくは国民の投票により選ばれなければならない。それは、ルーズヴェルト、チャーチル、スターリンを前にしてのド・ゴールの声だった。ジャコバン思想とは、一般意志の思想であり、党派の拒否、私的利益の軽視である。フランスは一つであり、フランス国民もまた一つしかない。団結していれば、これにかなう者はない。分裂すれば、衰退が待っている。何としても統一を保つには、結集する以外にはない。それは、分裂を招く政党制を否定することだ。それは、必然的に指導する立場の行政府の力を強めるのである。

ド・ゴールは、こうして二重の、いや三重のフランスの政治的遺産を完璧に代表している。君主制、ジャコバン主義とボナパルティスムである。一九五八年の政権復帰後は、彼は国民の一致という観念に取りつかれ、常に国民との直接のつながりを求める、選挙で選ばれた国王のような存在となった。国民投票制度、大統領の直接選挙だけでなく、好んで行った延々と続く群衆との握手は、彼が議会制共和国とはまったく異なる政治的系統に属していることを示すものだ。彼が民衆に向かって歩を進め、無名の男女に取り囲まれ、ひしめき合う中で抱擁されている写真を見てみるといい。皆競って彼に触れようとしている。ド・ゴールは、神聖な存在になったのである。

彼はそうなるために全力を尽くした。厳粛な態度で、重々しい言葉を用い、色彩豊かな表現で話した。彼はまた、神格化された英雄のように、平静を保つことができた。一九四四年八月二六日には、ド・ゴール将軍はパリ解放を記念するテ・デウム〔カトリックの聖歌の一つ。特別な機会に歌われることが多い〕を聞くためにノートル・ダム大聖堂に向かっていた。オープン・カーから降りてすぐ、彼は建物の屋根の上に潜んでいたミリス〔ヴィシー政権により設立された武装集団で、ゲシュタポなどを補完して警察業務に従事し、また武装レジスタンスと戦うなどした〕団員とドイツ兵から狙撃された。ノートル・ダムの中でも、銃撃があった。参列者たちは頭を下げ、腹ばいになったが、ド・ゴールだけは神から任務を続行する権利を与えられたかのように不動だった。後になって、第五共和制下でテレビに登場したとき、あるいはエリゼ宮での記者会見の際には、彼は同じ威厳をもって現れ、それに王室風の儀礼の味わいを加えたのだった。

もしド・ゴールがいなかったなら、こんにちのフランス人の生活水準はどれほどのものだっただろうか。もっと幸福だったのか、それともいまほど幸福ではなかったのか。現実主義者の私の友人は懐疑的だ。ベルギー人を見てごらん、と彼は言う。あるいは、イタリア人やそれ以外のヨーロッパ人を。彼らにはド・ゴールはいなかったが、フランス人よりも劣った暮らしをしているだろうか。ド・ゴールは、まったく空想上の国際的地位を保つために、信じられないほどの出費をした。特に、核武装だ。こうした理屈には重みがある。それでも、私はこうしたことを言う人に問いたい。スイスのような幸福を夢見ているのかと。

後になってみれば、誰もがド・ゴールのことをあるいは愛し、あるいは尊敬する。それは、彼の人物と生涯が、経済成長率や失業率の数字、テレビ・ドラマや政治家同士の次元の低い争いなどの私たちの日常の生活範囲を超えるものだからだ。生きているときよりも亡くなってから一層偉大になった彼は、フランス人にとっての失われた栄光――彼が救いたかった栄光の代表者になったのである。いまや凡庸さへの坂道に引き込まれていることを知りながらも、私たちは彼のおかげで、「フランスに関するある観念」を夢に見る。会計士になった詩人たちが、二つの計算の合間に、まだ竪琴の弦を鳴らすように。

第19章 自分を見失った左派

左右対立は経済問題以上に宗教に関するものだった。左派内部には多くの流れがあるが、社会民主主義は定着しなかった。左派の源流は、マルクス主義ではなく大革命にある。しかし、革命の掲げた理想の多くは、こんにちではほとんどの政治勢力が共有している。

ド・ゴールが政権につくことで、美しい左右対称のバランスは一時的に崩れた。自らの大義を人類のそれと同一視する左派と、階級の利益擁護を使命とする右派、という左右対称が、である。少なくとも理論的には、物事はこのように表されていた。右派は多少後ろめたい心持ちでいながらも政権を担当し、左派は野党の立場で、道徳的かつ知的な二重の正統性により輝いていた。ド・ゴール時代の終焉は、一時形勢不利になっていた左派が、民衆の希望を先導する役割を取り戻す機会となった。しかし、将軍の没後長い年月を経て、左派の基盤は揺らいでいる。それというのも、政権を担当することで、左派はその幻想を苦しみの中で修正せざるをえなくなると同時に、左派に投票する人々にずいぶんと苦い思いを味わわせたからだ。

ずっと以前から、左派の人間はある確信を持っていた。それは、右派が実在する、というものだ。右派とは、反動主義者、保守派、ファシスト、何らかの形で人間による人間の搾取に関わっている人々からなる大家族である。「搾取に基づく社会においては、抑圧をなくそうとする者と、搾取を続けたいと思う者の間に激しい対立がある。抑圧を続けようとする者にとっては、現在の世界が調和的であることを強調するのが有利だ。だから、世界を苦しめる分裂を隠そうとする。右派は、右派と左派の違いにはもともと意味がなく、あるいは少なくとももはや意味がないと言うのを好んでいる」＊。

この引用の最後の部分の、哲学者アランの言葉を借りた主張は、昔から変わっていない。左派の人間は、自分が左派であることを認めるが、右派の人間は自分が右派だとは認めない。実際には、物事はこれよりもいくらか複雑だ。以前から、右派であることを自ら認める右派も存在した。そして、こんにちでは、「右派」という語には、昔のような否定的な意味合いはもはやない。左派の大統領と内閣が政権にあった一九八四－八五年頃には、野党は左派が政権の座にあるなら、野党は恐らく右派なのであろうというシンプルな考えを受け入れ始めていた。下院の議場内では、それは明らかだった。ミッテランの率いる左派が、政権につくと国民の人気が低下したことで、野党は自らが「右派」であるとの考えをより容易に受け入れることができたのだ。「左派」を神聖視する見方は、政権担当によって損なわれたのである。

こうした変化は近年のものだ。長いこと、「右派」は――意味論的観点から――信用がなかった。その理由は簡単だ。第三共和制の初期、まだ体制が不安定だった時代には、右派は共和制と大革命から生じた文化に反対する保守的勢力の集合体だったからだ。一八七五年から一八七九年にかけての右派の歴史的敗北と、共和制の長期的な安定、さらにその後の不名誉なヴィシー政権が、右派という言葉を貶めたのである。右派の政治勢力は、それでも姿を変えて存続していた。そこから、奇妙な現象が発生する。両大戦間期に、アルベール・ティボーデがシニストリスムと呼んだ現象だ。これは、上下両院の議員団が、実際には右派であるにもかかわらず、名称に「左派」の語を含めたがる傾向を指している。ティボーデによると、この「左回りの運動」は、一八三〇年の革命後、抵抗勢力――つまり、ブルジョワジーの利害を代表する勢力――と流動派――改革派勢力――の対立に端を発していた。一七八九年の大革命に始まる左派と右派という言葉が普通に使われるようになるのは、ようやく一九世紀末になってからのことだ。一九〇二年の選挙での「左派ブロック」の勝利が、そのよい例である。

　しかしながら、左派は長いことクロード・ランズマンが用いた「搾取」の概念――社会主義理論から出てきた概念である――にはあまり注意を払ってこなかった。一義的に共和派で反教権主義の左派の中で、社会主義勢力は構成要素ではあるが、少数派にすぎなかった。経済が前資本主義的な段階にある社会では、左派の敵はまだ「労働者を搾取する資本家」ではなくて、教権主義、すなわち世俗の世界と個人や家庭生活を支配しようとするカトリック教会の意志だった。結末を迎えたばかりのドレフュス事件は、ナショナリストと反ユダヤ主義者の戦いの中での修道会の役割の大きさを認識させた。「共和派」の目には、教会は疑いもなく自由と平等に基盤を置く体制に敵対する勢力の中で、積極的に行動する中心的な存在と映ったのである。

---

* C.Lanzmann, « L'homme de gauche », in *Les Temps modernes*, n° 112-113, 1955

この長期にわたる、各政治勢力の形成過程を軽視するべきではない。一九世紀を通して、世論を分裂させたのは雇用主である以上に聖職者だった。選挙の立候補者たちは、現世の問題をめぐってではなく、来世について対立していたのだ。このため、ユダヤ人と自由思想家と並んで、プロテスタントは共和派に数多くの人材を提供した。宗教をめぐる問題の境界線は、長い間にわたり最も人の目を引くものだった。進歩的な勢力であることを主張していた左派は、右派を蒙昧主義だと批判し続けた。

社会・経済的なプリズム（所得、生活水準、資産）を通して政治を見ると、このように間違った分析にたどり着くことになる。右派において資本の力が重要であることは事実だったし、低賃金の給与所得者がより多く左派に投票していたことも確かだ。だが、左右の対立は所得レベルだけに関わるものではなかった。一定水準以下の豊かさ、あるいは一定レベルを下回る貧困にある場合、必ず左派に投票するとの仮定は誤っている。一九八〇年代初めに、フランソワ・ミッテランと社会党は、ようやく「社会学的左派」と「政治的左派」が一致したとして喜んだものだが、これは思想史を知っている者からすると意味がない。左派と右派の潜在的な可能性は、直接に社会的・職業的階層と一致するものではない。もし右派が単なる金持ちだけの勢力だったなら、左派はいつまでも権力の座にとどまっていられるだろう。

私の父が熱心なカトリックだったことには前に触れたが、父はおよそお金とは縁がなかった。一家の農地はすでに何人もが耕していて居場所がなかったために、父はパリ近郊に移り住んでさまざまな仕事を転々とした後で、バスの車掌になった。ＴＣＲＰ*の末端の一社員だった父の意志ははっきりしていた。一瞬たりとも、左派に投票するという考えが父の頭をかすめることはなかった。多くの共産党員の同僚に囲まれていたにもかかわらず、である。一九三六年に大ストライキが起きたとき、父はマラコフ車庫でストへの参加を拒否したただ一人の社員だった。ストライキの語は、父の典礼書の中にはなかったのである。組合員である同僚たちからは、父は田舎者で、「精神異常」の好例だと見られたことだろう。しかし、父は同僚たちが共産党のプロパガンダに完全に騙されていると思っていた。父の例は職場で唯一のものだったから、統計的には何の意味もないと言われるかもしれない。故郷を離れた父は例外的なケースだったとしても、カトリックの共同体が強力だった地方（父の生まれた北仏フランドル地方、西部地方、中央山地の南東側地域、ピレネー西部地方、オート・サヴォワ県など）では、父のような庶民が右派に投票し続けていた。より正確に言うなら、教会に敵対する左派に反対して投票していたのだ。

確かに、宗教の問題は徐々に重要性を失っていった。実際、一九三六年の人民戦線の勝利は、カトリックに対してのものだったわけではない。古くからの対立がかなり収まっても、習慣はすぐには消えない。投票は、自らの帰属を宣言する行為なのである。自分の仲間は誰か、敵は誰なのかを明らかにするわけだ。秩序を求める勢力の支持者は、かつての後見人である教会、貴族、ブルジョワの力が弱くなっても生き延びることができた。彼らは、左派が拒絶する世界観を自分のものとしたのである。彼らは、伝統的に右派に属しているのだ。

カトリック左派が現れるのは一九三〇年代に入ってからで、それも目立たない、少数派としてだっ

＊パリ地方公共交通会社、現在のRATP（パリ交通公団）の前身。

た。第二次大戦後にはそれなりの役割を演じ、特にアルジェリア戦争の際には主役級の存在となった。共産党は、カトリック家庭出身の若者たちの多くを惹きつけていた。それはもう一つの教会であり、カトリック教会以上に福音をもたらすもののように思われた。なぜなら、貧しい者、虐げられた者、搾取される者の側に立っていたからだ。左派に有利な道徳的先入観——よく言われた「神秘的な左に引きつける力」——は、レジスタンスにおける英雄的な活動、共通の大義のための献身、人間の楽園についての高い理想など、共産主義によい印象を与えるものだった。一部のカトリック教徒は、意を決して共産党に入党した。他の者は賛同者となるにとどまった。いずれにしても、その最盛期には、共産主義は多くのカトリック活動家にその上の世代からは蔑視されてきた政治についての再考を促した。共産主義者に接近せずとも、この新たな政治的課題を明確にすることもできたはずだが、共産党員がカトリックの一部に後ろめたさを覚えさせ、行動に移させたことは確かだろう。

私は、一八歳の若いカトリック信者だった頃、神学と政治を混同しがちだったことを憶えている。福音書に従うなら、左派の活動に加わるべきなのだった。私にとっては、それは無理もないことだった。ボシュエも、聖書を根拠に絶対王権の理論を作り上げたではないか。私は唯一の例外なのではなく、一九五〇年代半ばに知り合った何人もの神父——労働者神父や、教区の助任司祭だったが——が、彼ら自身宗教と政治を混同して教えていたことを知っている。この神父たちは、キリスト教徒であるがゆえに、左派だったのだ。

私の父は、カトリックであるがために右派だった。私は同じ理由で左派だった。これで、文化的な決定要因が、「卑俗」な経済に勝るものであることがわかるだろう。社会党に忠実なライックの小学校教師についても、共産党に投票する労働者についても同じことが言える。ある特定のグループへの帰属を主張することは、政策綱領や公約とは関係のない忠誠の仕組みを作るのである。皆自分の旗を持っていて、投票日にはそれをポケットから取り出すのだ。

左派に対して異議を唱えるときによく言われるのは、実はいくつもの旗があるという点であり、したがって単数で語ることはできないというところだ。事実、いくつもの変種を挙げることができる。急進主義、社会主義、共産主義、左派カトリシズム、無政府主義、いくつもの極左主義、そして無数にある知的左翼の下位区分、などである。ときによっては、左派のさまざまな潮流は一致団結する。一八七七年には、ガンベッタを先頭に一つにまとまってマクマオンに対抗した。さらに、一九〇二年、一九三五―三六年、一九六五年、一九七二年、一九七四年、一九八一年、一九八八年、一九九五年……。左派政権が、避けがたい内部矛盾を抱えているかのように、それらの統一行動は長くは続かなかった。かつて、急進党と社会党は選挙の間しか協調することができなかった。協力して政権を担うことは、両党の力を超えていた。社会党と共産党は三年間（一九八一―八四年）にわたり協力して政権を担当したが、両党は力を使い果たし、それぞれの長所の一部も失った。社会党を左派の中心政党に成長させ、政権担当能力を持たせるという考え方に関しては、そこへいたる道はまだ遠いと言わなくてはならない。

本当のところ、フランスで左派が権力の座につく使命を持っているのかと問うことは正しい。すでに一九三〇年頃、アンドレ・シーグフリードは『フランス政党一覧』（*Tableau des partis en France*）の中で、次のように書いていた。「左派が（中略）政権を担当する政党になるのは容易ではない。なぜなら、左派の目には、権力行使の精神は、実のところ反動的なものと映っているからだ。救国への興奮の中で、ジャコバン的な強権発動は認めるかもしれないが、それ以上は認めないのだろう……」。

内部分裂を超えたところで左派は、個人主義、自由主義と競争の価値が広く共有されている社会で、自身の文化によって弱体化している。あまりにも長い間、社会主義が浸透していたことに苦しんでいるのだ。他の西欧工業国に比べて、フランスの左派はイデオロギー的な理由により、社会民主主義と英労働党の社会主義のプラグマティズムを拒絶してきた。「資本主義」を敵だとしながらも、選挙での勝利の後にまさにその資本主義的な社会で政権を担当しなければならなくなったとき、左派は必ず不安定な状況に置かれるのである。左派政権の改革政策は、革命を待ち焦がれて最大限の要求をする人々にとっては、常に満足のいくものではなかった。レオン・ブルムは、資本主義体制下での左派政権の存在を正当化するために、非常に洗練された三つの理論を構築しなければならなかった。すなわち、政権奪取、政権担当と、政権の占拠である。政権奪取は常に無期延期されており、政権の占拠は反動勢力が政権につくことを阻止するための方策でしかなかったため、残されたのは政権担当だけだった。これは実際には社会党が社会主義を放棄しつつも、現行の体制の中で労働者にとって有利な配当を引き出そうとすることだった。その成果は当然小さなもので、それについては弁明しなければならなかった。

一九七〇年代には、フランソワ・ミッテランと新しい社会党は、「資本主義からの断絶」を主張していた。大統領になると、ミッテランも内閣も、もちろん資本主義――この悪魔じみた言葉は、私たちのあらゆる不幸を説明してくれるものだ――と決別しなかった。どうしたら彼らが資本主義と断絶できたのか、大いに疑問である。しかたなく、ミッテラン政権は銀行や企業の国有化を決定した。誰もが、この国有化が失業や経済成長に大きな変化をもたらすものでないことを確認することができた。社会党の市場経済、企業重視、強い通貨への方針転換は、フランスの経済的な地位を守るのに役立つという利点はあったが、社会主義の終わりを告げるという不都合もあった。

だからといって、左派は死んだと考えるべきではない。なぜなら、歴史的に見て、左派は社会主義だけにとどまるものではないからだ。社会主義は、フランス革命の到達点、その最終目標だと思われていた。だから、ヨーロッパの反対側で社会主義経済が崩壊し、中国が資本主義的な方法を採用したとき、フランスの左派は複雑な気持ちを抱くとともに、その最終目的が否定されたと感じて傷ついたのである。それは、社会主義者も、最後の共産主義者も同様だった。

フランスの左派にとって幸運なのは、マルクス主義もしくはマルクス主義的傾向が支配的になる以前から存在していたことだ。左派は一七八九年の大革命によって生まれ、個人の解放と連帯の価値を掲げている。左派の動揺は、一部にはこれらの価値、特に市民と人間の権利をほとんどすべての政党が掲げるようになったことによるものだ。この二一世紀の初めに、左派は自らのアイデンティティーの再定義を迫られている。一つの党派にすぎないにもかかわらず、左派は長いこと世界そのものになりたいと欲してきた。社会を、自らの立てた理性と進歩の原則により律したいと夢見てきた。この夢は、あきらめなければならない。人間同士の和解が成立することで、ある歴史の終わりがやってくると考える歴史主義を捨てなくてはならないのだ。人間が置かれている状況には悲劇的な側面があるということ、開かれた社会が紛争を伴うものだということを認めなければならない。左派は、世界の万物としてではなく、左派として自らを定義しなければならないのだ。だから、左派は右派の存在を認めるべきで、もはや右派を異常、一時的な無秩序、抹殺すべき敵と見るべきではない。むしろ、右派を異なる感じ方、異なる世界の見方、異なる統治の仕方だと見るべきなのである。左派は、最終的な解決法としてではなく、政権交代のための候補者として自らの立場を明確化すべきなのだ。

フランスの左派にとってのこの文化革命は、達成にはほど遠い。社会党の見直し作業はゆっくりとしか進まず、輝きもなく、重要な知的成果にも乏しい。左派は、まだ大革命が終わったとは認識していない。こんにち、私たちが経験している恒常的な革命は、左派が参加しないままに進むかもしれない。しかし、それによって社会が得るものは何もないのである。

第20章 試練に直面する右派

フランスには思想的右派と、利害による右派の二種類がある。思想的右派は、大革命の否定の上に成り立ち、利害による右派は現実的だ。我々が必要とするのは、現在を直視できる穏健な保守だが、まだその理論的な基盤は整っていない。

フランスには、二つの右派がある。思想的な右派と、利害による右派だ。両者は、ある時期、一部の人たちのうちで混じり合うこともあるが、その起源も性質も異なっている。

イデオロギー的右派は、一七八九年の大災害からいまだに立ち直れずにいる。確かに、それから二世紀余りが過ぎ、生きていく必要上、何とか新しい状況に適応してきた。それでも、革命二〇〇年記念の機会には、一部の雑誌や預言者に励まされた世論の一部が、私たちの政治的自由の最初の年を記念する式典に敵対的ないしは非常に消極的な態度を取るのを私たちは目にしたのである。パリ市民の一部は、不快なセレモニーが執り行われる七月一四日の前日にパリを離れた。パリ・ソルボンヌ大学名誉教授で、「ル・フィガロ」紙コラムニストのピエール・ショニュは、反革命的な内容の著書『大いなる脱落』（*Le Grand Déclassement*）* で、革命がなかったならばフランスはどうなっていたかをこのように描いている。「もしこの失敗を避けられていたなら、近代性にいたるまでのこの遠く、矛盾に満ちた、無駄な負担の多い道程を避けることができていたなら、フランスと世界はより多様で、より豊かで、より美しく、より知性に満ちていたことだろう」。

一八七一年の敗北の後、エルネスト・ルナンは、『フランスにおける知的、道徳的改革』（*La Réforme intellectuelle et morale de la France*）と題する、報復的な内容の小著を書いている。ルナンの目には、フランスの衰退は、物質主義と民主主義が社会で力を持つようになった一八四〇年代に始まるものと映っていた。彼は、さらに時代を遡り、こう書いている。「国王を斬首にした日、フランスは自殺行為を行った」。ピエール・ショニュも同意見だ。彼は言う。「フランスは、一八一五年に最終的に落伍した」。それが経済、政治、軍事、宗教、文化のいずれに関わるものにせよ、右派の人間にとっては「フランス病」は大革命に始まるもので、以後の展開はその必然的な結果の連鎖なのだった。

ルナンの評価について公平であるために付け加えれば、彼の政治思想には変遷があった。『幼少期の思い出』（*Souvenirs d'enfance et de jeunesse*）では、彼は母親から「革命に対する強い志向」を譲り受けたと書いている。著書で革命を批判はしたが、「外国の作家たちがフランス革命は不名誉なもので気違い沙汰であり、世界史的に重要性のない出来事だったと証明しようと躍起になっているのを見るにつけ、これほど妬まれている以上、革命こそフランスが行った最良のものではないかと私は思い始めたのである」とルナンは付け加えている。これは、ルナンが言われているほどには保守的でないことの証しだろう。

イデオロギー的右派にとって明らかなのは、抽象的な啓蒙思想を源とする有害な考えによって、一つの自然の秩序が破壊されてしまったことだ。神慮のもとで、長い歴史によって作り上げられた機能や義務の序列により律される世界を、あたかも人間――誰の助けも借りない人間、普遍的人間、ありのままの人間――が存在するかのように、ヒューマニズムという幻影の上に作られた数の支配で取って代えようというのだ。アンシャン・レジームの有機的な社会を、社会集団の破壊を内包する個人主義によって置き換えたのである。フランス人は、いまだにルイ一六世の首を斬った罪を償い続けている。すべてはそこから始まり、そこに戻ってくるのだ。

イデオロギー的右派も、天から解放されることがありうる。モーラスの知的試みはまさに、神あるいはカトリック教会――彼はその社会的、政治的役割を評価していたが――を脇に置いておいて、反革命を理論化しようとした。無神論者の右派の人間は、したがって原罪を信じないが、人間の本性とフランスの現状についてはやはり悲観的だ。人間は、人間にとっての狼である。自由主義的民主主義は、放し飼いの狼の体制なのである。

このイデオロギー的右派の最も重要な思想、中心的な思想は、フランスが取り返しのつかない退廃の道に入ったという確信である。この考えに最も強く取りつかれた人々は、政治的な頭脳の持ち主でない場合が多い。行動するには、何らかの力と、冬のさなかでも春の訪れを信じることが必要だ。彼らは、陰鬱な判決、黙示録的な言説、最後の審判以前にはいかなるものも無用であるとの断定的な警

＊ P. Chaunu, *Le Grand Déclassement*, Robert Laffont, 1989

句を口にすることで満足している。彼らの取る敗者の懐疑的態度は、彼らが急進的敗北主義者であることを、歴史の新たな挿話を通じて教えてくれる。彼らは、たわいのないもの——切手や蝶の収集——に愛着を持ち、復古へのわずかな希望からも遠ざかろうとする。彼らの世界は過去のものであり、自分がいまも存在していることに気づいてはっとするのである。

ペシミズムは、しかし、反動にとって有益な場合もある。極度の不幸の中から、救いが生まれるという考え方だ。私たちの同時代人であるミシェル・モールトは、一九四二年にこのテーマについて多くを教えてくれる小著『一八七〇年の敗戦に直面した知識人』(*Les Intellectuels devant la défaite de 1870*) を書いている。この本が興味深いのは、一八七〇年と一九四〇年の二つの敗北を比較しているからだ。この本で、テーヌは「その世代の最も代表的な知識人」として紹介されている。一八七一年の事件(敗北とパリ・コミューン)に大いに衝撃を受けたこの悲観論者は反発した。「反動という単語は、ここではその完全な意味において捉えられなければならない。一八七〇年以降にテーヌが生きた二〇年は、大惨事をもたらした風俗習慣に対する、彼の存在全体からの長期にわたる反応、反発だった」。

イデオロギー的右派の人間は、フランスは下降線をたどっており、最後には破滅にいたるというお告げに取りつかれている。説明は荒削りなこともあれば、洗練されている場合もあるが、意識における結果は変わらない。かつて、すべてがいまよりもよく、秩序だっていて、一人ひとりに居場所がある時代があった。主人は主人であり、召使は仕えることを喜びとしていた。社会についての貴族的な考え方は、本物のエリートの存在を可能にしていた。民主主義的な考え方では、ユダヤ人および(あるいは）外国人による金権政治が勝利を得るだけだ。こうした条件下では、右派の人間は自らが抱いているノスタルジーによって、自分自身を規定する。国王へのノスタルジー、古きフランスへのノスタルジー、植民地へのノスタルジー、子供時代へのこの上ないノスタルジーである。大衆の俗っぽさが蔓延する現在ほど、彼が忌み嫌うものはない。半ズボンをはいていた幼少期に漠然と経験した過去、しかし実際には家庭内に伝わる伝説や少年の頃に読んだ本から想像した過去に憧れを抱いているのである。

この敗者の世界は、フランスでは一定の位置を占めていて、本を出版し、さまざまな王党派の会合に顔を出し、サン・ニコラ・デュ・シャルドネ教会でラテン語のミサを挙げ、紋章学や家系図の研究会を作り、カトリックの学校を擁護し、高級な会員制クラブで昔風のライフスタイルを楽しみ、いくつかの新聞・雑誌――現代社会への批判をいつまでも続ける刊行物で、「プレザン」（現在、*Présent*）紙がその代表である――を読んでいる。ジャン＝マリー・ル・ペンはこれらの人々から好意を寄せられたが、それでも高級住宅街の寵児でヴァンデ地方の復讐者フィリップ・ド・ヴィリエほどの人気はない。

両大戦間とドイツ占領期には、イデオロギー的右派は、私たちの頭上に神を復活させることができなかったために、悪魔と手を結ぼうとした。異教的右派は、ペタン体制にうまく適応しすぎたカトリック中道派を追い抜いてしまうこともあった。ヒトラーを気に入ってしまったのだ。ルバテ、ブラジヤック、ドリウ・ラ・ロシェルは、右派に地獄の味を覚えさせた。これは呪われた部分であり、どこまで過激になれるかの試みであり、勝者にしていまや味方になった者へのマゾヒスティックな隷属だった。これらは、なお多くの地獄に堕ちた人々と有罪になった人々の挑発的な態度に魅せられた若者に夢を見させている。この種の右派の人間は、この地獄に対して曖昧な感情を持っている。かつて国立図書館でエロティックな出版物が集められた閲覧室も同じ「地獄」という名で呼ばれていたのだ。嫌悪感と、魅惑。彼の書棚が、そのことを物語っている。有害な人々〔戦時中の対独協力者らのこと〕の著作が、かなり並んでいるのだ。

より普通の右派は、このような黒ミサで聖体拝領を受けたりはしない。何よりも、まず現実主義者である。普通の右派は、大革命の成果に対する精神的な反逆から生まれたものではない。むしろ、その最初の受益者にすらなりえたのだ。絶対王政、制限的王政、議会制共和国、次々と続いたこれらの体制は、右派にとっては利益になる限り許容できるものだった。こんにちの右派の多くの部分は、左派から、つまりかつての流動派から派生してきたものだ。右派は、ブルボン家最後の二人の王に対してはオルレアン派だった。共和国が成立すると、共和派になった。なぜなら、共和国は穏健だったからだ。それでも、一九世紀の最後の四半世紀に右派は、危機が迫ってくるのは教権派の右派からでも、ブルボン王朝嫡系による王政復古を求めるレジティミストからでもないことに気がついた。危険は新たな蛮族、つまり革命的労働者たち――無政府主義者、社会主義者、そしてやがて共産主義者――からくるものだった。

カトリックが多いイデオロギー的右派の隣に、やがて穏健派と呼ばれる人々が登場し、勢力を伸ばし、ついには権力を獲得するようになる。彼らは哲学的には共和派だったが、経済政策では保守的だった。一八九〇年代にはジュール・メリーヌを先頭に、その後はレイモン・ポワンカレをリーダーとして、さらにその後にはヴァレリー・ジスカール・デスタンを代表として、産業界と近く、現状維持に腐心する自由主義的な右派が形成された。この右派は、イデオロギーはあまり好まず、過去や偉人、偉業などへの関心は薄かった。失われた文明を復活させることよりも、現在の秩序を維持することに注意を払った。右派の存在を否定しているのは、この勢力だ。なぜならば、その起源は歴史的右派、反革命的右派、絶対右派とは別のところにあるからだ。穏健派は、貯蓄金庫に口座を持つ者から企業経営者にいたるまで、フランス人の大半を代表するのだと自称している。

個人としては、穏健右派はあらゆる形の社会主義を憎んでいる。一九三六年のストライキと人民戦線は、穏健派にとっては小さな世界の終わりのように思われた。高年齢層にとっては、この経験は非常に辛いものだった。私は子供たちを診てくれていた小児科医のT先生とは、いつも処方箋を書く前に楽しくお喋りをしたものだ。この先生は昔風の医師で、学校でギリシャ・ラテンの古典を学び、美術と歴史の愛好者だった。病気になった子供を診察してもらうために医院に通うたびに、いろいろな話題が出たが、彼はよくレオン・ブルム内閣のもたらした「惨憺たる結果」について口にした。彼は、反ユダヤ的なことはまったく言わなかったが、一人の人物のうちに敵を見出したのである。ブルム、ブルム、ブルム！　お前は何と多くの憎しみを引き起こしたことか！　人民戦線の指導者が金の食器で高級な料理を食べていたという神話の後に憎しみの対象となったのは、共産主義者だった。右派も、左派と同様に、敵を悪魔のようにみなす。ロベスピエールから、ブルムを経てミッテランまで。角や先が二股に分かれた尻尾の生えた連中だ、というわけだ。

ミッテランが大統領選挙でジスカール・デスタンを破った一九八一年にも、金庫の中はパニック状態になった。金利生活者と小金のある人々は、ビジネス界と同様に、震え上がった。富裕税は、たいした納税額でなくとも、持てる者の怒りを引き起こした。高級住宅街は打ちのめされていた。素晴らしい時代が始まると考えた空想家のおめでたさに、こだまのように応えたのが富裕層の抱く恐怖だった。この状態は長くは続かなかった。社会党が、古びた政策の見直しに取り組んだからだ。しかし、数日間、あるいは数週間、数カ月間、社会的右派の根源に遡る大きな恐怖を人々は目にした。アカの恐怖である。

保守的な右派のうちで最も富裕な層に属する一部の人々は、悲痛な叫び声を上げることで人目を引いた。たとえば、新聞王ロベール・エルサンは、苦痛に満ちた声で、なりふり構わずこう訴えた。一九八三年一一月二一日付の「ル・ポワン」(*Le Point*)誌のインタビューで、彼はこう語っている。「一九八一年五月以来(中略)私はこの国で、一部の東欧諸国での反体制派と同じような暮らしをしています。この数カ月間の私の生活をレフ・ワレサのそれと比べてみると、多くの共通点があるように思います」。それでも、幸いなことに、エルサンを迫害者から解放しようとするデモが起きることはなかった。

ベルナノスは、イデオロギー的右派の作家の中で最良の部分に属する一人だが、彼は戦前に書いた多くの政治的文書において、社会的右派、あるいは「国粋的」右派とも呼べる勢力に対して繰り返し憤激の声を上げていた。彼は言っている。「保守派あるいは急進派のブルジョワジーに対抗して、まず労働者層を祖国と和解させるべきだった」。かなりの数の反動主義者が、経済的特権を享受する右派と混同されることを拒否していた。両者の間には、深い溝がある。それでも、この二つの右派は、少なくとも社会主義的、共産主義的な左派に対する敵意を共有していた。たとえ、左派の行う改革がごく限られたものであっても。

イデオロギー的左派は、勝利を前に有頂天になってしまった。さあ、見ていろ、というわけである。右派は、ネズミ穴に身を隠した。この喜劇は長くは続かなかったが、私たちにとっての現実の一部を示すものだった。ある人々にとっての幻想と、他の人々にとっての経済的な恐怖を。

しかしながら、私たちには右派が必要だということを言っておきたい。私たちが、左派を必要としているのと同じように。ポーランドの偉大なマルクス学者レシェク・コワコフスキは、正義と、伝統と、自由を同時に必要とする近代社会においては、矛盾なく同時に社会主義者で、保守主義者で、自由主義者であることができると言う。最後には最悪の不平等も「自然」なものとして受け入れてしまう右派の人類学的ペシミズムと戦うことが左派にとっての使命だとするなら、右派の使命はいかなる社会でも「家族的習慣、国民、宗教的共同体といった社会生活のさまざまな伝統」を尊重しないで生きていくことはできないと教えることなのである。

私たちにとって必要なのは、穏健な保守で明確に自由主義的な右派である。その右派は、左派の行きすぎた理想主義と統制主義を修正する役割を負っている——統制主義は、ハッピーエンドの哲学を国家的手法により実行しようとするものでしかない。未来に生きる左派と、過去に逃げ込もうとする極右の間にあって、穏健右派は現在に対して私たちの目を開かせるために存在しなくてはならないのである。一般的な左派の考えとは異なり、国家の任務は個々人の幸福を実現することではない。福祉国家の恩恵に浴した多数のフランス人は、生活扶助を得る者のメンタリティーに染まってしまった。

左派は、こうした現状を維持しようとしているが、財政状況が社会保障を強化するどころか神聖な既得権を守ることすら許さなくなると、彼らは失望し、怒りを爆発させる。右派は、責任と、個人の自発性と、創造の精神を私たちに吹き込むために存在している。そうした精神がなければ、左派の唱える平等は、兵舎の平等になってしまうだろう。

右派はまた、歴史的には、国家の権威と国家意識を体現している。左派は、その反対党的な文化と現実の外側で発想しようとする傾向から、先述のように政権を担当するとうまくいかないことが多く、あるいはその成果について党員や支持者に赦しを請わなくてはならないことがある。いくつかの問題――教育、移民、市民の安全確保――については、左派はしばしば臆病なところを見せる。右派だけが国家の権威を体現すべきではない――右派にそれができたとしての話だ、常に可能だとは限らないのだから。少なくとも、権威を体現するときには、右派はその思想と矛盾していないのである。

フランスの右派は、まだその過去ゆえに困惑したままだ。左派もまた同じである。政権交代で一方が他方に権力を譲ったとき、一人ひとりの生活は本質的に変わることはない。何千人かの官僚と政治家が有利なポストを失い、あるいは新たに魅力あるポストにつく。新たなキャリアを開始する者があるかと思えば、キャリアを終える者もある。いつでも、右派の政策は左派の政策とさほど変わらない。一九八三年以来、経済・通貨政策はあまり変化がない。客観的な制約が大きいため、これまでと一八〇度異なる政策を夢見ることは空しいのだ。対外政策についても、同様である。確かに、教育をめぐる新たな闘争が起こることはあった。一九八四年に、左派は国が運営する公教育に私立学校を組み入れようとした。保護者団体は怒り、巨大なデモが組織され、政府は結局後退した。政府は、私立学校に有利な共存方法を探ることで決着を図ろうとした。農業教育促進策、ラング教育大臣による私立学校の負債の棒引きなどである。しかし、一九九三年の総選挙で右派が勝つと、また私立学校に有利な施策が行われた。たとえば、老朽化して崩壊寸前とされる建物の補修などである。フランソワ・バイル教育大臣は、地方自治体が私立学校の建物の補修や改築のためにより多くの費用を負担できるようにするため、ファルー法〔一八五〇年に制定された、学校教育の組織に関する法律〕を改正させた。一九九四年一月に、この措置に反対する声が上がり、デモが組織され、政府は後退した。法改正は、憲法評議会が助け舟を出したこともあり、取りやめとなった。

この学校をめぐる戦いは、いまでは哲学的な対立ではなくなり、いわゆる社会問題となった。一方では、子供の教育に関わる正当な自由を擁護しようとする家族がある。私立学校は、多くの人々にとって、安全弁の役割を果たしている。それは、公立学校でうまくいかなかった場合の最後の手段である。同時に、私立学校は以前にも増して差別の道具となっており、これが対立を生む点である。公立学校が最も恵まれない子供たち――文字の読めない移民の子供、最貧国出身の子供、全般的に貧しい子供たち――の教育を引き受けているのに対して、私立学校ではよい同級生に恵まれる保証がある。個人の視点から見るなら、「脅威」を感じる父母は、子供たちの教育をおろそかにはしないし、それは正当なことと見られている。社会全体の視点から見れば、自由主義は社会的統合を壊しかねないぎりぎりのところに位置している。フランス国民にとって緊急の課題は、公教育に必要な手段を与えて、学校が国民と社会を統合する任務を果たせるようにすることである。

これは簡単な問題ではない。なぜなら、国は相反する二つの義務に直面しているからだ。一方では個人の自由を守り、他方では国民の統合を図らなければならない。統治術は、決して楽しい遊びではない。こんにち、右派が本当に統治能力を持っているのか、疑問に思えることもある。バラデュール内閣が、次々と改革案（ファルー法改正、職業同化契約、ルノー民営化など）を放棄したことに、私たちは驚かされた。これらの改革案は間違っていたのだろうか。そうだとすれば、政府は物事をよく考えていなかったことになる。そうでないなら、施策は正しくて、政府の無力が証明されることになる。世論は――ここでも、世論調査による横暴が見られる――この優柔不断に満足しているように見える。それは、降伏することで宥和を図る方法だ。その後、シラク大統領のもとでジュペ内閣が登場した。何ヵ月も立ち往生することで、政府は大統領選挙期間中に勝ちえた評価を失った挙句に、社会保障制度の大改革は――それは必要なものだったが――十分に話し合いが行われず、説明も足りなかったために、大規模な反対運動に直面した。右派も、左派も、もはや一方的に解決法を押しつけることはできない。いまや、私たちは一方が他方を押し潰そうとする時代ではなく、互いに相手より大きな効果を挙げようとする時代に生きているのである。それは、内戦から競争への移行だ。フランスでも、他の国と同様に、イデオロギー上の古びた反射運動によって手に入れた位置に代わって、市場の掟が支配的になりつつある。現在では、整合性のある政策を、世論の無条件な支持を求めることなく実施しなければならない。それは、きわめて難しい。アラン・ジュペは、世論の無条件な支持なしに政策を実行しようとしたが、不人気が成功を保証すると考えるのは無謀だったようだ。その後起きたことが、それを証明している。

右派は二〇〇二年に政権に復帰し、ジャック・シラク、次いでニコラ・サルコジが大統領を務めた。

右派自身の持つ力による勝利というよりは、左派の分裂と力不足によるものだった。安定した知的な方向性が、右派には欠けている。ある日、自由主義的かと思えば、翌日は国家統制主義的になる。あるときは国家主権擁護の立場を取り、別のときには欧州統合の深化を求める。労働問題重視を謳いつつも、大量失業に対しては打つ手がないままだ。もしかすると、右派が立場を維持できているのは、細分化し、分解し、個人化した社会の激しさを前にして、まだ権威のイメージが残っているためなのかもしれない。二〇〇七年にニコラ・サルコジがフランス人の過半数を惹きつけたのは、彼の覚悟、「断絶」を求める明確な意志と、左派のベテラン政治家に手を差し伸べたことによる。二〇一〇年には、彼は不人気の記録を更新している。二〇〇八年の金融危機が彼の行動に制約を加えたことは確かだが、右派は政権の座にあっても、愛されてはいないのである。

第21章

いずこにもない中道

一九七六年、ジスカール・デスタンは著書で、もはや左右の二極分化の時代は終わったと書いた。しかし、第三共和制も、第四共和制も、実態は中道政治だった。思想的なバックボーンが欠けているために、中道政治は、左派か右派を通じて行われてきた。

一九七六年に、大統領のヴァレリー・ジスカール・デスタンは、フランスの元首や大臣の奇妙な習性にしたがい、一冊の本を著した。直接投票による正統性だけでは足りずに、書店での正統性も必要としていたのだ。そういうわけで、ジスカールは『フランスの民主主義』(*Démocratie française*)を出版した。その核にある思想は何だろうか。私たちの社会は「統一され」つつあり、「輪郭がはっきりしない中央を占める巨大なグループが成長」している。要するに、もはやフランスは二つに分断されてはいない、というのである。

何人かのジャーナリストは、新たな社会状況をイメージ化して伝えるために、オムレツあるいは玉ネギの比喩を用いた。中間層が大きな位置を占め、少数の富裕な特権階層と、貧困層は両端に追いやられていた。
大統領によれば、ブルジョワジーとプロレタリアによる両極化は必然だとするマルクスの理論を否定する三つの要素がこうした変化に関わっていた。経済成長、教育の大衆化と日常生活へのテレビ・ラジオの浸透、これが三つの要素であり、社会階層を隔てる垣根が取り払われたことを説明するものだった。

もしこの見方が正しければ、左右の分裂は意味のないものになるはずだ。「イデオロギーによる分離」は、社会的な調和という目の前の流れと矛盾する。悪いのは、「我々の気質と歴史」だった。気質に関していえば、ジスカールは「地中海的情念」と「ラテン的絶対主義」を挙げた。これは、北フランスの社会主義者や西部のフクロウ党とはあまり縁のない話だが――ただし、彼らの場合には、歴史の問題が最も重要なのだろう。著者はこの点については詳しく説明せず、「フランク族の激しさ」や「ガリア人の個人主義」に触れるにとどめた。いずれにしても、現状は常軌を逸しており、苛立ちを覚えさせるもので、反ユークリッド的、反デカルト的であり、要するにまったく不合理なのだった。フランス人はいまだに古代以来の争いを続けており、生活様式を通じて和解が成立していることに気がついていないのだという。イデオロギーは、社会構造と矛盾を引き起こすべきではない。フランスは、「中道」によって統治されるべきだというのである。

分析はやや物足りなかったが、それなりに長所はあった。トクヴィルの『アメリカのデモクラシー』(*De la Démocratie en Amérique*)の現代版を誰の手にも届くものにしたからだ。私たちの社会も、トクヴィルがそのアメリカでの形成を詳細に描き、やがてフランスにも訪れるであろうと予測した民主主義社会にたどり着いたというわけである。トクヴィルは、貴族階級のない、中間層が支配的な社会、実用的で物質的な便利さを求め、生活条件が均質化するにつれて生活習慣が穏やかになった社会をアメリカで観察してきた。私たちが一九六〇年代以来消費社会と呼んできたものを、この言葉が使われる以前にトクヴィルは見てきていた。同時に、彼はそれに伴う政治上の潜在的リスクについても書いている。政治に無関心な層の増大、過度な私生活重視、そしてその結果緩やかな専制政治への前提条件がそろうこと、である。トクヴィルは、いくつも将来を予測する内容を書き残したが、以下もまたそうしたものの一つだ。

「私の目に浮かぶのは、数えきれないほど多くの似通って平等な人々が矮小で俗っぽい快楽を胸いっぱいに想い描き、これを得ようと休みなく動きまわる光景である。誰もが自分にひきこもり、他のすべての人々の運命にほとんど関わりをもたない。彼にとっては子供たちと特別の友人だけが人類のすべてである。残りの同胞市民はというと、彼はたしかにその側にいるが、彼らを見ることはない。人々と接触しても、その存在を感じない。自分自身の中だけ、自分のためにのみ存在し、家族はまだあるとしても、祖国はもはやないといってよい」。

「この人々の上には一つの巨大な後見的権力が聳え立ち、それだけが彼らの享楽を保障し、生活の面倒をみる任に当たる」（トクヴィル著、松本礼二訳『アメリカのデモクラシー・第二巻（下）』岩波文庫、二五六―二五七ページ）。

この文章は、一つの政治的な問題を提起している。平等社会、もしくは民主主義社会――あるいは、アリストテレス的な意味でのメディオクラシー〔愚凡政治〕といってもいい――は、その上位に「父性的な力」を求めるのではないか。別の言葉で言えば、中道による統治は、全般的な非政治化の結果として、緩やかな独裁制を敷くものではないか、ということだ。それは、ボナパルティスムの原理をより穏健にした形かもしれない。戦いによる栄光を求めず、全員の幸福を作り出すことに努める独裁者によって指導される平等な民衆、というわけだ。

実際には、中道政治は新しいものではない。大革命以来、フランスで最も多く繰り返されてきた政権の形態だとさえいうことができる。君臨するのはイデオロギー的な左右の両極だが、統治するのは中道なのである。中道の弱点は、イデオロギー的な背景を持たないところだ。中道は、しばしば軽蔑的な別名で呼ばれてきた。マレ（沼沢）派、プレーヌ（平原）派、ヴァントル（腹）派などである。キリスト教民主主義――戦前はPDP（国民民主党）、戦後はMRP（共和派民衆運動）――は、中道に実態を与えようと努めたが、キリスト教的アイデンティティーが多くの人々を排除する結果を招き、MRPは右派に追いやられ、やがて消滅した。

しかし、すでに一八三〇年に、中道は政権の座についていた。当時は、ブルボン朝を懐かしむ勢力と共和派の双方を拒否し、中間派と呼ばれていた。制限的王政の理論家で、ルイ＝フィリップの大臣を務めたギゾーがしたことは何か。彼が採用したのは、中道の政策だった。やがて保守に近づくことにはなったが、その大方針は大革命の社会的遺産――特に市民間の平等――と制限選挙による議会主義の君主制を調和させようとするものだった。第二帝政末期にナポレオン三世の首相となったエミール・オリヴィエの政策もまた中道色を帯びていた。それは、自由主義的な改革を行う一方で、共和制には反対する、というものだった。

第三共和制と第四共和制でも、そのほぼ全期間を通じて中道政治が行われた。ガンベッタの政治経歴は、この点では模範的なものだ。第二帝政下では、彼は急進派だった。一八六九年にパリのベルヴィル地区で下院選に出馬した彼は、以後長く共和派の綱領となる政策を公約とした。しかし、共和制が樹立されて、それでも王政復古の危険が去らない状況下で、雄弁家のガンベッタは激しい言葉や民主主義を讃える高揚した演説、熱狂的なジャコバン主義を封印した。彼は各地方を訪れて、農民が鶏を可愛がるようにして、農民――土地の共有を主張する人々を警戒し、ナポレオン三世に好意的で、多くの県ではまだミサに通っている農民――を手なずけた。銀行家を安心させ、ブルジョワには多くの譲歩をし、あらゆる種類の資産家には保証を与えた。私たちはアカではない、というわけだ。政敵たちは、彼のことを日和見主義だと批判した。しかし、このとき以来フランスは日和見主義に統治され続けている。中道は存在しないが、ときの政権は中道政治を行うのである。

実は、フランス社会は左派のイデオローグたちが理想を実現できる状況にあったことは一度もない。農民が多すぎ、自営業者が多すぎ、カトリックが多すぎた。右派のイデオローグにとっても、事情は同様だ。給与所得者が多すぎ、公務員が多すぎ、自由思想家が多すぎた。中道政治を行う以外に、多様化した社会の平穏を守る術はなかったのだ。それに、私生活の壁の内側で、大半の家庭も中道を歩んでいた。男性は信念を持ち、宗教的なものとは距離を置き、妻が熱心なカトリックであることを許容していた。彼は、妻が告解室でしてしまうような告白を好まなかったが、教会が妻を道徳面で束縛することに反対はしなかった。子供たちは公教要理の授業に出席し、男の子は堅信礼の後は教会から離れても、女の子は母親について教会に通い続けた。大半の村では、司祭と小学校の教師は、来世についての意見の相違にもかかわらず共存していた。

こうした妥協の、共存の、和解の習慣は、知的に説明できるものではない。イデオロギー的な対立は激しかったが、それでもこの種の習慣は現実に存在した。断頭台やバリケードによって対立に決着をつけたいと考えなくなったこの国では、情念を抑制しなくてはならなかったからだ。

一九八〇年以来、この「中道政治を行うが、中道のことは口にすまい」という伝統的な状況に大きな変化が生じた。長い野党時代を経て政権を獲得した左派が、左派と右派で政策選択に極端な違いがありえないことを証明したからだ。このことが割に早く知られるようになり、私たちは新しい二つの政治現象に立ち会うことになった。その最初のものは、いわゆる左右の共存である。

一九八六年に、右派は下院選で勝利を収めたが、そのときの大統領は社会党出身のフランソワ・ミッテランだった。これは、第五共和制では初めてのことである。憲法上は可能だったが、第五共和制の創設者にとっては想像できない事態だった。

しかしながら、共存体制は中道政治の幻影を現実のものとした。両首脳が相互に相手の党派的な行きすぎをチェックしたからだ。左右の共存は、私たちの矛盾した性向の結果なのである。共存体制には、左右の対立を沈静化させるという象徴的な意味はあるが、実際には政治の停滞に陥りがちだ。首相は、大統領の拒否権行使を招かないために、自らのイニシアティヴを抑制してしまう。大統領は、意見を通すために必要な議会の多数派を持っていないため、意に反して儀礼的な立場に戻ってしまう。

牛と駱駝の組み合わせは、国家という車を引くためには適切だとはいえない。共存の結果中道に位置することになる政府は、政府としての役割を果たせないリスクを負うことになる。

もう一つの新たな現象は、政治学者によれば、イデオロギーの圧力が弱まった結果だという。いまでは、多くのフランス人が左もしくは右に分類されることを拒否している。こうした概念は、もはや古いというのだ。その結果、彼らは「戦略家的有権者」、あるいは消費者的有権者と呼ばれる存在になった。それは、そのたびごとの政治状況と候補者を吟味して、どの候補者が自分の利益に最も適っているかを判断する市民のことである。この浮動層は左派に投票することもあれば、右派に流れることもある。もはや、歴史的な政治勢力には親近感を持たないのだ。こうした有権者は、過激主義者とは反対に、常に崩れたバランスを修正しようとし、その結果中道の政府を利するのである。

いずれにしても、ジスカール・デスタンの中道思想は時代にうまく適合したものではなかった。一九八〇年代には、「二つの速度のフランス」あるいは「二重社会」といわれるものが姿を現し始めていた。経済の大きな変化に続く景気後退は、事実上社会を新たな形で二つに分断した。それは、もはや階級間の対立――ブルジョワジー対プロレタリア――ではなく、一方では、いかなるレベルであれ社会に完全に溶け込んだ人々と、他方では社会から排除された、周辺部にいる、新しい形の貧困層、失業者、さらには年々増加する不安定な就労者との間の分断である。

一九九四年六月の欧州議会選挙では、その分断がはっきりと表われた。それより前、一九九二年九月には、マーストリヒト条約批准をめぐる国民投票で、「賛成」は僅差で「反対」を上回ったが、それはまだ社会の中でよりよい側に位置していると考える人々の票によるものだった。「反対」派は、すでに社会の周辺部にいるか、いずれ周辺部に追いやられるだろうと考える人々の中から集まっていた。外国との競争を恐れる農民、子供の生活水準の向上が望めない事務職や工場労働者、大都市のさびれた郊外の住民、将来の見通しのない若者、繰り上げ定年退職を迫られる中間管理職、ホームレスになることを恐れる希望を失った人々などである。

都会の街路では、私が子供の頃にはいなかった乞食や、物乞いをする子供、雑誌を売ろうとする失業者などを目にするようになった。パリでは、一度地下鉄に乗れば、大声で自分の置かれた不幸な境遇を訴えるか、楽器で音楽らしきものを奏でて車両から車両へと手を差し出しながら歩いていく浮浪者に、必ず出会うようになった。自慢できることではないが、それを私たちの社会は日常の風景から消し去ることができないでいる。

他によい解決法がないため、生活扶助はあたり前のことになった。ロカール内閣は同化最低所得（RMI）制度を設けたが、これはむしろ生存最低所得とでもいうべきものだ。一九九四年初めには、受給者数は毎月八〇〇〇人ずつ増えていた。当時の総受給者数は、八〇万人近くに及んでいる。自由主義経済思想の持ち主の一部は憤った。国が国民を生活扶助に慣れさせるのは、まともに働く人たちの負荷を重くすることであり、企業の社会保険料負担を増やし、税と社会保険料はあらゆる記録――スウェーデンを別にすれば――を破り、働く者が働かない者の被害者となる、云々。しかしながら、生活扶助政策を批判する人々にも、代案があるわけではない。左派に代わって右派が政権を取っても、政策は以前と変わらないのである。

こうした状況下での「民主主義社会」の未来は、どのようなものだろうか。花開いたかと思えば、早くも分解の危機に直面し、ある人々を不安に陥れ、別の人々を社会的な恐怖におののかせる。それは、もはやアカや革命に対する恐怖ではなく、物乞いとか、徘徊者、犯罪者――かつては暴力行為や無秩序を防止するために私兵団や警備隊に監視されていた――に対する古い時代の恐怖だ。ジスカールの考え方は、ここで逆転する。社会の分断は、イデオロギー的ではなく、社会学的なものとなる――あるいは再び社会学的なものとなるのである。

その結果として、明日の社会を考える力が社会全般に欠けているという状態が生じている。自由主義者と社会主義者の意見は対立していた。一方にとっては、富と競争が豊かな社会を作り出すはずだった。もう一方にとっては、生産手段の社会化が理想都市を生み出すはずだった。いまや、私たちは霧の中にいる。かつての確信は「実現困難」ではあったが――それは、犠牲的精神と、洞察力と、勇気を必要とした――それでも多くの人々を奮い立たせた。こんにちの不確実な世界は、懐疑主義を英知の同義語だと認めた穏健な人々からは評価されている。モンテーニュのような「中道的」精神の持ち主にとっては、それはいいことかもしれない。同時に、判断基準がこんにちの霧の中で見えなくなったことで、統治者は決断がしにくくなっている。その結果、私たちの悪習であり、無知と恐怖の果実であるポピュリズムやミレナリズム〔キリスト教において、神が直接世界を支配する千年王国が実現し、その後サタンとの最終闘争を経て最後の審判にいたるとする説。ヨハネの黙示録を典拠とする〕が目を覚ます危険性がある。

この厳しい時代に、私たちは歴史に対して悲観的な眼差しを向けがちだ。中道派は、この機会に自らを確立させることができるはずである。結果としての政府としてではなく、政治思想として。人間に自然に備わっている善が調和をもたらすはずだという確認不能な前提から解き放たれ、また強者への服従を求める哲学的右派が浴びせた呪いも拒否するなら、生きいきとした中道思想は、私たちに欠けている改革派勢力を生むことができるのではないだろうか。

後に残るのは、政治的な問題だ。中道が支配するとき、左派と右派は過激な立場を取りがちである。中道政治は、過激主義を引き起こす要素となるのだ。さらに、中道が政権を担当する場合、どのような政権交代が考えられるだろうか。左右両派ともに、伝統的なイデオロギーの中身はなくなってしまっても、機能的にはともに欠かすことができない。民主主義に、与党と野党がなくてはならないように。そのために、次のような狡猾な理屈を立てることが必要になる。中道の改良主義政治は、右派または左派によって実行されなければならない。

第22章 重くのしかかる記憶

過去の記憶は重要な位置を占め、南仏のプロテスタント地域や王党派だったヴァンデ地方では、いまなおかつての迫害の記憶が生きている。第二次大戦中のヴィシー政権はまだ過去になりきっていない。近年ではさまざまなグループが過去の記憶の政府による公認を求めて運動を行っているが、こうした傾向は、フランスの細分化を助長している。

政治は、合理的な思考だけに要約できるものではないし、利益の擁護だけで説明できるものでもない。政治は想像の世界なのだ。そして、記憶によって絶えず刺激されている。フランスは、過去の記憶が重くのしかかる国なのである。私たちは、フランスの解放や勝利だけでなく市民間の憎悪を記念する式典のために、恨みの傷口をえぐるために、情念のままに過去を作り直すために、かなりの時間を費やしている。

ある日、私はロゼール山に登った。とても美しい場所だが、栗の木の葉が赤く染まる秋には、特に素晴らしい。この山にきた目的はラジオ番組の収録で、この地方に住む年を取ったプロテスタントの農民、カミザールと呼ばれた人たちの末裔の一人と話をすることだった。この人は、箱の中から一七世紀の古い家族日誌を取り出してきた。そこには、ナントの勅令廃止後に、改宗しようとしないユグノーが強制的に働かされた国王のガレー船のことが書きとめてあった。農民は、それがつい昨日のことだったかのように、私に話してくれた。

戦争中、この人はユダヤ人を匿っていた。その農場には、レジスタンスの人々が出入りをしていた。何百年もの間に、彼とその家族は、服従しないことを学んだのだ。選挙の専門家は、セヴェンヌ地方のプロテスタントの村が共和派、左派、そして極左にさえ投票してきたことをよく知っている。「砂漠の教会」の時代から、この地方では抵抗してきたのである。カトリックの右派に対して、ヴィシー政権に対して、そして祖先を迫害した人々と歴史的につながっていると見られるものすべてに対して。*

その反対側では、ヴァンデの記憶もまた同じようにいまも生きている。国民公会の軍隊、テュロー将軍の地獄部隊による虐殺、宣誓を拒否した神父たちに対する迫害など、一七九三－九四年の内戦の悲惨なイメージは、世代を経て受け継がれてきた。いまでも、そのときの様子はいくつかの教会のステンドグラスに描かれている。ガレルヌの遠征と呼ばれる、ヴァンデ反乱軍のロワール河以北グランヴィルまでの行軍の叙事詩的な記憶も生きている。この長距離行軍には家族も含めた何千何万もの人が従ったが、最後は空腹と赤痢に苦しみ、さらにはクレベール将軍率いる革命政府軍にロワール河畔とアンスニ・サヴネイ間で敗れて、潰走したのだった。私は、パリ－ナント間の高速道路を降りて、

* P. Joutard, *La Légende des Camisards. Une sensibilité au passé*, Gallimard, 1977 参照。

村々を通過した後でノワールムティエ島を訪ねるたびに、これらのことを思い出さずにはいられない。ヴァンデ県と近隣県が右派に投票し続けるのは、経済的理由では説明できないことだ。これは古くからの伝統なのである。しかし、革命派の町も伝統には忠実だ。一九八八年の大統領選挙では、ヴァンデ県全体では右派候補のジャック・シラクが左派のミッテランを大きくリードしたのに、革命派の町だったラ・ロシュ＝シュル＝イオンでは、ミッテランが五八％の票を得、シラクは四二％でしかなかった。これは、記憶のなせる業なのである。*

共産主義の記憶は、それだけで本格的な研究の対象となりうるものだ。最も鮮烈なのは、第二次大戦の記憶である。フランス共産党は、非常に早くから、スターリン外交の曲芸めいたシニシズムを隠蔽しようとした。ヒトラーの侵略計画にとって有利なものだったにもかかわらず、一九三九年夏の独ソ不可侵条約を正当化しようとさえした。共産党員は、最初のレジスタンス闘士でなければならなかった。実際には、大半の党員にとって、一九四一年六月末にドイツ軍がソ連に侵入したことで、反ナチスの戦いに疑問なく加わることができるようになって初めてレジスタンスの時期が訪れたのではあったが。共産党は、その組織力の強さから、国内レジスタンスの中核としての評価を得た。フランスが解放されると、共産党は「七万五〇〇〇人が銃殺刑にされた党」だと自ら宣言した。この数字には実際の根拠はなかったが、党員はこれが現実だと固く信じていた。共産党の正統性は、この記憶を根拠とするものだったが、これはよくあるように都合のいい記憶を選別したものである。しかし、これを党の記憶として維持し、必要に応じて公式発表を通じて修正を行った。

この記憶は、多くの党員を党につなぎとめた。党員たちは、他のことでは党に何度も失望させられても、この記憶のために党員であり続けた。彼らは英雄たちの党の党員だった。もっとも、一九七〇年代からは、党はアンチヒーローであるジョルジュ・マルシェに指導されていたのだが。彼は、ドイツ占領時代に、志願してドイツで働いた経験を持つ人物だった。パルチザンの指導者だったシャル・ティヨンのように、これはレジスタンスの死者たちに対して敬意を欠くことであり、許せないと感じる人たちもいた。しかし、共産党の組織は記憶を持っていない。いや、むしろ、そのときの必要に応じて歴史を書き換えていると言うべきだろう。オーウェルが『一九八四年』で書いたように、過去のコントロールは党を支配するための強力な武器だった。スターリンは、その生涯の一部を、記憶力のありすぎる、あるいはありすぎる可能性のある人間を排除することに費やした。

一九九四年九月に、フランソワ・ミッテランの青年時代を描いたピエール・ペアンの本[**]が出版されたときの動揺は、ドイツ占領時代の思い出がどれほどの興奮を呼び起こすかを物語っている。一九四三年までペタン体制下の行政組織の上層部で遊泳し、その後社会党の指導者となった人物を何としても擁護しようとする人々は、苦しい説明をも厭わなかった。社会党のスポークスマンは、当時は一〇〇％のフランス人がペタン派だったのだから、ミッテランの行動は自然なことだったと、ラジオで解説した。このようなありふれた説明は、私にはとても受け入れられない。こんにち証言するには、当時私は幼すぎたが、早い時期から対独協力を拒否した人々、ヴィシーの偽物の道徳、その滑稽さを馬

＊ J.-C. Martin, *La Vendée de la mémoire（1800-1980）*, Seuil, 1989
＊＊ P. Péan, *Une jeunesse française*, Fayard, 1994

鹿にしていた若者などを知っていた。彼らの中には、アメリカから西風が吹いてくるのを待たずにレジスタンスに加わった者もあった。事実は、ペタンが人々に長いこと幻想を抱かせ続けたということだ。彼は「ヴェルダンの勝者」だったではないか。このタイトルには歴史的に見て異論もあるが、いやになるほど繰り返し教え込まれたものだった。これほどの英雄が――彼の置かれた立場と地位で――侵略者と戦う以外の意志を持ちうるとは想像もできなかった。大敗北の中で、圧倒的多数のフランス人は、治る見込みのない病に侵された人がルルドの聖母を信じるように、この元帥を支持したのである。多くのフランス人にこの幻想が共有されていたのは、概ね北アフリカに連合軍が上陸した一九四二年一一月までだった。彼らは、ペタンがド・ゴールと多かれ少なかれ手を組んでおり、二人はともにフランスのために愛国的な戦いをしていると思っていたのだ。二人が相互補完的な関係にあるとの見方は、しばらくの間あまり政治的でない人々を欺いた。ユダヤ人法制定、教員養成学校の閉鎖、フリーメーソンの解散命令、労働組合の解散など、共和国の歴史の延長線上にはない多くの措置にもかかわらず、である。それでも、一九四二年一一月に、ヴィシー政府が軍に対して北アフリカに上陸した米軍を攻撃するよう命令を発したとき、よほど無邪気な人間でなければ、ペタンとド・ゴール、ド・ゴールとペタンがともにフランスを愛しており、ただ任務を分け合っているだけだとは考えられなくなった。一一月八日に、ペタンはルーズヴェルトからのメッセージに対してこう答えた。「我々は攻撃を受けた。我々は防御する」。有名な盾は解放者を侵略者だと捉えてこう言ったのだが、本物の侵略者はこのとき、フランスの占領地域（北部）と非占領地域（南部）を分ける境界線を越えて、「自由」地帯と呼ばれていた南部を占領しようとしていたのだった。

フランソワ・ミッテランが祖国のための戦いに加わったのが、この数カ月後でしかなかったことは、まあいいとしよう。それに彼はド・ゴール派ではなく、ジロー派だった。この青年のレジスタンス入りが早かったとは言い難いが、それでもレジスタンスの闘士として戦争を終えたのだから、他の多くの者よりはよほどよかった。しかし、その後社会党の指導者、さらには大統領になったこの人物が、政治人生の最後になってテレビカメラの前で、これはそれほどたいしたことではなく、ペタン体制の悪いところは知らなかった、ヴィシーにいた時代にユダヤ人法のことは聞いたことがなかったなどと言い、さらに戦後になって一九八六年までルネ・ブスケと交流があったことがなぜいけなかったのかわからないと語るとき、この何一つ問題はなかったかのような自己正当化の仕方、反省の欠如、後悔のなさに、私は憤らずにはいられないのである。* このブスケという魅力的な人物は、かつてのヴィシーの警察長官であり、パリのヴェロドローム・ディヴェール（ヴェル・ディヴ）のユダヤ人一万二〇〇〇人（うち四〇〇〇人は子供で、一人として生きて帰ってはこなかった）の大量検挙——彼は、戦後の裁判で有罪とはなったが、刑は免除されたではないか——の際に、うっかりして力を入れすぎて、

＊ミッテランは、ルネ・ブスケが五年間の公民権停止の刑を取り消されたと主張した。司法による「判断」が下されているというのである。その後になって、ブスケの責任は、主としてセルジュ・クラルスフェルドによって明らかにされた。ヴェル・ディヴ事件四〇周年の機会に、「ル・モンド」紙は、ブスケを、ユダヤ人問題庁長官ダルキエ・ド・ペルポワと占領地域におけるブスケの代理だったジャン・ルゲとともに、大量検挙を組織した三人の主要な責任者として挙げた。それは、一九八二年七月のことである。一九八六年になってようやくブスケのような「価値のある」人物と食事をともにすることをやめたという大統領の反応は、早かったとはとても言えない。

持てる能力を発揮してしまったのである。

自分は未熟者だった、間違いを犯したけれども、後から正しい道を歩むことができた、と言った方がどんなに簡単だったことだろう。否、ミッテランは自らの過去を後悔していない。彼は大貴族のような尊大な様子で、驚く私たちの前で、自分自身の他には誰にも説明する必要がないかのようにして、過去を語ったのである。何年もの間、彼はペタンの墓前に花束を贈り続けた。まるで、社会党の指導者にとって、そうすることが刺激的であるかのように。私は何人かの歴史家とともに、彼に献花をもう行わないよう求める請願書に署名した。レジスタンスの死者や、収容所で殺された人々を侮辱すべきではないし、節度は守られるべきだからだ。

しかし、現代フランス政治の大冒険家であるフランソワ・ミッテランのことはこのくらいにしておこう。彼のユニークな事例——ペタンから社会主義インターナショナルにいたる軌跡は、社会主義インターナショナルからペタンにいたる道程よりは珍しいものだ——を超えて、ヴィシーをめぐる論争はいまだに私たちを動揺させ、心をさいなみ、罪の意識を抱かせるものだ。それは、ドイツに敗れたヨーロッパの国々の中で唯一、フランスは独立とされる国家を維持し、それによってナチス・ドイツとのあらゆる形の協力に公的な色彩を与えたからだ。経済的な隷属から、レジスタンスおよび連合軍に対する武力行使、さらには「最終解決」への補助業務の遂行にいたるまでである。一九四〇年に二〇代だった人々の一部は、この暗い時代を凡庸な、受け身な待ちの姿勢で過ごしたことを後悔してやまなかった。別の人々は、何としても自己正当化をするために、最悪の行為までも正しかったと主張した。当時、国などの公的な組織は何ごともなかったかのように業務遂行を続け、高級官僚も国家が変質したことに表面的には気づくことなく、国のために仕事を続けた。国民革命と称するものに深く関わってしまった者もあれば、生きるため、あるいは生き延びるために、フランスまたはドイツで敵のために働いた者もあった。これらの組織と個人に対して、不名誉、恥辱が静かにのしかかっているのである。一九九二年の世論調査は、フランス人がペタンの責任を認識していないことを教えてくれる。彼の責任を認めたのは全体の三四%にすぎず、他の人々はペタンを「ヴェルダンの勝者」だと思っているか、さらにやりきれないことに、「戦争中フランス国民を保護しようとした」人物だと考えていたのだ。これほど多くの人々が真実を直視できずにいるのは、大きな心理的抑圧のせいだろう。真実を知りたくない、というわけだ。

しかし、この時代は私たちの記憶の中でいまも燃えさかっていて、当時まだ生まれていなかった人々の記憶にも引き継がれている。フランス人にとって、この問題を歴史家のように冷静に話すのは難しい。一九六五年頃、戦争中STO〔義務的労働制度〕によってドイツに送られて働いた経験を持ち、アナーキストを自称していた歌手のジョルジュ・ブラッサンスは、この古い論争を解消するための歌を作った。その中で、彼は和解できずにいる「二人の叔父さん」について語っている。

いまなら言えるよ、叔父さんたち
あなたはトミー〔イギリス兵の愛称〕の友達、あなたはチュートン人〔ドイツ人〕の友達
あなたたちの真実、あなたたちの嘘
みんなどうでもいいと思ってるんだ

追放だとか、協力だとか
あなたたちの悪行も、あなたたちの悲しみも
ザワークラウトも、ブレークファースト・ティーも
みんなどうでもいいと思ってるんだ

ド・ゴール派あるいは共産党系の新聞では非難の嵐が巻き起こり、レジスタンスと対独協力を同列に並べることを耐え難いと感じた人々――それは正当な反応だったが――もこの歌を批判した。けれども、ブラッサンスが、彼と同様に英雄でなかった多くの人たちの心情を歌ったことは明白だった。同じレコードには、別の歌も収録されていて、こちらのほうは多くの人の共感を得た。『頭を刈られた女』(*La Tondue*)というその歌は、戦争中ドイツ人と性的関係を持ったために、頭を丸坊主にされて、群衆が笑い、拍手する中、街路を引き回された女性たちの不幸を歌ったものだ。ブラッサンスは、最初の歌ではこの時代を忘れようとしたのだが、いかにこの時代の記憶が彼にとって苦しいものだったかを表現したのである。この女性たちに対する辱め、その家族にとっての不名誉を想像してみるとよい。女性たちを丸坊主にした人たちに対するブラッサンスの激しい非難を、私たちも共有する。しかし、もし一九四四年八月か九月に私たちがその場にいたとしたら、いったいどうしただろうか。街角の正義の味方の前に、誰が立ちはだかることができただろうか。後悔の念がやってきたのは、もっと後になってからだった。子供だった私が住んでいた地区にも、頭を刈られた女性がいた。「ドイツ野郎と寝た女」だと言われていた。私は、彼女の息子と同級生だった。この出来事に、私は衝撃を

受けた記憶がないし、大人が怒っていたのも記憶にない。彼女はわが家から一〇〇メートルか二〇〇メートルのところにある理髪店まで連れて行かれ、丸坊主にされてから街中を連れ回された。この仮装行列に加わった人でまだ生きている人は、いま何を思うだろうか。

正式な追放処分（エピュラシオン）の前に、無法な粛清行為が行われた。民衆裁判は、手加減しない。行きあたりばったりに処刑することもしばしばだった。司法の衣を借りて、ごく個人的な紛争に決着をつけることもあった。卑劣な犯罪が愛国心を装うこともあった。田舎の村では、レジスタンスの評判は必ずしも芳しくない。

フランス解放とともに敗れた人々は、こうした複雑な記憶やなかなか消えない良心の呵責を最大限に活用した。彼らは思い出を保ち続けるために小グループを形成し、賛辞ばかりを連ねた伝記を著し、ペタンの遺骸のドゥオーモン〔第一次大戦のヴェルダンの戦いで戦死した兵士たちの記念碑〕への改葬を要求し、延々と民主主義批判を続け、他の敗者、すなわち植民地戦争、特にアルジェリア戦争の命知らずの兵士だった敗者たちと手を結んだ。ル・ペンの支持者や原理主義的な敗者は、ペタンの巨大な肖像写真を先頭に行進することも厭わなくなった。ラ・ボエシが自発的な隷属と呼んだものは、いまも一部のフランス人に好まれているようだ。

フランスでは、こんにち「記憶する義務」ということが言われる。この意味は、誰にでもわかるだろう。私たちは、第二次大戦におけるフランスの責任を忘れてはならない。どのようにして、民主主義国家が独裁制に転落してしまうのか、知っておかなければならない。私たちは、フランスの歴史の暗い部分に目をつぶるべきではない。同時に、常に記憶過剰の状態で、過去にならない過去*の重みで現在起きていることの一つ一つを押し潰しながら生きていくこともできないのだ。ゲーテの『ヴィルヘルム・マイスター』には、「あきらめの会」というものが登場する。この会の会員は、決して未来についても、過去についても考えてはならない。フランスには、どうやら大きな「怨恨の会」とでもいうべきものがあるようだ。しかしながら、これだけ多くの悲劇がフランス人を引き裂いたときに、皆がともに生きていくために必要となるのは赦免である。赦免に関する法律が成立すると、勝者の側は寛大すぎるとして抗議の声を上げる。一八八〇年のパリ・コミューン参加者の赦免、一九〇〇年の反ドレフュス派ナショナリストの赦免、一九五一年の対独協力者の赦免、より近年ではOASメンバーとクーデター首謀者である将軍たちの赦免、これらがフランスの歴史の重大な時期に、和解を求める意志が怨念あるいは妥協のない正義を求める精神を上回ったいくつかの例である。確かに、赦免に関する法律の背後には、政治的な思惑が隠されている。世論の一部を、体制あるいは与党側の味方につけることに目的がある。こうした計算を超えたところで、赦免が歴史上繰り返されることが、その必要性を証明しているとも言える。記憶の義務は、忘れることの義務と対になることで釣り合いを取るべきなのだ。多くを憶えていすぎると、社会はお互いに不満や失敗をいつまでも挙げつらい、昔の争いを繰り返し、嫌い合っている年寄り夫婦のようになってしまうだろう。人間にとって、過去は死ぬことはないが、いつも過去が脚にまとわりつくようではいけないのだ。

ド・ゴールは、フランスの元首で、このことを最もよく理解していたうちの一人だ。フランスの政治勢力が、どれほど多くの古くからの憎しみを抱えているかを、彼は知っていた。一九四四年には、彼はあたかもすべてのフランス人が、わずかな脱落者を除いて彼と同じ側にいたかのように振る舞った。一九六二年には、彼はレジスタンスの戦士としての正統性を持たないジョルジュ・ポンピドゥーを首相に任命した。ドイツ占領期には、パリの名門アンリ四世高校で文学の教師をしていたポンピドゥーは、大半のフランス人がそうだったように待ちの姿勢でいた。自由フランスあるいは国内レジスタンスの冒険に参加するという考えは、彼にはなかった。六月一八日の英雄には、ポンピドゥーを遠ざける権利があったはずだが、逆にマティニョン館（首相官邸）に彼を据えたのである。ド・ゴールにとって重要だったのは、ポンピドゥーにどれだけの価値があるか、彼がフランスのために何ができるかだった。ド・ゴールはポンピドゥーを以前から知っていたし、その長所、性格、能力を評価していた。彼は迷わなかった。ポンピドゥーは仲間ではないかもしれない。古くからのド・ゴール派の人々は反対かもしれない。それで構わない。ド・ゴールはポンピドゥーを首相にした。それは、現在が過去より重要だからだ。それに、ド・ゴールには歴史的な正統性があるから、それだけで十分だった。彼がペタンに好意的だったのではないかと疑うことはできない。こんにちミッテランが批判されるのは、長くペタン派だったからではなくて、その重要性を過小に見せようとするやり方のため、問題のある人々との交際のため、「ヴィシーを陳腐化させた」ため、なのである。

私たちの国は、歴史によって作られたものだ。しかし、歴史もその配当を、一見あたりさわりのない多くの記念式典という形で、またさらに深く刻まれた生きた記憶、それも生皮をはがされたような記憶という形で受け取っている。いずれかの戦争で戦った元兵士たち、さまざまな主義主張のために

＊ E. Conan, H. Rousso, *Vichy, un passé qui ne passe pas*, Fayard, 1994

闘った闘士たちは、しばしば街路や広場で騒ぎすぎた。過去をごまかすべきではない。特に、私たちに苦痛を与えた過去である場合には。しかし、私たちはその重みに押し潰されるべきでもない。

一九九四年七月一四日に、フランソワ・ミッテランはフランス軍の部隊と並んで、ドイツ兵を含む欧州合同軍（ユーロコープス）の部隊を行進させることを考えた。それは、五〇年前の敗戦国を、フランスの国祭日の式典に参加させようとするものだった。一九四四年六月六日のノルマンディー上陸作戦を記念する式典には、ドイツ人は参加しなかった。それは、恐らく当然だったのだろう。しかし、ドイツ人がいないことは、やや不適切に感じられた。新生ドイツは、ナチズムの廃墟の上に築かれたのではなかったか。ドイツは、ヨーロッパにおけるフランスの第一のパートナーになったのではなかったか。フランスの解放は、ドイツの解放でもあったのではないだろうか。コール首相が六月六日に招かれなかったため、ミッテランは七月一四日に招待した。フランスの世論はこれに賛意を表し、理解を示し、意義を認めた。私も同様だったが、同時に、何ともいい難い困惑を覚えたのだった。これが、死者を葬り明日のヨーロッパを準備する最善の方法なのだろうか。少数の人は、異論を唱えた。共産党はこの機会を捉えて、侮辱された祖国の擁護者として振る舞った。共産党が計画したデモは成功したとは言えなかったが、右派の政治家の一部からは間接的に激励を受けた。激励した中には、ジスカール・デスタン元大統領と何人かのド・ゴール派の有力者もいた。ド・ゴール自身が、早くも一九六二年に仏東部のムルムロンで、アデナウアー首相の訪仏の際に仏独両軍の部隊をともに行進させるのを躊躇しなかったにもかかわらず。彼は、このときこう言っている。「厳粛に、ここに両国国民の和解を確認するものです」。

あるとき、ポール・クローデルは、バレスに親近感を覚えるかと質問された。クローデルは肩をすくめた。「バレスは過去と大地と死者の宗教を信じていました。私は、未来と海と、そして生きている人々にすっかり魅了されています」。彼はフランス人の典型ではなかった。フランスは、雄弁な墓地の国なのである。

この一章を書いて以来、「記憶」の語は「歴史」に取って代わろうとしているようだ。民族・文化的な少数派が、認知と「記憶する義務」を求めて、一般的なものである歴史に加えてほしいという要求を掲げるようになった。歴史研究者たちは、これまで国民全体を重視してきたために、少数派を隠蔽してきたというのだ。たとえば、ユダヤ中心主義の誘惑が広がった。それは、第二次大戦中のユダヤ人の苦しみが半ば意図的に忘れられてきたこと、さらには、反ユダヤ主義が歴史的にもたらしてきた災厄に対する政府などの無関心から発生したものだった。別の少数派コミュニティーは、記憶に関する法律の制定を要求し、受け入れられた。それは、奴隷制の残虐性を過小評価する人々、第一次大戦中のオスマン帝国によるアルメニア人殺戮を否定する人々を罰するためのものだった。その他専制政治の、中央集権国家の、植民地支配あるいは脱植民地化時代の共和国の犠牲となったグループの子孫たちも、これらの成功に励まされる結果となった。下院には、いくつもの法案が議員から提出された。こうした動きには、有益な点がある。歴史を書く者に、国王の臣下や共和国の市民が迫害にあったこと、歴史的に多数派のコミュニティーから一時期ある人々が排除されたことを忘れないよう注意を促してくれるからだ。また、この動きには危険な面もある。あたかも一部を全部であるかのように捉えて、いろいろなグループを分離させ、孤立させ、それぞれが執着する特性の枠の中に閉じ込めてしまうからだ。国民国家の新たなもろさが、記憶の独自性の素因となり、記憶の独自性へのときとして過激な希求は、社会の絆の分断を強調することになる。確かに、法律が歴史を決めるのではない。歴史を国のすべての構成員に向けて開示し、国家の犯罪を認め、あらゆる種類の少数派が被害を受けた不正義の跡をたどるのは歴史家の仕事だ。しかし、歴史家は、もし共生が必要だと考えるのならば、社会の細分化に力を貸すことを拒否すべきなのである。私たちは、現在のところ、どういう宗教を信じ、どういう出自で、どういう伝統を持っていようとも、一にして不可分なフランス共和国の市民である。二つのグループに属することは差し支えないが、忠誠には序列があるべきだ。ただし、もしフランスを互いに対立しあうアイデンティティーのパッチワークに意図的に作り変えたいというのなら話は別だ。その先にあるのは、アパルトヘイトかもしれない。

第23章

パリの誇り、地方の逆襲

都市計画や万博などにより姿を変えてきたパリだが、地方の人々にとって首都とその住人は好ましいものではない。同時に、パリの住人には地方出身者が多い。パリを舞台とする革命も、彼らを惹きつけた。近年の地方分権化によっても、パリと地方の関係に大きな変化は生じていない。

パリの歴史には、一つのパラドックスがある。パリが眠りから覚めて、大きくなり、高く伸び、外の空気を吸おうとすると、死刑を宣告されるのだ。第二帝政下のオースマンのパリ改造はすでに、ドリュモンが私の古きパリと呼んだものへの郷愁を引き起こしていた。一九七七年に、ルイ・シュヴァリエは『パリの虐殺』(*L'Assassinat de Paris*) を出版した。表紙は、建設中のポンピドゥー・センターの写真で飾られていた。パリを愛する人々は、きっとこの都市にマロニエの下でずっと変わらないでいてほしいと願うのだろう。宝石箱の中にしまって、新しいものから守りたいのだろう。パリで建物を新築すること、古い建物を取り壊すこと、パリに新しさを持ち込むことは、常に耽美主義者、散歩者あるいは詩人たちからの辛辣な批判を呼んできた。一八八九年のパリ万博の中心に建てられたエッフェル塔がそのいい例だ。これほど醜いものがあるだろうか、こんな巨大で奇怪なものがあるのかと言われ、万博が閉幕したら、一刻も早くこんな鉄の塊とはおさらばしたいと皆が思っていた。それから一〇〇年余りがたつと、エッフェル塔はパリのシンボルになっていた。毎日、観光バスが次々とその前に停車し、あらゆる大陸からの観光客が降りてくる。市内での高層ビル建設――美しい建築であればの話だが――に前向きなパリ市長ベルトラン・ドラノエは、パリの姿が変わることに反対する人々の抵抗に何度もあってきた。この都市に造られる建物のすべてが美しく、後世に伝えられるわけではない。醜悪な建築は、残念ながらいつの時代にもあった。オースマン風のキッチュ、一九〇〇年代の時代がかった様式、フロン・ド・セーヌ地区のでたらめなスタイル、等々である。しかし、変化しない都市は生きた都市ではない。

パリは、世界でニューヨークと並んで最も特色のある都市だ。新たな大型建設プロジェクトは、激しい議論を呼び、世界の果てからも見物人が訪れ、新聞はキャンペーンを張る。「光の都市」は他に例を見ない大きな魅力を持っているようだ。ミッテラン時代の大プロジェクト、ルーヴル、ラ・ヴィレットの科学産業博物館、オペラ・バスティーユ、ベルシー・スポーツ・センター、トルビアックのフランス国立図書館などがその例である。

パリのこのような魅力は、同時にその住民に対する反感を伴っている。それは、フランスのイメージがフランス人とのそれと異なっているのと似ている。以前より、地方の住民は自惚れが強いパリジャン――歌の文句で、「パリジャンは犬の頭、パリっ子は子牛の頭」などと言われるが、これは地方の人がパリジャンを馬鹿にするときに使う表現だ――をあまりよく思ってはいない。しかし、すべてのフランス人がパリを誇りにしているのだ。そもそも、パリジャンとは何者なのか。私は少年時代、サッカー・クラブでプレーしていたが、ときどきパルク・デ・プランス競技場にラーシングあるいはスタード・フランセといったパリのチームを応援に出かけた。意外だったのは、ヴィジターのチームに対して以上に、地元パリのチームに対するブーイングが多かったことだ。相手がレンヌの場合には、ブルターニュ出身者が詰めかけて観客席は満員になり、ホームチームは苦しい時間を過ごすのだった。スポーツでは、マルセイユやボルドー、あるいはその他の都市とは異なり、パリの人は地元のチームを何がなんでも応援しようとはしない。パリは、フランス中が集まってくる場所だからだ。

おれは飲みたいんだ　フランスの　ヨーロッパの　世界中の　町々よ
やって来て　おれの深い咽喉に流れ込んでくれ
（アポリネール作、入沢康夫訳『葡萄月』、アポリネール全集Ⅰ『アルコール』所収、青土社、二五二ページ）

パリは、地方出身者が大量に移住してくることを決して不快に感じなかった。彼らが出身地の伝統を持ち込み、また同郷の者同士で集まったとしても、魅力ある都市だとの確信を持っていた。たとえば、パリに住む南西部アヴェイロン県出身者は新聞を発行し、彼らの間で商取引をし、毎年舞踏会を催している。パリにあるカフェの多くを、Rの音を巻き舌で発音するこの地方の出身者が経営していた。それも、いくつもの有名なカフェを。例を挙げるなら、リップ、ドゥー・マゴ、フロールなどだ。オーヴェルニュ地方出身者はブニャと呼ばれたが、彼らはボワ・シャルボンと称する、薪と石炭も販売するビストロを持っていることが多かった。重油を用いるセントラル・ヒーティングが普及する以前の話だ。この人たちはいまでも、よく飲食店を経営している。ブルターニュ人はモンパルナス駅周辺の地区に多く住む。男性は、あまり割のいい仕事にはつけなかった。男性より先に姉妹や従姉妹が、パリのブルジョワ家庭に女中として入っていたのだ。そのことは、漫画の『ベカシーヌ』(*Bécassine*)によって、記憶にとどめられている。一九世紀のパリでは、労働者は多くの場合季節労働者だった。サヴォワやリムーザンなどの地方からやってきた彼らは、気候のよい時期にはパリで働き、冬は地元に帰って過ごした。

パリは、モーリアックが書いたように「あらゆる地方から人が集まってくる巨大な代表団*」のようなものだ。さらに付け加えるなら、世界中から人が集まってくる。パリで生まれる新生児のうち四分の一は母親が外国人だ。パリは、フランス中の都市のうちで、外国人の比率が最も高い。仕事を求めてやってくる家族に、各国の大使館員、プレス関係者、国際企業の駐在員、非正規移民などを加えると、パリがコスモポリタン的な特質を持っていることがわかる。さらに、観光客は引きも切らずにパリを訪れる。

人々は仕事によって引きつけられることもあれば、革命に引き寄せられることもあった。パリ・コミューン期に言われたように、パリが「自由の都市」だったためにやってきた人々もいた。ジュール・ヴァレスは書いている。「パリとそれ以外のフランスとの間には、対立関係があると言われていた。パリは、この国の誇り高き支配者になりたがっていると思われていた。そんなことはない。パリは、祖国の心の広い息子だ。パリが強く、偉大であるためには、その血が常に新しくならねばならない。そのためには、どこかの県の奥のほうから、意志と勇気を持つ傷を負った青年が、その傷をセーヌ河の水で洗いにきて、パリの偉大な心臓部にその心の居場所を見出すことが必要なのだ」。

実際、パリは民衆の心を突き動かす大きな事件をいくつも経験している。バスティーユ広場にほど近いフォブール・サン・タントワーヌ、労働者の住むベルヴィル、コミューン派の本拠地モンマルトル、デモ行進の最後の集結地点となるナシオン広場、ペール・ラシェーズ墓地にある最後のコミューン派が銃殺された連盟兵の壁などは、反逆精神を守り続ける場、人間の希望の博物館、敗戦と革命の誇りの博物館ともいうべき場所だ。高級住宅街のオートゥイユとパッシーの歴史を合わせても、二〇区のささやかな通りの歴史にかなわないのである。

パリはブルジョワ化したが、それでもバリケードを作り、体制を変革し、国全体のために決定を下してきた。パリ以外の地方は不満を口にし、妨害を試みるものの、結局は従わざるをえないのである。一八七一年、パリ・コミューンの爆発に先立ち、臨時にボルドーに集まった国民議会はパリを首都でなくすとの決定を下した。ティエールの率いる政府は、ヴェルサイユに居を定めるものとされた。プロイセン軍の包囲に四カ月にわたって抵抗したパリは、その勇敢さゆえに罰せられたのである。あまりにも落ち着きがない都市だというわけだ。首都の「玉座」を取り戻すには、共和派が王党派に最終的な勝利を収めるまで、一〇年ほど待たなければならなかった。経済がまだ農業に依存していた時

＊ F. Mauriac, *La Province*, Hachette, 1926

代に、国民の代表は赤い都市パリにある議会で審議を行っていたのである。

パリは、平穏であることを自慢できる都市ではない。それは、栄光の代償だ。それは、パリの特異性の対価でもある。世界の大都市の中で、パリは唯一、端から端まで歩いて行ける都市だ。人口が増えすぎれば、そのたびごとに余剰人口を、お構いなしに市外へと押し出してきた。オースマンの大改造で、労働者はすでに市の中心部から、一八六〇年にパリに合併された区のほうへ移動させられていた。南西側の一五区から北西側の一七区、すなわちグルネルからバティニョルまでである。一九区と二〇区——あの「ベルヴィル」——には、第二帝政末期には革命派の労働者が多数住んでいて、ギュスターヴ・フルランスやその他の冒険家が指揮するコミューン派の部隊はこれらの労働者で編成されていた。工業化が進む二〇世紀初めになると、郊外に市街地が広がり、第一次大戦後になると本格的に発展した。行政面では、パリは二〇の区で構成されていたが、近接する郊外には続々とパリ市民が移り住んでいった。現在では、パリ圏の市街地には約一〇〇〇万人が住み、世界でも一〇位以内の大都市圏となった。それに伴って、厳密な意味でのパリ市民の数は徐々に減少してきて、パリ圏全体の五分の一ほどを占めるにすぎない。

パリでは、地価の上昇により、一〇〇年前から最も貧しい、あるいは最も若い住民を市外に押し出してきた。その結果、パリ市民（県番号七五番）と郊外住民（県番号七八、九一、九二、九三、九四と九五番）の間の二元性が生まれた。オー・ド・セーヌ県は、ソーからヌイーにいたるまで、豊かな市が連なるが、それでも郊外であることには変わりがない。一九六〇年代に急ごしらえで造られた大型の建物、あまり質のよくない集合住宅、見渡す限りの団地など、「バンリウ」の運命を共有しているからだ。この語は失業、麻薬、犯罪、暴動、差別、社会の病理現象をイメージさせる。この点については、パリ郊外の市の状況は、他地域の郊外都市と類似していて、オリジナリティーがあるわけではない。他との違いは量的なもので、それが新たな恐怖を生む要因となっている。浮浪者や路上生活者、泥棒などが突然現れたりするからだ。アンシャン・レジームやナポレオン三世の時代のように、パリ市民は「新野蛮人」を撃退しようと努めている。いまでは、パリが首都として独占している街頭デモは、「壊し屋」が商店を略奪し、自動車に火をつけ、一般市民を混乱に陥れる機会となるために、市民から恐れられている。パリ市長が政治的にどういう立場であれ、「危険な都市」の亡霊はいまもさまよっている。

この亡霊はたちまち犯罪都市パリという空想の形を取るか、あるいは悲劇的な現実の政治テロとなって現れた。一九八〇年代には、フランスの首都は中東のテロリストの標的となっていた。殺人、流血を伴う抗争、誘拐といった犯罪行為は、一九八〇年一〇月のコペルニク通りのシナゴーグ爆破事件から、一九九五年秋と一九九六年一二月の爆破テロにいたるまで続いた。パリが、世界におけるフランスの役割に責任があるかのように。

パリが経済と金融の都であるという事実は、まだ世界の人々には当然のこととして認識されていないようだ。セーヌ河畔に居を構えているのは、哲学・思想と芸術なのである。エコール・ド・パリの画家やその他の芸術家の半分以上は、ロシア人、スペイン人、イタリア人、アメリカ人などの外国人だった。この何世紀かで、パリにはいくつものグランド・ゼコール、コレージュ・ド・フランス、学士院、多くの大美術館、国立図書館や各種の図書館・資料館、新聞社や雑誌社、出版社、映画・テレビの制作会社などが集まってきた。芸術家として、あるいは知識人としてキャリアを築くには、パリにいること、あるいは少なくとも一時期をパリで過ごすことが必要だ。だから、その羽根の美しさを見てほしいと思う蝶が「光の都市」に惹かれるのは驚くにはあたらない。

バルザックは自身がトゥールの出身だが、彼が考え出した永遠のモデルはラスティニャック（『ゴリオ爺さん』などの登場人物。地方からパリに出てきた野心家の青年）だ。「さあ、パリよ、おれとお前の勝負だ！」の叫びは、幾多の世代の、ブリアンソンあるいはシャルルヴィルから上京し、地方では決してできないほど多くの人の心をパリでつかんだ野心的な若者たちの叫びである。モーリアックは、一九二六年にこう書いている。「パリで創られる最高のものを、地方は知らない」。交通も通信も便利になった現在では事情は異なるが、それでもパリを避けて通ることはできない。同時に、地方なしには、パリは一地方都市になってしまう。ブザンソン生まれのヴィクトル・ユゴーは、パリをあらゆる調子で歌い、誇張の多い文体で書いている。

あらゆる思想の果てしなき棲家へと
魂は、光に導かれて向かわん
賢者に英知を与えるこのざわめき
生ける者の間に広がるこの大いなる曙光
パリよ、その意志、その掟、その驚異
人類の前衛に指し示されるしるしだ

「我々は、地方は死んでしまったと考えている」と、一八六〇年にエドモン・ド・ゴンクールは書いた。「大革命は、すべての力をパリに吸い上げてしまった。あらゆるものがパリに行ってしまう。頭脳も、そして果物も」。だが実際には、ルイ一四世の時代に始まっていた動きを革命が加速させたのにすぎない。何もかもがパリに集まってくる。鉄道の路線も、国道と高速道路も、あらゆる党派とあらゆる主義主張のデモ隊も、平凡な野心家と天才も、犯罪者も、放蕩者と自由思想家も。それというのも、パリは早くから風俗習慣が自由なことで知られていたからだ。地方では禁じられていた恋愛も、巨大な首都では花開くことができた。アングレームでは、誰もがすべてを知っている。しかし、パリではすべてが可能だ。情熱を隠すことなく、発揮できる。モラリストたちは、以前よりパリを非難するのを常としていた。新しきバビロン、悦楽の都市、遊蕩の首都、すべての退廃が出会う場所、自由恋愛と売春の結合云々。地方の聴罪司祭は、セーヌ河畔に無分別にもどうしても向かおうとする若者を思いとどまらせようとしていた。パリは、悪魔の臭いがしたからだ。この種の幻想を、若い日のフローベールも強く抱いていた。一八四二年六月二五日に、友人のエルネスト・シュヴァリエに宛ててこう書いている。「私にとってパリでいちばん美しいのは大通りだ。朝、道路を渡るたびに、アスファルト敷きの歩道から足に電流が通ったかのような痙攣を感じる。この歩道を、毎晩、何人もの娼婦が靴で踏み、スカートがその上で音を立てるのだ」。

地方――少なくとも、真面目くさった地方――がなぜパリを嫌っていたか、そしていまなお嫌っているかは理解できる。地方に根づいた人々にとって、ミッテラン大統領の傲慢にも見える建築プロジェクトは、パリが高慢で強欲な権力の所在地だとの確信をより強くさせるものだ。もっとも、水面下では変化が起きている。一つには、パリが他と同じような、少なくとも一般的な形の市になったということがある。いまではパリには市長がいて、政府もかつてのようには自由に振る舞うことができなくなった。もう一方では、地方が生きいきとしてきたことが挙げられる。二〇〇年前から求められてきた地方分権化が、第一歩を踏み出したのだ。この動きはさらに広がっている。

一九八二年のいわゆるドフェール法は、地方に本格的な権限を与えた。一七八九年の立法者は、それまでの州を廃止しようとした。アンシャン・レジーム下のフランスでは、三〇を超す州があり、いずれも中央政府に対抗して潜在的に国家になりうる存在だった。そこで県の制度が作られて、八〇の県が置かれた。州よりも小さく、歴史的な単位でなく、中央政府への従属度が高かった。一九世紀には、自由主義者、次いでナショナリストが、地方分権と地方主義の旗を再び掲げ始めた。ようやく一九七二年になって、新たな地方行政の制度が作られたが、それはまだ限定的なものだった。このとき作られた「地域圏」——全部で二二ある——は、当時はまだ自治体ではなく、行政法人にすぎなかったが、それでも分権化への流れが始まった。地域圏は前進するための力を得て、この言葉に新たな意味が吹き込まれた。当初は、地域圏は調整機関でしかなかった。一九七〇年代を通じて、地域圏に対する認識が徐々に形成され、特にその地理的な範囲が歴史的な州とほぼ一致した場合にはその傾向が強かった。社会党が政権につくことで、この動きは加速され、一九八二年三月二日の法律によって地域圏は本格的な地方自治体となったのである。地域圏という行政組織が、直接選挙によって選ばれる地域圏議会を伴って誕生した。

この改革には、当然批判が寄せられた。確かに、以前は中央にあったいくつかの権限が地方に与えられたが、同時に選挙目あての政策や、縁故者を利する行為や腐敗が増えたというのである。地域圏の行政機関の庁舎を訪問してみるといい。一九八二年以来、多額の費用を投じて造られた庁舎は立派なもので、地方圏議会の議員たちは贅沢な建物の中をふんぞり返って歩いている。もう一つ出された異論は、コルシカに関するものだ。地域圏は、いつかフランスの分裂を招く時限爆弾ではないのか、というのである。ナショナリストと分離独立派によるテロなどが起こっているコルシカは、実際に特別なステータスを与えられ、特に一九九一年の法律は自治体の権限を拡大するとともに（コルシカ地方公共団体には、「地方議会」と「執行委員会」が設けられている）、「コルシカの文化的アイデンティティー」に言及している。「一にして不可分」の共和国は、いまや遠心力に脅かされているのではないだろうか。カタルーニャ人が望むような、地方によるヨーロッパが、主要国を中心としたヨーロッパを後退させる形で生まれようとしているのではないだろうか。統一国家としてのフランスは、地方分権主義のイデオローグや「ジャコバン的植民地主義」を非難する人々が希望するように、解体しつつあるのではないだろうか。

どのような心配や批判があるにせよ、中央集権の足かせの力は弱まった。地域圏は税を徴収し、企業を支援し、国土整備を行い、教育訓練においても重要な役割を果たし、直接高校の運営に関わり、文化事業に資金を拠出している。要するに、これまでのフランスにはなかった自立した存在になりつつある。象徴的なのは、高速道路網の計画だ。これまでの、首都を中心として描かれた蜘蛛の巣とは大きく異なった図が描かれている。これからは、パリを経由しなくてもよいようになるのである。

こうした地方の復活は、パリの衰退を伴うものだろうか。観光バスや旅行客の団体に囲まれて、古くからのパリジャン、レオ・マレの読者、アンヴァリッド前広場でペタンクで遊ぶ人たちは、途方に暮れてしまう。彼らの街は空に向かって伸び、ビストロは次第にホットドッグ工場に変身し、書店は衣料品のブティックに場所を譲り、地下鉄の車内で人をからかい皆を笑わせていたパリの生意気な若者は姿を消した。パリを愛する人にとって最も悪いのは、恐らく市内にあった地区が消えていくこと、それぞれの区の特色が失われていくことだろう。学校、出版社、新聞社、そしてその他のさまざまな産業は、分野ごとに一つの通りに軒を並べて、独特な小世界を作っていた。それらは、いまでは移転し、転居を余儀なくされ、ばらばらになった。歓楽街も同様だ。ここでもまた、「古いパリ」は消滅寸前である。

一九九六年二月に、「レクスプレス」(*L'Express*)誌は表紙に「パリから逃げ出すべきか」というタイトルを掲げた。その一カ月後には、「レヴェヌマン・デュ・ジュディ」(*L'Evènement du Jeudi*)誌は「さよなら、パリ。好きだったのに……」と題した特集を組んだ。これらの記事は、ますます多くの住民がパリを離れていると報じていた。今回は、最も貧しい人々ではなく、中間層の人々がパリを去っていたのである。こうして、パリは一九六二年以来三五万人の人口を失った。物価、特に家賃の高さ、公害、移動の困難、新しい都市計画の非人間性、市内各地区の特色の喪失、治安の悪さ、富裕層が家の中に閉じこもる一方で一層目立つようになる貧困、これらがパリを離れていく人々が、もはや幸福でなくなった都市に対してぶつける不満である。

このリストにある不満は必ずしも新しいものではないが、不安を覚える現実を反映している。それは人口流出だ。自発的であるにせよ、やむをえざる事情によるものにせよ、パリを離れる人は増えており、市内では閉店した商店も多くなっている。事務所スペースは、二〇〇万平方メートル近くが空いたままだ。

いずれにしても、地方の復活は首都の衰退を必然的に伴うものではない。パリとイル＝ド＝フランス地方は、明日のヨーロッパの中でのフランスにとって最重要なカードだ。これだけの広がりを持つ都市は、フランスでは他にない。ロンドン地方とラインラント＝ヴェストファーレン地方は、その生産高と人口においてパリを上回っている。パリの後には、バイエルン、バーデン＝ヴュルテンベルク、ロンバルディアが続く。西ヨーロッパの空間におけるパリの中心的な位置は、重要な切り札になる。そのコスモポリタン都市の性格、文化資本、さまざまな才能の集中は、世界でもトップクラスであり、パリを最悪の事態から守ってくれるものだ。しかしながら、決まり文句のように「パリはお祭りだ」といまもなお言えるかどうか、私には疑問である。

パリの最大の欠点は、環状道路の内側に閉じ込められてしまっていることだ。それは、実際に境界線になっている。パリが博物館都市になってしまわないよう願う人々にとっては、少なくとも郊外の一部を取り込んだ「大パリ」計画を練ることが必要になっている。しかし、多くの対立があるため、そこにいたるには時間がかかることだろう。

第24章 知識人は役に立つか

「知識人」はドレフュス事件以来社会的役割を果たすようになった。第二次大戦前夜には、知識人はファシズムをめぐり論戦を交わした。戦後も、共産主義、あるいはアルジェリア独立をめぐって議論した。サルトルとアロンが亡くなってからその役割は小さくなったが、知識人には民主主義を守る役割があるのではないだろうか。

一九世紀末以来「知識人」と呼ばれてきた人々は、いまでもパリに居を定めている。観光客は、こんにちでもアンシエンヌ・コメディー通りにあるカフェ、ル・プロコープに案内されるが、ここは一八世紀の哲学者たちが、コーヒー・カップを前に、静かに政治や社会をめぐる議論を続けていた場所だ。デカルトとサルトルの国であるフランスは、知識人の国であることを誇りにしてきた。それでも、一九八三年に社会党政権のスポークスマンは、「ル・モンド」紙への寄稿で、フランスの頭脳が失われていくことに関する動揺について書いている。このスポークスマンによれば、知識人が一九三六年のように左派政権とともに歩もうとしないことが不思議だというのだ。何人かの作家や学者は、これに答えて、知識人の任務は政治権力をサポートすることではないと述べた——しかも、政府には共産党員の閣僚がいて、この党が世界中で何億人もの人々を迫害している体制と連帯している状況下ではなおさらだ、と言うのである。

一九九四年になると、様子は変わった。フランスは「知識人の復活」に立ち会っているのではないか、という疑問を私たちは抱いたのである。長引くボスニア・ヘルツェゴヴィナの戦争、そして紛争を終結させられない欧州諸国の無力に対して、多くの人々が動き出したからだ。欧州議会選挙に向けて、信頼のおける人たちと何人かの軽業師が、「サラエヴォ」という名のグループを結成して、候補者リストを作ったのだ。結果は芳しいものではなかった。ある人たちはリストの取り下げを主張し、他の人々は「最後まで」行動を続けようとした。結局、このリストの得票率は三・五%にとどまった。このエピソードを題材に、喜劇を書くことができるかもしれない。しかし、注目すべきなのは、同様に欧州議会選挙の候補者になっていた政治家たちが、これら知識人の動きを真剣に受け止めていたことだ。社会党候補者名簿の第一位候補だったミシェル・ロカールは、「サラエヴォ」リストがパリのミュテュアリテ（共済組合会館）で開いた集会に出席し、激しい野次を浴びている。彼は、この英雄的知識人たちの危うい主張——特に、旧ユーゴスラヴィアへの武器禁輸解除——に同調していたにもかかわらず、である。この選挙で右派のリーダーだったドミニク・ボディスはより安全な策を選び、「サラエヴォ」のメンバー何人かとカフェで意見交換をするにとどめた。それにしても、この二人の有力政党の代表者は、道徳意識を独占しようとする何人かの扇動者に対して立場を説明し、自己正当化をしなければならないと考えたのだ。これは、インテリゲンチアの重要性を物語るものではないだろうか。インテリゲンチアは死んだ、といわれていたにもかかわらず。

啓蒙主義の世紀のサロンやカフェでは、人々は宮廷の外ではあるが、宮廷に近いところにいた。宮廷はあらゆる有力な人物を集めていて、作家や芸術家も例外ではなかった。百科全書派は宗教や既成のモラルに反旗を翻したが、彼らが最初の知識人――この言葉はまだなかったが――だった。他の諸国では、文学者あるいはこんにちの著名な大学教授は国のあちこちに点在しているが、フランスでは歴史的な事情からどうしてもパリに集まっている。この集中が、「知識人」という種族を形成するのに貢献したのである。

「知識人」とは、すべての文学者、学者、著述家を指すのではない。これらのうちで、その専門分野における名声――その大小はともかく――を利用して、公に発言する人々のことだ。ジャン・カラスを擁護したヴォルテール、亡命先のガーンジー島から「小ナポレオン」を激しく非難したユゴー、「私は弾劾する」を書いて罪に問われ、有罪となって亡命したゾラ。こうした個人的なアンガージュマンは、フランスでの文学の威信を高めることになった。政治家が本――必ずしも政治を主題としない――を出したがるのも、そのためである。

知識人の社会参加は、集団によることもある。一八九八年初頭にゾラによって議論が再燃したドレフュス事件が、まさに「知識人」の語を一般化させた。この単語が広く使われるようになったのには、社会学的な理由がある。ジャーナリストと著述を生業とする者の人数は、一八七二年から一九〇六年の間に三倍に増加した。* 知識人の集団が誕生したのだ。一八八一年には、報道の自由が法制化された。

社会の世俗化に伴い、それまでの聖職者に代わって、新たな世俗のインテリゲンチアの登場が待たれていたのである。

大革命の記憶は、知識人の活躍を後押しするものだった。賛成する者にとっても、反対する者にとっても、フランス革命の起源はアンシャン・レジーム下の政治と宗教に関わる制度の見直しを求めた大思想家の著作にあった。革命は、「ヴォルテールのせい」であり、「ルソーのせい」だったのである。哲学者、百科全書派の思想家、その他の文筆家は、反体制的なサロンで交流し、互いに励ましあった。その効果は絶大だった。なぜなら、革命が実際に起こったのだから。歴史は、現実の社会に対して思想が力を持ちうることを証明したのだ。一九三〇年代に、ダニエル・モルネは、長いこと古典的な著作とみなされることになる『フランス革命の思想的起源』（*Les Origines intellectuelles de la Révolution française*）で、その大きな成果について次のように書いた。「アンシャン・レジームを脅かすのが知的な要素だけだったならば、アンシャン・レジームには間違いなくいかなる危機も訪れなかっただろう。この知性が行動に移るためには、拠点となる場が必要だった。それは、民衆の貧しさであり、政治への不満である。しかしながら、これらの政治的理由だけでは、これだけ早く革命を引き起こすのには不十分だっただろう。知性が事態の結果を明らかにし、整理し、三部会開催の要求を徐々に形にした。その三部会から、知性がそれを予想するまでもなく、革命が生まれ出たのだ」

まさにそのとおりだ！　文筆に手を染める者なら、誰でもこの歴史を自慢することができる。フラ

＊ C. Charle, *Naissance des intellectuels. 1880-1900*, Editions de Minuit, 1990 参照。

ンスでは、書物がバスティーユを打ち壊すことができると信じられるようになったのである。鵞鳥の羽ペンからコンピューターへと時代は変わっても、文筆家には一定の力、少なくとも人を惹きつける力がある。この力は、怖れられ、また羨望の的にもなった。

ルイ一六世の失脚から約一世紀後、次の段階となるドレフュス事件が起こった。この事件は、知識人の正統性を強化する役割を果たした。請願書という形を通して、作家、教授、学者らが、「無実にもかかわらず罰を受けた」ドレフュス大尉を支援したが、彼らを支えるいかなる政治勢力もなかった。急進派系の左派も、社会主義的な極左も──わずかな例外を除けば──、スパイ容疑で有罪となった砲兵大尉の運命などには、その大尉がユダヤ人であろうがなかろうが、関心がなかった。知識人は独立したグループとして、通常の政治の舞台とは別のところで力を発揮し、戦いの末に議会の多数派を──普遍的な正義と真実の名において、しかしまた同時に極右の政治団体や反ドレフュス派が共和国の体制を脅かすようになったために──味方につけて、無実の罪で身分を剝奪され流刑となったこの軍人の名誉回復の序章となる事件の再審を支持させたのである。

この息の長い行動は、作家や大学教授に主導されたもので（初期のドレフュス派には政治家は少なく、シューレル＝ケストネルとクレマンソー、やや遅れてジョレスがいたくらいだ）、他の作家や著述家、学者の反応を呼び起こした。その代表はモーリス・バレスで、彼は知ったかぶりをする人々や作家たちを、他の市民よりも政治・社会について知っていると自惚れている連中だとして強く非難したのである。この反知性主義は、「両世界評論」（*La Revue des Deux Mondes*）の編集長だったフェルディナン・ブリュヌティエールが再度取り上げ、発展させ、明確化したが、こうした批判的な立場の人々の反応は意に反して知識人のサークルを広げる結果をもたらしたのである。

論争、宣言文、いくつもの裁判、「突然の喧嘩別れ」、陽のもとでの決闘、ソファに腰掛けての議論の末の決裂、サロン間の戦い、新聞同士の論争、大学（の大部分）とアカデミー・フランセーズ（アナトール・フランスを除いて）の戦いなど、フランスで伝説的なものとなる思想闘争が展開された。その論点は、人権とレゾン・デタ（国家理性）である。ドレフュス派の最終的な勝利は、フランスの政治・社会的な舞台における知識人の役割の重要性を決定的なものとした。知識人にとっては、ドレフュス事件が革命に続いて、二度目の集団的な洗礼の機会となったのである。

彼らに対抗して、いわゆる知識人とは異なるインテリゲンチアが一つの勢力として形成された。バレスの後を引き継いだモーラスは、実証的知性の名において、現代の言葉で言うなら「差異」の名において、普遍主義と個人主義を拒否した。普遍主義と個人主義は、システムを構成する普遍主義と個人主義は、祖国の肉体的実体を拒否し、現実の人間よりも抽象的存在としての人間を重視し、国民の存続に必要な国家のマキャヴェリズムを認めないからだ。普遍性の擁護者は、個別性と相対性の支持者と対峙しなければならなかった。

一九二七年には、元ドレフュス派のジュリアン・バンダは『知識人の裏切り』（*La Trahison des clercs*）で普遍的な視点を放棄し、「論壇の知識人」となって政治闘争で自らの主張を展開する知識人を強烈に批判した。彼が攻撃したのは主としてナショナリストだったが、階級闘争の支持者をも容赦しなかった。「我々の世紀は、政治的な憎しみを知的に組織する世紀であるようだ。これは、人類の精神史の重要な一章となることだろう」。気の毒に、バンダはまだその後に何が待っているかを知らなかった。それというのも、一九三〇年代になると、知的な秩序から政治的な混乱にいたるまで、彼が批判したあらゆる暴走の条件がそろうことになったからだ。経済危機、金融スキャンダル、政治制度の危機、ファシズムの台頭、スターリン独裁、人民戦線、スペイン内戦、迫りくる全面戦争の脅威、などである。これは、動員と、宣誓と、決議が行われる、新たな分裂の時代だった。こんにち、左派系の新聞・雑誌を読むと、多くの知識人の一九三〇年代への郷愁を知ることができる。それは、決して栄光の時代と呼べるものではなかったのだが。

一九三四年から一九三九年までの時期は、いくつもの筋立てが複雑に絡み合っていた。簡単に言えば、次のようになる。最初に、ファシズムがあった（ムッソリーニへの賛否、ヒトラーへの賛否、フランスではドリオと黒シャツの模倣者への賛否）。二番目は、共産主義をめぐるものだ（ソ連への賛否、スターリンへの賛否、反ファシズムの時代に反共主義は適切か）。第三には、国内政治である（人民戦線への賛否、レオン・ブルムの政策への賛否）。第四は平和主義である（ムッソリーニのエチオピア征服に対して強硬策を取るべきや否や、ヒトラーの挑発や侵略に対して反対行動を起こすべきや否や）。この四つの対立軸を挙げるだけで、それぞれの戦線が複雑であることがわかるだろう。知識人たちは、正面からぶつかり合った。単に左派対右派というのではなく、「ファシスト」対「共産主義者」でもなく、それぞれのグループ内で「主戦論者」対「平和主義者」の対立があった。結果として、一九三四年頃には表面上はごく単純に民主主義体制の擁護者とその敵との戦いだったものに、混乱と動揺がもたらされたのだ。

ジイドは一九三〇年頃には、共産主義者になったとは言えないにしても、共産主義的な感情や希望に接近していたが、一九三六年にソ連を訪問して驚愕し、失望して帰国した。彼が見たものは、ソ連に対するあらゆる好意を失わせたのだ。しかし、一九三六年は、フランスでは左右対決の年だった。スペイン内戦の開始も近い。この年に、ジイドは、スターリンに向かって自分の意見をはっきり言うことができただろうか。ジイドは、自分の意見に忠実に、『ソヴィエトからの帰還』(*Retour de l'URSS*)を刊行した。たとえ、バルセロナを絶望させるとしても。

もう一つの例はベルナノスだ。彼は、カトリックで、王党派で、修道女を虐殺するスペイン共和派に反対し、自然とフランコ派に好意を持っていた。しかし、彼はマヨルカ島で王であるキリストの名において、一般市民が殺害されるなどの残虐行為を目撃した。憤慨したベルナノスは、『月下の大墓地』(*Les Grands cimetières sous la lune*)を書いて、富豪、大司教、そして秩序を求める人々を攻撃した。同じ頃、極左の哲学者シモーヌ・ヴェイユは、POUM(マルクス主義統一労働者党)の活動家とスペインの無政府主義者に対する共産主義インターナショナルの犯罪行為をその目で見て、モスクワとその仲間に対して激烈な抗議の声を上げていた。ベルナノスとヴェイユは、立場を逆転させて、自分の陣営、自らの属する勢力を批判する書簡をやり取りした。

「赤」派対「白」派の戦いには、しかしそれぞれの陣営の内部対立によって混乱がもたらされた。右派の内部では、ナショナリストは平和論者となった。敵だとされる外国の独裁者に、天才的な能力を認めたからだ。これらの独裁者は、共産主義への防波堤となってくれるからだ。これから起こるであろう戦争は、ユダヤ人の戦争だからだ(こう主張したのは、セリーヌ、ブラジヤック、ベロー、ジュアンドー、またティエリー・モーニエの主宰する「コンバ」(*Combat*)誌などで、彼らの書く反ユダヤ文書は、民主主義国を戦争に引きずり込むことで復讐しようとしているとしてヒトラーに迫害されたユダヤ人を非難していた）。左派では、一九三四年の戦闘的反ファシストは末端の「火の十字団」員をもファシストの卵だとしていたが、ヒトラーが力を見せつけるとたちまち軟化していた。少なくとも一九三九年八月の独ソ不可侵条約締結までは、フランス共産党を基盤とする一部の者は、軍備強化の必要性を認識し、ヒトラーが一線を越えてきた場合には力による対決も想定していた。他の者は、平和の名において反ファシズムの姿勢を後退させるか、あるいは軍備増強に――ずいぶんと遅れて――取り組み始めたフランス政府をファシスト的だと非難するのにとどまっていた。「死ぬよりはナチスになったほうがましだ」といったことをミュンヘン協定支持の左派は言い、「ブルムよりはヒトラーがましだ」と右派のミュンヘン派は繰り返した。

ミュンヘン会議――ヒトラーを前にした英仏の降伏――の時期には、意外な立場の逆転が見られた。第一次大戦時の平和主義者ロマン・ロランは、いまやいかなる手段を用いてもナチズムの行く手を阻むべきだと決意していた。一九三二年の創刊以来平和主義的だった「エスプリ」誌は、編集長エマニュエル・ムニエによる長文の論説を掲載し、ミュンヘン協定のモラル、政治両面での敗北を批判した。*反ファシストとは言えないモンテルランは、『秋分点』(*Equinoxe de septembre*)で、臆病なフランスに対する嫌悪感を書いている。反ファシズム警戒委員会は、分裂の危機に直面していた。その創立者の一人である哲学者アランは、陰鬱なミュンヘン会議に際してジオノとともにダラディエ首相に電報を送り、何としても平和を維持するように要請した。委員会の内部では、結局平和主義者が多数派だった。断固たる反ファシズム派――ヒトラーを最大の敵とみなす人々――は、次々と脱退していった。

反ファシストのうちの三番目のカテゴリーは、ミュンヘン派と反ミュンヘン派のいずれとも同調することを拒否していた。彼らは、赤い独裁者とは手を結びたくない反スターリン派だった。あるいは反ヒトラーで、アングロ・サクソン的資本主義を擁護したいとも思わない人たちだった。それは、「スターリンにも、ヒトラーにも反対」あるいは「資本主義にも全体主義にも反対」だとする洗練されたインテリゲンチアだった。マルソー・ピヴェールを支持していたレイモン・アベリオは書いている。「我々は、一方では英仏、他方では独伊のいずれも『帝国主義的』に見える二つのブロックのいずれを支持するか決定することを拒否した。私たちは、太ったオオカミと痩せたオオカミの間で選択をする必要はないと自分に言い聞かせていた。これほどに不安を与える出来事が次々と起こる中で、この中立性は私たち自身の不在を物語るものだった」。**

戦争は厳しい試練であり、一部の人々にとっては実際に長い不在の時期となった。多くの作家や知識人は勝者に魅了され、ナチス・ドイツの甘い言葉に抵抗することができなかった。ファシストのドリウ、ブラジヤック、ルバテらにとってはこれまでの復讐の機会となったが、新たに欧州新秩序の支持者となったシャルドンヌ、モンテルラン、ファーブル＝リュスら日和見主義者と、反ユダヤ主義者のジュアンドー、セリーヌ（彼は『虫けらどもをひねりつぶせ』を再版させた）などが彼らに加わった。フランスが解放されると、文学の才能はあるが嫌悪感をもよおさせるこれらの人物に、粛清の怒りと

＊ *La Trahison de Munich : Emmanuel Mounier et la grande débâcle des intellectuels*, CNRS Editions, 2008 参照。
＊＊ R. Abellio, *Ma dernière mémoire, II, Les militants*, Gallimard, 1975

罰が降り注いだ。裁判官の側についた知識人たちは、しかしながら全員がレジスタンスの英雄だったわけではない。マルローを初め、最後の最後になってレジスタンスに加わった人々も含まれていた。サルトルについては、わざわざ言うまでもない。いずれにせよ、共産党の栄光の庇護のもとに、フランスには「正しい者」と「悪者」、「レジスタン（レジスタンス活動家）」と「コラボ（対独協力者）」の区別が生まれ、それぞれの名前は公式名簿となって発表された。「正しい者」たちの統一戦線には、エピュラシオン〔対独協力者らの処罰〕の問題をめぐって早々に亀裂が生じた。特に、死刑を宣告されたブラジヤックがその例だ。フランソワ・モーリアックとジャン・ポーランは寛大であるべきだと主張した。カミュは抵抗を感じたが、結局は厳罰を求める人々と袂を分かってモーリアックらに賛同した。果たして知識人たちは他のコラボの分まで償いをしなければならないのか、というのが論点だった。結論を待たずに、ドリウは三箱分の睡眠薬を飲んで、再び目を覚ますことはなかった。

言葉にも拳銃のように弾が込められている、と書いたのはジャン＝ポール・サルトルだ。『文学とは何か』（*Qu'est-ce que la littérature ?*）で、彼は一九四七年に戦後で最も強烈な宣言の一つを発した。作家は、望むと望まざるとにかかわらず、ほんの短い文章によっても、そして沈黙によってさえ、政治に参加しているというのだ。ドイツ占領期が、そのことを証明していた。

一九四七年に冷戦が始まると、解放時に作られた二つの欄からなる名簿はずたずたになってしまった。共産主義の問題が、あらゆる関心の中心に置かれたのだ。若手知識人の多くは、共産党の名声に惹きつけられた（語源にもかかわらず、一体であるべき使命を帯びているため「党」は単数形で Parti と呼ばれた）。著名な作家や哲学者は共産党を好まなかったが、それでも一部の人々は親近感ないしは好意的な気持ちを抱き、彼らは平和運動の団体などを通じて取り込まれていった。一九四八年にチトーのユーゴスラヴィアがソ連の影響圏から離脱し、一九四九年にハンガリーでライク裁判が行われると、支援者の共産党離れが起こり、中には非常に目立つケースもあった。ジャン・カスーとヴェルコールは、「エスプリ」誌上でチトーを悪魔視する見方に抗議した。サルトルが編集長を務める競合誌「レ・タン・モデルヌ」（*Les Temps modernes*）では、共産主義の問題は他のより小さな問題とも絡んで、荒れた議論が展開された。サルトルとカミュの仲違い、サルトルとエティアンブルの仲違い、サルトルとクロード・ルフォールの仲違い、サルトルとメルロ＝ポンティの仲違い……。一九五二年に明確にスターリン（とその後継者）寄りの姿勢を示したサルトルは、初のソ連訪問から帰ると、大真面目に語った。「ソ連には、完全な批判の自由がある」。

共産党と進歩的勢力は、一九五六年までしっかりと知的世界を押さえていたが、それでも反対する人たちはいた。かつての対独協力者、ペタン派、ファシストなどは学習することなく、昔の記憶を養老院の香りのする雑誌で繰り返すばかりだった。この人たちとは別に、少数の自由主義者は共産党の側につくことも、また良心が咎めずにはいられるが両陣営の中間で政治的な展望を開きえない安直な中立路線を選ぶことも拒否していた。その誰もが認めるリーダーのレイモン・アロンは、早くも一九四八年に『大分裂』（*Le Grand Schisme*）でこの新たな対立の性質を分析して、「平和を手にいれることもできず、戦争が起こるとも考えにくい」と書いた。サルトルの元同志のアロンの名は「レ・タン・モデルヌ」誌の創刊号の目次にあったが、彼は進歩的左派からは「有機的知識人」の代表格と見られていた。ニザンならば、「番犬」と呼んだだろう。アロンは、その緻密な分析を「ル・フィガロ」

紙、ド・ゴール派の「ラ・リベルテ・ド・レスプリ」（精神の自由、*La Liberté de l'esprit*）誌などに掲載し、一九五一年からは「プルーヴ」（証拠、*Preuves*）誌にも寄稿した。この雑誌は、米国の支援を受け、親ソ的あるいは中立主義的な雑誌などに対抗して、国際派知識人の拠点となることを目的としていた。一九四九年二月には、共産党シンパだったマルローが、ソ連を「ヒトラー以来最大の侮蔑の組織化の試み」だと述べ、ソ連批判の先陣を切った。こうした発言は、当時の知識人の多くには、恥ずべき行為と思われた。一九五六年の第二〇回ソ連共産党大会でのフルシチョフ報告は、突然多くの人々の目を開かせた。マルローの判断には、正しい部分があったのである。フルシチョフによるスターリン神話の破壊に続いて、ハンガリーでの蜂起とソ連軍の戦車よる鎮圧は、共産主義の砦に突破口を開くことになった。その穴は、それから広がる一方だった。知識人と共産党シンパは幻想から目覚め、協力関係は解消されていった。

しかしながら、作家の政治への関与がなくなるわけではなかった。政治参加の文学を講じる教授たちに抵抗した者が実際にいた。その中には、才能のある作家もいた。レ・ユッサール（軽騎兵）と呼ばれた、ロジェ・ニミエを代表とする作家たちは、軽快で、才気に富み、挑発的な小説によりサルトルの理論を否定した。ジャック・ローランは、「ポールとジャン＝ポール」と題した記事を書き、一時期多くの読者の賛同を得た。この記事で、彼は退屈きわまりないブルジョワ的モラルの教師ポール・ブルジェと、プロレタリア的モラルを教授する物知りのサルトルを比較した。実をいえば、学校をさぼって遊んでいるように見えるこの作家たちは、政治と無縁だったのではない。彼らの多くは、ペンを片手に、アルジェリア独立反対闘争に加わったのだ。彼らが一刀両断にした反植民地主義は、共産主義の崩壊が始まったそのときに、左派知識人にとって神聖なる主張となっていた。両派はいずれも請願書を出し、委員会を立ち上げ、宣言文を発表した。冷戦が分かった二つの陣営は、それぞれ内部から崩れていった。最も激しい論争の一つはアロンとジャック・スーステルの間で行われた。アロンは『アルジェリアの悲劇』(*La Tragédie algérienne*)で独立は不可避だとしたが、これに対してスーステルは、合理的な理由を提示できない分、感情に訴えて反論を試みた。「レクスプレス」誌に寄稿することで若返ったモーリアックは、マグレブ〔チュニジア、アルジェリア、モロッコの三カ国を指す〕における自由主義的な解決法を支持した。これに対して、もともとド・ゴール派ながらその影響から脱した「カルフール」(交差点、*Carrefour*)誌は、植民地の維持を主張した。才気煥発なピエール・ブタンが主宰する「ラ・ナシオン・フランセーズ」(フランス国民、*La Nation française*)誌の優秀な記者や寄稿者たちは、OASの時代になると内部で激しく対立した。ド・ゴールが政権につくと、カードは配り直された。ギー・モレとブルジェス=モヌリーの時代に「拷問に反対」して抗議の声を上げていたモーリアックとマルローは、ド・ゴール支持に回った。しかし、アルジェリア戦争は続き、一九六〇年には「一二一人宣言」事件が発生した。徴集兵には不服従の権利があると主張する宣言文に、一二一人の知識人が署名したのである。

アルジェリア問題は間違いなく二〇世紀最後の大きな知的闘争だった。拷問をめぐる論争の際には、ドレフュス事件を思わせる場面も出現した。軍(およびアルジェリー・フランセーズの大義)をあらゆるものの上位に置く人々と、人権——その名において、フランスは植民地住民の蒙を啓くはずであった——を絶対的な至上命令だとして擁護する人々が対立した。しかし、ドレフュス事件とは異なり、この事件は法廷や、新聞の編集部や、大学の壁の中だけにとどまるものではなかった。犠牲者の流す涙と血が問題だったからだ。

脱植民地化の終わり、東西の緊張緩和、構造主義の流行などの事実は徐々に政治参加する知識人の声を聞こえにくくした。約束の土地の理想社会の夢はかつて官僚的共産主義によって裏切られたが、一九六八年五月の擬似革命はこの希望を呼び覚まし、それは数年の間続いた。極左主義もまた結果を残すことなく消えていった。ソルジェニーツィンの『収容所群島』の翻訳（仏訳題 *L'Archipel du goulag*）が一九七四年に出版されると、実際には幾多の悪をなしてきた「善」の哲学は、とどめを刺された。一九八〇年代初めには、サルトルとアロンがさほど間をおかずに亡くなった。この二人がいなくなってから、私たちは孤児になったように感じる。近年の小さな論争が、かろうじてかつての息吹をとどめているだけだ。イスラムのスカーフ問題、湾岸戦争時の平和主義、ボスニアへの軍事介入……。そうする間に、メディアは自分に都合のいい枠組みを作り上げた。思想家の皆さんは奥に座っていて下さい、舞台に上がるのはスターの皆さん、芸人の皆さんです、というわけだ。確かに、哲学者や作家は新聞・雑誌に書くことで矢を放つことができるが、彼らの書くものはいまでは取るに足らないものになった。翌日になれば、野菜の皮と一緒にゴミ箱行きになってしまうからだ。いまもなお精神的な仕事の意義を信じる者にとっては、床屋政談のようなこんにちの「知的」論争ほど嘆かわしく思えるものはないだろう。ある人々の「怒り」が聞こえるかと思えば、別の人々は「恐怖」を感じるといい、ある者の「確信」だの、別の人々の「希望」が語られる、安っぽい議論である。しかし、もしかしたら知識人はいつでも多かれ少なかれ普通の感情や情念を知的な形で伝える役割を担ってきたにすぎないのかもしれない。その存在は、私たちを教化するためではなく、議論を拡声器で伝えるためのものなのかもしれない。

私は、そうであってほしいとは思わない。私の考えでは、知識人の任務は間違いなく存在する。それは、民主主義の擁護者であることだ。有機的かつ批判的に、民主主義を擁護することだ。民主主義は非常に脆弱で、未完成で、改良の余地のある体制だが、これが唯一の人間的な体制なのである。知識人は民主主義を否定し、掘り崩し、打倒しようとする反対者に対抗してその原理を再確認しなければならない。栄光を求める気持ちが、知識人を本来の任務、すなわち私たちがともに生きようとする意志に意義と目的を与えることから逸脱させている。サン・ジェルマン・デ・プレを絶望させてはならない。共和国は、いつでも学者を必要としているのである。

第25章

伝道への熱意

フランス革命は、あらゆる人間のための権利を獲得しようとする普遍的な戦いだった。植民地経営は、未開な地域に文明をもたらすものとされた。現代のフランスはもはやかつてのような大国ではないが、それでも世界に対する責任を果たす意志を持ち続けている。

一九九四年の春、私は中央ヨーロッパのある国で、フランス大使の主催する食事会に出席していた。テーブルの周りには、いろいろな国の出身者が座っていた。あるとき、会話はルワンダに及んだ。フランスは、ちょうどこの国に、人道支援の目的で、単独で軍の部隊を派遣しようとしていた。この旧ベルギー植民地では大虐殺が行われていて、その直視に堪えない映像が数週間前から世界中のテレビで放映されていた。しかし、世界は動こうとはしなかった。フランスだけが例外だった。出席者の一人が、自分の国が世界中のさまざまな不幸に関わろうとするのはどうしてなのかとの疑問を口にした。ルワンダでは、失うものはあっても、得るものは何もないというのだ。そうすると、私が滞在していた国の市民である一人の出席者は相手を見つめて、やや厳粛な調子でこう言った。「でも、あなたの国は革命の国ではありませんか」。

この人にとっては、世界観を語ることができる国は、米国とフランスの二つしかなかった。四分の三世紀にわたって全世界的な野心を抱いていたソ連は、もはや存在しない。残るのは、他の二つの革命的な国民だけであり、それ以外にはなかった。

それに、アメリカの普遍的な使命は近年のものだ。イギリスからの植民者たちが祖国に対して反乱を起こし、戦争の後で（ついでに言うなら、この戦争ではフランスが植民者側を支援したのだが）独立を宣言したときに、主権を持つ連邦を形成した各州は、憲法の前文に市民の権利を制定する原理を謳う宣言文を付け加えた。これは、フランス革命以前のことである。

アメリカがより早くこうした規定を設けたことは、必ずしもフランスのオリジナリティー、あるいはフランスが自負する価値を減じはしない。立憲議会が憲法前文について議論を行ったときに——それは、人および市民の権利の宣言となるのだが——議員たちは間違いなく米国の法令、なかでもヴァージニア州の宣言文を参考にしていた。それでも、両者には大きな違いがあった。一方では解放された植民者たちが自分たちの自由を宣言する憲章を採択したのに対して、フランス人は世界全体のために立法を行わなければならないと考えていた。この習性は、それ以降ずっと続くことになる。

八月八日の会議〔立憲議会は、一七八九年八月に、封建制の廃止を決議するとともに「人と市民の権利の宣言」を採択した〕で、デュポン・ド・ヌムールが言ったように、「これはたった一日のための権利の宣言ではない。これは、わが国民、そして他の国民にとっての基本的な法律であり、何世紀も続くべきものである」。

私たちの祖先は、ある一人の専制君主に対して革命を起こしたのではなく、自然権——すべての人間の権利——の名において革命を起こしたのだ。一七八九年は、カントが言ったように「人類の利益に結びついている」から、大きな反響を呼び、世界の様相を変えたのである。

アメリカ人は、長い間孤立主義を選択してきた。米国が第一次大戦に参戦したのは一九一七年のこと、ドイツの潜水艦が米国の商船を狙って攻撃したためだ。第二次大戦への参戦は、日本軍が真珠湾の米海軍に先制攻撃を加えたことによる。米国が、本格的な超大国となったのはこの時期からのことで、それも原理原則によってではなく、現実の軍事力と工業力の強さによるものだった。フランス人は、反対に、早くから選ばれた民であり、世界はフランスからの光を待っていると認識してきたことは周知のとおりだ。

一七九〇年には、憲法制定議会の議員たちは、「世界平和宣言」を華々しく発表した。議員たちにとっては、正当な戦争は一つだけ、「防衛戦争」しかなかった。征服、侵略、力を求める君主たちの野望により次々と起こる紛争は、もう終わりにしなければならない。これからのフランスは、平和的な国家だ。実際、フランス革命はほとんどの君主国が当然としてきた原則に異を唱え、ヨーロッパに対して、それぞれの国民の権利を宣言した。しかし、革命は、ルイ一六世という行政府の長の存在を忘れるわけにはいかなかった。というのは、ルイ一六世は、かつての権力を取り戻すには、外国との戦争以外にないと考えるようになっていたからだ。王妃の出身国であるオーストリアとその同盟国が「愛国者」たちを打ちのめしてくれるだろうと期待したのだ。平和的な革命は、その内側に戦争を抱えていたわけである。

一七九二年から一八一五年にかけて、ヨーロッパを混乱させた革命と第一帝政の戦争は、フランス人の外国支配――このときは武力によって――への思い上がった嗜好を再確認するものだった。フランスはヨーロッパの地図を何度も塗り直し、いくつかの国を併合し、他国に代わって法律を制定し、軍部隊の荷物とともに「永遠の原理」を持ち込んだ。この原理は、征服にあたっての重要な支えとなることが多かった。ヨーロッパの文明化は、銃剣によって行われたのである。

ワーテルロー後には、古い秩序がすっかり回復したかに見えた。あらゆるところで、反革命が権力を取り戻していた。神聖同盟は、いかなる自由主義的な動きも未然に防いでいた。しかし、それは見かけ上のことでしかなかった。フランスからの思想は見えないところで、確実にその歩みを進めていたのだ。自由、平等、国籍の原則は、キリスト教世界のどんなに頭の固い人々にも浸透していた。各国の旧体制は、いずれ消え去る運命にあった。それが現実になったのが、一九一八年の中部ヨーロッパの帝国の崩壊である。

一九世紀を通じて、フランス人は自分たちに普遍的精神があるとの意識を持っていた。一八四八年の革命は、再び欧州全体に波及した。暴動がオーストリア、プロイセン、バーデン大公国、フランクフルトで発生した。ウィーンでは、皇帝が憲法の発布を余儀なくされた。そのとき、チェコ人とハンガリー人は反乱を起こしていた。ベルリンでも、蜂起した市民たちが国王に憲法を制定させた。イタリアでは、オーストリア支配下のミラノ、ヴェネツィア、パルマ、モデナなどで一斉蜂起が起きた。法王ピウス九世は、共和派に占拠されたローマから逃げ出さなければならなかった。この「民衆の春」は、すぐには夏をもたらしはしなかった。しかし、このときもまた先導者の役割を果たしたのはフランスだった。パリで燃え盛った火が、ヨーロッパ各地に飛び火したのである。

伝道への誘惑がアンビヴァレントなものであることはナポレオン戦争でも見られたが、それは植民地経営でも繰り返された。第三共和制は、積極的に植民地獲得に取り組んだ。ジュール・フェリーはその有力な推進者の一人だ。クレマンソーとナショナリストたちは、ビスマルクによって彼が目を別のほうにそらされていると批判した。アルザス・ロレーヌの新たな放棄にも等しいもので、わずかにトンキンの獲得によって埋め合わせがされたにすぎないというのである。世論が、遠く離れた地での出来事に関心を持つまでには時間がかかった。しかし、フェリーにはある思想があった。それを、側近のアルフレッド・ランボーは一八八一年に、フランスが「世界で大きなベルギーの役割を演じること」で満足するわけにはいかないと表現している。

恐らく、植民地経営を行う他の列強の場合と同様に、フランスには海外で得られる利益があったはずだ。市場の確保、地下資源の生産地を支配下に置くことなどである。しかし、同時に、フランスには「文明化を進める任務」があった。ジュール・フェリーは、一八八五年に、「優れた人種は、劣った人種に対して一つの権利を有している。権利があるというのは、義務があるからに他ならない。優れた者には、劣った者を文明化する義務があるのだ」と述べている。

フェリーはクレマンソーからは糾弾されたが、同時代人の大半は、無邪気な愛国精神から、現代の私たちの反植民地主義やポスト・コロニアリズムなどは気にかけなかった。たとえば、ポール・ルロワ＝ボーリウは、『近代的諸国民における植民地化』(*La Colonisation chez les peuples modernes*, 一八七四年)を著して、やがて首相になるフェリーに大きな影響を与えた。フランスが経済上、軍事上、外交上の力を増すために、遠く離れた土地を征服する権利があるのは当然だと思われていた。人道上、あるいは文明化のためという説明は、二番目にくるものだった。しかし、二〇世紀における変化の萌芽はすでに見え始めていた。植民地化に対する反対の声が広がるにつれ、文明化の義務が前面に押し出されるようになってきたのである。

このため、教科書では現地住民にとってフランスのプレゼンスが有益なものだと盛んに強調されるようになった。平和がもたらされ、奴隷制が廃止され、衛生状態は改善され、ダムや港、道路が建設された、というのである。サヴォルニャン・ド・ブラザ、ガリエニ、そして特にリョーテイが、文明化を進めた偉大な植民者として取り上げられた。

文明化は、他の人々にとっては、キリスト教を広め、物神崇拝者や異教徒を改宗させることでもあった。注目すべきは、植民地化の事業において、ライックの共和国と教会の長女が、実にうまく歩調をあわせて連帯したことだ。ときには、教会が軍のために事前準備をすることもあった。それゆえに、キリスト教系の学校の教科書では、「著名なフランス人聖職者、カルタゴ大司教のラヴィジュリー枢機卿が、その慈悲心によりフランスを愛させることを通じて、チュニジア征服の準備を行った」と褒め讃えている。アフリカ宣教会の白い神父たち、聖霊会の神父たち、トラピスト修道僧は、将校や技術者、植民地行政官の仕事を補完していた。このとき、フランスは二重の意味で伝道を行っていたのである。啓蒙の名において、そしてキリスト教信仰の名において。長いこと懐疑的だった世論も、賛同するようになった。世界地図上に、ピンクに塗られたフランスの征服地域を、人々は感心して眺めていた。一九三一年にパリで開かれた植民地博覧会には、大勢の観衆が訪れた。三色旗は、すべての大陸ではためいていた。

現代の私たちは、人権思想そのものと相反する植民地化の考え方を拒絶する。「優等人種」と「劣等人種」の考え方は、私たちにはおぞましく思える。しかし、もはや私たちのものでなくなったメンタリティーを理解するには、想像する努力をしてみなければならない。共和派もカトリックも、植民地帝国の建設は正当なものだと確信していた。フランスが植民地から物質面の利益を得ることは、現地人を「文明」にまで高める努力を払っている以上、正当な対価だった。フランス人は、欧州各国が世界中のあらゆる土地に手を伸ばす国際競争に参加すべきだと考えていた。しかし、同時に、遅れた土地に進歩をもたらす役割を果たしていると本気で信じていたのである。

フランスでは、脱植民地化は特に痛みを伴うものだった。フランスがこれほど多くを与えた民族が、独自の旗のもとで暮らしたいと望むことを、どうして想像できるだろうか。最も悲劇的だったのはアルジェリアのケースだ。かなりの数のキリスト教徒とユダヤ人が暮らしていたからである。一九五四年の万聖節の襲撃事件に始まった独立戦争では、急進党や社会党などの根っからのライックが、アルジェリアをフランス領にとどめるべきだと声を上げた。なぜなら、人権の国フランスは、アラブ人とベルベル人に、イスラムの中世的な蒙昧主義よりも多くの保証を与えることができるからというのである。

革命期とナポレオン期の戦争と植民地経営という歴史から、フランスは普遍性を基本に考える習慣を身につけた。あたかも、全世界を背負っているかのように。自分たちの優越性を過信したフランス人は、人道的征服者となった。被征服者に知的な訓練を与え、その結果が自分たちに跳ね返ってくることも厭わなかった。「民族自決権」を教えておきながら、いつまでも彼らを大砲で脅し続けることはできないのである。

フランスはもはや植民地帝国ではない。まだ海外にいくらか領土を持っているが、それは、いまはなき帝国の名残で、こんにちでは海外県あるいは海外領土になっている。それでも、フランスが世界の諸問題に介入したがる傾向は消えてはいない。一八世紀に始まり、いまでは失われた偉大さへのノスタルジーをいつまでも持ち続けているかのように。ド・ゴールは大国の指導者たちと対等に話し合おうとした。現在の西側世界の友好国は、フランスがまるで世界の教師であるかのようにお説教をすることにうんざりしている。

お説教はフランス語で行われていた。しかるに、フランス語の世界における後退は、もう一つの心配の種である。一九世紀末の教科書には、このように書かれていた。「ヨーロッパでは、フランス語は他の言語に勝っています。それは、外交の言語であり、またヨーロッパのすべての国々の知識階層の人々によって話されているからです」。こんにちでは、アンスティテュ・フランセ〔フランス文化センター〕やアリアンス・フランセーズ〔海外においてフランス語教育を行う団体〕の努力にもかかわらず、英語の前にフランス語の勢力が後退していることは否定できない。広範な地域を包み込むフランス語圏は多くの長所は持っているが、一つの声で話すことができずにいる。防御に回らざるをえなくなって、フランスは一九九四年初めのGATT交渉に際しては、「文化的例外」を持ち出して、映画やテレビの作品を保護しなければならなくなった。関税障壁を設けるのは、知的創造活動の産物にとってよい徴候とはいえない。それは弱さの表れであり、後退を招くからだ。もしフランスが米国製の作品に対抗できないのであれば、欧州規模の反撃を試みることが必要ではないだろうか。フランスでの作品制作を促進するために、国際的な組織を作ることもできるだろう。テレビ放映に特別な許可が不要になったときに、わが「文化的例外」は元気を取り戻すはずである。

フランス語圏に関する政策が消極的なことは、どう見るべきだろうか。世界中から、フランス語を母語とするか、あるいはフランス語で書くことを選んだ作家の作品が届くが、その大半は知られずに埋もれたままになってしまう。これらの作品は、特に学校教育、高等教育の場で知られていない。かつての植民地帝国としてのコンプレックスがもたらす逆説的な結果だろうか。フランス語の擁護は、フランスの一般メディアにとっては、反動的な行為に見えるようだ。むしろ、私たちに忠告を与えてくれるのは、ケベック、ベルギー、スイス・ロマンド〔スイスのフランス語地域〕、マグレブ、レバノン、アフリカなどの人たちだ。

それでも、別の分野では、全世界への責任を果たす使命があることを示すべく、フランス人が国際的に重要な役割を演じ続けている。それは、フランスが模範となっている人道支援である。ベルナール・クシュネルを初めとする、かつての六八年五月革命の参加者が中心となって作ったのが「国境なき医師団」であり、そこから分かれて生まれたのが「世界の医療団」だ。これに加わった医師たちは、英米ではフレンチ・ドクターと呼ばれている。医師、看護師、薬剤師らフランスの若者が、世界の最も貧しく恵まれない地域で、戦争で荒れたアフリカの地で、能力を発揮している。家から遠く離れて、彼らは何をしているのだろうか。そしてまた、フランスはなぜボスニアの国連保護軍に最大の兵員数を提供したのだろうか。しかも、一九九四年の欧州議会選挙に際しては、フランスでだけボスニアが問題となったのである。

もちろん、私はフランスの海外における活動が決して無私の精神だけによるものでないことを知っているし、外国のプレスを読めば、フランス人の自己満足はいくらか薄まることだろう。他の国と同様フランスには、守るべき利益があるからだ。けれども、これらの活動の無欲で献身的な側面を見逃すべきではない。これは間違いなく、知識人について書いたことと関係がある。知識人は、自惚れが強すぎるためしばしば滑稽に映るが、彼らの持つ責任感は認めるべきだろう。彼らは、自分たちの影響力については幻想を抱いているが、悪との戦いであきらめることはない。歴史が教えてくれるのは、善の悪魔は悪魔であることには変わりがなく、最大の善意も地獄への道を舗装しうるということだ。私は、善悪を判断するのではなく、理解しようとしているのだ。「ただ一つのフランス」と「ただフランスのみ」というナショナリストとペタン派のスローガンは、外国の占領下にあった数年間以外には効果を持たなかった。フランスが自分の枠の中に納まっていられないこと、あらゆることに口を挟もうとすること、そして模範であるかのように振る舞いがちなことに腹を立てる人もあろう。しかし、それは喜ぶべきことだ。

一九四二年には、この幻想によって、より卑怯でなく、より絶望的でなくなることができたのだ。レジスタンス運動家のスタニスラス・フュメは、スイスで発行され、秘密に持ち込まれていた雑誌に、次のように書いた。「ある日世界からフランスがなくなってしまうかもしれないと考えると、いつも不快な感じを覚えてしまう。ナショナリストと疑うべきではない人にとっても、何か嫌な気分がするだろう。この感覚は、教養のある外国人たちも共有し、それを大声で宣言したこともある。それはなぜなのか。それは、ある国の運命には、唯物史観がその輪郭をうまく描くことができたとしても、決して説明できない神秘的なものが存在するからだ。そこから仮定されるのは、フランスが犯した間違いや罪がどんなものであれ、フランスはある程度までは『何かのためにある』ということだ。それが何のためなのかはうまく言えないし、言うとすれば軽々しく、そしてレオン・ブロワやペギーのように情熱的に語ることになる——それにショックを受ける人もいるだろう。しかし、世界はフランスなしには成り立たない、フランスなしには世界は滅びるとの考えを拒否することはむずかしい。根拠がなく不合理な印象であることを、私は否定しない。しかし、経験がそれを告げるのである」*。

スタニスラス・フュメは、キリスト教徒として、神がいつでもフランスに特別な運命を与えていたと確信していたのだろう。しかし、イエズス会と対立していたジュール・ミシュレも、フランスの必要性についてこれに近い考えを持っていた。彼は、『民衆』にこう書いている。「フランスが陰ったり終ったりしてしまうときを仮定してみたまえ。世界の共感する絆はゆるみ、ほどけ、多分破壊されてしまうであろう。地上の生命を作り上げている愛は、愛の持っている最も生き生きしたものにおいて、傷つけられてしまうであろう。地球は、他の星々がごく近くにすでに到着してしまったときのような氷った時代に入って行くであろう」（前掲『民衆』二五九ページ）。

私は、この言葉を引くことで説明をしようとしているのではなく、多くの才気のある人々が、それぞれの時代にどのように考えていたか、フランスの精髄が世界にとって不可欠だと知っていたか、例を挙げてみたのだ。こうした自己満足や無邪気さを禁止しようとすることはできるが、詩人たちは現在にいたるまでそれを伝えてきたのである。

＊S. Fumet, «La France du monde», *Les Cahiers du Rhône*, n°. 5, novembre 1942, Neuchâtel. ド・ゴールはこれについて、一九六三年一月に、次のように語っている。「フランスの役割は道徳的なものだ。アフリカで、アジアで、南米で、わが国は人種間の平等、人権、国民の尊厳の象徴となっている」。A. Peyrefitte, *C'était de Gaulle*, Fayard, 1994, p. 283

第26章

アテネのコンプレックス

かつての大国フランスは、いまでは中級国家となった。フランスでは早くに少子化が始まり、近年は高齢化が進行する。女性は、自立して自分で何人子供を産むか選択できるようになり、政治的にはより左派寄りとなった。現在のフランスは欧州では最高レベルの出生率を誇るが、今後の変化を予想することは難しい。

フランスはその過去と文化を誇りにしているが、「米国世界」の中にあってその力は相対的に低下している。これは、憂鬱なことにアテネの運命を思わせるものだ。すでに第二帝政下で、プレヴォ＝パラドルはフランスの人々が「生まれた土地に頑固に執着」し、「きわめてゆっくりとしか人口が増えない」か、さらには「横ばいか減少する」ならばフランスの未来はアテネと同様のものになると考えていた。そうなれば、「アングロ・サクソンが支配する世界における我々の重みは、相対的には、かつてのアテネがローマ世界の中で持っていた重みと同じものになろう。我々は、ヨーロッパの社会で最も魅力的で、最も人気がある存在であり続けるだろう。我々は、この古くなった国家の集合体においてますます生きいきとした光をもって輝くだろう。かつて衰退したギリシャの諸都市の中で、アテネが輝いていたように」[*]。

人口が科学的に研究されるようになる前に、ナポレオン三世時代のこの自由主義思想家は、人口の減少がフランスの衰退を招くと考え、それによって世界の情勢に関与することができなくなるのではないかと恐れたのである。彼の著書『新しきフランス』(*La France nouvelle*) は、一八六八年に出版された。彼が、その三〇年後か四〇年後を見たら何と言っただろうか。人口の問題が重大なものと思われるようになったのは、一九世紀末のことである。エミール・ゾラは、この問題をめぐる小説を書く必要を感じて、『豊穣』(*Fécondité*) という作品を出版したほどだ。これは、信心深く出産奨励的な物語である。

口の悪い人々は、ゾラがこの小説を、中年を惑わす愛欲の影響下で書いたという悪意ある説を流布させた。彼は、最愛の女性である二八歳年下のジャンヌ・ロズロと出会ったのち、やや年をとってから二人の子供をもうけていた。しかし、彼の私生活に関連した説明には意味がない。実際に、これは当時注目されていたテーマなのである。その一〇年ほど前から、生まれたばかりの人口学はある警告を発しており、ゾラはその中から人に不安を与える一つの単語を取り上げた。それは、「人口減」だった。

この単語は、よく講演会や学会などで使われていた。社会学者、人類学者、医師らが専門誌などの

＊ A. Prévost-Paradol, *La France nouvelle*, rééd. Garnier, 1981, p. 286

論文で用いていたのである。ゾラは、世論に警告を発したいと考えた。彼はブルジョワ的モラルを、存在よりも財産を選んだとして批判した。彼は豊穣なる女性、「多くの子を持つ女性」の美学を唱えた。彼は処女性と「死の宗教」を非難した。彼は、「フランスの出生率の向上」を求めて戦ったのだ。

このゾラの宣言文的な小説は、深刻な人口減少という状況下で書かれたものだった。第一次大戦が甚大な被害をもたらす以前でも、一八九〇年から一九一四年の間には、死亡数が出生数を上回っていた。移民だけが、人口増加の要因だった。識者の目に危機的と見えたのは、これが欧州の中でフランスに限られた現象だったためだ。世界中で、フランス人だけが子供を作らなくなったのである。先祖代々の敵は、ライン河の向こう岸で、毎年人口を五〇万人増やしていた。

いまでは、私たちはこの出生数の減少が「フランス的例外」によるものではなかったことを知っている。欧州の中でも外でも、すべての国で出生数の減少はやがて起きたからだ。ただし、フランスの場合はそれが最も早く訪れたのである。どの国よりも先に、フランスは人口学者の言う「人口転換」を経験した。それは、多死多産の古い形態から、死亡率の減少に伴う出生率の減少という新たな形態への転換だった。他の国では、死亡率が減少してもすぐには「妊娠ストライキ」、すなわち出生率の減少にはつながらなかった。その結果、ドイツでは人口が増えていたのである。しかし、フランスでは死亡率が低下するのと並行して出生数も低下した。ときとして、死亡数以上に出生数が減少することもあった。これが、人口減の原因だった。

なぜこうした不幸な事態に立ちいたったのか、人々は理解しようとし、皆競って誇張された理由を挙げた。「フランスの人種としての脆弱化」だと言う人もいた。戦争によって、最も健康で頑健な者が死んだためだというのだ。「洗練されすぎた」文化に原因がある、とする人もいた。そのためにフランス人の神経系統に狂いが生じ、子供が作れなくなったのだという。人口減少が確認されると、「フランス人種」の退化という恐ろしい説明がなされた。ヴァシェ・ド・ラプージュのような大胆な思想家は、これらすべての始まりは、ゴビノーがかつて糾弾した人種の混合だと見た。これに対して、アルセーヌ・デュモンは、「ブルドッグとグレーハウンドとプードルとニューファウンドランド犬の雑種」はきわめて多産だと反論した。女性を休耕地のようにするのは、新マルサス主義者の「犯罪的プロパガンダ」によるものだと主張する者もあった。最後にたどり着いた結論は、はっきりしたものだった。フランス人の作る子供の数が減っている、あるいは場合によっては子供を全然作らないのは、子供を作りたくないか、子供の数を減らしたいからだ、というのである。これによって説明の最初の部分は片付いたが、問題はわき道にそれてしまった。それでも、なぜ個々人の望むことが、他の国の人たちの多産主義とこれほど対照的なのか、という疑問は残っていた。

　この議論ほど、私たちの関心を惹くものはない。それは、フランスのオリジナリティーを明らかにしてくれるからだ。民法が長子相続を廃止したことで、ロシアの農奴やアイルランドの貧しい自作農とは違い、フランスの農民は子供の数を減らすようになったという説があった。つまり、ここで非難の対象となっていたのは、フランスの中小規模の農園と、ナポレオン法だった。徴兵制が結婚年齢を押し上げるとともに、若い男性に都市での不毛な享楽を植えつけた、との説もあった。ある人々は、ゾラと同様に、退廃的な耽美主義を取り上げ、「長軀、痩身で、腰の細い女性」について議論した。子供の多い家庭を支援するための法律に不備があると言う人もいた。ある人々は、心理的、知的な説明を試みた。厭世主義的なモラルがすべての原因であり、このモラルは疑いようもなくドイツからきたのだという。ショーペンハウアー、この「ゲルマン的フィロキセラ」を読みすぎたというのである。

最も思慮深い人口学者たちは、密接につながった二つの主要な理由を挙げた。最初の理由は、社会・経済的な理由で、生活水準の向上が人々に計算をさせるようになった、というものだった。人々は子供の将来をよいものにしたいと考えていたから、子供の数を多くするわけにはいかなかった。しかし、この計算――具体的にいえば、子供の数の制限であるが――は、モラルの面で宗教の支配からの解放がなければ成り立たない。そこで、主たる要因とされたのは「不信心」だった。それが、「強力なブレーキ」をなくしてしまった、というのである。つまるところ、ヴォルテールのフランスと金持ちのフランスが手を組んで、人口増加の源泉を枯渇させたというわけだ。

その後も、第二次大戦前まで、状況は変わらなかった。第一次大戦での死傷者の数は大変なもので、ナポレオン戦争から一〇〇年を経て、大殺戮が繰り返されたのである。数え切れないほどの死者が出る一方で、子供を作ることははるか先に延期された。その結果、二〇年後の人口構成図には、大きくへこんだ部分ができていた。出生数の少ない年が、いくつもできたのである。共和国はこれに対処しようとしたが、その効果は限られていた。一九二〇年に制定された法律は人工妊娠中絶を罰し、避妊具の広告を違法とした。社会保険を制度化する最初の法律が一九三〇年代初めに成立し、家族法が一九三八年に制定された。一九四〇年の軍事的敗北は、自ら消滅に向かおうとするマルサス主義的な国家に対する罰のように思われた。それから、奇跡めいた事態が起きた。戦争中に、急に出生率が上昇したのだ。理由はよくわからなかった。なぜなら、この現象は同時に、ヨーロッパのいくつもの国で起こったからだ。戦争が終わると、この傾向はさらに顕著になった。一九四五年に、ド・ゴール将軍は、フランスの男女に向けて、一〇年間で「一二〇〇万人の素晴らしい赤ん坊を」与えてほしいと呼びかけた。ド・ゴールの希望はほぼ満たされた。戦前の人数の少ない世代に続いたのは、フランス解放後の非常に数の多い世代だった。この世代の人々が、六八年五月のデモ行進を膨れ上がらせたのである。

一九六五年以降、カーブは逆転した。徐々に、フランスの出生率は他のヨーロッパ諸国と並ぶようになった。フランス人は、また子供を作らなくなったのだ。少なくとも、不十分にしか作らなくなった。あらゆる政治勢力がこの点については一致しているが、対処法についてはそうではない。現在の合計特殊出生率（約一・七）は、人口の維持を可能とする最低限（二・一）を下回っている。一九九四年にフランスで生まれた子供の数は七一万一〇〇〇人だったが、これは一九九〇年に比較して五万人少なくなっている。

もちろん、私たちは世界全体で人口過剰となるリスクを背負っていることを考えて、慰めを得ることもできる。一九九四年には、国連は次のような警告を発した。世界の人口は、「平均的」予測によると一九九八年までに六〇億人に達し、二〇五〇年には一〇〇億人を数えるだろうという。それでも、歴代の法王は、あらゆる宗教の原理主義者の支援を受けて、全世界に向けて避妊を非難し続けている。「産めよ、増やせよ」、あとは何とかなる、というわけだ。少なくとも、地球はフランス人のせいで、あるいはフランスのカトリックのせいで――彼らの多くは、法王の人口に関する説教を積極的に聞こうとはしていない――人口過剰になることはない。それでも、ヨーロッパとその他の地域を比較してみると、出生率の差は気がかりだ。あちらでは子供が多すぎるのに、こちらでは少なすぎる。

これと並行して、平均寿命は延び続けている。一九五〇年には、男性の平均余命は出生時で六三歳余り、女性は六九歳だった。一九九三年にはこれがそれぞれ七三・三歳と八一・五歳まで伸びた。二〇一〇年には、それぞれ七七・八歳と八四・五歳である。別の言い方をすれば、フランスは高齢化しているのだ。一九六五年には、二〇歳以下の人口は全体の三分の一を占めていた。それが、一九九三年では二八%を下回っている。平均年齢は白髪の混じる年齢となり、毎年少しずつ上がっていく。

高齢化からは、主として二つの結果が生まれるとされてきた。一つは財政上の問題である。就業人口が減ったときに、どのようにして高齢者の年金をまかなうのか。もう一つは、別のレベルの問題だ。子供が少なくなれば、フランスは生き延びるためにより多くの移民を受け入れなくてはならない。ある人によれば、これはナショナル・アイデンティティーの長期にわたる変質を招くものだという。別の人は、こんにちよりもはるかに恐ろしいナショナル・ポピュリズム（人口ナショナリズムの代わりに）の危険を伴うものだと主張する。マグレブとアフリカからの移民の大量流入、アパルトヘイトの脅威が訪れる。悪夢がどのような色かにかかわらず、未来は陰鬱なものに見える。

政治家たちは、一つの点で意見が一致している。フランスの皆さん、子供を作りましょう！　難しいのは、個人の利益（欲しい子供の数は、夫婦一組あたりやっと二人である）と集団の利益（人口を維持する出生率を達成するには、夫婦一組につき二人から三人の子供が必要となる）をどう調和させるかだ。国は個人のベッドにまで介入できるものだろうか。できると言うのは、積極論者と強硬派だ。母親に最低賃金を支給すべきだ、人口妊娠中絶の健保負担をやめるべきだ、と彼らは言う。

警察と司法の力でフランスの出生率が上昇するとは考えにくい。こんにちのフランス女性は、子供を産むか産まないか、いつ、何人産むかを自分でコントロールできるようになった。これは人類史上で最も大きな革命の一つであり、女性がこれを手放すことはない。したがって、政府にできるのは出産奨励策を取ることだ。シモーヌ・ヴェイユは、保健大臣として議会で法案を通して、二人目以降の子供を産む母親についての手当支給と身分保障制度を導入した。この種の施策が、市民、特に女性にとってどの程度の意識の変化をもたらすものか、注視する必要があろう。女性は、一般論としては、出生率を上昇させる必要性を完全に理解できる。しかし、必ずしも個人的にその負担を背負えるとは限らない。一人ひとりの個人の行動の論理と、国民の連帯の論理を一致させる政策とはどんなものなのだろうか。

私はこの件について、フィリップ・アリエスと議論したことがある。アリエスはいわゆる心性史の専門家で、特に「生を前にしての態度」に関心が強かった。国家の干渉主義は彼を笑わせた。出生率の低下は、近代的な避妊具が考案され、その販売が許可される以前から始まっていた。ジャック・ベルティヨンの一九一一年の著書『フランスの人口減少』(*La Dépopulation de la France*)によれば、ホームドクターにインタビューして調査した結果、いちばんの問題はコンドームでもなければ女性用のペッサリーでもなく、「オナンの罪」と呼ばれるもの(膣外射精)であることが判明したという。強い意思がある者なら、いつでも子供の数を制限する、もしくは子供を作らない方法を見つけることができるだろう。反対に、国による奨励策は、女性に共和国が期待する三人目の子供を産むために退職する決意をさせるレベルにはいたらないのである。

決定的なのは、社会的規範、社会の空気だ。人はいつでも、多かれ少なかれ「他人と同じように」しがちである。一九六〇年代半ばからの傾向は、どの家族でも子供の数を二人にとどめるというものだ。初産の年齢が上がっているため、誰でもが二人産むわけではない。国立人口学研究所（INED）の発表によると、一九六五年生まれの女性のうち、二五歳までに母親になった者の割合は三七％だという。この数字は、一九五五年生まれでは五五％、一九四五年生まれでは六五％だった。自由主義国家は、生活習慣を変えるための手段をわずかしか持っていない。ウッディー・アレンの映画『インテリア』（一九七八年）に登場する女性の一人は、妊娠したことがわかると、自分の人生をどうしようか決める前に子供を持つつもりはない、と夫に告げる。不幸なことに、だいたいにおいて人生をどうしたいのか自覚するのは、人生も終わり近くなってからだ。一つ前の世代では、子供を持つのは当然のことだった。ただ、最適な人数になるように工夫するくらいのものだ。その前提は崩れて、まず人生を成功させることが必要になった。モラリストたちには、愚痴をこぼすか怒ることはできても、習慣を変えさせることはできない。

人口の高齢化は、あまり取り上げられることのない種類の異なる問題を提起している。それは、保守的な姿勢が強まることだ。人口学者のアルフレッド・ソヴィーは、かつて何冊もの著書で、国民から若さが失われることがもたらす間接的な結果について書いている。活力がそがれ、内にこもりがちになり、極度に慎重になる、といったことだ。頭のおかしい年寄りが多くなれば、生活からは刺激が失われる。選挙結果の社会学的調査を見ると、この現象をいくらか理解することができる。あらゆる数字が一致して示しているのは、有権者の年齢が高いと、必ず右派への投票が多くなることだ。一九六五年から二〇〇七年の大統領選挙での投票に関する調査によると、右派の候補者に投票した有権者では、五〇歳以上の割合が「過度に」高くなっている。この事実は一つの指標でしかない。結局のところ、左派に投票したから必ず進歩がもたらされるわけではないし、右派に投票したから退歩するものでもない。たとえば、一九六〇年代の活気があるフランスで、左派に多数が投票したわけではなかった。

それでも、こうした政治的な態度は、少なくとも一つの傾向を示すものだ。それは、将来に対してある種の恐怖を抱き、権威を求め、新しいものを警戒し、治安を強く求める。人口の高齢化が進むとで、間違いなく、社会の保守的な傾向と、進歩を求める心情との間の豊かなバランスが崩れる恐れが出てくるのである。歴史では珍しくないパラドックスだが、より強く進歩（この場合には、家父長制モデルからの女性の解放であるが）を求めた人々には、自分たちの勝利によってかえって被害をこうむるリスクもあるのだ（老人政治、治安への強迫観念、国の権限強化の要求）。

いまはまだ、そこにはいたっていない。女性は、全般的にいえば勤めを得ることでより自立し、政治的にも変わりつつある。長いこと、女性は多く保守派に投票してきた。社会において男性よりも数が多い女性は（四八%対五二%）、過半数が右派に票を投じてきたのである。一九八八年以降の選挙では、それが変わりつつある。この年の五月八日、女性は男性よりも多く左派候補に投票した。歴史的な男女の入れ替えが起こったのだ。ミッテランを選んだ女性有権者は、前回選挙と比較して、四九%から五四%に増加する一方、ミッテランを支持した男性有権者は五六%から五四%に減少したのである。第三共和制下で、急進社会党が頑固にも「弱い性」に選挙権を付与することを拒否していた時代は過去のものとなった。当時は、教会の聖具室と告解所の女性に対する影響力が強すぎると考えられていたのだ。「女性は人類の未来である」といわれてきたが、いまでは女性は左派の未来になろうとしているのかもしれない。

一五年前に本書の初版を刊行してから、人口学者が「ミニ・ベビーブーム」と呼んだ出生率の逆転現象が生じた。合計特殊出生率は徐々に上昇し、一・七だったものが二〇〇八年には二・〇七に達したのだ。これにより、フランスはアイルランドを抜いて、ヨーロッパで最も高い出生率を記録したのである。国民戦線の出版物は、この傾向を歓迎することなく、厳密にフランス国籍の女性だけを見るならば、出生率は一・八でしかないと主張した。「フランス女性」はそれほど子供を作っているわけではなく、国立経済統計研究所（INSEE）はすべての女性住民、すなわちマグレブ、アフリカ、アジア、トルコなどからきた、より多く子供を産む女性たちも統計に加えたというのである。それは部分的には事実だが、極右にとっては「純血」が強迫観念となっている。フランスは多くの移民人口を抱える唯一の国ではなく、他のほとんどの欧州諸国も同じような状況にある。すべてを移民によって説明することはできないのだ。ドイツの出生率は一・四だが、この国の事情は、先に述べた文化的要因の重要性を浮き彫りにするものだ。フランス式の、仕事を続けながら子供を持つモデルは、まだドイツでは十分には受け入れられていない。また、フランスでは母親はいくつかの支援策の対象となっているが――その最大のものは、託児所の存在である――、ドイツにはそれがない。フィリップ・アリエスの考えとは異なり、立法者の役割は中立的なものではない。特に、文化的に強力な流れを支援している場合にはそれが言える。

フランスの出生率が今後どう変化するかは、誰にも予想できない。当面、出生率の低下は食い止められたが、「アテネのコンプレックス」が克服されたわけではない。これは、欧州連合全体にとっての問題なのである。*

＊二〇〇七年には、出生率が一・四なのはドイツだけでなく、オーストリア、スペイン、イタリア、ギリシャ、チェコ、スロヴェニアも同じだった。ポーランド、ポルトガル、ハンガリーではさらに低い一・三だった。

第27章 移民の地フランス

フランスは一九世紀末以来、移民を多数受け入れてきた。初期の移民であるイタリア人、スペイン人などは、容易にフランス社会に同化した。北アフリカ系の人々が移民の多数を占めるようになると、状況は変わった。一方、アラブ人が多すぎる、などと考える人々は増加した。イスラムは徐々に社会に受け入れられつつあるが、移民による侵略への恐怖は、広く共有されている。

歴史的な共同体の基礎を揺るがすことなく、出生率の低下と労働力の不足を移民の受け入れによって補うことができるものだろうか。一九八〇年以降、この問題は差し迫ったものとなってきた。それ以前に、フランスはいくつかの移民の波を経験している。まず一九世紀の終わり、次いで一九二〇年代、そして第二次大戦後である。一九五四年の国勢調査によると、フランスには公式に一七〇万人の外国人が居住していたが、かつて移住してきた人を祖父母あるいは親に持つ市民はどれくらいいたのだろうか。それは、イタリア人、スペイン人、ベルギー人、ポルトガル人、中部ヨーロッパ出身者の子孫である。外国人のうち八四%が欧州出身者であり、そのほとんどはカトリックの洗礼を受けていた。この人たちの同化には、乗り越えられない障害はなかった。

確かに、ピエモンテやシチリアからやってきた炭鉱夫や大工には苦労が多かったことだろう。彼らはフランス人の労働者から疑い深い眼差しを向けられていた。経済危機が訪れ、失業が増えると、真っ先に移民労働者に批判の矛先が向けられた。仕事を得るための競争は、ときとして流血の事態を招くこともあった。一八九三年八月には、エーグ・モルトで製塩所のフランス人労働者とイタリア人日雇い労働者が衝突し、死者が出る事件が起きた。この事件が原因で、ローマのフランス大使館のファルネーゼ宮が包囲されたほか、メッシーナ、トリノ、ナポリのフランス商店でもガラスが割られた。その後数年間、南フランスでは類似の混乱が続いた。スローガンは、「イタリア人は出て行け！エーグ・モルトに続け！」というものだった。「リタル」「マカロニ」。イタリアからきた子供たちは、学校で同級生からよくこのように呼ばれた。ピエール・ミルザは、好著『リタリアへの旅』(*Voyage en Ritalie*, 一九九三年）で、アルプスの向こうからやってきた家族がフランス文化に同化するために味わわなければならなかった苦労のいくつかを記している。他の国からきた人々にとっても同じことだった。それは、一九六〇年代に多数移住し、長らくスラム街で暮らすことを余儀なくされたポルトガル人まで続いた。

しかし、これら地中海地方出身の人々が、第二、第三世代になるとフランスに同化し、ときとしてフランス人以上にフランス的になったことも事実だ。プロレタリアの立場から出発して自営業で成功し、ちょっとした名士になった場合は特にそうだった。労働者にしても、ロンヴィーやモーゼル川沿いの地方ではしっかりと組織化されていて、一部の者は労働組合の中堅幹部となり、共産党の結党後は党の役職につくこともあった。フランスの奇跡とでもいうのか、外部からきたものを同化させる仕組みが割にうまく機能していた。教会、学校、兵役、労働組合、政党、企業それ自体、これらの歯車がうまく嚙み合って、長期的に見ると大きな効果があったのである。最初のうちは苦しくても、外からきて何とかフランスに残った人々は、最後には、歌に歌われたように「立派なフランス人」になったのだ。

私が両親とともに暮らしていたパリ郊外の街でのことだが、一九五〇年代初め、わが家のすぐ近くにシチリア出身の、ひと言もフランス語のできない家族が二組引っ越してきた。この人たちは古くて不衛生な、いまにも崩れそうな放置された建物で暮らすようになった。木の柱にようやく壁が支えられて立っているような建物だったが、二組の家族の男たちは手に職があったらしく、たちまち人の住める住宅に直してしまった。しばらくすると、学校に通っている子供たちは私たちと区別がつかなくなった。後年、彼らは結婚したが、その相手がどこの出身かは問題にならなかった。現在、彼らの子供たちが、自分たちのルーツがシチリアにあることを知っているかどうか、私にはわからない。パリ市内に住むようになってからは、私はスペイン人の家族がもっと速いスピードで変わっていくのをこの目で見ることになった。数年間学校に通った後に、彼らの娘たちと息子たちはすっかりフランス人になっていた。彼らが外国の出身であることを知らせるものは、わずかにその苗字だけだった。現在、毎年の理工科学校やその他のグランド・ゼコールの入学者名簿を見ると、フランスがどれほど大規模な混合に成功したかを確認することができる。これは、他の欧州諸国には例を見ないものだ。フランス人はフランスを離れなかったが、好むと好まざるとにかかわらず、貧困や迫害のために自分の国から押し出された何百万人もの外国人を受け入れてきたのである。

これが大きく変わったのは、一九八〇年代になってアフリカ大陸からの移民の重みが増し、受け入れられにくくなってからだ。その主体となったのは「イスラム教徒のアラブ人」である。彼らの存在が歓迎されなくなったのは、「経済危機」と呼ばれるものによってだった。国勢調査の公式な数字だけを取っても、移民に占めるアフリカ大陸出身者の割合は調査のたびに増えていった。一方で、ヨーロッパ諸国は経済成長の時代にあって、自国民を国内にとどめておけるようになっていた。一九七五年には、アフリカ出身者（主として北アフリカ）は三五％を占めていたが、一九八二年には四三・五％となった（この年の外国人の総数は三六〇万人である）。一九九〇年になるとこの割合はさらに増えて、四七％近くに達した。二〇〇八年の国立人口学研究所発表の数字では、フランスに暮らす外国人は約五〇〇万人で、フランスの全人口に占める割合は八％となっている。しかし、この数字には移民の子供たち、すなわち一人ないしは二人の移民の直接の子孫たちは含まれていない。その数は約六五〇〇万人で、全人口の一一％にあたる。その多くが、マグレブあるいはアフリカのサハラ以南の出身者の子供である。

公式の数字に加えて、公式統計には定義上カウントされない非正規移民も加える必要がある。しかるに、この新しい移民は、以前の移民に比べるとどうやら同化しにくいようだ。世論によれば、その主な要因はイスラム教である。ある世論調査によると、フランス人の五八％がイスラム教は民主主義の実践を許さないと考えているという。この意見に反対の者は二二％だ。反イスラム的な偏見は多くの人が共有するものだが、二一世紀に入ってからはかなり低下している。それでも、多くの人にとっては、宗教はすべてを説明するもののようだ。

クリスティアン・ジェレンは、非常に参考になる著書の中で、それとは異なる現実があることを私たちに知らせてくれる。* 彼はまず、少数ながらアラブ系またはベルベル系のイスラム教徒の家庭の子供たちがグランド・ゼコールで学び、エリートの一員となっていると述べている。多くの子供たちはある程度以上の学歴を得て、フランスの中産階級に加わった。つまり、同化の仕組みは機能していないわけではない。同時に、ジェレンはアメリカの黒人の場合と同様に、これらの同化した人々と、「プロレタリア以下の位置にいる多くの人々」との間の溝が大きくなっていると書いている。

こうした事態の原因を探ろうとすると、普段は語られることのないある基本的なデータに行きあたる。それは、調査対象となっている家族の文化的レベルである。一九三〇年のイタリアの識字率は七七%だった。一九七〇年のポルトガルでは七一%だ。同じ一九七〇年の識字率は、アルジェリアでは二六%、モロッコでは二一%である。やや極論すれば、新しい移民は農村の出で、読み書きができず、ヨーロッパの生活習慣とは無縁だったが、それがいきなり工業化社会、そしてポスト工業化社会に飛び込んだということだ。彼らは、そのような社会の複雑性を理解する手段を持っていなかった。彼らの子供たちは、まずこの最初のハンディキャップを乗り越えなくてはならなかった。家族のこうした境遇から抜け出すことができた者は、多くの場合学校教育の場で彼らに自信を与えることのできる大人——たいていは小学校または中学校の教師だったが——に出会えたのである。貧しい人や恵まれない人にとっての社会的成功の主たる手段である学校は、ユダヤ系やアジア系の家族ではその価値が認められているものの、しばしばマグレブ系の家庭の親にとっては不安を与えるものだ。学校の履修コースごとの違いや初等教育や中等教育などの課程の違いといった複雑な点が理解できず、子供たちが何を習っているのかもよくわからない。親と子の間には、越え難い溝があるのだ。さらに、家父長制が女性と女の子の上に重くのしかかる。女の子は結婚して子供を産むことが運命づけられているため、長い期間勉強することは推奨されない。男の子たちは男性優位の中で育っているため、学校で努力しようという気持ちにはなりにくい。

バンリウの多くの家庭には、目に見える宿命がのしかかっている。父親は失業し、母親は子供たちにいうことを聞かせられず、子供たちは学業に失敗し続け、時間を持て余しては街路をうろつき、盗みをおぼえ、警察から目をつけられるようになる。悪いのは他者だ、「人種差別主義のフランス」だ、となる。

あとは悪循環だ。フランス人の多くが、イスラム教徒のアラブ人に対して非常に否定的な先入観を持っていることは否定できない。SOFRES社の行った世論調査では、フランス人の四分の三余りが「フランスにはアラブ人が多すぎると考えている」(比較のために言うと、「スペイン人とポルトガル人が多すぎる」とする人の割合は三四%である)。この見方は、犯罪とマグレブ系移民の間に相関関係を認めるところから出てくるものだ。盗み、自動車への放火、スリ、強盗、集団での傍若無人な行動、バスに対する投石、さまざまな種類の襲撃等々。教育を受けず、親には権威がなく、仕事もなく、「ブール」(フランス生まれのアラブ人の子供)は、確かに非行少年のうちの大きな部分を占めている。

＊ C. Jelen, *La Famille, secret de l'intégration*, Robert Laffont, 1993

非行少年は、フランス人の日常生活を不快にする存在だ。特に、安全な街で暮らすことのできない人々にとってはそうである。

作家のターハル・ベン・ジェルーンは、二〇一〇年四月一〇日付「ル・モンド」紙への寄稿で、バンリウの不安について書いている。「バンリウの苦しみは、隠しておけるものではない。それは氾濫し、泥水を跳ねかけ、混乱させる。苦しみとは、若さと野心と希望をどう扱ったらいいのかわからない無為の肉体のうちに、不幸の畝をつける倦怠である。雑居生活、学業の失敗、失業は倦怠を醸し出し、それに苦しむ者たちを道に迷わせ、この周縁という不平等のプロフェッショナルが占拠する土地に向けて追放する。そこにあるのは、不正取引と暴力である」。若者と警察が対立した二〇〇五年一一月の燃え盛るような数週間を暗示しつつ、作家はこう続ける。「今後、暴動はまた起きるだろう。これまでのところそれぞれ違う形で混乱を引き起こし、他のシテ〔郊外の団地〕に飛び火するだろう。これまでのところは、怒れる若者たちは物的損害を与えることで鬱憤を晴らしてきた。まだ誰も殺してはいない。しかし、彼らは、市民を恐怖に陥れている」。

フランス人が、他国民に比べてより人種差別的なわけではない。私としては、たとえば外国人との結婚の比率の高さを見ると、むしろ平均以下なのではないかと思うくらいだ。単なる防御的な姿勢や、地域の危険な状況に直面して治安の強化を要求することは、「人種差別」と短絡的にみなされた。しかるに、左派は――左派全体としてという意味だ、公平に見なければならない――長いことこの社会的問題に目を閉ざしてきた。特定の移民のグループに対する嫌悪と怒りを表す言動に対して、反射的に「人種差別」のレッテルを貼ってきたのである。そのため、デマゴーグたちは立候補さえすれば、本来彼らが得るべきでなかった票を獲得することができた。もし、政権にある左派が、あるいは左派の文化に影響された一部の右派が、ものごとを正しく捉えていたならそうはならなかったはずだ。

社会党がSOSラシスム〔一九八四年に結成された反人種差別団体。当時急速に勢力を伸ばしていた国民戦線に対抗する活動を行った〕のような運動を支援したのも、この誤りによるものだ。当初、この運動は勢いのある流れから生まれたものだった。社会の人種差別的な雰囲気に反発した若者たちが組織を作り、「友達に手を出すな」と書かれたこの運動のバッジは一時大流行した。コンサートを開催し、友愛を謳った。俳優、芸術家、知識人らが、エリゼ宮からも支援を受けたこの寛容を求める若者たちを応援した。しかし、SOSラシスムの主張を聞くと、アラブ人とブールの不幸はすべて「人種差別」が原因であるかのようだ。「人種差別」は一種の風土病のようなもので、公共の広場での立派な演説や、ロック・コンサートと現代風の味つけをした道徳至上主義によって根こそぎにできるかのように聞こえる。その一方で、多くのマグレブ系（そして現在ではアフリカ系）の家族にとっての問題である文化的ハンディキャップは解決されず、暗いバンリウでの犯罪行為は続き、庶民は治安イデオロギーにますます染まってきている。彼らは、「人種差別主義者」と呼ばれると、それを認めた。一九九〇年代には、フランス人の四一％が人種差別的な傾向があると認めている（SOFRES社調査）。これほど重大で根深い社会問題を、たった一つの言葉、一つの悪口、一つのコンサートによって解決することはできない。

最近、ある国際的な報告書が、フランスの教育制度について注意を喚起した。エリート主義的すぎるために、多くの生徒が置き去りになっているというのである。事実、フランスの学校はずっと、学業に適した生徒を「普通」だと見て、生徒の達成目標レベルを設定してきた。その結果、「普通」でない者はドロップアウトすることとなった。「ゴロワ」〔非移民系フランス人〕が避ける地域に住む、読み書きが得意でない家庭の子供たちは、よほど努力しなければ学校に適応できず、愛情をもって助けられなければ努力することは難しい。しかし、現実はそういうものではない。地理的な移民の集中が、同化を妨げているのである。多くの小学校や中学校では、クラスの全生徒が外国人の子供であることもある。その場合、恐るべきメカニズムが働くようになる。フランス語を話し、フランス的な習慣を持つ家庭では、自分の子供がマグレブ系と黒人が多数のクラスにいることを知ると、転校させてしまうのだ。これにより「ゲットー化」は加速する。ブールとアフリカ系ばかり、あるいは圧倒的多数になったクラスでは彼らが中心になり、学業に身を入れようとはしなくなる。学校が同化のための最重要な手段だとするなら、それが効果を生むためにあらゆる努力を払う必要があるが、現状では、学校は十分にその機能を果たしていない。

移民の問題は、まず何よりも社会的な問題であり、その最大の要素は学業失敗と失業である。宗教の問題も、結局、古い移民と新しい移民の違いである。イスラムとヨーロッパの間には、何世紀にもわたる係争があったことを忘れてはならない。そこには、「十字軍から一九世紀にいたる間に西洋がアラブ社会に与えた過去のあらゆる災禍、不当な仕打ちに対する恨みがある。事実に基づくものであれ、想像上のものであれ*」。一〇〇〇年以上続いた対立の後には、植民地化、つまりヨーロッパ人による支配があった。ヨーロッパとイスラムは、政治的パートナーシップや政治的相互依存の関係ではなく、脱植民地化の後もずっと紛争関係にあるのだ。一九九一年の湾岸戦争は、特にイスラエルに関して、古くからのフランス人と、マグレブ系もしくはイスラム教徒のフランス人の間に、感情面で大きな開きがあることを示す機会となった。一〇世紀以上にもわたっての摩擦、誤解、紛争などの歴史的な重荷は、善意の表明だけで解消できるものではない。換言すれば、フランス人とアラブ諸国からきた移民およびその子供たちとの関係は、国際情勢に左右される。この観点から、中東での和平はイスラム教徒と非イスラム教徒の間の有和のための重要な要因となるものだ。

いずれにせよ、フランスにあるさまざまな宗教の信者がうまく共存していくためには、全員にとって受け入れ可能で、実際に受け入れられる共存の方法を見出さなければならない。フランスにとっての解決法は、長らくライシテだったが、これはイスラム教徒からは必ずしも十分に理解されていない。ライシテの原理は、絶対的で必然的で受け入れなければならない真実を国家が掲げることを認めない。さまざまな世界観が共存できるべきだとして、公式な哲学上の確信を拒否する。ライシテは多元主義を奨励する。しかし、イスラム社会では多元主義は知られておらず、宗教と哲学の分離、宗教と政治の分離、政治的自由などはその掟と伝統に一致するものではない。人権──特に女性の人権──とイスラム法のシャリアとの妥協は容易ではないのである。

共和国は、その原理からして、公共の秩序を乱し法を犯さない限り、すべての宗教を尊重している。過去においては、共和国は必然的に、真実は一つであるとして多元主義を認めないカトリック教会と対立してきた。共和国の完全な一員となるためには、カトリック教徒はライシテを認めて、自らを相

＊ P. J. Vatikiotis, *L'Islam et l'Etat*, Le débat/Gallimard, 1992, p. 190

対化しなければならなかった。共存して生きていくには、宗教は私生活の範疇である必要があった。この代価を支払うことで、カトリックは広く尊重されることができたのである。フランスでは少数派の宗教であるイスラム教は、この例に従うのがよいだろう。イスラム教徒は自らをイスラム教を信じるフランス人と位置づけ、かつて「アラーの法」は共和国の法令に縛られないとしたナンテュアのイマム〔イスラム教の宗教共同体指導者〕の教えに従うことを拒否すべきなのである。

多宗教の社会においては、ライシテの徹底は最良の解決法のように思われるのだが、このことを私たちの政府は必ずしもよく理解してこなかった。「寛容」の名において、公立学校でのイスラム教のスカーフ着用を認めるべきだと考えた大臣もいた。国家参事会は、どうしていいかわからなくなったのか、あるいはよい考えが浮かばなかったのか、各学校に判断を任せるという漠然とした決定が妥当と考えた。イスラムの影響の拡大に悩み、行政裁判所の判決の前でなす術のない多くの教員は途方に暮れた。ライシテとはセクト主義だろうか。そうではない。それは、多様性の中で、私たちがともに生きていくためのいくつかの原則に忠実であることにすぎない。

一九九四年九月の新学期に、フランソワ・バイル教育大臣はすべての学校長に宛てて、明快かつ穏健な内容の通達を出した。教育相の示した姿勢は、寛容であるべきというものだった。「目立たない」宗教的標章を学校で身につけることは差し支えないとされた。ライシテについては、彼は厳しい立場を取り、「これ見よがし」な宗教的サインを禁止した。グーサンヴィルやマント・ラ・ジョリでの反応は激しかった。スカーフを被った女子生徒が授業を受けるために教室に入ることを拒否された学校では、門の前でデモが行われ、ストライキのピケが張られた。校長と教師たちは譲歩しなかった。ライシテの原則によってこそ、個々の持つ特殊性を超えて、そしてあらゆる差別に反対して、絶えず再形成される国民の坩堝として学校が機能し続けることができるのである。ライシテは、フランス人にとって、異なる宗教が互いに尊重しあうための保証であり、また信仰のある者とない者が互いに尊重しあうことを可能にする。この原則に基づいて、シラク大統領はスタジ委員会を設置し、この委員会の出した結論は二〇〇四年三月一五日の、学校における宗教的標章の着用に関する法律に取り入れられた。「公立の小学校、中学校および高等学校において、生徒がある宗教への帰属を示す非常に目立つ標章もしくは服を着用することは、これを禁止する。内規により、処罰に関する手続きを開始する以前に、当該生徒との面談を行うものと定められていることをここに再確認する」。

イスラム教は、現在ではフランスで第二の宗教になっている。調査によれば、フランス人の多数は、徐々にイスラム教の存在を認めるようになってきた。モスクの建設、またイスラム教徒がよきフランス人たりうるという考えも受け入れられるようになっている。それでも、イスラム教徒とそれ以外の人々との間に緊張を招く事件が時折発生する。二〇〇九年の終わりに起きたのは、「ブルカ」事件である。いくつかの都市で、「全身を覆うヴェール」をまとい、顔を隠した女性の存在が確認された。委員会が設置され、法案が準備された。法的に禁止すべきだとする人々と、それに反対する人々の間で論争が行われた。学校でのスカーフ着用問題の繰り返しのようなものだった。ライック派は、イスラム教がヴェールの着用を勧めているわけでなく、したがってイスラム教を批判しているのではないと説明したが、イスラム教徒はこうした法案は自分たちの宗教に敵対的だと考えがちだった。

こうした事件にもかかわらず、イスラム教は以前よりも受け入れられる傾向にある。フランス人は、イスラム教とイスラム系テロリズムを同一視はしていない。政治家やメディアに加えて、日常生活が共存を容易にするよう促してきたのである。それでも、イスラム教徒とライックな社会は、恒常的に相互理解のための努力を続けなければならない。

この社会的で、宗教的な問題以上に、フランスはどのような移民政策を取るべきなのか、歓迎と国境閉鎖の間で揺れて、態度を決めかねている。「サン・パピエ」〔滞在許可証を持たない非正規移民〕をめぐる絶え間ない議論は、非正規移民を擁護する団体と、政府を支持する有権者の反応に気を遣う政府の対立を招いている。このはっきりしない政策には、一つ足りない要素がある。それは、移民の経済的な効果に関する評価についての情報だ。二〇一〇年五月に、さまざまな傾向の議員と移民支援団体の責任者が作った、「このフランス」(Cette France-là) という名のグループが、政府の移民政策に関する監査を行うことを提案した。これらの疑問は、冷静な判断をするのに適切とは言えない金融・通貨・経済危機の状況下で提示された。国民戦線は排外主義を燃え上がらせようとし、ニコラ・サルコジの率いる右派は選挙民の離反を恐れている。社会党は党内が分裂し、国民はどうすべきか自問している。いずれにしても、この問題はもはやフランスだけのものではない。移民に対する否定的な反応は、南の諸国から貧困と迫害の犠牲者が流入する欧州諸国のほとんどで見られるようになった。フランスは、いまのところ、近隣諸国に比べてやや有利な状況にある。十分でないまでも、かなり高い出生率を維持しているからだ。それでも、「侵略」への恐怖、社会の脱フランス化の不安、「文明の衝突」は、世論に潜在する強迫観念となっているのである。

第28章

敵はどこへ行ったか

過去において、フランスの歴史的な敵国は英国とドイツだった。第二次大戦後は、アメリカ帝国主義が共産党からも極右からも批判の対象となった。不毛な反米主義は、米国にフランス移民のコミュニティーが存在しないことに由来しているのではなかろうか。

「アラブ・ムスリム」の移民が、こんにちのフランス人の一部にとって、国内における強迫観念になっているが、一般的に言ってイスラム諸国は、その総体として――特にイランとイラク、さらにイスラム化の危険があるアルジェリア――国外における敵になりうるとみなされている。しかしながら、フランスはスペインではない。フランスは十字軍には加わったが、レコンキスタには参加しなかった。もし、国民意識が外国と相対することによって形成されるものだとしたら、フランスの場合は別のところにその相手を求めなくてはならない。

アザンクール〔百年戦争中の一四一五年に、ヘンリー五世のイギリス軍がフランス軍を破った戦い〕からファショダ〔一八九八年に、南スーダンのファショダでフランス軍と英軍が武力衝突を起こしかけた事件〕にいたるまでとするならば五〇〇年間だが、百年戦争から植民地争奪まで何世紀にもわたって、フランス人とっての最大の敵はイギリス人だった。特に海軍で強かった反英的な伝統は、「グランゴワール」(*Gringoire*)誌のコラムニストだったアンリ・ベローまで続いた。ベローは、ドイツ占領下で反英的な記事を書きまくった人物である。同様な観点から、フランス国内にあるドイツ軍の拠点が連合軍機に爆撃されたとき、ペタン政府は聖なるジャンヌ・ダルクをあえて持ち出した。イギリス人は、ジャンヌ・ダルクがルーアンで火刑に処せられて以来の敵なのである。こうした反感は、いまではほとんど消滅している。例外は、ラ・ロワイヤル〔フランス海軍〕の一部の人々だけだろう。彼らはいまでも、ペタンがヒトラーと休戦協定を締結した後、チャーチルが冷徹に決定した、アルジェリアのメルス・エル・ケビール軍港に停泊していたフランス軍艦への砲撃を忘れてはいない。

　イギリス人はもはや私たちを怖がらせない。一九〇四年の英仏協商以降、摩擦の種にはこと欠かなかったが、全体でみれば——ヴィシー政権は別として——英仏両国民は二度の世界大戦で連帯していた。それに、上流階級に非常に長い間広く行き渡っていた英国好みによって、英国嫌いは相殺されていた。英国はいまでも、最高のツイード生地と最高のゴルフ場を提供してくれる国である。フランスの若者は、シェークスピアの言語と呼ばれるものに慣れ親しむために、英国に何回か滞在しなければならず、だいたいにおいてその滞在はよい思い出になっている。ホームステイ先の食事はあまりほめられなくても、イギリス人の可愛い女の子たちが親切だったことで埋め合わされているのだ。それはともかく、ビートルズが解散して以来、フランス人の想像世界の中で英国が占める位置は大きなものではなくなった。フランス人は、いまやフランスと英国の力関係は自分たちに有利だと考えている。

ブレア時代の一時的な晴れ間の後、ポンドの価値、国内総生産、貿易、これらの指標ではいずれもフランスが、再びイギリスをリードしている。サッカーでも、フランスは「不実なアルビオン」に対して劣等感を持たずによくなった。これは、一九九九年に伝説のウェンブリー・スタジアムで、イングランドを二対〇で破って以来のことだろう。

英国人はこの変化に気づいただろうか。いずれにしても、英国のメディア――特にタブロイド紙――は「フロッグ」〔英国人がフランス人を軽蔑して呼ぶ呼称〕に、つまり平均的イギリス人にとってのなぶり者である気の毒なカエルに、思い切り噛み付くのである。こうした非難や、ときとして品のない侮蔑は、パスティスのグラスを前にしたフランス人を慌てさせるものではない。もし、「ザ・サン」紙が書いているほどフランスがひどい国だったら、ノール県やノルマンディー、あるいはペリゴールに住みつく女王陛下の臣下はこれほど多くないはずだ。私たちにとっては、英国人はエキゾティックで、島国根性で、強情で、ヨーロッパの舞台では気難しいが、憎めない存在なのである。いまでは金欠病になってしまった、上着の襟にくちなしの花をつけたかつての颯爽としたライバル、といったところだろうか。

私たちの二番目の先祖代々の敵であるドイツ人と関係は、より複雑だ。政治面からいえば、ドイツはいまやフランスの同盟国、いや、それ以上のものだ。欧州建設における、私たちの最大のパートナーなのである。とはいえ、二度の世界大戦を含む三回の戦争による対立は、簡単に消え去るものではない。一八七〇年までのドイツは、フランスでは非常に評価が高かった。ドイツは、詩人と、哲学者と、あらゆる種類の科学者の祖国だった。スタール夫人は、有名な『ドイツ論』(*De l'Allemagne*)

を書くことで、フランス人をドイツ好きにすることに大いに貢献した。ドイツは一つの国ではなく、一つの文化だった。プロイセンにより力ずくで統一された後に、すべてがうまくいかなくなった。一八七一年の敗戦以降、フランスはドイツをめぐる強迫観念に取りつかれた。クロード・ディジョンの博士論文の題名『ドイツがもたらしたフランス思想の危機　一八七〇年―一九一四年』(*La Crise allemande de la pensée française, 1870-1914*) は暗示に富んでいる。フランス人は、彼らが一八七一年の戦争になぜ勝ったのか詳細な説明を求め、ドイツの優位に納得した。エルネスト・ルナンは、普段はより優れた想像力の持ち主だが、敗戦を説明するために、フランスの貴族階級の青い血というゲルマン的な部分が、ケルト的・地中海的な部分に――民主主義に、と言いたいのだろうか――従属していたことによるものだとまで説明している。同時に、復讐の準備も行われていた。「失われた地方」、アルザス・ロレーヌを取り返したかったのだ。多くの家族は、ヴォージュ山地の稜線より向こう側とはいかなる平和的な関係も持とうとはしなかった。モーリス・バレスは、これを題材とした小説をいくつも書いている。

第一次大戦後のワイマール共和国の失敗は悲劇だった。その責任の一端は、フランスの政治家たちにもあった。新しい、民主的で自由主義的な体制がヨーロッパ諸国の一員となれるように助けるかわりに、ポワンカレを初めとするナショナリストたちは、一九一八年以降、敗戦国のドイツに賠償を迫るばかりだった。敗戦国側は、ヴェルサイユ条約は一方的な押しつけだと考えたが、中でもナショナリスト団体はこのことを繰り返し主張した。そうした団体の一つから出てきたのがヒトラーである。一九四五年以降、連合国が再び敗れたドイツに対して、一九二〇年代と同じ間違いを犯さなかったのは幸いだった。冷戦がそうさせたのであろうことは間違いがないが。いずれにせよ、フランス人は決してふさがらなかった傷にもかかわらず、すぐにライン河の向こう岸の隣人に手を差し伸べることを選択した。ド・ゴール将軍は、仏独の和解を厳かなものにするのにふさわしい人物だった。一九六二年九月に彼が、アデナウアー首相臨席のもと、ドイツ国民に向けて行った演説は、聞いた者すべて――実際に演説に立ち会った者も、テレビで見た者も――の心に残るものだった。戦争のサイクルは閉じられ、ようやく両国は調和の時代に入ったのである。

実は、私たちの本当の敵は敵ではない、敵であったことさえないのだ。なぜなら、それは恐らく米国だからだ。私たちが最も苦々しい思いを抱くのは米国に対してである。実際には、私たちはますますアメリカ化しているにもかかわらず。むしろ、だからこそそう感じるのだろう。

個人的には、私はフランス市民として、フランスが米国に多くを負っているのを忘れることができない。一九一七年に、ロシアが東部戦線で後退しつつあるときに米国が英仏側に参戦したことで、ヨーロッパはドイツの支配下に入ることを避けられた。米軍が、一九四二年に北アフリカに、そして一九四四年にノルマンディーに上陸したことで、フランスは国家社会主義の占領軍と、敗北主義的で反動的な傀儡政権という、二重の独裁体制から解放された。実際には、ヒトラーに対する決定的な打撃はソ連が与えたものと言わなければならない。スターリングラードでの勝利が戦争の転換点となったのであり、私たちはソ連兵の信じられない勇気によって間接的に助けられたのだ。しかしながら、赤軍によって「解放」されることが何を意味するかは誰もが知っているとおりだ。

このとき以来、私たちはアメリカの保護を享受してきた。一九六〇年代にド・ゴール将軍が国防の独立を主張して核武装し、NATOの軍事機構を脱退して駐留米軍にフランスを離れるよう求めたときには、私たちは自尊心を満足させることができた。しかしながら、思い違いをしてはいけない。ド・ゴールの自立的に見えた対外政策は、緊張緩和という国際情勢によって可能となったのだ。彼自身、フランスの偉大さにとっての屈辱的な現実から逃れようとしつつも、強力なソ連軍の前に西欧の実力が米国の傘なしには不十分なことをよく知っていた。

四〇年の間に、米国によってナチ化とスターリン化から救われたことだけで、私たちは米国に感謝すべきなのである。夏に、ノルマンディー地方のアロマンシュを通りかかったとき、私はサン・ローランの米国人墓地を訪れて、見渡す限り列をなしている十字架――毎年、ウィスコンシンや、ダコタや、ミズーリから米国人の家族がこの墓地にやってきて、墓前で頭を下げている――を見て、誰のお陰で自由でいられるのか、思い出さないわけにはいかない。

米国人同様、私たちは反乱を起こすことで民主主義を勝ち取った。米国人は、まず一回目にはキリスト教徒として反乱を起こした。それは、英国の宗教体制を逃れて、自らの共同体を自由の土地に築こうとしたピルグリム・ファーザーズの移住だった。その後、彼らの子孫は武器を取って英本国から主権を奪い取り、共和国を打ち立てた。伝統主義者、反革命主義者たちは、アメリカ人が二重の断絶により連邦国家を作ったことと、フランス人が歴史的な不法侵入によりカトリック教会と君主制国家を結んでいた印璽《いんじ》を破棄して共和国を創設したことのどちらも許しはしなかった。

私たちは、どのような違いがあるにせよ――違いは非常に多いが――、同じ歴史的空間、同じ思想的種族に属している。自由と平等の原理は、大西洋をはさんだ両岸で、私たちの父の歩みを導いてきた。この二世紀の間、米国でもフランスでも、私たちは人間に対する権力の行使は国民による監視と参加なしには成立しないとの確信を持ってきたのである。

それでは、両国の関係になぜこれほど雲がたれこめているのだろうか。一九世紀には、両国は互いに好感を抱いていて、ホイットマンのような詩人は一八七一年にフランス——「自由を求める戦いと、雄々しく神聖な熱望の（中略）青白い象徴よ」（ホイットマン著、鍋島能弘・酒本雅之訳『おおフランスの星よ、一八七〇—一八七一』、『草の葉（下）』所収、岩波文庫、六九—七〇ページ）——の敗戦に同情の意を表したのである。あたかも、それが祖国の敗北だったかのように。

反米的な言説や感情の一覧表を作ろうと試みるとき、まず目につくのは共産党の反米主義である。その強弱はときにより異なるが、反米的信念は変わることがない。このことは、いくら強調しすぎることはない。なぜなら、共産党は一九四七年から一九五三年にかけて、反米感情の形成に重要な役割を演じたからだ。この時代の共産党の影響力は党員や支持者を超えた広がりを持ち、搾取される人々の、平和そして正義の名において行われる威嚇的とも取れる主張は、無邪気な人々、広い心の持ち主、あるいは単にドイツ占領時代の言動を忘れてもらう必要がある人々に対して大きな効果があった。ずっと以前に共産党とのつながりを断ち切った人にもなお反米主義が染みついているのを見ると、その影響力がいかに強かったかがわかる。米国に対する偏見がいまも残るのは、それが何百回ものデモ、何千、何万ページもの記事、何百万という言葉によって培われたものだからだ。すべてが忘れさられてしまったとき、共産主義が残したのは反米主義だけなのだった。

当時は物事をストレートに表現したことを、知っておくべきだ。共産党のプロパガンダの中心的な課題は、米国を新たなファシズム国家に仕立て上げることだった。ジャック・デュクロが言ったように、米国は「社会主義の国を消滅させ、国際労働運動を打倒し、米帝国主義が全世界を支配するために、ヒトラーの始めた戦争を継続する」ことを望んでいるというのである。

米国とナチスの比較はあたり前のものになった。一九五〇年代初めには、歴史家や大学教員が「ラ・パンセ」（思想、*La Pensée*）誌――「近代的合理主義の雑誌」と謳っていた――に「米国務省は、意図的に戦争とフランス人民の敗北を計画した」と書いた。戦争中には、第二戦線を開くのを遅らせることで「米帝国主義の反フランス的な行動は、フランス人民とその友であるソ連人民、さらには平和を希求する世界全体を抹殺するという巨大な規模に達したのである」。合理主義的な読者ほど教育がない大衆に向けては、アンドレ・スティルの一連の小説があった。彼らは、一九五一年のスターリン賞受賞作『最初の衝突』（*Le Premier Choc*）が描く港湾労働者の闘争に熱中したが、この本の狙いは新たな占領に対抗するためにフランスのプロレタリアを動員することだった。「アメ公が来たら悲惨なことになるぞ！」「アメリカは戦争をしようとしてるぞ！」というわけだ。

一九九〇年八月初めに、サダム・フセインがクウェートに侵攻すると、「リュマニテ」紙は建前上侵略を批判した。しかし、それは長くは続かなかった。その一週間後、ブッシュ米大統領は米軍のサウジ・アラビア派遣を決めるとともに、イラクの独裁者に対してクウェートからの撤兵を要求した。共産党にとってはすべてが明らかになった。米帝国主義の新たな挿話が始まったのだ。それ以降、中東危機全体が、この短絡的な視点から解読されることとなった。一九九一年一月一八日の「レヴォリュシオン」（革命、*Révolution*）誌は、米政府の戦争目的を暴露した。「いまや明確になった戦争目的は、廃墟と死者の山と化してしまうクウェートの解放ではなく、イラクの完全な敗北、この国の占領、指導者の逮捕、米国にとって石油の主たる調達先であるこの地域での米国による秩序の確立なのである」。

クウェートが解放された二月の終わりになって、ブッシュはバグダッド攻略を行わず、またサダム・フセインを捕虜とせずに、国連の決議に従うことを決定した。果たして、共産党の週刊誌はいくらかなりと間違いを認めただろうか。そうはならなかった。

フランス共産党員は、言葉に詰まったときには、アメリカに向かって拳を突き上げる。間違いなく、このパヴロフの条件反射が起こるのだ。それというのも、米国は単に軍事力だけでなく、金銭を象徴するものでもあるからだ。アメリカ人は、金銭のことをストレートに、恥ずかしがることなく、私たちの習慣となっている偽善を伴う遠慮もなしに口にする。カトリック文化では金銭を罪悪視する傾向は強いが、それは金儲けにあくせくすることを妨げるものではない。ただし、それを口にしてはいけないのだ。フランスでは、資本主義という言葉には不道徳な響きがある。定期的に行われる世論調査では、フランス人が「資本主義」に対して反感を持っていることがわかる。私たちが資本主義経済のもとで暮らしていて、そしてその経済体制のもとで生活水準の向上が実現したにもかかわらず。国際的な世論調査会社グローバル・スキャンが二〇カ国で行い、二〇〇五年四月に発表した調査は、次のような質問をすることで、先に述べたパラドックスが事実であることを明らかにした――「企業活動の自由と市場経済は、未来にとって最良のシステムか」。共産党政権下の中国では、七四％がイエスと答えた。これに続いたのは、フィリピンと米国だ。フランスは最下位で、肯定的な回答は三六％にすぎなかった。ノーがイエスを上回ったのは、フランスだけだった。

こうした思考の習慣が、共産主義の枠を超えて、左派全体に反米感情を増大させたのであり、左派キリスト教徒とトロツキストは共鳴し合うことができたのだ。「ル・モンド・ディプロマティック」(*Le Monde diplomatique*) 誌は五大陸で読まれている雑誌だが、長いことその編集長だったクロード・ジュリアンは一九六八年に『アメリカ帝国主義』(*L'impérialisme américain*) と題する、米国を糾弾する著作でその名を知られるようになった。この雑誌は高級紙「ル・モンド」紙と姉妹関係にあるが、あらゆるテーマに関して——テレビ、失業の深刻化、米国務省の妄想など——米国という怪物について紋切り型の意見を掲載し続けている。堕落し、好戦的なアメリカが、米国人自身（編集部が公正な立場を貫いていることを証明するものだ）、あるいは信頼の置ける記者たちによって描かれているのである。「変質したアメリカン・ドリーム」、「最大の犠牲者は中産階級」、「増える失業と下がる賃金」、「閉鎖された学校と、穴ぼこだらけの道路」、「最強の超大国か、開発途上国か」、といった具合だ。これらの、どちらかといえばありふれた表現は、すべて湾岸危機の最中に、この尊敬すべき雑誌の一九九〇年一〇月号に掲載されたものである。

もう一つの反米的傾向の流れである一部のド・ゴール派、それも「左派ド・ゴール派」と自称するグループについては、長々と書くまでもないだろう。このグループには、国民的な広がりがない。確かに、ド・ゴールはルーズヴェルトの時代にも、ケネディーあるいはジョンソンの時代にも、アメリカに従ったことはない。大西洋の向こう岸の超大国に対してフランスの独立を尊重させようとし、アメリカがおかしな行動を取っていると判断したときには軽蔑したような態度を見せることはあった

(ベトナム戦争時がそうだった)。それでも、彼のちっぽけなエピゴーネンたちとは異なり、ド・ゴールがアメリカ人について侮蔑的な言葉を使ったことはなかった。彼は常に米国との同盟関係を支持していたし、一九六一年の第二次ベルリン危機、あるいは一九六二年のキューバ危機のような重要な時機には迷うことなく、はっきりと米国の側に立ったのである。

より興味深いのは極右の反米主義であり、これは少し詳しく見る価値がある。なぜなら、その表現の新しさの点からも、この現象の本質を捉えることが可能だからだ。

極右の、少なくとも普通その代表者と見られている人々の大半は、かつてモーラスが「ただフランスのみ」という言葉で語った夢を温めている。これは、「ただヨーロッパのみ」と、現代的に言い換えることができるかもしれない。危険を直視せずに砂の中に頭を埋める駝鳥よろしく、フランスのナショナリストは閉ざされたフランスが、あらゆる形の変質から守られ、すべての意味において外部の者から保護されると夢想している。以前から極右にとって強迫観念となっているのは、内側の部外者、すなわち移民、ユダヤ人、輸入業者である。しかるに、極右の目には、ときには隠され、ときには白日のもとに晒される、内なる部外者とアメリカの共謀が存在しているのだ。湾岸危機に際しては、この共謀にイスラエルが絡んでいることは自明だった。かつて、ル・ペンはナチスによる迫害の時代のように、「ユダヤ・インターナショナル」という言葉を用いた。ロビーと陰謀が、中東のユダヤ人と米国を結びつけているというのだ。米国東海岸の強力なユダヤ人コミュニティーの存在がその根拠とされた。一九九〇年九月一四日に、ポスト・ペタン派の週刊紙「リヴァロル」(*Rivarol*)は、ブッシュに対し「ベトナム以上の屈辱」を味わわせると脅した上で、「イスラム教徒」以外にも「国内の敵」

がいることの不安を記事にした。元ミリス団員のフランソワ・ブリニョーは、より率直に「ナショナル・エブド」誌上で、ユダヤ人と米国が共同謀議をしていると述べた。「アラムコや巨大石油資本のために、匿名で放浪する黄金、世界を指導する金融資本家は前進せよ。おおむね、塹壕に向かって」。私がこれを強調するのは、これらが半世紀以上前にユダヤ人を戦争の責任者に仕立て上げようとした言葉とほとんど一字一句違わないからだ。ブリニョーは、誤解を避けるために、この同じル・ペン派の週刊誌の別の号に、セリーヌの『死体派』(*L'École des cadavres*)を模倣した一文を掲載した。『死体派』は一九三八年に出版されている。当時セリーヌはヒトラーのドイツと協調して「欧州アーリア人国家連邦」を作るべきだと主張していた。ブリニョーのバックグラウンドがわかろうというものだ。「アメリカ!……口先ばかりで、すべてを堕落させ、偽善者で、画一的で、反吐が出そうな、Khornのように K で始まるコン(バカ野郎)で、猥褻な商品を売るピューリタンのアメリカ、自由主義でセクト主義の、レジスターとスーパー・マーケットのアメリカ、(中略)誇大妄想のアメリカ、精神病で、精神分析のメッカ、くそ、いや、吐き気があなたを襲う、醜悪で、けがらわしいものを吐き出したくなる……」。

フランソワ・ブリニョーは、あるインタビュー*で、彼が嫌悪するのは自由、平等、一七八九年の革命、幸福という観念、フランスにやってきてフランス人の血と混じりあう外国人だという。そして、さらに「私は都市が嫌いだ。労働者の住む町が嫌いだ。私は機械が嫌いだ」と述べている。反対に、彼は自分を「エコロジスト」だと感じているという。なぜなら、「エコロジストとか、そういうものはペタン元帥の『土への回帰』だから」なのだ。

新右翼の理論家アラン・ド・ブノワは、著書『正しい向きの思想』（*Les Idées à l'endroit*）で、ごくシンプルな信念を披露している。米国は、祖国たりえないというのだ。「ベトナムという祖国はある。カンボジアという祖国もある。アメリカという祖国はない」。それはなぜだろうか。ここには、根を下ろすというバレスの古い思想が見て取れる。「祖国」と呼ばれる歴史的共同体は、そのすべての成員の生まれた土地への帰属と、祖国を作ってきた死者たちの記憶以外には基盤を持つことができない。バレスと、そして現在ではブノワが問題にするのは、啓蒙思想以来の民主主義の系譜だ。それは、祖国とは、生物学的な偶然と伝統の継承によって一緒になった人々を集めているだけではなく、一つの国を作ることに同意して、共通の価値に自らの意志で賛同した人々の集合だという考え方である。

アメリカ嫌いの非常に明白ないくつかのケースを考えると、それぞれの状況に応じた説明以上の説明が求められる。そのために、私は二つのコンセプトを用いてみることにしたい。反米主義は、二つの拒否反応の表現なのである。一つは、トクヴィルの描いた民主主義社会への。もう一つは、カール・ポパーの主唱した開かれた社会への。

貴族出身のトクヴィルは、一八三〇年の革命後に、身分の平等と生活習慣の統一に未来はあると確信した。米国を旅行して、すでに北米でそうであったように、彼はフランスでも中産階級が民衆の大半を飲み込んで、社会の中心となるものと考えた。『アメリカのデモクラシー』は、預言をするかのように、私たちがこんにちその実態を知っている消費社会を描きだした。それは、実用本位で、標準

＊ A.Harris et A.de Sédouy, *Qui n'est pas de droite?*, Seuil, 1978

化された製品の大量生産、「工業的」な文学、全面的な脱政治化、英雄的モラルの終焉などである。やがてフランスにもやってくるとトクヴィルが考えたこの社会は、実は彼の好むものではなかった。しかしながら、彼はその必然性を認めていた。なぜなら、一方では自由と平等の原理に基づいた社会を形成して、他方では高貴な美徳と特権を少数の者が独占する貴族文明の規範を維持することはできないからだ。

換言すれば、アメリカの民主主義は大衆社会を先取りするものだった。同時に、民主化のプロセスを「アメリカ化」と呼ぶなら——あるいは、製品と習慣の「大衆化」といってもいいが——、一般人でない人々の感じる軽侮の念を理解することができるだろう。紋章を持つ家庭の御曹司ばかりでなく、特に知識人についても同じことが言える。フランスでは、知識人は本来反米的なのである。その理由は、以前は特権的な立場にいたにもかかわらず、知識人は大衆文化の直撃を受けたからだ。一九三〇年に米国旅行から戻ったジョルジュ・デュアメルは、『未来生活情景』(*Scènes de la vie future*)ですべてを要約して書いた。彼が数え上げた恥ずべき事柄は、フーヴァー大統領のアメリカだけのものではなく、やがて私たちのものにもなる嫌悪に値する事柄だった。レコードに録音された音楽、映画によってその地位を奪われた演劇、近所のビストロが閉店した後にできるファスト・フードの店などである。これらすべては大多数の者に、芸術や観光旅行や都市生活の便利さに触れる可能性を提供するものだった。もちろん、これだけではすまない。テレビの登場は、このプロセスを加速させ、知識人、作家、哲学者の役割を学者犬程度のつまらないものにしてしまったのである。

トクヴィルのように、昔ながらの価値の序列を懐かしむこともできるだろう。しかし、彼は残念に思いながらも、それが消滅することを受け入れた。逆説的なのは、フランスの左派知識人が、大衆の地位向上の結果である社会の変化に根本的に反対だということである。確かに、彼らは大衆の地位向上に反対だったのではない。しかし、それがもっと違った内容と、別の形で行われることを夢見ていた。一般化した学校教育、民衆が観劇に行く国立劇場、夜間講座での学習、知的文化の大衆化、などである。残念なことに、いまからほんの少し前に平均的ソヴィエト市民がジーンズやロックを求めていたことの意味を、トクヴィルのほうが私たちよりもよく理解していたのである。

歴史上貴族がいなかったアメリカは、最初に民主主義社会の新しい製品と生活習慣をもたらした。アメリカに対する私たちの古くからの敵意は、そこからくるのだ。大衆文化は、生まれのいいフランス人にとっては反文化的であり、程度の低い文化である。あらゆる政党が、反米的な局面において、あるいは反資本主義的イデオロギーによって、大衆文化を批判してきた。なぜなら、結局のところ、左派が考えうる唯一の大衆文化は、国家が介在することで初めて可能になるもの、国家の介在なくしては成立しえないものだったからだ。それは、学校の教師を通じて、国家が独占するテレビ放送を通じて、あらゆる種類の補助金を通じて、初めてできあがるべきものだった。しかし、豊かになった自由主義社会は――それが福祉国家を伴っていたとしても――必然的に世論の支配下に置かれてしまう。通俗は洗練よりも強力であり、フランス製英語はラテン語を凌駕する。巨大建設会社に大衆的テレビ局の経営を任せるとき、何が起きるかは予測がつこうというものだ。経営者は自分の好みを押しつけるのではなく、視聴者の見たがるものを見せようとするのである。

米国には、果たして民主主義社会に対しての責任があるだろうか。そんなことはない。しかし、米国はパイオニアだった。反米感情は、このあらゆる国が経験する変化に対する怒りから出てきたものなのである。この変化は、文化の領域に、学術的文化の犠牲の上に平等の考え方を持ち込んだ。フランスの思想家の民衆への愛は、多くの場合、夢の中の民衆への愛でしかなかった。夢の中で、民衆は余暇に美術館を訪れ、生涯学習の講座に通うのである。

反米感情はまた、開かれた社会を拒否するものでもある。ポパーのコンセプトは、古い民族・文化的、宗教的かつ先祖代々の基盤を持つコミュニティー(「閉ざされた社会」)に代わって、自由主義的で、競争的で、個人主義的で、人間が自由による幸福と不幸の双方を経験する社会が現れるというものだ。宗教改革、民主主義革命、産業革命は、西洋において、この進歩の観念を勝利させた歴史的大変化の起源となるものだった。

アラン・ド・ブノワは、誰にも増して、閉ざされた社会を懐かしむ教養人だった。すなわち、私たちの祖先の社会、神話と指導者のもとに組織された社会、集団の成員が個々人の人生や気まぐれなどに集団を優先させる有機体としての社会である。ある意味では、共産主義のユートピアは開かれた社会に対する嫌悪を共有し、新しいタイプのものではあるが閉ざされた社会の建設を夢見ていた。それは、平等の原理が自由の原理に対して最終的な勝利を収めた社会である。個人の冒険や、社会的地位の向上など、社会の均質性を脅かす要素はすべて排除されるべきなのである。

この、父祖の掟への忠誠、あるいは万物の計画化により偶然を許さない秩序ある社会への郷愁は、心理的に大きな力を持っている。それは、保護を求める気持ち、個人の責任を集団の中に溶け込ませようとする欲求、さらには都市文明が生み出す孤独に対する反発を示すものだ。モーリス・バルデーシュを読むと、都市文明への反発は、ステップ（平原）症候群と呼べることがわかる。ステップは、どこまでも広がる、万里の長城のような障害物のない空間だ。別の言い方をするなら、「民主主義の無秩序な自由は、我々の生活をあらゆる面で、洪水、瘴気、悪臭の風に向けて開くのだ。堕落や土地の接収や、そして特に凡庸に対する防波堤もなく」（『ファシズムとは何か』*Qu'est-ce que le fascisme?*より）というのである。

しかるに、米国は開かれた社会を象徴する人物像や概念を作りだした。セルフ・メイド・マン、起業家精神、移民、宗教的序列の欠如、中央政府の役割の相対的な小ささ、個人主義、放浪生活などだ。米国では、その住民間のコンセンサスとなった二つの原則が、急速に発展した最初の国である。過去に縛られることがなかったため、平等の原理は民主主義社会を生み、自由の原理は開かれた社会を生んだのである。

フランスで、私たちがこの二重の変化の結果に対して覚える嫌悪は、「アメリカ」に対する反発となって表される傾向にある。強大な軍事力や経済力に対する反感以上に、反米感情は、貴族的なアイデンティティーへの深い執着と反個人主義のいずれか、あるいはその双方に根を下ろしているのである。しかし、アメリカ嫌いの妄想が、こんにち近代社会が直面している二重の困難を隠すものであってはならない。一方では、民主主義社会が何の統制もなしにその悪しき傾向をたどり（全員がバカロレアを取得し、人々は社会保険給付で暮らし、テレビのクイズ番組を見て楽しむ）、無意味に向けて退行することを避けなければならない（「空虚の時代」）。他方では、開かれた社会が個人のモザイクのように細分化され、共同の利益を見失うのを避ける必要がある。しかし、いずれの場合にも、政治的な理性と意志が決定を下すのであって、隠喩としてのアメリカに対する呪いの言葉が何かを決めるわけではない。危険は私たちの内部にあるのであって、外側に求めることには意味がないのだ。

安易なアメリカ嫌いからは、もういい加減に卒業すべきだろう。ヨーロッパ人は、自分たちの力で、共同して自由と平等の空間を築くことができるはずだ。そこでは、市民は少なくとも消費者と同じだけの重みを持つだろう。模倣されると同時に嫌われてもいる、アメリカの従兄弟たちのことを気にかけすぎる必要はない。もし、私たち自身が何者であるかを再定義するために、反面教師となるモデルが必要だというのでなければ。しかし、アメリカはヨーロッパの娘である。人は、自分の子供に対抗して自己規定ができるものだろうか。

実は、フランスでの反米感情の最も明快な説明は、アメリカはヨーロッパのあらゆる国からやって来た移民によって形成されたが、そこにはフランス人だけが欠けていた、というものかもしれない。マンハッタンにはリトル・イタリーと呼ばれる地区があるし、警察官にはアイルランド系が多い。米国中、どこへ行ってもドイツ系、あるいはスウェーデン系、ウクライナ系などの市民と出会う。何人かの料理人と実業家を除くと、フランス人はワシントンの故国に根づくことはなかった。フランス人には、アメリカの叔父さんも従兄弟もいない。そして、一般的に、フランス人は英語を話すのに大変苦労している。

第29章

フランスの風土病

ペシミズムはフランスの慢性的な病だ。絶望すべきことばかりではないのに、フランス人は未来に対して自信を持てずにいる。フランスは衰退しつつあるという固定観念がこの国を侵している。革命の伝統が「よりよい社会」への希望を養ってきたのに、将来の目標、新しい社会のモデルが見出せないからだろうか。

よく考えてみると、フランスの主たる敵は、フランス人自身の中にいる。二〇一〇年四月一一日に、元首相のアラン・ジュペは、「ル・モンド」紙に「私たちはヨーロッパで最も悲観的な国民だ。生活水準は非常に高く、いくつもの素晴らしい強みがあるにもかかわらず」と語っている。ペシミズムは、フランスの国民的な病であり、治療のために医師の処方箋を用いることも厭わない。実際、フランス人以上に製薬会社を儲けさせている国民は他にないのである。フランスの社会保障制度も、この傾向に拍車をかけている。フランスでは錠剤やカプセルは他の国よりも安価で、薬剤師の助言や最新の薬品について詳しい人のアドヴァイスに基づいて、自分で薬を買うこともできる。化学は、祈りに代わって「心を安静にさせる」ためにある。ドイツやデンマークのように、フランスと同等、あるいはそれ以上に社会保障制度が整備されている国でも、薬の消費量はフランスに比べて半分から五分の一でしかない。この数字は、軽妙で呑気で生きる幸せを味わっているというステレオタイプ的なフランス人像を大きく修正するものだ。フランスにとって、不安は慢性病となったのである。

長くフランスで働いている友人のイタリア人女性は、これが不思議だと言う。「フランスの暮らしはとても快適です。美しい場所がいくらでもあります。道路も、TGV（高速鉄道）も、航空網もよく整備されている近代的な国なのに……。国の組織だって、何とか言っても機能しているでしょう。労働法も進んでいるし」。彼女は、故国に戻って暮らす気持ちはさらさらないし、フランス人が自分の国に信頼を置かず、そればかりかフランスのことを自虐的に言うのが不思議でならないと言う。このコメントが正しいかどうか確認しようと、私は世論調査会社SOFRES社の「世論の動向」（*L'Etat de l'opinion*）シリーズにあたって調べてみた。その第一巻は一九八四年刊行で、一九八二年と一九八三年の調査結果をまとめたものだ。これは、一九八一年の左派の勝利の後、失望が訪れた時期に相当する。一九八二年一二月には、フランス人の四八％が今後一年間に生活水準が下がると予想している。五〇％が、次の年はどちらかといえばよくない年になると答えている（どちらかといえばよい年になると答えたのは一五％だった）。

悲観論と楽観論の対立は、どうなるか予測のつかないものだ。将来に対する安心感の度合いは、当然そのときの経済状況により変化する。しかし、悲観論は年々強まる傾向にある（例外は、ロカール内閣時の一九八九年だけだ）。ほぼ変わらないのは——統計の数字とはまったく一致しないが——「自分たちのような人々の暮らし向きは昔よりも悪くなった」という見方である。そう考える人は一九八一年には五〇％、一九八五年には五三％、一九八七年には四八％、一九九一年には六〇％などとなっている。逆の答え、つまり暮らし向きはよくなっているという人の割合は非常に低く、五％から二〇％だ。残りは、変化がないと答えた人たちである。

ＳＯＦＲＥＳ社は、一九九五年から二〇〇五年にかけての楽観論／悲観論のカーブを描いて見せてくれている。黒い線（「世の中は悪くなりつつある」）は常に赤い線（「世の中はよくなりつつある」）よりも上にある。その差が最も大きかったのは二〇〇五年一二月の調査結果だ。それは確かに、パリ近郊での暴動事件の直後ではあったが、悲観論を唱える人は全体の八二％で、楽観論者は五％にすぎなかった。唯一の例外は二〇〇〇年一〇月の調査で、このときは悲観論、楽観論いずれも四〇％だった。

「悲観論」という言い方は安直だ、という異論もあろう。むしろ、実際の出来事に基づく明晰な判断と不安と言うべきではないのか、と。しかし、この異論は、ユーロバロメーターを用いて調べてみると、論拠に乏しいことがわかる。金融危機の始まる二年前の二〇〇六年に、グローバリゼーションのもたらす可能性とリスクについての世論調査が欧州諸国を対象に行われた。その結果、最も危機感を抱いていたのはフランス人だ（最も楽観的なのはデンマーク人だ）。「将来の世代の生活の質」について問われると、フランス人はまたしても非常に悲観的だった。この調査の最新版（二〇〇九年）には、次のようなコメントが付されている。「全体として非常に悲観的である。フランス人の七〇％から八五％が、この二〇年間で、世の中は悪くなったと考えている」。

欧州統合もまた、暗い気持ちを抱かせるものだ。指導者たちは欧州統合の思想を広めて強力な神話に高めることができず、その必要性とどのような条件下で——ときとして、それは苦痛を伴う——実現されるのかを説明できずにきた。そのために、欧州連合は、失業や新たな貧困層の出現、その他のあらゆる経済的な困難の責任を負わされてしまったのである。国境の開放と共通農業政策によって、フランスの農業は必要かつ期待以上の大きな市場を獲得したにもかかわらず、この国の農民がマーストリヒト条約批准の国民投票の際に圧倒的に反対票を投じ、さらには二〇〇五年の欧州憲法条約の批准をめぐる国民投票でも、フランスの有権者全体と同様に反対したのは、パラドックスというべきではないだろうか。一九九二年秋には、古い保護主義があたかも新しい考え方であるかのように広まっていた。フランスは世界第五位の輸出国だが——人口規模を考慮すると、これは驚くべきことだ——それにもかかわらず、内向きのフランス、バリケードを張ったフランス、ただ一つのフランスを讃える雄弁家たちは、どこの演説会場でも満員の聴衆に迎えられた。皆で身を寄せ合おう、外は寒いぞ、というわけだ。このメッセージは、二〇〇五年に多くの人々から受け入れられた。

フランスの衰退はフランス人の大好きな話題で、その知的レベルや職業を問わず、頭から離れないようだ。一九九四年七月三〇日の「ル・モンド」紙に掲載された、一九六〇年から一九九一年にかけての、各国の国民一人あたりの国内総生産に基づく豊かさの変化を比較した表によると、一九六〇年にはフランスは世界で一四位だった。それが、一九九一年には七位になっている。これは喜ぶべきことだが、誰がこれを予測していただろうか。この同じ期間に、英国は八位から一七位に後退した。前述のようにもはや敵国でなくなったドイツは、いまでも経済に関しては私たちに劣等感を抱かせ続けている。ドイツと比較して、「フランスの実力はたいしたものではない」と言うのが趣味がよいとされる。私たちの規律のなさ、怠惰とされる性格（ペタンは、フランス人は享楽的だと批判していた）、国際貿易への不適応、銀行の臆病さかげん、ばらばらに行われる努力、その他のさまざまな事象が、フランス人は無能だという結論を導きだすのである。

しばらく前のことだが、私はドイツのフライブルク大学が主催するシンポジウムに招かれた。ドイツ人とフランス人が相手に対して互いに持っているイメージがそのときのテーマだった。私が驚いたのは、あるドイツ人教授が、心配しているのはフランスの過度の科学技術上の野心だと述べたことである。原子力、宇宙ロケット、超音速機、TGV、ルクレール戦車などがそうだというのだ。古き良きフランスはどこへ行ってしまったのだろう。フランス人が自分たちを見る目と――駄馬に引かれたおんぼろ馬車と映っている――他者が恐れるものとの間には、明らかにギャップがあるようだ。

それでも、フランス人が極端に自国贔屓だというのはよく知られたことだ。この矛盾を、どう説明すべきだろうか。むしろ、私たちはマゾヒズム・ショーヴィニスムを培っていると言った方がいいのかもしれない。これは、私たちが昔から引きずっている、自尊心の強さにもかかわらず抱く自己嫌悪、満たされないプライドとでもいうべきものだろう。「クーリエ・アンテルナショナル」（*Courrier International*）誌は、外国の新聞・雑誌に出た記事をフランス語訳して掲載しているよくできた雑誌で、私はこれを読むのが楽しみだ。フランスについての記事が載っている三―四ページは、毎号、世界中で、あらゆる言語で書かれたフランスの悪口のオンパレードだ。もし、ある週、アングロ・サクソンかドイツか地中海岸のメディアが、フランスの政策、学校、風景、贈収賄事件、過大評価されているワイン、公害で汚染された都市、衰退する文学、誇大妄想、偽善、品質の疑わしいコンドームなどについて、いかなる毒のあることも書かなかった場合には、「クーリエ・アンテルナショナル」はボゴタかカブールの新聞に載ったフランスの外交政策、あるいは人種差別についての意地の悪い記事を探してくる。フランスあるいはヨーロッパの外に旅するときには、私は旅先の国の新聞にどんな記事が出ているか、誰かに聞いてみるのだが、フランスについて敵意のある記事にお目にかかったことはない。「ニューヨーク・タイムズ」紙で、パリ市内の大規模な建設計画についての好意的な記事を読んだことはあるが、この種のものは決して訳されない。しかし、「ニューズウィーク」誌がフランス特集を組み、攻撃的で、不快で、度を過ごした記事を掲載すると、すぐに話題になって、体によい健康食品であるかのように珍重されるのである。フランス人とは「たちが悪く、不潔で、悪人」である、と良質な雑誌である「レクスプレス」誌は嬉々として拷問部屋に引き入れられたかのように、これを要約してくれる。フランスには、苦痛を礼賛する傾向がある。古代ローマの競技場でライオンに殉教者が差し出されるのを喜ぶように、噛まれた傷をありがたがるのである。

作家や知識人も、私たちを元気づけてはくれない。アカデミー・フランセーズ会員で愛国主義の権化のような作家ジャン・デュトゥールは、現代社会に文句をつける内容の本を数え切れないほど出版した。嘆き節が延々と続くが、それはデュトゥールがいつも楽しそうな表情でいることを妨げるものではない。彼のピンク色の頬と生きいきとした目を見た外国人は、フランス人は幸福だと結論づけるかもしれない。彼の本を読むと、不幸で、現代に対して悪態をつき、ひと言で言うなら過去を懐かしむデュトゥールがそこにいて、外国人は、フランスが神から見離された国であることを理解するだろう。ノスタルジーは、文人の憎めない欠点なのである。

確かに、現代は英雄の時代ではない。デュトゥール自身が『オ・ボン・ブール』(*Au bon beurre*)で書いているような、食料不足で闇屋だけが儲かる時代ではないのだ。拳銃を片手に、パリ市庁舎を占拠するようなことはない。私たちがいる場所はもはやヴァルミーではない。私たちは毎日、新たなモネやプルーストの登場を待ちわびているが、その期待が満たされることはない。ペギーは、このことを教えるために——もっとも、ペギー自身が早くも「現代社会」に対して怒りが収まらずにいたのだが——時代と時期を区別していた。私たちが生きているのが「時期」であること、つまり偉大ではないときであることには疑いがない。しかし、常にきわめて重要な局面ばかりを生きることには無理がある。フランス革命とナポレオンの賛美者だったハインリヒ・ハイネは、七月王政の初期にパリにやってくるという不運に見舞われた。ブルジョワ的な当時の王様は、傘を手に、パリの街路を散歩していた。ハイネの失望がわかろうというものだ。英雄たちはくたびれ果て、「偉大な国民」は農地の耕作や品物の売買にとらわれて身動きがとれずにいた。ヨーロッパ中が、苛立ってじりじりとしていたにもかかわらず。しかしながら、一八四八年にフランス人がうたた寝から目覚めて、新たな革命のためのバリケード作りに取りかかると、ハイネはこのパリの政治的激動は自分の性には合わないと感じた。自分が何を求めているのか、よく知っておくことが大事なのである。

故国を離れて、長いこと外国で暮らした二人のフランス人が、二一世紀になって帰国したときに、どんなことを考えるかを想像してみよう。一人目は、第二次大戦前にフランスを離れて、アマゾンの大森林地帯で生活してきたとしよう。フランス国内を旅行した彼は、目を見張ったことだろう。どこにでも水道があり、電気が通り、どの住宅、マンションの各室にも風呂場やトイレがある。農家の家屋は清潔で、農作業は機械化され、都会は自動車であふれ、週あたりの労働時間は三五時間、給与所得者には年五週間の有給休暇が認められ、人々は明るい色の服を着て、社会保障の水準は高い、といった具合だ。ヴォルテールの『カンディード』(*Candide*)の登場人物パングロスでなくとも、この数十年間にフランス人に起きたことについて、バラ色の結論を導き出すことができるだろう。

もう一人は、一九六八年の五月革命後、まだ興奮が収まらない時期にフランスを離れて、イエメンあるいはアフリカの奥地に移住したとしよう。それはまさに、オリヴィエ・ロランが『ポートスーダン』(*Port-Soudan*)で描いた物語だ。主人公は、かつて同じ毛沢東派のグループに属していた旧友の死を知って、急遽帰国する。彼もまたフランスの変化に驚かされるが、その感じ方は正反対だ。彼の目にはすべてが変わったように見えるが、それは悪い方向に、である。地下鉄の車両の色も悪くなった。彼にとって、「時期」の概念は——悪い時期だと言ってもいいだろう、歴史的に水位が低くなったとも言える、政治の泥沼に政治の汚泥が重なったものだ——すぐに明らかになる。私たちの青春のあの興奮はどこへ行ってしまったのだろう。

一部の人が好む極端な悲観論までいかずとも、作家はいつでも生き辛い現代に対して、過去を賞賛しようとするものだ。戦争の思い出、革命の思い出。たとえそれが革命ではなかったとしても、思い出よ、思い出よ、私たちの恋は、狂わんばかりの欲望はどこへ行ったのか、というわけだ。沈着冷静な人物なら、一九六二年にアルジェリア戦争が終わって以来、フランスはようやく平和になったと、控えめに言うかもしれない。国家の組織制度も、一九五八年以降いろいろ言われてはきたが、時間の経過と、絶えず制度を変えたがるおかしな癖に耐えてきた。経済状況も、生活水準も、ずいぶんと改善された（前に記したことを参照願いたい）。男性も女性も、以前のように労働で身体をすり減らすことはなくなった。住宅事情も改善された。寿命も伸びた。誰もが、中等教育で学ぶことができる。そして、いまでは同年齢の者の半数以上がバカロレアを取得して、大学に進学できるのである。しかし、これらを含むすべてのことにたいした意味はない。まだ失業があり、移民があり、犯罪があり、将来への不安があるからだ。

フランスのある政治家が、私たちに欠けているのは大いなる計画だ、と言ったことがある。私の考えでは、それは正しくない。欧州統合の計画があるからだ。これは、小さな計画ではない。しかし、欧州統合が多くの人を揺り動かすものでなかったことは認めなければならないだろう。何人かのパイオニア的な人々を別にすれば。私たちには、大義と福音が欠如しているのである。少なくとも表面的には。なぜなら、毎日のように私たちの注意を引きつける人道上の理想は別としても、政治は必ず献身と英知を必要としているからだ。残念なことに、私たちは政治参加をその「英雄的」ヴァージョンと混同してしまった。マルローになるか、何にもならないか、とマルローではないほうが言ったように。マルローは、一生を国際旅団で過ごしたわけではない。彼は、大臣の職を引き受けるだけの謙虚さを持っていた。私は、民主主義は絶えず主張し、アピールすることを必要としていると信じている。それは、民主主義があらゆる体制の中で最も脆いものであり、また多くを求めるものだからだ。もし、こんにち、民主主義をその敵——腐敗、市民意識の欠如、官僚主義、無関心、無知——から守るのに、かつて革命という壺に空想めいた主義主張を束ねて投げ込んだときのような情熱を込めることができるならば、私たちはより健全な政治を期待できるのではないだろうか。

こんにちのフランスで、なすべき仕事はいくらでもある。教育制度の再建、失業の独創的な解消法、特に失業者をあらゆる意味において環境に関わる政策に参加させること、「バンリウ」の空気の徹底的な健全化、あらゆる個人主義のスパイラルに歯止めをかけること、かつてシャバン＝デルマスがスラム街の問題に決着をつけようとしたようにホームレス問題という恥ずべき課題を解決する意志を持つこと、刑務所における受刑者の生活条件の改善、司法改革、などである。リストはいくらでも長くなるだろう。これらは、大いなる計画なのだろうか。新聞を毎日読めば、一〇〇〇の計画が積み重なって一つの大いなる計画になることがわかる。ひと言でいえば、私たちが政治に再び意味を与える夢を見ることができるのである。意味と、品位を。

この分野に関しては、マスメディアの助けがなければ、何もできないだろう。ラジオ、テレビ、あるいは活字メディアさえも、政治の二次的側面、絵になる部分やほめられない部分を見せることが多すぎる。確かに、教育は、オピニオン・リーダーたちの最大の関心事ではない。不健全な競争、スクープ重視、視聴率優先主義は、私たちが情報を得るための手段を、恒常的な情報操作の手段に変えてしまった。フランス人の気分が陰鬱なのは、番組が陰気で、ニュースは話題が次々と変わり、テーマを深められないこと、よいニュースがないか、あるいは少ないことなどによるのかもしれない。そのために、憂鬱な気分が呼び覚まされ、あるいはその状態に保たれている。実際、報道は本来束の間のものであるため、根本的な問題以上に、その日の情勢に関心を示す。つまり、ゆっくりした動きよりは、翌日にはもう話題に上らない儚いものに注目しがちなのだ。ところが、国民は、毎日起こる事件めいた事象よりも、ほとんど目に見えない、長期にわたる深層部分での変化にはるかに影響を受ける。家庭用の設備や、平均寿命の伸びなどは事件ではないために、メディアでは取り上げられない。これまでたどってきた道を検証するには、距離を置いて見ることが必要だ。テレビのニュース番組では、毎回長期の動きに関する報道があることが望まれる。そうすれば、マント＝ラ＝ジョリやモンフエルメイユでのいつもの盗難車の「ロデオ」に続く警察の「失策」を長々と見せられた後で、気持ちを慰めることができるのかもしれない。

こうした願いは、微笑を誘うだけだろう。自由主義社会は、独裁体制下でよくあるこのような強制的なやり方にはなじまないからだ。労働の喜び、歓喜の週間、帽子には花飾りを、唇には歌を、というやり方に。私が言いたいのは、報道関係者にいくらかでも政治的かつ民主的な意識を持ってほしいということだ。歴史家は、いまでは純粋な事件史、すなわち表面的に起きている事象だけを扱うことはなくなった。ジャーナリストも、人々の暮らしは三件の森林火災と、少女に対する暴行事件と、オランピック・ド・マルセイユの二部リーグへの降格だけではないことを理解すべきではないだろうか。アレクサンダル・ペトロヴィッチは、「幸福なジプシー」に出会った。たまには、同様の気分でいるフランス人を見せてくれてもよさそうなものだ。私たちは、シオドア・ゼルディンのように、「フランスの皆さん、嘆くのはもうやめて下さい」と言ってくれる外国人を必要としている。ゼルディンは、ある記事を次のように結んでいる。「フランス人は、鏡の中の自分を見るときには、暗い色の眼鏡をかけている。彼らが陰気なのは、眼鏡をはずすのをためらっているからだ」。同じように、パリ第一大学の経済史の教授であるジャック・マルセイユは、勇敢にも著書の一つに、『何と美しいフランス！』(*Que c'est beau la France!*) という題をつけた。彼はこの本でフランス人であることの相対的な幸福を示す、確認可能な事実をいくつか挙げたが、これにはたちまち抗議の声が上がった。まるで、マルセイユが猥褻な言葉を並べたかのように。

かつて、ウナムーノは「私はスペインに痛みを感じる」と言ったが、同じように、こんにちフランス人は、フランスに痛みを覚える、と進んで言うのかもしれない。実のところ、その理由は人によって異なる。ある人々は、選挙でのル・ペン氏の得票に見られるように、フランスはネオ・ファシズムに脅かされていて、その思想は政権の座にある右派政党にも影響を及ぼしていると言うだろう。別の人々は、これとは逆に、フランスは歯止めのない新自由主義に苦しめられて、そのために犯罪が多くなり、不法移民は増加し、ポルノや汚職は花盛りで、道徳心は失われた、と言うかもしれない。

実際のところ、全員の意見が一致する禍は失業だろう。これは現代の恐ろしい現実であり、物乞い、麻薬、若者による犯罪、社会全体の意欲の喪失、若い世代が抱える不安、将来の年金制度への疑問などの原因となるものだ。誰もが失業を話題にし、選挙の立候補者は解決法を提案するが、この悪夢は何年も続いている。

最近では、奇跡のような解決法を信じる人はいなくなった。一四年にわたり社会党が大統領職を占めた期間——共存政権の時期も含めて——に行われたのは、対処療法的な労働政策でしかなかった。想像力は枯渇している。再び経済成長が訪れても、経済学者のうち最も楽観的な人さえ、部分的な失業の解消しか予測できないのである。

フランス人は、ぼんやりとではあるが、激動の時代を（今度は時代であって、時期ではない）生きており、もう後戻りはできない、これからはまだ輪郭のはっきりしない新しい文明に入っていくのだと感じている。ひと言で言うなら、私たちは苦しみの中で、よく知っている工業化社会から、まだ形の見えないポスト工業化社会への移行期を生きているのだ。

何世紀もの間、人類の大半は生存するために、人による労働、手仕事、肉体的な努力を行うしかなかった。産業革命とともに、人間が行っていた労働が、機械に取って代わられる時代が始まった。工業化に伴って労働力が必要となり、農村は人口の多くを失った。工業化社会においても、失業は猛威を振るったが、これは断続的、周期的、季節的なものだった。失業は不況、景気後退の結果であり、それが終われば求人は急増し、外国人労働者に頼らなければならないほどだった。

状況は変わった。生産性の向上は急激で、労働需要は日に日に縮小している。自動車産業は、長い間、求人の多さでは模範的だったが、現在では事務職の数が工員を上回っている。オフィスでは、コンピューターの使用が一般化したことで、サービス分野の職が多く失われた。農業では、機械化によりずっと以前から農村の砂漠化が始まっている。成長率が上がったとしても、失業はなかなか減らず、どのような経済政策も効果が薄い。私たちの社会はますます豊かにはなったが、一人ひとりが確実に収入を得る希望を与えることさえできないでいる。

この大きな変動はまだ終わってはおらず、まだ誰も明日の社会を考え出してはいない。悲観論者は、またもや二元社会の議論を持ち出してくる。一方には、さまざまな種類の生産活動に必要な人々がいる。働く、能動的な人々だ。もう一方には、仕事がない人たちがいて、この人たちを見捨てることができないなら、援助するほかはない。こちらは、働かない、受動的な人々ということになる。

現在の漠たる不安は、上に述べたような、ある程度うまく説明された図式が、ますます多くのフランス人に共有されるようになったためではないかと、私には思われる。これは、新しい二つのフランスの旋律だ。勝ち組と負け組の、裕福な者と社会から排除された者の。その結果として、隠された絶望と不安が生まれてくる。自分は何とか最悪の事態にいたらずにすんだとしても、子供たちはどうだろうか。フランス解放以来、フランス人の家庭も、移民の家庭も、生活水準が向上し、歴史上かつてなかったほど全員に豊かさが行き渡った。あたかも、人間存在のコペルニクス的転回があったかのようだ。しかし、いまでは新たな貧困による劇的な退行の脅威が迫っている。

フランスは気分が滅入っている。それは、ポスト工業化の文明モデルが確立されていないからだ。進歩のイデオロギーは瓦解してしまった。自由主義にしても、社会主義にしてもそうだ。フランスの基礎的な力は、そんなに衰えているわけではない。国内を旅行し、また外国を旅してみると、フランスでの暮らしがいまでも快適であることがわかるだろう。人々が気にかけているのは、明日の不安である。そのために、逃避しようとし、人のせいにしようとし、抗議の意志を表明するために極右や極左の政党に投票し、政治家や政治制度に不信を持ち、内にこもる誘惑にかられ、不幸なことに沈鬱なナショナリズムの唱道者が有名になるのだ。

ジョルジュ・ポンピドゥーが、下院の演壇で、一九六八年の五月革命が文明の危機だったと分析してみせたとき、彼は時代よりもわずかに先に進んでいた。五月の事件は、豊かな社会にとっての一時休止だった。こんにち、私たちは歴史的な危機をまさに経験している。これはフランスだけにとどまるものではまったくないが、フランスは他の国以上に鋭くこの危機に反応しているのだろう。

仮説ながら、この特性は、長い時間の流れの中で見るべきものだろう。距離を置いて見るなら、これは現実をある程度意識した、国力の衰退という秘められた感情から生まれてきた、歴史的な悲観論だと言うことができよう。もし、この悲観論を時代的に位置づけなければならないとしたら、恐らく一九四〇年五月から六月の暗い日々まで遡る必要があろう。当時の軍事的な敗北は、予想外のものだっただけに、より残酷だった。フランス軍は世界最強と言われていたではないか。それはトラウマとなった。独仏休戦協定が結ばれた六月二二日の翌日、ジャン・ゲエノは日記に次のように書いた。「私は苦しみと、怒りと、恥ずかしさで満たされている」。反動的なペタンの体制、ナチス・ドイツへの国家としての協力、世界大戦の中でのフランス人同士の戦い、こうした私たちの歴史の悲劇的局面は、深い傷跡を残した。フランス人は、自国が二流国になったことを悟ったのである。圧倒的な力を持ち、世界の列強と互角だったフランスの輝かしい過去と、一九四〇年に屈辱的な敗北を喫したフランスとの対比が、国民意識の中に疑念を芽生えさせ、現在にいたったのだ。ベルナノスの「大転倒」からずいぶんと後になって作られた「第七中隊はどこへ行った」(*Mais où est donc passée la septième compagnie?*) のような映画はフランス人の自虐的ユーモア精神をよく物語っている。二〇〇五年のアウステルリッツ戦勝二〇〇年記念については、何と言うべきだろうか。フランスは、公式な記念行事は一つも行わなかったが、他の欧州諸国では実際に行われた。たとえ輝かしいものであっても、歴史上の出来事は低く評価されている。ド・ゴールは、都合の悪いことには触れずに、フランスを偉大な国として立ち直らせようと試みた。一九四四年には、彼は国民にフランスが戦勝国の一員だと思わせようとし、実際に五つある国連の常任理事国の一つとすることに成功した。一九五八年からの数年間は、一時的な晴れ間が見えた時期だった。脱植民地化が完了し、経済は再び成長軌道に乗り、新フランへの切り替えが行われた。外交は独立性を取り戻し、この古い国の近代化も進んだ。芝居の題名にあるように、「美しくて、偉大で、心の広いフランス！」というわけだ。しかし、これらの言葉はすぐに古びて、場違いなものになった。

一九四〇年の敗戦、インドシナ戦争とディエンビエンフーの戦い、一九五六年のスエズ出兵の政治的失敗、ピエ・ノワール〔アルジェリア在住フランス人〕の帰国、アルキの遺棄などの出来事以外にも、ペシミズムの増幅に確実に影響力があった要素が存在する。それは、社会主義の希望を掲げていた左派の何度も繰り返された失敗である。フランス解放直後には大きな力を持っていた共産党の転落、社会主義の失敗がそれにあたる。社会民主主義の国々では、「資本主義との断絶」が約束されたことはない。フランスでは、革命の伝統が「よりよい世界」への希望を温めてきたのである。しかし、その夢はあきらめねばならなかった。特に、ベルリンの壁の崩壊とソ連消滅後は。歴史にハッピーエンドはないのだ。

ピエール・ノラは、この歴史的悲観論について、長く記憶にとどまる言葉を残している。「フランスは未来がくることを知っているが、自身の前途を思い描くことができない*」。

* Pierre Nora, « Les avatars de l'identité française », *Le Débat* n° 159, mars-avril 2010

第30章 忘れられた博愛

自由と平等は、共和国の基礎として定着したが、博愛について語られることは少ない。一八四八年憲法には「博愛」の文字が書き込まれたが、法的概念でないため、政治の世界で取り上げられることはあまりなかった。しかし、個人主義思想が定着した社会では、博愛は市民がともに生きることを可能にする原則ではないだろうか。

私たちがもう少し明るい気分になるために、足りないものは何だろうか。私たちには自由があり、平等が大好きだ。もしかしたら、足りないのは博愛かもしれない。

自由は、私たちの共和国の基礎をなしている価値だ。自由には、ジェルメーヌ・ド・スタールとバンジャマン・コンスタンが区別したように、古代人の自由と近代人の自由がある。近代的自由とは個人の自由、私の自立であり、私生活である。古代の自由は、政治的な自由だ。現代の市民は、アテネでのように、都市国家の統治に直接関与してはいないが、それでも正統な権力の源泉であることには間違いがない。この自由は、私たちの目には、他の自由をも含むものだ。言論、集会、報道の自由である。この分野においては、第五共和制の発足以来、進歩が見られた。テレビ報道は最も多くの人々が接しているものだが、これが国の監督下から脱したのだ。現在では視聴覚高等評議会（ＣＳＡ）と呼ばれる独立した監視・監督機関を設けるという考え方そのものが、たとえＣＳＡ自体に対してはいろいろ批判があるとしても、進歩だと言うことができる。政権交代のたびに、制度は改革された。右派が議会で圧倒的な多数を得た結果生まれたバラデュール内閣が、左派政権下で設置されたＣＳＡに手をつけなかったことは、この機関に一定の独立性を保証する結果となった。これは評価すべきだろう。いずれにしても、行政府、特に大統領府とテレビ局との関係には、まだ改善の余地があるのだが。

もう一つの別の分野で、政治的自由は明らかに前進した。憲法評議会の権能の拡大である。一九七四年以来、同評議会に訴えを起こすことがより容易となり、これによって特に野党の権利がより広く認められた。メンバーが大統領と上下両院の議長によって選ばれている憲法評議会が、政治に起源を持っているのは残念なことかもしれない。そのために、評議会の判断の根拠が疑わしく思われることがあるからだ。それでも、議会で多数派は好き勝手ができなくなり、特定の法案に対して不服申し立てを行うことができるし、実際、それは普通に行われている。二〇一〇年三月には、憲法評議会へ訴え出る資格は一般市民にまで広げられ、市民がある法律が自分の権利や自由を侵害すると判断した場合には、不服申し立てができるようになった。この新しい手続きは非常に複雑なもので、その効果を測定するにはもう少し時間が必要だ。

政治的自由は、政治に関わる人々の倫理感と切り離すことができない。この分野では――一九九一年以降、社会党政権下でのいくつもの「疑惑」が問題とされてきた――まだ楽観的になるのは難しい。

国政と地方の議員たちが、現在でもなおトパーズ〔マルセル・パニョル作の同名の喜劇の主人公。正直な教師だったが、正直すぎたために解雇され、怪しげな商売に手を染める〕やブテイエ〔バレスの『デラシネ』の登場人物ポール・ブティエは高校の哲学教師だったが、国会議員になるための運動資金五万フランをレセップスのパナマ運河会社から調達した〕の伝統を引き継いでいることは否定できないのである。かつての贈収賄事件のような目立ったケースは少なくなり、劇や小説の主人公よりはよほど巧妙で、公金の私的流用の仕方も上品になったのではあるが。しかし、いくつもの疑惑が表面化したことで、新たな要請が出てきた。以前に比べると政界に対して厳しくなったメディアは、熱心に取材をし、役割を果たした。政党の違法資金、特に選挙資金の問題は、世論の顰蹙を買った。ロカール内閣は、政党と立候補者の資金を規制し、上限を設ける法律を成立させた。これは、この内閣の重要な成果の一つである。残念なのは、このとき、過去の違法行為に対する特赦という木ばかりに注目が集まり、政治の浄化と選挙の際の裏資金の非合法化という森が見えなくなってしまったことだ。

平等の実現は、より困難を伴う。シャトーブリアンの次の言葉はよく知られている。「フランス人は自由を好まない。その偶像はただ平等のみである。しかるに、平等と専制主義の間には、秘かなつながりがあるのである」。この主張はあまりにも断定的で、真実とは言えない。そして、自由への愛着がいかなる体制下でも見られたことは、歴史が証明しうるだろう。それでも、シャトーブリアンは、一つの重要な傾向を指摘していた。それは、平等主義である。フランスでは、いつも不平等が槍玉に挙げられる。確かに、貴族の特権が廃止されてから二〇〇年がたつが、いまもこの国には金持ちと貧乏人がいる。ある人々は、全員がスパルタ式の質素な生活を営むことを望んでいる。それが、彼らにとってより「道徳的」だからだ。しかし、多くの人々は、イカリア〔空想的社会主義者エティエンヌ・カベ Etienne Cabet（一七八八－一八五六）の唱えた共産主義的理想郷〕よりは自由を守ることを選択する。それによって、ある者が他の者よりも早く裕福になるとしても。民主的な社会で耐え難いことは、恵まれた者と貧しい者の間の差が大きくなりすぎることだ。一九七〇年代に使われるようになった一つの言葉が、まさに許容しがたいものを表している。それは、排除、という語だ。社会から排除される人々の数は、一九七〇年代以降増加し、彼らは二流市民となった。もはや、この人々は平等のもとには置かれていない。私たちの社会の仕組みに欠陥があることは明らかだ。INSEEによれば、二〇〇六年にはフランス人の一三・二％の月収は八八〇ユーロ以下だった（七九〇万人が貧困ライン以下である）。しかし、この欠陥については、私たちは皆認識を持ち、話題にし、常に心配してきた。それは、自分の将来、あるいは子供の将来を想像してのことかもしれない。私も、私たちも、社会から排除される可能性があるのだから。

それに対して、共和国のモットーの三番目にある博愛については、ほとんど語られることがない。一八四八年の革命は、一七八九年、あるいは一八三〇年とは異なり、新たに制定された憲法に博愛の語を盛り込んだ。この憲法の前文で、共和国は「民主的であり、一にして不可分」と謳われている。そして、第四条には、「共和国は、自由、平等、博愛をその信条とする」と記されていた。しかし、一七八九年から一七九四年にかけて、すでに博愛は大いに話題に上っていた。一七九〇年七月一四日の全国連盟祭が、そのことを示している。この機会に、フランスの各地方から集まった参加者たちは、ラファイエットの宣言を通じて「すべてのフランス人は切れることのない博愛の絆で結ばれて、一致団結する」と誓ったのである。しかしながら、博愛は公式なモットーとしては取り上げられなかった。自由と平等が、重要な部分を占めてしまったからだ。それでも、特に一七九二年八月一〇日以降、いくつかの宣言文は次のような言葉で締めくくられていた。「自由、平等、博愛、しからずんば死を」。

当時の博愛の概念は、団結という考え方と切り離すことができない。立憲議会での有名なエピソードが、その新しさと限界を物語っている。「ラムレットの接吻」の場面である。一七九二年七月七日、敵軍は接近し、議会ではフイヤン派、ラファイエット派、ジロンド派、モンターニュ派が対立していた。そのとき、聖職者世俗化法賛成派のリヨン司教ラムレットが、感動的な演説で団結を訴え、各党派は心を動かされた。左派の議員と右派の議員が抱き合い、昨日の敵同士が握手を交わし、全議員がラムレットの呼びかけ文を印刷して配布するように求めた。これは、揺籃期にある議会の特徴である無邪気な雰囲気の中で起きたことだった。しかし、この団結の命はバラの命よりも短かった。翌日の夕方には、ジャコバン・クラブで、ビヨー＝ヴァレンヌがこう叫んでいた。「一部の議員が他の議員と抱き合っているのを見ると、ネロがブリタニクスと接吻を交わし、シャルル九世がコリニーと握手をしているように見える」。そして、九日の議会では、ブリソがこう発言した。博愛は美しい。しかし、現実的になるべきだ。政治においては、誰が敵なのか見きわめる必要がある。

よく語られる革命的博愛は、排除を行っていた。貴族から聖職者世俗化法に反対する司祭まで、さらには穏健派から強硬派までを排除し、ジャコバン的精神は中央集権的で画一的な博愛を作るために、必要な場合には断頭台を使用したのである。全国連盟のエピナル版画〔フランス東部のエピナルで制作される彩色版画で、かつては行商人が売って歩いた。歴史を主題とするものが多く、フランス革命のさまざまな場面を再現する版画がしばしば制作された」は、恐怖政治に取って代わられた。一にして不可分であることが、博愛に基づく団結に勝ったのだ。確かに、市民祭や演説では、博愛の原理は忘れられてはいなかったが、それは、公式イデオロギーに賛同する人々のためのものだった。皆「兄弟」ではあったが、家族意識には限界があったのである。

七月王政下では、共和派が再生するとともに、社会主義的、ユートピア的な著作が多数出版され、それは第二共和制初期に博愛が再び大きな注目を集める伏線となった。民衆の大預言者ミシュレは、一八四八年にこう書いている。「この〈フランス〉国民は、はるかに一つの国民という以上のものである。それは生きた友愛である」（前掲『民衆』二七〇ページ）。二月革命のバリケードに続く数日間に起きたことは、多くの歴史家から「叙情的幻想」と呼ばれた。確かに、その後何が起こったかを知っていれば、それが「幻想」だったことがわかるだろう。「叙情的」だったことは、そのとおりだ。ラムレットの接吻が、全国規模で行われた。銀行家が労働者と腕を組み、無神論者は司祭と乾杯し、大家は店子と一緒に踊った。社会主義者自身も、宗教的な雰囲気の中で、階級間の和解を唱えたのである。政府は哲学者のシャルル・ルヌーヴィエに、『共和国の公教要理』(*Catéchisme républicain*)執筆を依頼した。博愛の精神にあふれたこの本は、そこから新たな権利が生まれてくると説いていた。「博愛による共和国は、二つの新たな権利をあらゆる市民に認め、これを保証しなくてはならない。働く権利と、そして働くことにより生きていく権利。教育を受ける権利。教育がなければ、働く者は半人前でしかないからだ」。

一八四八年に得られた二つの権利は、これらとは別のものだった。直接選挙と、植民地における奴隷制の廃止である。いずれも、そして特に後者は、博愛の考え方と無縁ではない。しかし、「博愛による共和国」は束の間のものだった。一八四八年六月には、凄まじい階級闘争がパリを血の色に染め、反動が始まった。やがて、ルイ・ナポレオンのクーデターが訪れる。

一八七〇年に共和国が再び目覚めると、ガンベッタは共和国の大原則をいま一度はっきりさせる必要を感じた。一八七〇年代を通じて、彼自身が民主主義の巡礼者となって、まだ共和制が安定しない中、あちこちで演説して回ったが、それだけでは十分でないように思われた。ガンベッタは、ルヌーヴィエの弟子のジュール・バルニに、『共和国の教科書』(*Manuel républicain*)の執筆を依頼した。これは、まず新聞に連載され、その後一八七二年に単行本となって出版されている。多くの人に読みやすい形で、バルニは教科書の重要な一章を博愛にあてた。彼はこの概念の「法的に厳密なものでない」という弱さに触れている。博愛は、法律の施行とは違う。それは立法ではなく、慣習の問題だ。しかしながら、「社会においては、厳密な意味での法律を守るだけでは不十分だ」。「人間社会が本当に人間的であるためには、人間同士が同じ一つの家族に属しているものとみなして、兄弟のように愛し合わなくてはならない」。

このような主張は、国境をも越えようとしていた。実際、バルニは博愛についての章の最後に、こう記している。「博愛は、人種、国籍を問わず、あらゆる人々の間に広がらなくてはならない。博愛によって、諸国民間にある野獣のような憎しみを消し、人類の家族のさまざまな地平の人々が結びつくことで、戦争と呼ばれる恐ろしく野蛮な行為を消滅させなければならない」。

政権の座についた共和派は一八四八年のモットーである自由、平等、博愛を再び採り上げ、一八八〇年代の初めには市役所など公共の建物の入り口に、この標語を刻ませた。しかしながら、「博愛」の語は徐々に政治の世界からは消えていった。あまりにも漠然としていたためだろうか。宗教的な響きがあったためだろうか。古びて聞こえたのだろうか。いずれにせよ、連帯の語がより好まれた。連帯は、こんにちまたよく使われるようになった。社会経済的な問題が新しい思想と具体的な施策を求めていた時代には、連帯は感傷的な博愛よりも多くを要求するように見えたのだろう。とはいえ、マルセル・ダヴィッドによれば、当時発展しつつあった労働運動は、一時期、「仲間」と「市民」に並んで、「兄弟」*の語を使用していたという。労働者と社会主義者の博愛は、人間による人間の搾取という仕組みに対する、ようやく現れた人間的な解決法に見えたのだろう。それは、定義上国際的なものだった。しかしながら、それは社会経済的な闘争を伴うもので、しかも未来が明るいものになるかどうかは不確実だった。

私がこのようにいくつかの事実を列挙したのは、私たちの共和国の標語として輝く博愛が、いかに軽く扱われてきたかを示したかったからだ。博愛は、一九六八年にも、人々に夢を与えた。権力のための戦略から離れたところで、あるいはいくつもの小グループがよりレーニン主義的であることを競っていたソルボンヌの廊下から遠く離れたところで、街路上で、職場で、住居の中で、何日間か何週間かの間、信じられないような博愛の光景が繰り広げられるのを人々は目にした。これまで言えなかったことを人々は口にし、互いに手を握り、普段人が着ている礼儀という鎧を脱いだ。知らない者同士の出会い、隣人同士の議論、挨拶さえ交わしたことなかった人々が感じる共通した気持ち、これらを経験したことのない人は、博愛の何たるかを知らないのかもしれない。

何としても抱擁しなければならない、などと言いたいのではない。気持ちの持ち方の問題なのである。共和派の哲学者たちが博愛を重視したのは、それが自由と平等を補完するために不可欠だったからだ。しかし、博愛はほとんど常に裏切られ、軽視されてきた。博愛の弱点は、自由と平等が立法と直結しているのに対し、法の領域から出てきたものではないことだ。それでも、博愛の次元なくして民主主義を考えることはできない。共和国は、父がいなくなれば、兄弟の体制になる。いつまでも父を探し求めるよりも、フランス人は兄弟同士で仲良くすることを考えるべきだろう。

この協調は、行動の画一化を求めるものではまったくないし、矛盾する利害を否定しようとするものでもない。自由な社会がいつでも対立を抱えていることは繰り返し言っておくべきだが、だからといって、原則と制度について最小限の一致を見出す必要性を否定するものではない。一九八〇年代に、ラテン語起源の「コンセンサス」の語が、英語を経由して入ってきて、盛んに使われるようになった。この単語が流行したのは、社会党が事実上階級闘争のイデオロギーを放棄するという変化を遂げたことによるものだ。この語は、すぐに標的にされた。たいていの場合、この単語は否定的な意味の形容詞を伴っていた。恐らく、フローベールなら、『紋切り型辞典』(*Dictionnaire des idées reçues*)のためのインスピレーションを得て、こんな風に書いたことだろう。「コンセンサスは、いつでもゆるいものだ」。コンセンサスはまず原則と制度の組み合わせに関するものであるべきだ、と私は考える。この二世紀にわたって、私たちは何度もこれらを変更してきた。まず、原則と制度について合意があ

＊ M.David, *Fraternité et Révolution*, Aubier, 1987

るべきだし、もし変更が必要ならば、どう変更するのか合意しなければならない。経済体制についても、コンセンサスがあるべきだ。私たちはいま、資本主義体制下にある。同時に、こう付け加えなくてはならない。社会保障制度によって緩和された資本主義だ、と。最後に、倫理の面についてもコンセンサスが求められる。この面でこそ、教育の場から忘れられ、政治用語としても用いられなくなった博愛が必要になるのである。

個人主義イデオロギーの力が強い社会、国境の開放によって過去の遺産が脅かされる社会、民族的あるいは宗教的な憎悪の脅威にさらされる社会では、私たちの共生を可能にする共和国の三原則を再発見することが有益だろう。フランス社会の二極化と戦うためには、国家と法が最も有効な手段であるはずだ。しかし、政府の活動は基盤を、できるだけ多くの人々の博愛精神に置かなくてはならない。革命家たちは、「博愛か、しからずんば死か」と言った。言葉の持つ意味をよく吟味した上で、こう言おう。博愛か、それとも野蛮か。

結論

ナポレオンのフランス、啓蒙思想と革命の国フランス、第一次大戦の勇敢な兵士たちの国フランス……これらは過去のものだ。それでも、フランスは国際政治で一定の地位を維持し、科学や文化の分野でも名声を保っている。しかし、大思想家や大作家はもはやおらず、世界では大衆文化が主流になった。二一世紀初めの出来事は、フランスの衰退論者を力づけた。欧州統合も困難に直面している。しかし、歴史は予測不可能だ。欧州建設の前進もありうる。だが、そうでなければ、フランスは博物館になってしまうだろう。

詩人たちの謳った「芸術と、戦いと、法の母」なるフランス、カペー王朝の王たちからナポレオンまでの征服者たるフランス、啓蒙時代に広く光をもたらしたフランス、自由をもたらした大革命のフランス、第一次大戦の勇猛果敢な兵士たちのフランス、世界を支配し、あるいは世界の強国に対抗して最強国の座を得ようとしたフランス。こうしたフランスは、いまでは過去のものだ。一九四〇年の軍事的敗北は、大国間の序列を改め、「生意気な国民」〔ネールウィンデンの戦い（一六九三年）の際に、フランス軍と戦った英国王ウィリアム三世の言葉〕はおとなしくなった。敗北と、ペタン元帥の陰鬱な体制、ナチス・ドイツへの国家としての協力、戦後の復興の困難、出口の見えない植民地戦争、不安定で統治が困難な第四共和制は、フランスの衰退を確かなものにした。

何年かの間、ド・ゴール将軍はフランスが大国であるかのように振る舞った。第二次大戦直後に、将軍はフランスが戦勝国の一員であることを連合国に認めさせた。これによって、フランスは戦争に敗れたドイツの一部地域を、米、英、ソとともに占領下に置いた。何よりも、フランスは国連安保理の五つの常任理事国のうちの一つとなった。これは、いわば人の目を欺くものだ。一九五八年には、ド・ゴールは「偉大さ」の理想のもとに、フランスに新たな地位を与えようとした。これは、彼の功績だろう。行政府の権限を強くした新憲法の制定、脱植民地化の達成（大きな苦しみを伴うものだったが）、核武装、新フランへの切り替えと財政の健全化、独立外交への志向がその具体的な施策だった。魔法の言葉を操る大統領が、こう叫ぶのを聞くこともできた。「美しく、偉大で、心の広いフランス！」。こんにち、ド・ゴールの後継者が同じような言葉を口にしたとしても、私たちはそれを信じられないだろう。

ド・ゴールの共和国は、一時の晴れ間のようなものだった。一九七〇年代半ばに三〇年続いた高度成長に終止符が打たれると、諸大陸の聴衆を熱狂させた非凡な魔術師の輝かしい弁舌によって養われた夢は霧散してしまった。

それでも、フランスはさまざまな国別ランキングの中で、多少の上下はあるものの、まだ上位に位置している。経済規模でいえば、中国、ドイツ、米国、日本に次ぐ、五番目か六番目であり、海外への投資額では欧州諸国のトップを占める。全世界でも、米国と中国に続き三位である。国民一人あたりのGDPはそれほど上位ではなく、欧州で一〇番目くらいに位置する。国の累積債務は巨額に上り、予算は毎年赤字で、貿易赤字が続き、失業者数もきわめて多い（二〇一〇年には失業者数はほぼ三〇〇万人、労働人口の一〇％近くにあたる）。

軍事面では、米国とロシアに次いで世界第三位の核保有国だ。ただし、上位二カ国との差は非常に大きい。それでも、同盟国を求めていた一九世紀とは違って、こんにちではNATOに加盟しており、安全保障上の問題はない。

人口面では、二〇一〇年の人口は六二〇〇万人で、これは再統一されたドイツに次いでヨーロッパで第二位である。ドイツとの対比では、出生率が高い分有利な状況にある。フランスの合計特殊出生率は二で、欧州諸国ではアイルランドと並んで第一位だ。国の活力の面から、無視できない数字である。

これらの要素とともに、歴史的、伝統的に演じてきた役割のため、フランスは外交の舞台で一定の影響力を持っている。二〇〇三年に、当時の外務大臣ドミニク・ド・ヴィルパンが行った演説は、国連安保理の場では異例の拍手で迎えられた上、それ以上にイラク戦争に反対する諸国からの称賛を浴びた。二〇〇八年の金融危機と、同年のグルジアでの戦争に際して、さらにヨーロッパと世界を脅かした二〇一〇年のギリシャ危機では、サルコジ大統領の現実的な行動は多くの人々にとって決定的なものと思われた。最初の二つの件に関しては、彼は恐らくEU議長国の立場だったために動くことができたのだろう。しかし、他国の指導者は、同じ立場にあったときでも、同等の成果を収めることができなかった。もう一つの国際的な分野である人道支援は、長いことフランスが得意としてきたものである。一九九九年には、国境なき医師団がノーベル平和賞を受賞している。

科学の分野での成果はそれほど華々しくはないが、決して取るに足りないものではない。いまもなおフランスはノーベル賞の化学賞、物理学賞、医学・生理学賞を受賞している。医学・生理学賞では、二〇〇八年にエイズ・ウィルスを発見したリュック・モンタニエ教授とフランソワーズ・バレ＝シヌシ博士が受賞した。パストゥール以来の伝統は死んではいないのだ。数学のノーベル賞とされるフィールズ賞は、一九三六年から四年に一回授与されているが、これまでフランスは九人の受賞者を出し、米国（一三人）に次ぐ第二位である。しかしながら、フランスにおける科学研究は資金難で、研究施設も不足しているため、米国の大学に対抗することは難しい。

科学を除いたフランス文化は、その人口からすると比較にならないほどの名声を保っている。ノーベル文学賞受賞者は一九〇一年以来一四人を数え、最近では二〇〇八年にジャン＝マリー・ル・クレジオが受賞した。しかしながら、いくつかの特にアングロ・サクソン系の雑誌などでは、フランス文化の衰退について書くことが趣味のよいことだとされている。米ジャーナリストのドナルド・モリソンは、「タイム」誌欧州版の二〇〇七年一二月三日号に、「フランス文化の死」と題する記事を書いて、フランスで大きな反響を呼んだ。その中で、モリソンは小説家、哲学者、映画監督、画家などによって世界に君臨していた国の文学、映画、造形美術の衰微を描き、フランスはいまや「世界の文化の市場において、足元がぐらついている」とした。これにはたちまち抗議の声が沸き起こり、「リベラシオン」紙から「ル・フィガロ」紙にいたる共同戦線が張られた。元文化大臣のモーリス・ドリュオンは、「いや、フランス文化は死んでいない」と叫んだ。

実際には、モリソンはフランス人自身が繰り返し歌っている歌を歌っただけだ。外国人がこの歌を歌うのは、フランス人には好まれないが。アントワーヌ・コンパニョンは、ドナルド・モリソンとの対話の中で、このように述べている。「そういうわけで、フランスには、文化についての慨嘆、私たちの国の衰退を嘆くという得意技があるのです。というのは、ほかの国では同様の現象に出会ったことがないからです」。「タイム」誌の記者の診断は行きすぎたものだった。建築家にしても、作家や音楽家にしても、クリエーターにはこと欠かない。しかし、コンパニョンの次の指摘は正鵠を射ている。「全世界的に見て、フランスが文化的な中級国家であることを、ドナルド・モリソンははっきりと認識させてくれた。それは、フランスが経済的に中級国であることと一致している」*。

以上の補足として、重要と思われる二つの点を指摘しておきたい。二一世紀初頭のフランスからは、かつて教養ある大衆を動員した知的指導者がいなくなった。サルトル、フーコー、バルト、ボーヴォワール、ドゥルーズ、デリダ、ラカンといった人々、そしてフランスではそれほどの名声がなくとも、米国の大学などでは高い知名度を持っていた「ヌーヴォー・ロマン」の法王ロブ゠グリエのような人々はもういない。フランスが発明した「総合的知識人」――あらゆることについて発言する知識人――の終焉は、いまではありきたりになった衰退という見解の形成に影響を与えたのである。

もう一点挙げられるのは、情報化社会と文化の順位づけにおける市場の役割だ。モリソン自身、「文化の世界市場」について書いている。文化的作品の商品化は新たな序列を作り、大衆文化を標準

---

* D. Morrison, *Que reste-t-il de la culture française?*, A. Compagnon, *Le souci de la grandeur*, Denoël, 2008

として、「エリート主義的」文化を下位に置くことになった。この商品化は、平等主義イデオロギーと対になったものだ。このイデオロギーによれば傑作というものは存在せず、大作家や大芸術家もいない。文化は、「すべての人のための文化」から、「すべての人の文化」になったのだという。この文化の価値の喪失は、政策の成果でもある。それはジャック・ラングの、そしてニコラ・サルコジの政策だ。二人とも、「大衆の要求」に応えようとしたのである。

創作活動が下火になっていることは、恐らく明白なのだろう。しかし、それは一時的かもしれないのだ。文学史と美術史は、創作活動にサイクルがあることを教えてくれる。それよりもずっと重大なのは、フランスの教育システムの問題である。PISA（生徒の学習到達度調査）の結果によると、一五歳の生徒の数学の知識と読解力に関する、OECD加盟国中のフランスの位置は、三〇カ国中一七位と凡庸なものだ。フランス国内での調査も、初等教育から高等教育にいたるまで、フランスの教育がうまくいっていないことを示している。中等教育を終えた生徒のうち一二・七％が、何の免状も資格も得ずに学校を去っているのである。この問題は誰もが認識しており、改革あるいは改革の試みが次々と行われたが、そのたびに大学生や高校生が反対し、ストライキやデモが起こった。教育大臣が交代するたびに、新大臣は前任者の計画を見直したが、よりよい結果が得られたわけではない。二〇一〇年には、会計検査院が、現行制度の平等主義を公正の精神に反するものだとして批判したが、これは的を射たものだった。生徒はきわめて多様化しているのに、学校側のカリキュラムはあまりに画一的だからだ。「フランスの学校の持つ基準は、特別な問題のない生徒が有利になる仕組みとなっている（中略）。フランスは、二〇〇〇年から二〇〇六年にかけて、生徒間の学力差が最も拡大した国である。わが国は、また、生徒の出身階層の学業成績に対する影響が最も甚だしい国だ。日本やカナダと比較して、ほぼ二倍に相当する」。これは、間違いなく、現代フランス社会の抱える最も重大な問題の一つである。

二一世紀の最初の数年間の出来事は、「衰退論者」やその他のフランスの不幸の預言者たちの主張を補強するものだった。

二〇〇二年には、初めて極右の指導者ジャン＝マリー・ル・ペンが、大統領選挙の決選投票に進出し、現職のジャック・シラクと戦った。海外の報道機関は、フランスの「ファッショ化」への懸念を示した。第一回投票の結果は、左派勢力内部の極度の分裂によるものだったが、それがフランス政治の崩壊の症状ではないかと見られたのだ。当選したジャック・シラクの第一回投票での得票率は一九・五％でしかなかったから、なおさらである。

二〇〇三年には、年金改革に反対するストライキやデモが繰り返し行われた。地方分権改革案に反対する教員のストライキもあった。リュック・フェリー教育大臣の著書が、デモ隊によって焼かれもした。政府は後退し、大学改革案は放棄された。

二〇〇五年には、国民投票で欧州連合憲法条約批准が否決された。民衆運動連合（ＵＭＰ）と社会党が、批准に賛成していたにもかかわらず。パリ郊外では、都市ゲリラのような事件が起きた。三週間にわたり暴動が続き、フランスは一時、非常事態宣言下に置かれた。

二〇〇六年には、初期雇用契約（ＣＰＥ）と呼ばれるドミニク・ド・ヴィルパン首相の若者向け就業支援策に反対するストライキやデモが起こり、ジャック・シラク大統領は後退して、ＣＰＥは取り下げられた。

二〇〇七年にニコラ・サルコジが大統領に当選すると、リヨンで激しい抗議デモが起き、商店が略奪された。トゥールーズ、マルセイユ、ボルドーなどの都市でも混乱が発生した。パリと周辺地域では、自動車七〇〇台以上が放火され、デモ参加者五九二人が逮捕され、警察官七八人が負傷した。

新大統領はシャン・ゼリゼの高級レストラン「フーケッツ」で芸能人や大企業経営者など招いて祝勝パーティーを開き、翌日からは地中海で、実業家で大富豪のヴァンサン・ボロレ所有のヨットで三日間の休暇を過ごした。この自信過剰な態度は、やがてブーメランのようにサルコジを直撃することになる〔サルコジは、大統領在任中を通して、この当選直後の行動を批判され、就任後直ちに富裕層に対する減税を実施したことなども相まって、金持ちを優遇する大統領とのレッテルを貼られた〕。

ドミニク・ド・ヴィルパンは、クリアストリーム事件で起訴された〔ド・ヴィルパンが首相在任当時、サルコジ失脚を画策して、サルコジがルクセンブルグの銀行に隠し口座を持っており、不正な資金洗浄を行っていたとする資料等を捏造させた疑いで起訴された事件。第二クリアストリーム事件とも呼ばれる。裁判の結果、ド・ヴィルパンは一審、二審とも無罪となった〕。

二〇〇八年には、金融恐慌が世界を襲った。フランス政府は、銀行を救済するために資本注入を行う。失業者数が再び増加し始める。

二〇〇九年、世界的な経済危機は続き、フランスも影響を受ける。大統領の支持率は最低を記録する。

二〇一〇年、ギリシャ危機はユーロと欧州連合を窮地に陥れる。フランスでは相変わらず失業が増え、政府は財政緊縮の措置を発表する。

同じ時期、ヴルト・ベタンクール事件は政界と経済界の関係が疑惑に満ちているとの印象を与えた。大多数のフランス人は、政界は腐敗していると見ている〔ヴルト・ベタンクール事件は、二〇〇七年の大統領選挙にあたり、選挙戦でサルコジ陣営の資金責任者だったエリック・ヴルト（サルコジ当選後、予算大臣に就任）が、世界最大の化粧品メーカー・ロレアル社創業者の娘で筆頭株主のリリアーヌ・ベタンクールから不正に資金を受け取ったなどとされる事件〕。

この一〇年は暗い一〇年だった。フランスにとってだけ暗かったのではないが、国家と社会の脆弱さが明らかにされた一〇年だったのである。バンリウの抱える病、国と市民との距離の拡大、政治家に対する不信の蔓延、選挙の投票率の低下（二〇〇七年の大統領選は例外だった）、失業の増加、格差の拡大、公徳心の低下、公的債務の増大、毎年繰り返される財政赤字、極右と極左への支持の増大、数多くの改革の失敗、などがそれにあたる。

これらはいずれも、二一世紀初頭のフランス人を意気消沈させる。しかし、全体像には含みを持たせなければならない。そうでなければ、米誌「インターナショナル・リヴィング・マガジン」（*International Living Magazine*）が掲載した世界各国の生活の質に関する毎年の評価結果を理解できないだろう。二〇〇九年には、フランスは世界一九四カ国中で、五年連続で一位にランクされた。二位はオーストラリア、三位はスイス、四位はドイツ、五位にはニュージーランドが入った。米国は七位、英国は二五位だった。「世界一」だとされる医療制度が、同誌が賞賛しつつ詳細に描いている日常生活のさまざまな楽しみに加わっている。フランスの衰退、弱点、堕落は、したがって相対化して見る必要がある。

古くからの世界の主要国は、いずれも衰退しつつあるとの感覚を持っている。米国は、二〇〇一年九月一一日にテロに襲われ、先行きが予測できないイラク戦争を開始し、二〇〇八年の金融危機で弱体化した。英国は、経済、生活水準、通貨のいずれも低落傾向にある。ロシアは、民主制への移行に苦しんでいる。ドイツは、輸出が好調なために恵まれた状況にはあるが、政治的には「弱小」と見られている。これらの国々は、新興諸国の挑戦を受ける立場だ。インド、ブラジル、そして特に中国は、世界の最強国への道を歩んでいる。こうして描かれつつある新しい世界地図上で、フランスとその六二〇〇〇万人の住民は、どのような位置を占められるだろうか。現在変貌を遂げつつあり、自国の持つ力を認識しつつある巨大な人口をもつ国との比較では、フランスの重みはわずかなものでしかない。

地政学的に考えるのがいちばんよいだろう。フランスの未来は、ヨーロッパを通じてしかありえない。ド・ゴールはフランスの独立性を特に重視していたが、ヨーロッパの重要性も意識していた。六カ国（西ドイツ、イタリア、ルクセンブルグ、ベルギー、オランダ、フランス）による欧州経済共同体が正式に発足したのは、一九五八年一月一日のこと、第五共和制の成立とほぼ同時期である。このとき、ド・ゴールは政治、防衛と文化の面で、六カ国の緊密な協力を構想した。一九六〇年一〇月に、彼はアラン・ペルフィットに、そのヴィジョンを語っている。「将来、連邦ができる可能性も排除できない。実現すれば、共通した政策、共通の外交を作り上げるための息の長い努力が報われたことになるだろう。六カ国が、ともに生きて行く習慣を身につけるための、長い期間を通じての努力だ」。欧州経済共同体加盟六カ国による連合体を形成するための条約案、いわゆるフーシェ・プランがフランスより提案されたが、これはベルギーとオランダの反対で不成立に終わった。フランスの力が強くなりすぎることへの警戒感、ド・ゴールの言葉によれば「ヨーロッパ自身によるヨーロッパ」、すなわち米国から自立し、米国との同盟に頼らない欧州への警戒感と、「超国家的」連邦の擁護者による国家連合としてのヨーロッパの拒絶のため、フーシェ・プランは一九六二年四月に却下された。後年、ド・ゴールはアラン・ペルフィットにこう語っている。「ベルギーとオランダが六カ国による連合体を拒否していなければ、ヨーロッパは大きな力を持っただろう。本当に残念だ。馬鹿なことをしたものだ*」。

他にも機会を逸したことは何度かあった。その理由も、複数あった。それでも、欧州連合は何とかしてその形を作ってきた。しかしながら、加盟国が九カ国になり、さらに一二カ国、一五カ国、二七カ国と増えるにつれ、国家連合を目指すのか、一体の連邦国家を目指すのかは別としても、政治統合の実現は遠のいた。二〇〇三年に、米国がイラクへの軍事介入を決定したときには、ヨーロッパはこれまでにないほど分裂した。英国、スペイン、イタリアの各国政府がジョージ・W・ブッシュの方針に同意したのに対し、フランスとドイツははっきりと反対した。二〇〇五年には、ヴァレリー・ジスカール・デスタンが起草した憲法条約は、フランスでの国民投票で批准が否決された。欧州統合の発想が生まれた国で、ヨーロッパは夢ではなくなり、国民の多数から疑いの眼差しを向けられるようになったのである。私が本稿を書いている二〇一〇年においても、ギリシャの財政危機はユーロの存続

* Alain Peyrefitte, *C'était De Gaulle*, t. 1, Fayard/Fallois, 1994, p. 111

を脅かし、さらには、EU分解の始まりとなりかねない状況だ。

　欧州統合の障害となるものはいくつもある。ナショナリズム、領土回復運動、一〇〇〇年にわたる歴史によって培われた自治独立主義などは、乗り越えるのが困難と思われ、危機は次々と訪れる。欧州懐疑論者はポイントを稼いでいる。それでも、ゆっくりとして手間のかかる統合は、すでにいくつかの歴史的な成功を収めている。何世紀にもわたって戦場となり、戦争を続けてきたヨーロッパに、いまや平和が訪れたのだ。一九九〇年代半ばの旧ユーゴスラヴィア分裂は内戦を招き、外国が軍事介入したことは事実だ。けれども、一九一四年とは異なり、火薬庫といわれたバルカン半島から、全ヨーロッパを巻き込む戦争が始まったわけではない。欧州の三大国である英、独、仏は、歴史に残るいくつもの流血を招いた対立の後、平和的な関係を築くにいたっている。平和は、欧州建設の最初の勝利なのである。

　歴史は予測が困難なものだし、この勝利に続いて、こんにちのEU加盟各国が政治統合に進むことができるという保証はどこにもない。しかし、それぞれの国の指導者が、もし欧州諸国が端役に甘んじるべきでないと考えるなら、世界情勢に変動が起こるたびに、統合の必要性を意識するだろう。ヨーロッパというバベルの塔は、共通の言葉で語り、連帯して物事に対処し、各国間の差異に目をつぶることができるだろうか。それは誰にもわからないが、これは私たちの時代のユートピアなのである。この具体的なユートピアは、思考、努力、決意と、ある種の国家のエゴイズムの放棄を必要としている。それらがなければ、フランスは古い石材でできた博物館、そして雑草の生い茂る原っぱになってしまうだろう。

ブログ

イスラムと共和国

政府と各県庁が主催する公式討議の題名「ナショナル・アイデンティティー」〔本文第一章参照〕は、真の問題を覆い隠すものだ。それは、統合政策（およびその失敗）に関するものであり、その主たる障害になっているのは、間違いなくイスラム教の問題のようである。ニコラ・サルコジは一二月一六日（水）のカナル・プリュス〔有料の民間テレビ局〕の番組で、この討議の主眼は「フランスが受け入れる外国人の統合のための諸条件」について考えることだと再確認した。それとは別に、サルコジが「ル・モンド」紙への長い寄稿文を、モスクのミナレット〔イスラム教のモスクの、礼拝時刻を知らせるための塔〕建設をめぐるスイスの国民投票で建設禁止派が勝利した事実から書き起こしたことで、議論の方向性は疑問の余地のないものになった。すなわち、イスラムである。そして、それは移民問題全般を超えるものだ。フランスに住むイスラム教徒の過半数がフランス国籍なのだから。

主要紙はすぐにそのことを理解した。一二月三日付の「ル・フィガロ」紙は、世論調査会社IFOPがスイス人を対象に行ったミナレット禁止問題に関する世論調査の結果を掲載している。回答者の四六％は建設禁止に賛成で、反対は四〇％だった（一四％は無回答）。世論調査会社の付したコメントは、次のようなものだ。「イスラム教をめぐる緊張がこれほど強かったことはない」。その一週間後の一二月一〇日には、「ル・パリジャン」紙がCSA社の調査結果を発表した。質問は、「これらの宗教（カトリック、ユダヤ教、イスラム教）の信仰実践は、社会生活と両立すると思いますか」というものだった。回答は、カトリックについては八二％が「両立する」、ユダヤ教は同じく七二％、イスラム教については五四％というものだった。ここでは、フランス人の過半数が、イスラム教を許容していた（「両立しない」としたのは四〇％）。

これらの調査はめまいを覚えさせるものだが、少し過去に遡ってみると、興味深い現象が見えてくる。二〇〇三年には、イスラム教徒が「異なるグループ」を形成していると考える人は五七％いた。二〇〇八年には、この数字は四八％に低下している。この調査で、「社会生活」に適合しないと見る人の割合は四〇％にすぎない。別の数字を挙げてみると、イスラムを最も敵視しているのは高齢者層であることがわかる。イスラム教が社会生活と「適合する」とする人の割合は、三〇歳以下では六八％だが、七五歳以上になるとこれが三六％でしかない。フランスで、イスラム教に対する許容度が高まっていることを証明する数字だと言っていいだろう。

それでは、楽観的になってもいいものだろうか。時間がたてば、非イスラム教徒とイスラム教徒の間の完全な平和的共存に至ることができるものだろうか。私はそうは考えない。イスラム教と、フランスの歴史的・政治的コミュニティーとの間の妥協が成立しない限りは。一方では、あらゆる年代のフランス人はイスラム教がこの国の第二の宗教になったことを理解し、受け入れなければならない。この宗教が市民権を有し、礼拝所を持つべきことを認めなければならない。イスラム教徒のフランス人が、完全なフランス人としての資格があることを受け入れなくてはならない。もう一方では、イスラム教徒とイマムたちは、いかなる思惑もなしに、フランスの法令に適応すべきだ。ライシテと、男女平等を認めるべきだ。私たちが、イスラム教エリートの前衛と共有すべき希望は、フランス的イスラム教が徐々に形成されることだ。それには、時間がかかるだろう。国際情勢、中東における戦争は、それを助ける方向にはない。不安は拒絶を招き、拒絶はコミュノタリスムを招く。しかしながら、忘れてはならないのは、教会と共和国がお互いを受け入れて共存できるようになるまでに数十年を要したということだ。一八八〇年代の学校教育に関する諸法も、一九〇五年の政教分離法も、カトリックの同意を得たものではなかった。カトリック信者は、法王からこれらの法律に反対するよう求められていたのである。事態は、時間をかけることによって沈静化した。カトリック派から首相が出たのは、第四共和制になってからのことだ。それ以前は、カトリック派には共和派、すなわちライックとしての正統性が欠けていたのである。

二度の世界大戦（神聖同盟とレジスタンス）が、カトリックと共和国の和解を促進したと言われるかもしれない。しかし、戦争を希望する人はいない。ただ、イスラム教は、ローマ教会のものとのカトリックのように統一されてはいない。フランスのイスラムは、共和国に適合するだけの自治を得られるのではないだろうか。いずれにしても、イスラムと共和国の接近への道程は、双方が歩むべき道なのである。

二〇〇九年一二月一八日

ブログ

昨日、今日、明日

フランスとは何かを定義しようとするとき、私たちはどうしても二つの課題に直面する。それは、守るべき遺産と、作り上げるべき共通の未来だ。遺産についての強迫観念は、フランスを過去に閉じ込め、その歴史をエピナル版画のように静止させてしまうリスクを伴う。反対に、現状と明日の可能性だけに目を向けるなら、長期間にわたって国民共通の意識を形成してきた流れを無視してしまう危険があるだろう。

上流には、国民というグループにその特性を与えるさまざまな歴史的出来事――暗い時代と、祝福された日々――の集積がある。そこで重要なのは文化である。下流には、一つの出口が必要だ。それがなければ、政治的共同体は、単なる個人の偶然的な集合になってしまう恐れがある。未来と過去は切り離すことができない。一七八九年の立憲議会の一部議員は、それを認めようとはせず、白い紙にフランスを描き直すことを夢見ていた。一方、コブレンツの亡命貴族〔フランス革命に反対する貴族の一部は、ドイツ西部の都市コブレンツに集まり、ここを拠点とした〕たちは、ノスタルジーに凝り固まって、何も忘れられなかったために、何一つ学習できなかったのである。

二〇〇九年一一月二三日

ブログ

フランス人の宗教

Arval(価値体系研究協会)は、九年ごとにフランス人(およびヨーロッパ人の)価値観に関する調査結果を発表している。最新の調査は二〇〇八年のものだ。最も重要視されているのは家族で、回答者の八七%が挙げている。これは、離婚経験者同士の結婚、婚姻率の低下、離婚の増加(一九七〇年には年四万件だったものが、現在では一三万件に上っている)の時代に、興味深い結果である。政治は最後で、回答者の一三%が挙げているにすぎない。しかし、宗教の重要性の低さもほとんど変わらない(一五%)。これに、INEDとIFOPの調査結果を加えると、次のような表が出来上がる。

一八歳から七九歳までの人の八〇%が、「カトリック系」ないしは「カトリックに属している」と回答した。しかし、この人たちのうち、男性の八〇%と女性の七〇%は、礼拝に参列することはないと答えている。

二〇〇八年には、フランス人の五三%が「信仰を持っている」としている。二四%は「無神論者」だという。両者の間には、心が揺れている人たちがいる。一九八一年から二〇〇八年の間に、「信仰を持っている」人の割合は全体の六二%から五三%に減少した。

イスラム教徒の割合は五%で、これは二〇〇万人に相当する。イスラム教国出身者の数(五〇〇万から六〇〇万人の間とされる)からすると、かなり少ない。信仰を実践している(毎日祈りを捧げる）人の割合は、その四〇％と見られている。金曜にモスクに通う人は、一九八九年から二〇〇七年の間に一六％から二三％に増加した。これは、若い層がモスクに通うようになったことによるものだ。これらの結果を『フランス社会を読み解く』（*Déchiffrer la société française*, La Découverte）で発表しているルイ・モランは、こう結論づけている。「しばしばイスラム原理主義が勢力を増していると強調されるが、正確に捉える必要がある。原理主義者は、イスラム信仰を実践する四〇％のうちのごく少数派でしかない。そもそも、イスラム信仰の実践者は全人口の二％にすぎない」。

フランスの人口に占めるプロテスタントの比率は二％、ユダヤ人は一％（六二万人）である。変化の大きな特徴は、フランスにおける宗教の退潮である。特に、最大の宗教であるカトリックの場合が顕著だ。しかし、典礼の実践は、実際の信仰を反映するものではない。信仰は以前に比して内面化してきており、教義の尊重は後退しているものの、消滅してはいない。脱キリスト教化が進むこの国ではあるが、無信仰を宣言しているのは二四％でしかない。少数派による信仰の実践と、やはり少数派の無神論者との間には、かなり広い空間がある。この空間には、さまざまな度合いの、不確かな信仰、手の届かない来世への疑問、神が存在するかもしれないと考える希望、農民の用心深さによる「もしかしたら」との思い、などが集まっている。これは、不可知論者と、相対的不信心者のグループだが、このグループは数値化されてはいない。

二〇一〇年一月二六日

ブログ

他者の視線

ソクラテスの「汝自身を知れ」は、よい忠告ではあるが、いささか不十分だ。自分を知るために、自分自身にしか頼ることができないなら、自分について甘すぎる意見を持ってしまうリスクがあるのではないだろうか。鬱状態にでもあれば話は別だが、その場合には判断力が鈍っていることになる。私たちには、他者の目が必要だ。それは、個人についても、人々の集合的な心理についても言える。問題は、他者の視線もまた、偏見から逃れられないことだ。そのために、国民（もしくは人種）に関するステレオタイプは、どこの国でもいい加減で、デフォルメされ、戯画化されたイメージを再生産し続けており、それは世代から世代へと引き継がれている。ドイツ人は働き者で、規律正しいが、洗練されていない。イギリス人はフェア・プレーで、ユーモアがあるが、芸術的センスに欠ける。アメリカ人の話題はお金のことばかりだ。イタリア人は優雅だが、ずる賢い、等々である。

最近出版された、モントリオールの「ラ・プレス」（*La Presse*）紙特派員ルイ＝ベルナール・ロビタイユの『とんでもないフランス人』（*Ces impossibles Français*, Denoël）は楽しくて、ときとして鋭い指摘がある本だ。この種の書物は、これまでにもあまた出ているが、著者はフランス人についての正しい見方と、陳腐な意見の区別について、楽しみながら書いている。著者は序章でフランス人に関するステレオタイプを列挙する。軽率で、軽薄で、傲慢で、公徳心に欠け、女たらしで、快楽主義で……。

こうした国民性とされるものを、作ったのは誰なのだろうか。恐らく、それは、少数の例を一般化してしまう紀行文をしたためた旅行者だろう。また、紋切り型を集めてできたような人物を脇役として登場させるあらゆるレベルの文学者もそれにあたる。さらには、貿易での競争相手、政治的な対立関係にある相手、ジャーナリストや、スポーツ評論家などがそうだ。ステレオタイプはいったん出来上がってしまうと、崩すのがとても難しい。国民は、それを好むにせよ、好まざるにせよ、変わることがないエッセンスのようなものにされてしまう。しかし、戯画化された偏見は悪意を伴うものだ。それは、他者との対比において自らを定義することでもあるが、他者との比較により自らの長所を強調しようとしているのである。それが劣等感の表現である場合もある。フランス人が働き者のドイツ人を羨望の目で見るのも、国際貿易でドイツのほうがフランスよりも優位にあるためであり、またフランスでストライキが繰り返されることに嫌気がさしているためでもある。

偏見やステレオタイプを超えたところで、自家中毒に陥ることを避けたいと考えるすべての国民にとって、外国人の目はやはり必要だ。トクヴィルは、一八三五年と一八四〇年に、『アメリカのデモクラシー』二巻を出版している。この本はいまでも、米国を観察する者に洞察力に富む分析を提供してくれる。ナショナル・アイデンティティーについての議論の失敗の主な原因は、フランスで生活しているか、あるいは生活した経験を持つ、フランスをよく知る外国人を広く参加させなかったことにある。彼らは、ときとして、フランス人自身がよりよく知っていると思うテーマについて、意外な意見を出してくれるものだ。ドイツの哲学者ハンス・ゲオルク・ガダマーは、『言葉と真理』〔Gesammelte Werke 所収の論文と講演録を集めた本で、一九九五年にガリマール社より *Langage et vérité* の題で刊行された〕で次のように書いている。「もしかすると、完全に外部にある歴史的世界からの風が我々に吹きつけてきたとき以上に、自分がどのような歴史的存在なのかをよく知る機会はないのかもしれない」。

二〇一〇年二月一四日

ブログ

意気消沈したフランス人

フランス人の生まれつきとも言えるペシミズムについては、先にも触れた。世論調査で、未来に対して確信を持っているかとの質問に肯定的に答える者の割合は、フランス人が最も低い。私は、偶然、次のようなド・ゴール将軍の言葉を見つけた。一九六六年九月に、アラン・ペルフィットに語った言葉だ（*C'était de Gaulle*, T. 3）。「フランス人は強い国民だが、そのことを知らずにいる。困難に打ち勝ち、挑戦に応じ、大きく前進することができる。しかし、彼らは、よほど説得しない限り、それができると思おうとはしない。フランス人は、いつでも意気消沈しているのだ。彼らをそうした状態から引っ張り出し、その力を実感させ、自分に自信を持たせることで実力を発揮できるように生活を組み立てさせるのが大統領の役目だ」。

「いつも意気消沈」している人々……。世論調査の結果で最も楽観的とされるのは、多くの場合デンマーク人だ。この違いは、それぞれの国における歴史の重みの差によるものではないだろうか。人口六〇〇万人の小国デンマークは、ヨーロッパ列強の筆頭を占めようとする野心を持ったことはないし、その住民は現状に概ね満足している。しかし、ルイ一四世のフランス、ナポレオンのフランスにはその野心があった。一九一八年のクレマンソーのフランスも、幻想だったにせよ、欧州大陸の先頭にあるとの感覚をある程度持っていた。第一次大戦で多くの若者が生命を落としたことと、一九三〇年代の経済恐慌でフランス人の自信は揺らいだ。しかし、決定的だったのは一九四〇年の敗戦である。この出来事は、フランスにカタプレキシー（情動脱力発作）とも言うべきものを引き起こした。ド・ゴールは、二度にわたって、打ち砕かれたフランスの「偉大さ」を再生させようと試みた。しかし、それは大いなる神話でしかなかったし、将軍の後継者たちはそれを維持し続けることができなかった。このため、フランス人には、失われた偉大さ、すなわち衰退という潜在意識が存在するのではないかと私には思われる。歴史的建造物が、通りの名前が、無数の彫像が、美術館が、そして歴史教育もが輝かしい過去とくすんだ現在のコントラストを強調して見せる国においては、衰退の文化は先天的イデオロギーとなるのである。

ド・ゴールの言う意気消沈の原因は、もちろんさまざまだ。しかし、その原因は状況によって変わるとしても、私としては、集団的な意気消沈には歴史的な基層があるという仮説を提示してみたい。それは、もはやかつての私たちではない、という考えである。

二〇一〇年二月二四日

ブログ

私人と公人

米国のプロ・ゴルファー、タイガー・ウッズの身に起きたことは、アングロ・サクソンの世界では珍しくない。不倫が明るみに出たために、公に謝罪をせざるをえなくなり、その様子が一ダースほどの数のテレビ局で中継され、また大小さまざまな新聞のトップを飾ったのである。「ル・モンド」紙上でこの米国製の醜聞について書いたフランク・ヌシは、次のように正しく指摘している。「私生活がこのように公にされることは、いまのところ、フランスではまったく考えられない」。そのとおりだが、それはなぜなのだろうか。

私の見るところでは、二つの歴史的要因が影響している。一つは、アングロ・サクソン諸国のプロテスタント的伝統に対する、フランスのカトリック的伝統である。米国の起源にあるピューリタニズムをよく表す小説に、一八五〇年に刊行されたナサニエル・ホーソンの『緋文字』がある。ここにいう文字とは、姦通の罪を犯した女性の服の胸に縫い取られたAの文字を指している。罪と罪悪感はこの宗派の核心部分であるが、カトリックでは悔悛の秘跡（告解）により罪を犯した男女は赦免される。ジャンセニストだったパスカルが、『プロヴァンシャル書簡』（*Les Provinciales*）でどのようにイエズス会士たちの決疑論〔宗教上の規範を個別的な事例にあてはめる際に、判定を行うための方法〕を攻撃したかは、よく知られているところだ。彼にとっては、イエズス会は寛容主義だというのだ。この論争に触れて、ヴォルテールはイエズス会側の立場を取った。

同じキリスト教信仰から、二つの文化が生まれ、カトリックとプロテスタントが対立したのだ――特に、性生活の問題について。「女たらし（Verts-Galants）」と呼ばれた国王の国では、神の赦しが賛美され、ピルグリム・ファザーズの作った国では個人の責任が称揚された。

もう一つの要素も、間違いなく関係していた。それは、革命以降の、フランス社会の非常に早い世俗化である。マルセル・ゴーシェの言葉を借りれば、段階的な「宗教からの脱却」であり、これによって市民は宗教的な権力から解放されたのだ。世俗の道徳でも、義務と忠誠の概念は確かに残ったが、それは公教要理も地獄もない道徳だった。その結果、共和制は私的生活と公的生活を、教会と国家を分離したように二つに分けたのである。共和国の民主主義は、その指導者たちに非の打ちどころのない夫婦生活を求めるのではなく、有能であることを求めたのだ。

これに、フランスの文化的要素を付け加えることができる。ガリア人気質、好色、猥談好き、である。世論は、大臣やら大統領の非常識な行動を知らされても、怒るどころか、それを楽しんでしまうのだ。この傾向は、中世の物語やファブリオ、ラブレーの一六世紀やラ・フォンテーヌの『コント集』（Contes）などにまで遡る。テオフィル・ゴーティエは、シャンソニエのベランジェについて、フランス人ないしは「ゴロワ（ガリア人）」気質を体現していると書いた。「すなわち、温和で、陽気で、気がきいていて、才気煥発で、ソクラテス的な人のよさがあり、モンテーニュとラブレーの間にあって、泣くよりも笑うことを好む（後略）」。ドミニク・ストロス＝カーンは、アングロ・サクソンのメディアによって不倫を報道されたが、フランスでの世論調査では政治家でトップ・クラスの人気を維持している〔ドミニク・ストロス＝カーンは二〇一一年五月にニューヨークのホテルで従業員を強姦しようとしたとして逮捕され、結果的には不起訴となったものの、IMF専務理事辞任を余儀なくされ、仏大統領選出馬も断念した」。米国では、ビル・クリントンは不適切な行いのために謝罪せざるをえなくなり、危うく大統領の座を失うところだった。

確かに、私たちは異なる二つの世界に生きている。しかし、フランク・ヌシの言っていたことは正しい。いまのところ、フランスでは考えられないことだ。なぜなら、メディアが政治に関するあらゆる事柄を報道するようになり、アメリカ化の進展と有名人に関する報道が増えることで、私と公の垣根が取り払われつつあるからだ。近年の透明性への要求も、これに加わる。こうして、私生活の壁に、少しずつ穴が開けられていく。

二〇一〇年二月二六日

ブログ

ジャコブ通り二七番地

「朽ちて危うい柴の戸押して／小さな園へ僕は入った」（ポール・ヴェルレーヌ作、堀口大學訳「三年後」、新潮社刊世界詩人全集8所収、『土星の子の歌』より）。今朝、パリ六区のジャコブ通り二七番地前を通りかかったとき、私はこのヴェルレーヌの詩の一節を思い出していた。心臓の鼓動がやや早くなる住所というものがあるようだ。そこは、サン・ジェルマン・デ・プレの中心にある、小さな館だ。建物の前には狭い中庭があり、特に風情があるわけでもない一本のイチイが生えている。しかし、門の格子を通して見ると、それがスイユ社のロゴにある木であることがわかる。今月、スイユ社の本社は、パリ市外に移転する。

私は決して昔を懐かしむ性質ではないが、とても悲しい気分になってしまう。この出版社は、成長したことで事務所がこの界隈の何ヵ所にも分散してしまっていた。会社の大部分が移転せざるをえないとしても、なぜ「二七番地」を残しておくことができなかったのだろう。この建物は、フラマン家の所有だった。ジャン・バルデとともに、スイユ社を創業した一族だ。この建物を相続した人たちは、何かできなかったのだろうか。建物をスイユ社に妥当な条件で賃貸することで、この記憶の場を生き延びさせられたのではないだろうか。

フラマンとバルデが、ジャコブ通り二七番地に、小さな会社を作ったのは第二次大戦後のことだ。ここは伝説的な住所となるとともに、同社の新刊案内のタイトルにもなった。私は憶えている、とジョルジュ・ペレックなら言うだろうか。私は、初めてポール・フラマンと会ったときのことを憶えている。彼のオフィスは二階にあった。私は、ジャン＝ピエール・アゼマとの共著『パリ・コミューンの人々』(*Les Communards*)を、「過ぎゆく時」(Le Temps qui court)叢書の一冊として刊行したところだった。いつまでも記憶に残る出会いである。一九六四年のことだ。その五年後、ポール・フラマンは、私に、当時やや勢いを失っていた「過ぎゆく時」叢書の責任者にならないかと提案してくれた。こうして、三五年に及ぶジャコブ通り二七番地との共同作業が始まった。「ポワン・イストワール」文庫、「リュニヴェール・イストリック(歴史世界)」叢書、「二〇世紀」叢書などの仕事である。

「だが、私にはわかった。自分のうちで、何かが終わったのだ」（ヴェルレーヌ作『リュシアン・レティノワIV』（Lucien Létinois IV,『愛の詩集』*Amour* 所収）。

二〇一〇年三月九日

ブログ

高校の歴史教育

プランタンという人物をご存じだろうか。クリストフ・プランタンである。ご存じなければ、言い訳は無用だ。ただ、私と同じだけ無知なのにすぎない。歴史のカリキュラム策定者たちが、ようやくこの欠落を補ってくれた。高校一年に入学する生徒たちは、この重要な人物について知るべきなのだ。「プランタン、書物、人文主義」についてである。これが、ありきたりなグーテンベルクについての問題よりもよほど洒落ていることに同意していただきたい。もしご関心があれば、教えて差し上げよう。プランタンは、フランス人の印刷業者で、アントワープに亡命して、「多数の学術的な図書とキリスト教の典礼書を出版した」。私の知識はごく最近、ラルース事典から得たものだ。

これは、新カリキュラム案中の一例である。案の中には、よいものもあれば、よくないものもある。後者の中には、つまらない問題もあれば、修士課程レベルのものもある。たとえば、「エミリー・デュ・シャトレとニュートンの思想の普及」、というものだ（私は、この人物の伝記を書いたエリザベート・バダンテールのことは尊敬しているが）。

学校教育の歴史カリキュラムを定期的に見直さなければならないのは当然だ。過去に対する問題提起は変化し、年々豊かになっていくのだから。それでも、時間をかける必要はある。なぜ慌てなくてはならないのだろうか。急ごしらえではないカリキュラムを作ろうとしたら、たっぷり一年はかかるだろう。しかし、実際にはそうはいかない。大統領は、政府は、教育大臣は、てきぱきとした行動派だ。新しい教科書は、新学期には完成していなくてはならない。「カット・アンド・ペースト」が大いに効果を発揮するのである。

私の同業者の歴史家たちを最も動揺させたのは、「一二世紀の地中海」に代わって、「西洋中世のキリスト教世界における農村文明——九世紀－一三世紀」が採用されたことだ。よく取り上げられる問題ではあるが、ここではイスラム教世界がすっぽりと抜け落ちている。二つの中世文化を対比することが、対立を生むからだろう。

この高校一年のカリキュラムが正式なものになるのは四月からである。それまでの間に、教育大臣が自身に寄せられる数多くの、詳細な批判に耳を傾けてくれることを期待したい。

二〇一〇年三月一八日

訳者解説

本書は、Michel Winock, « *Parlez-moi de la France. Histoire, Idées, Passions* », Perrin, 2010 の翻訳である。本文については全訳であり、加えて原著の付録として巻末に掲載された、二〇〇九年一二月から二〇一〇年三月までの間「フランス、国民、ナショナル・アイデンティティー」（France, nation, identité nationale）と題するブログに著者が掲載した文章から数編を選んで訳出した。ブログについては、本文と内容が重複する部分があるほか、時事的コメントなども多数含まれているため、訳書に掲載する意義があると思われるものを選択した。

原著は、一九九五年に、プロン社（Plon）から出版された同名の書籍の増補改訂版である（一九九七年には、スイユ社 Seuil よりペーパーバック版が発行されている）。そのため、一部には湾岸戦争など一九九〇年代前半の出来事や、当時の統計などが現れる部分があるが、必要な場合にはより新しい統計の数字を掲載し、また一九九五年以降の出来事に言及するなど、大幅な加筆が行われている。本書は性格上、現代フランスを長い時間の中で、歴史的視点から説明しようとしているもののため、初版の出版以来十数年を経ているとはいえ、その説明は現在でも十分有効である。

本書の出版時には、多くの新聞・雑誌に書評あるいは紹介記事が掲載された。「ラ・クロワ」紙では、元主筆のブリューノ・フラッパが、フランスを定義しようとしても、すぐさまそれとはまったく逆の定義が提示される、と書いている。保守的かと思えば変化を求め、普遍主義的で世界に開かれているかと思えば、ナショナリストで、内にこもろうとする。国民がばらばらであるかに見えるのに、国民の一致を求めている、といった具合である。

「ル・モンド」紙のトマ・ヴィデール記者は、本書はフランスの歴史的肖像を描いているとした上で、フランスはその幹から複雑な枝へと分かれており、ただ一つのナショナル・アイデンティティーを求めても、その試みは失敗に終わるだろうと述べている。

「リストワール」誌は、本書がどのようにして、多くの革命などを経た歴史の中からフランス的な政治文化が生まれたかを教えてくれる、と評している。

著者のミシェル・ヴィノック Michel Winock（一九三七年生まれ）は、フランス近・現代政治史と政治思想史を専門とする歴史家で、この分野でフランスを代表する研究者の一人である。パリ大学（ソルボンヌ）を卒業し、高校教員となってモンペリエやヴェルサイユ、そしてパリ郊外のソーにあるラカナル高校で教えた後、一九六八年の五月革命直後に新設されたばかりの実験的な大学、パリ・ヴァンセンヌ大学で教鞭を執った。一九七九年にパリ政治学院（シアンス・ポ）に移り、准教授、次いで教授を務めた。その一方で、思想・哲学雑誌「エスプリ」の編集に携わり、またスイユ社で歴史書の出版に関わった。一般向けの歴史雑誌「リストワール」(*L'Histoire*) の創刊にも参加している。「リストワール」誌創刊当時（一九七八年）はアナール学派(1)が歴史研究の主流になっており、ルネ・レモン(2)を中心とするシアンス・ポの政治史研究（ヴィノックはこの流れの中にいたわけだが）はアナール学派と対立する関係にあったが、ヴィノックはこの雑誌を歴史研究の多くの潮流に開かれたものにしたいと考え、さまざまな傾向の歴史家に寄稿を求めたと語っている。この雑誌の創刊号には、ジョルジュ・デュビー、フィリップ・アリエス、ルネ・レモンらが論文を寄せている。

ヴィノックはまた、「ル・モンド」紙を初めとする一般の新聞・雑誌への寄稿、あるいはインタビューを通じて、現在の政治状況についての解説なども行っている。また、テレビやラジオにたびたび出演し、ドキュメンタリー映画の制作にも関わるなど、歴史の知識を一般に広めることに非常に意欲的である。

ヴィノックは自らを政治参加する「知識人」とは位置づけてはいないが、必要とあらば公に発言し、あるいは行動することを厭わない。学生時代はアルジェリア戦争の時期にあたっていたが、彼はアルジェリア独立を支持する活動に関わっていた。政治的には非共産党系の左派の立場にあり、冷戦期に

(1)フランスの歴史研究の潮流の一つ。リュシアン・フェーヴルとマルク・ブロックが一九二九年に創刊した学術誌『社会経済史年報(アナール)』(*Annales d'histoire économique et sociale*)の周辺に集まった歴史家が中心だったためにこう呼ばれる。従来の歴史研究が政治的事件や重要人物を中心とした歴史叙述を行っていたのに対し、アナール学派は経済、社会、精神構造などに着目した。フェルナン・ブローデル、ジョルジュ・デュビー、ジャック・ル・ゴフ、フィリップ・アリエス、エマニュエル・ル・ロワ・ラデュリなどが、この学派の代表的な研究者である。

(2)ルネ・レモン(René Rémond 1918-2007)はフランスの歴史家、パリ政治学院(シアンス・ポ)教授。政治史研究の大家で、一九五四年に出版した『フランスにおける右派　一八一五年から現代まで』(*La droite en France de 1815 à nos jours*)は名著として知られる。ナンテール大学学長、国立政治学財団(パリ政治学院の運営母体)理事長などを務めた。

はソ連の全体主義的体制に批判的ないわゆる「第二左翼」(deuxième gauche)[3]に位置していた。二〇〇五年には、記憶に関する立法を通じた公式な歴史の制定[4]に反対するグループ「歴史に自由を」(Liberté pour l'histoire)を他の一八人の歴史家(ピエール・ノラ、ピエール・ヴィダル=ナケ、ピエール・ミルザ、ルネ・レモン、ジャン=ピエール・アゼマ、エリザベート・バダンテールなど)とともに立ち上げ、関連法の廃止を求める請願書を公表している。

著作は多数に及ぶが、『ナショナリズム・反ユダヤ主義・ファシズム』(*Nationalisme, antisémitisme, fascisme en France* 川上勉・中谷猛監訳、一九九五年、藤原書店、原書は1990, Seuil)、『知識人の時代――バレス/ジッド/サルトル』(*Le Siècle des intellectuels* 塚原史・立花英裕・築山和也・久保昭博訳、二〇〇七年、紀伊國屋書店、原書は1997, Seuil)が邦訳されているほか、『「エスプリ」誌の政治的歴史』(*Histoire politique de la revue « Esprit », 1930-1950*, Seuil, 1975)、『フランス的熱狂――重大な政治危機、一八七一年〜一九六八年』(*La Fièvre hexagonale, Les grandes crises politiques, 1871-1968*, Calmann-Lévy, 1986)、『ジャンヌとその家族』(*Jeanne et les siens*, Seuil, 2003)、『フランスとユダヤ人――一七八九年から現代まで』(*La France et les Juifs, de 1789 à nos jours*, Seuil, 2004)、『クレマンソー』(*Clemenceau*, Perrin, 2007 オージュルデュイ賞受賞)などがある。『スタール夫人』(*Madame de Staël*, Fayard, 2010)ではゴンクール伝記賞を受賞したほか、同書並びにこれまでの業績全体に対してアカデミー・フランセーズ・ゴベール大賞[5]が贈られている。最新刊は『フローベール』(*Flaubert*, Gallimard, 2013)である。

本訳書では、原著にはないフランス史略年表とフランス地図を付した。年表には、本文中に記述されている出来事をできるだけ掲載し、また地図には本文中に現れる地名をなるべく記すようにした。参考にしていただければ幸いである。本文中にある書名および定期刊行物名については、日本語題名の後に原題を括弧書きで付しておいた。日本語で訳書がある場合、原則として題名は訳書名に従っている。原著にある注はそのまま付したほか、日本の読者のために説明が必要と思われた場合には訳注を付している。

吉田書店代表の吉田真也さんには、本書の出版を快く引き受けていただいただけでなく、訳者に適切な助言等を多数いただくなど、大変にお世話になった。ここに謝意を表する次第である。

＊＊＊

（3）第二次大戦後のフランスで、特に一九五六年のハンガリー動乱とアルジェリア戦争以降、マルクス＝レーニン主義とスターリン主義的なフランス共産党に反対した左翼勢力を指す。

（4）ナチス・ドイツによるユダヤ人虐殺を否定する言説などを禁じた一九九〇年のゲソ法、奴隷売買や奴隷の使役を人道に対する罪と定めた二〇〇一年のトビラ法、同年のトルコによるアルメニア人虐殺（一九一五年）を認める法律、さらには二〇〇五年の旧植民地からの引揚者への補償等に関する法案に、フランスによる植民地経営に「肯定的な要素があった」と認めた条文が含まれていたことをめぐる議論などを指す。

（5）アカデミー・フランセーズ・ゴベール大賞（Grand prix Gobert de l'Académie Française）は一八三四年に創設された歴史分野の研究者に対して与えられる賞。近年では、ジョルジュ・デュビー、ジャン・ファヴィエ、ピエール・ショニュ、ピエール・グベール、ピエール・ノラなど、フランスを代表する歴史研究者が受賞している。

ブーランジェ将軍

フランスは欧州諸国の中でも独自の位置を占め、歴史的にユニークな役割を演じてきた国だ。中央集権制、一七八九年の革命とそこから生まれた人権宣言やライシテ（政教分離の原則）、そして首都パリなどは、フランスだからこそ作り出せたものではないだろうか。ナポレオン、ド・ゴール、あるいは政治参加する知識人など、独特なタイプの人物も輩出してきた。

しかしながら、このようなフランスの特性を長期にわたる歴史の視点から解説しようとする著作は、これまでほとんど出版されてこなかった。本書の著者ミシェル・ヴィノックは、外国の大学での講義などの機会に、学生たちから、フランスについて教えてほしい、と繰り返し言われたことが執筆の動機となったと書いている。彼が、現代までつながるフランスの種々の特性を、歴史を紐とくことによって説明しようとしたのが本書である。

それは容易な作業ではない。フランスは複雑な構築物で、相反するように見えるものが結びついているかと思えば、似て見えるものが対立関係にあったりするからだ。一八八〇年代のブーランジェ事件では、絶対王政の復活を求める王党派や反動的カトリックが、無政府主義者や社会主義者とともにブーランジェ将軍を支持した（第15章参照）。啓蒙主義と革命の国フランスは、同時に反革命と反ユダヤ主義の国でもあった。そして、一九四〇年には、シャルル・モーラス[6]の弟子のナショナリストと、議会政治の申し子のようなラヴァル[7]と、左翼出身のドリオやデア[8]らがヴィシー政権と対独協力を支えたのである。一方、彼らに反対して抵抗を呼びかけたのは、保守的な軍の出身で、自身も保守的な環境で育ったド・ゴールだった。そのド・ゴールは、フランス国内のレジスタンス運動の統一に際しては、共産党系組織をも全国レジスタンス評議会（CNR）に迎え入れたのである。

加えて、本書は現代の社会に見られる各種の現象についても、歴史的観点から説明を試みている。なぜフランスではいまもストライキが多いのか、なぜ工場閉鎖に抗議する労働者、大手スーパーによる農産物の買い取り価格の引き上げを要求する農民、労働条件の改善を求めるトラック運転手らは実力行使に走るのか、なぜフランス人は交通法規を守らないのか……。ヴィノックは、そうした矛盾あるいは不可解な現象も含めたフランスの特徴について、歴史のさまざまな角度からの説明を試みている。現代フランスに関心を持ち、より深く知りたいと思う読者にとって、本書はフランス理解への鍵を提供してくれる一冊となっている。

（6）シャルル・モーラス（Charles Maurras, 1868-1952）フランスの思想家、ジャーナリスト、詩人。反議会主義で王党派の政治団体アクシオン・フランセーズの指導者。一九四五年に第二次大戦中の言動を問われ、終身刑を言い渡された。

（7）ピエール・ラヴァル（Pierre Laval, 1883-1945）フランスの政治家。第三共和制下で三度にわたり首相を務める。ヴィシー政権下では首相として対独協力政策を推進。フランス解放後反逆罪に問われて有罪となり、銃殺刑に処された。

（8）ジャック・ドリオ（Jacques Doriot, 1898-1945）とマルセル・デア（Marcel Déat, 1894-1955）はともにフランスの政治家。ドリオは共産党、デアは社会党の議員だったが、いずれも離党してファシズムに接近。第二次大戦中は対独協力派の急先鋒となった。

以下では、本書から読み取れるフランスの特性のうち、重要と思われるいくつかを挙げてみることとしたい。

フランスのオリジナリティーの出発点には、国の成り立ちがあった。ミシェル・ヴィノックは、本書の第2章で、フランスは地理ではないと述べている。彼は、フランスは自然条件などにより国境が定められた国ではなく、歴史的な積み重ねにより、少しずつ築き上げられてきたのだと言う。フランスとスペインとの国境にはピレネー山脈があり、イタリアやスイスとの間にはアルプスの山々がある。しかし、それらも絶対的な国境線ではない。フランス王国の境界がローヌ河だった時代もある。北東側の国境線はさらに曖昧だ。フランス語を話すワロニー地方がフランス領でなくベルギー領なのは、歴史のなせる業だとヴィノックは書いている。

現在フランスを構成する諸地方の住民も、最初からフランス人だったわけではなく、もとからフランス語を話したとも限らない。フランスは、民族——すなわち文化や言語——から出発した国ではないのだ。フランス文化、フランス語を共有する人々が集まってフランス国家を作ったのではなくて、フランス国家のもとに集まった人々が、フランス語を共有し、フランス文化を作ることになったのである。

フランスは歴史の偶然の産物だが、それは歴代のフランス王たちが、そして王政が倒れた後には続く体制の指導者たちが、少しずつ領土を広げ、制度を整備するなどして積み重ねてきた結果なのである。彼らには、それを一つの国にするという意思があった。絶対王権を倒した革命も、その革命を起源に持つ共和国も、王政の後を引き継ぎ、中央集権国家を完成させた。そうでなければ、フランスという国家が成立したとしても、もっと違った形になっていただろう。しかし、為政者の意志により、フランスは単なる地方の集合体ではなく、全国民がフランス語を話し、整備された行政制度と、それを動かす優秀な官僚組織を備えた近代国家として建設されたのである。

フランスのもう一つのオリジナリティーは、革命から生まれた共和国の理念とライシテである。革命と、そこから生まれた共和国は、それ以前から絶対王権が積み重ねてきた構築物としてのフランスに理念を与えた。共和国においては、主権者は国民であり、国民が権力の源泉でなくてはならない。共和国が根本に置くのは、「人権宣言」に見られる普遍的な価値である。共和国では、国民に自由と法のもとでの平等が保障されなければならない。

共和国はまた、ライシテに基づかなければならない。ライシテは共和国の根幹を形成する概念の一つであり、本書の第8章にあるように単に世俗で政教分離を求めるだけでなく、信教の自由を認める一方で、宗教は私生活の領域に属していて、公共の分野には介入すべきではないとする。国家の中に、国家に対抗しうるような強力な組織が形成されること、特定の宗教が政治に関与し、世俗の世界をも支配することを拒絶したのだ。王政下ではカトリック以外の宗教は基本的に認められていなかったが、ライシテはカトリックから特権的な地位を奪い、あらゆる宗教を同等の立場に置いたのである。

さらに、共和国は公正でなければならない。特定の集団や個人の利益ではなく、国民全体の利益——公益（intérêt général）——を擁護しなければならない。

以上の三点の総体が、共和国（République）という一語によって表現されるのである。

特に、普遍的な価値については、少し詳しく触れておくべきだろう。普遍性を謳う共和国は、人間と市民の権利の宣言を採択した。本書第25章には、一七八九年八月八日、デュポン・ド・ヌムール(9)が立憲議会で人権宣言について述べた言葉が引用されている。「これはたった一日のための権利の宣言ではない。これは、わが国民、そして他の国民にとっての基本的な法律であり、何世紀も続くべきものである」。人権宣言は、フランス市民だけのものではなく、普遍的な宣言文として起草されたのである。同様に、立憲議会は一七九一年にユダヤ人に市民権を与え、さらに一七九二年八月二六日には「世界各地において、人間の理性を成熟させ、自由への道を切り開いたすべての人々」にフランス国籍を与えるとして、ジョージ・ワシントン、トーマス・ペイン、ジェレミー・ベンサムらへのフランス国籍付与を決議した。フランス革命により獲得された政治的な自由と個人としての自由、また法のもとの平等は、フランス人だけでなく、世界の人々が分かち合うべき権利だったのである。

こうした共和国の理念は、現在では左派だけでなく、右派からも広く受け入れられている。ほとんどの政治家が、共和国の理念をフランス国家の基盤だと考えるようになったのである。無論、そこにいたるまでは一七八九年のフランス革命から一九四〇年の敗戦とヴィシー政権の成立、さらには戦後の脱植民地化といった歴史の曲折があったことは言うまでもない。

先にフランスは複雑な構築物だと書いたが、啓蒙思想のフランス、革命のフランス、自由と平等のフランスがあると同時に、もう一つのフランスが存在していた。それは反革命のフランスであり、頑迷なカトリックのフランスであり、ナショナリズムと反ユダヤ主義のフランスである。

反革命思想はすでに革命直後のジョゼフ・ド・メストル(10)やルイ・ド・ボナルド(11)の著作に見られるが、第三共和制が成立し、王政復古の試みが頓挫して以降も、反革命、反共和国の動きは続いた。それが明確に現れたのが、ドレフュス事件である。

この事件は、出発点においては、ヴィノックが『フランス的熱狂』に書いているように、そう重要と思われないスパイ事件だった。大事件に発展したのは、軍事法廷で有罪となり、仏領ギアナ沖の悪魔島に流刑になったドレフュス大尉の無実を証明する事実が明らかになったこと、そして彼がユダヤ人だったことによる。加えて、軍は真相を究明せずにもみ消そうとしたのだった。

ドレフュスが真犯人でないとの疑惑が生じると、ドレフュス再審の可否が争点となってくる。反ドレフュス派は、軍を擁護する立場から再審に反対した。それは軍の権威に関わる問題であり、またド

(9) ピエール・サミュエル・デュポン・ド・ヌムール (Pierre Samuel Dupont de Nemours, 1739-1817) は政治家、経済学者。一七八九年に三部会の議員となる。当初は革命を支持するが、君主制の維持を主張したため死刑を宣告される(恐怖政治の終結により、処刑は免れる)。一七九九年、家族とともに米国に移住。息子のエルテール (Eleuthère) は一八〇二年に化学会社デュポンを創業した。

(10) ジョゼフ・ド・メストル (Joseph de Maistre, 1753-1821) はサヴォワ出身の思想家、政治家、外交官で、サルデーニャ王国の宮廷に仕えた。人権思想などに反対した、代表的な反革命の思想家。著書に『フランスに関する考察』(*Considérations sur la France*, 1796) などがある。

(11) ルイ・ド・ボナルド (Louis de Bonald, 1754-1840) はフランスの政治家、思想家。人権思想とルソーの社会契約論に反対し、絶対王政への回帰を求めた。

モーリス・バレス

イツに復讐して一八七一年に失ったアルザス・ロレーヌを取り戻すには軍を傷つけるわけにいかないと考えたからだ。ドレフュスがユダヤ人であるがゆえに、当然有罪だと見る者もあった。反ドレフュス派陣営に集まった人々の中には、モーリス・バレス[12]や『ユダヤ人のフランス』の著者ドリュモン[13]がいた。カトリック派と王党派も反ドレフュス派に加わった。ヴィノックは、本書の第16章で、「新しい右派のスポークスマンたち——ドリュモンやバレス、あらゆる右翼団体の団員など——は、（当然ユダヤ人であるはずの）資本家の犠牲になっている労働者、（ユダヤ・フリーメーソンの仕業の）世俗化法と反修道会法によって屈辱を味わわされたカトリック教徒、過去を懐かしむ王党派、強権的国家を求めるナショナリストといった人々を反ユダヤ主義により糾合しようとしたのだ」と書いている。

　しかしながら、共和国に不満を持つ勢力を集めた反ドレフュス派は、ブーランジェ事件のときとは異なり、英雄的な指導者を見出すことができなかった。ドレフュスは一八九九年に大統領エミール・ルベにより特赦され、一九〇六年には名誉回復を果たして軍に復帰した。事件は反ドレフュス派にとっては完全な敗北ではあったが、その後のナショナリズムの出発点となった。この事件から生まれたアクシオン・フランセーズ[14]とその指導者シャルル・モーラスは、以後フランスの政治と思想において、重要な位置を占めることになる。

そのモーラスが「思いもよらない奇跡」（une divine surprise）と表現した一九四〇年のペタンとヴィシー政権の登場について、ヴィノックは本書で繰り返し言及している。一九四〇年の敗戦は、ある意味では現代フランスの出発点だった。この敗戦によって、フランスは世界の強国としての地位を失ったからだ。このとき権力を握り、ヴィシー政権を樹立した第一次大戦の英雄、八四歳のペタン元帥は、ナチス・ドイツと休戦協定を結び、第三共和制憲法を廃止し、非民主的で強権的な政府を率いてフランス再建のための反動的な「国民革命」を推進した（本書第22章参照）。ヴィシー政権は、ユダヤ人法を制定して、ユダヤ人を公務員、弁護士、医師、教員といった職業から追放し、フリーメーソンなどの「秘密結社」を禁止し、学校の教室に十字架を復活させた。ペタンは一九四〇年一〇月にモントワールでヒトラーと会談し、これ以降ヴィシー政権はナチス・ドイツとの協力の道を歩み始めた。一九四二年七月のパリと周辺地域でのユダヤ人大量検挙（いわゆるヴェル・ディヴ事件）は、その象徴的な事例だった。この大量検挙は、フランス官憲によって実行されたからだ。一方、第三共和制下

(12) モーリス・バレス（Maurice Barrès, 1862-1923）はフランスの作家、政治家。ナショナリストで、反ユダヤ主義者として知られる。代表作に『自我礼拝』『デラシネ（根こぎにされた人々）』など。
(13) エドゥアール・ドリュモン（Edouard Drumont, 1844-1917）はフランスのジャーナリスト、政治家。一八八六年に出版した『ユダヤ人のフランス』は、フランスにおける近代的反ユダヤ主義の代表的な著作とされる。一八九二年には、反ユダヤ主義の新聞「ラ・リーブル・パロル（自由公論）」を創刊した。
(14) アクシオン・フランセーズ（Action Française）はドレフュス事件のさなかの一八九八年に創立されたナショナリストで反ユダヤ的政治団体。シャルル・モーラスが指導者となることにより、王党派の団体となる。日刊紙「アクシオン・フランセーズ」を発行し、第二次大戦期にいたるまで大きな影響力を持った。

第２次大戦中にラジオ演説するド・ゴール

ペタン（ヴィシー政権のプロパガンダ用ポスター）

で枢要な地位を占めたダラディエ、ブルム、レイノー、マンデル[15]らの政治家は、法的根拠なしに逮捕され、敗戦の責任を問われ、ナチス・ドイツに引き渡された。

ヴィシー政権が成立したとき、議会制共和国に不満を持っていた王党派、ファシスト、カトリック、反ユダヤ主義者、反省なき平和主義者、極端な反共主義者、人民戦線への敵対者、その他のあらゆる反動的な勢力は、ついに自分たちの時代がやってきたと小躍りした。国民は、予想もしなかった敗戦の衝撃の中で、第一次大戦の英雄が指導者として登場したことに安堵感を覚えたのである。

ヴィシー政権は一九四四年八月に崩壊し、同じ頃パリ市民はド・ゴールを歓呼とともに迎えたのであるが、反動勢力にとってヴィシーはその後も祖国の「知的、道徳的な復興」（一九四〇年六月二五日のペタンの演説）のためのモデルと認識された。ヴィシーは長いこと、フランス人にとって、アンリ・ルッソとエリック・コナンの表現によれば「過ぎ去らない過去」（un passé qui ne passe pas）[16]となった。ヴィシーの国民革命の掲げる価値は、「勤労、家族、祖国」（travail, famille, patrie）という標語によって表現されたが、こうした伝統主義的な価値観はいまでも完全に消えてはいない。二〇一三年前半に、オランド政権が同性婚を認める法案を議会に提出したとき、カトリック教会は反対の立場を鮮明にし、強硬な反対派の一部は国民革命の価値観に近い考えを主張した。「二つのフランス」は、まだ死んではいないのである。

最後に、ヴィノックが二一世紀のフランスにとって重要な挑戦だと見ている二つのテーマについて触れておきたい。欧州建設と、移民の統合である。

第二次大戦後、連合国は第一次大戦の戦後処理の過ちを繰り返してはならないとの考えから、敗戦国ドイツ――当時は西ドイツであるが――を仲間として迎えた。一九五二年の欧州石炭鉄鋼共同体、それを発展させた欧州経済共同体では、ドイツは当初からの加盟国となった。一九六三年には、仏独間のエリゼ条約がド・ゴールとアデナウアーにより署名され、両国の歴史的和解の象徴とされた。欧

（15）エドゥアール・ダラディエ（Edouard Daladier）、レオン・ブルム（Léon Blum）、ポール・レイノー（Paul Reynaud）はいずれも元首相。ジョルジュ・マンデル（Georges Mandel）は元内相で、一九四四年にミリス（ヴィシー政権が設立した準軍事組織）団員に殺害された。

（16）アンリ・ルッソ（歴史家）とエリック・コナン（ジャーナリスト）は、一九九四年の共著『ヴィシー、過ぎ去らない過去』（*Vichy, un passé qui ne passe pas*）で、ヴィシーの過去に押し潰されるのではなく、その過去を正面から受け止めるべきだと書いている。

州共同体は欧州連合（EU）に発展し、現在では加盟国は二八を数える。EUの最大の成果は、ヴィノックが本書の結論で記しているように、ヨーロッパに平和をもたらしたことだろう。旧ユーゴスラヴィア内戦はあったが、第一次大戦時のようにそれがヨーロッパ全域に飛び火することはなかった。二〇一二年のノーベル平和賞がEUに贈られたのは、いろいろ議論はあるにせよ、根拠のある選択だった。第二次大戦の終結以降、ヨーロッパ大陸を舞台とした本格的な戦争が行われなかったことは歴史的な成果なのである。

しかしながら、近年、欧州統合は大きな壁に直面している。二〇〇五年に欧州憲法条約批准がフランスとオランダで国民投票により否決され、この条約は葬り去られた。ギリシャの財政危機に端を発するユーロ危機も、欧州統合に対する懐疑を増幅させた。それ以前から、EUへの国家主権の一部委譲に反対する勢力は左右を問わず裾野を広げ、これが国民投票での欧州憲法条約否決につながった。主権委譲に反対する勢力は極右だけにとどまらず、穏健右派と左派の一部にも広がっている。

なぜこのような欧州統合への懐疑が生まれたのだろうか。理由の一つは、ヨーロッパが市民から遠いところにあると感じられるためだ。多くの人々が、EUは自分たちが選んだわけでもない、よく知らない指導者と、ブリュッセルの目に見えない官僚機構によって支配されており、一般市民の意見を代弁したり、利益を考えてはくれないと感じている。フランスでは、EUの経済政策が新自由主義的すぎるという批判も根強い。

フランスが世界で重要な役割を演じ続けようとするなら、それは欧州統合を通じてしかありえない、とヴィノックは言う。フランスが世界の強国だった時代は、いまでは過去に属する。中華人民共和国の承認（一九六四年）、NATO軍事機構からの脱退（一九六六年）など、独自の外交路線を取ったド・ゴールも、欧州統合の重要性を認識していた。各国のナショナリズムや特殊性など、ハードルは高く、数も多いが、欧州統合を進めなければフランスは博物館に、あるいは第26章にあるように、ローマ帝国におけるアテネのような存在になってしまうかもしれない。

もう一つの課題は、移民とその子供たちのフランスへの統合だ。フランスは古くから統合（同化）政策を取ってきたし、移民が欧州内からきている限り――イタリア、スペイン、ポルトガル、ポーランドなど――この政策はかなり機能していた。第二次大戦後に、アルジェリアを初めとする北アフリカなどからの移民が増加すると、状況は変わった。こんにちでは、フランスのイスラム教徒の数は約六〇〇万人とされ、イスラムはフランス第二の宗教となった。ヴィノックは、北アフリカ出身の移民の統合が難しいのには、一方で移民の教育上の背景を挙げるとともに、ヨーロッパとイスラムの間に歴史的な対立関係があることを指摘している（第27章）。

ここで重要になるのがライシテである。なぜなら、ヴィノックによれば、ライシテこそがイスラム教徒をフランスに統合するためのルールとなりうるからだ。ライシテの原則は、あらゆる宗教を同列に置く。それは、もともとはカトリックの優位性を否定するためのものだったが、ライシテがフランス社会に定着した現在では、すべての宗教を平等に扱うための原則になる。イスラム教徒も、非イスラム教徒も、ともに暮らしていくことを求めるなら、非イスラム教徒はイスラムを異質だとの理由で排除せず、またイスラム教徒は宗教が私的領域に属するとの原則を受け入れるべきだというのである。

果たしてそれは可能なのか。道のりはまだ遠いように思える。しかし、すでに多くの移民とその子供や孫たちがフランスで暮らしていて、しかもその多数がフランス国籍であることはまぎれもない事実だ。極右は彼らの排除を主張するが、それは現実的な選択肢とはなりえない。ヴィノックが言うように、共和国と教会がお互いを受け入れられるようになるまでに数十年を要した。イスラムと共和国がお互いを受け入れられるようになるまでには、まだまだ時間がかかるだろう。それでも、互いに歩み寄ることでフランスに適合したイスラムが生まれ、そのイスラムと共和国がライシテの原則のもとで共存することは可能なはずだ、とヴィノックは書いている。

無論、これだけでフランスの特性を――その最も重要な部分に限ったとしても――語ったことにはならない。国民がすべてを国家に求める傾向、国民の統一の追求、そしてそれと並行した左右対立の長い歴史、一人の英雄的な人物にとって代表され、指導されたいと望んでいるが、実際には救世主的人物（homme providentiel）は現れないこと（ペタンを見よ！）、そしてこれらの現象が王政とカトリックの影響によるものであること（ボナパルティスムとゴーリスムも、この流れの中にある）……さらには、フランスの将来を悲観的に見がちな傾向（歴史家ロベール・フランクは、この傾向を『衰退への不安』*La Hantise du déclin* という著書の題名で的確に表現し、この傾向は第一次大戦直後から存在したと書いている）についても触れるべきだが、紙数の関係もあり、ここでは詳述できない。これらの点についても、ヴィノックは詳細に言及している。

本書をお読みいただければ、フランスの特性とその背後にある歴史を理解していただけるだろう。

こんにちフランスが直面している課題の多くは、少なくとも部分的には歴史の中にその原因を求められるものだ。国家が強大な力を持ってきたことが、欧州統合への――少なくとも欧州連邦の設立を目指そうとするならば――一つのブレーキとなると同時に、国家の改革を難しくしているのではないだろうか。移民の統合にしても、旧来のモデルを進化させることができないでいる。ライシテは共和国の基盤となる概念の一つだが、現代の課題に十分に対応できるように発展する必要があるだろう。さらには、こんにちのフランス社会には閉塞感が漂い、よりよい未来が見通せないためにポピュリズムがこれまで以上に大きな力を持ちつつあるとされるが、それはフランスが世界の強国の一つであり、しかも重要な問題は国家が解決しくれるという古い神話からまだ完全に抜け出せていないからかもしれない……。ヴィノックは、本書第22章で「フランスは、過去の記憶が重くのしかかる国なのである」と書いているが、歴史と記憶がもたらしたフランス像と現代フランスの実像を重ねることで、フランスの現在を読み解くことができるのではないだろうか。

訳　者

二〇一四年一月

2002年4月21日	大統領選挙第1回投票で、極右・国民戦線のル・ペン候補が2位となり決選投票に進出。5月5日の決選投票でシラク大統領が再選される
2003年3月7日	ド・ヴィルパン外相、国連安保理でイラク戦争への反対演説を行う
2004年3月15日	公立学校における宗教的標章に関する法律が成立
2004年5月1日	チェコ、ハンガリーなど10カ国が欧州連合に加盟。加盟国25カ国に
2005年5月29日	欧州憲法条約批准をめぐる国民投票で、反対票が54.67%を占め、否決
2005年11月	パリ近郊を中心とする暴動が発生。非常事態宣言が発せられる
2007年5月6日	ニコラ・サルコジが大統領に当選
2008年9月15日	米投資銀行リーマン・ブラザーズ破綻。世界的金融危機が始まる
2009年9月2日	政府、ナショナル・アイデンティティーに関する国民的議論を開始するが、批判が激しく、尻すぼみに終わる
2012年5月6日	フランソワ・オランド、ニコラ・サルコジを破り大統領に当選

1964年1月27日	フランス、中華人民共和国を承認
1965年12月19日	ド・ゴール、直接選挙で大統領に再選
1966年3月7日	フランス、NATO軍事機構より脱退
1968年5月	いわゆる五月革命。5月30日、ド・ゴール下院を解散
1968年6月23、30日	総選挙でド・ゴール派が勝利、単独過半数を得る
1969年4月28日	ド・ゴール退陣
1969年6月15日	ポンピドゥー、大統領に当選
1973年1月1日	英、アイルランド、デンマークの3カ国が欧州経済共同体に加盟
1974年4月2日	ポンピドゥー大統領死去
1974年5月19日	ヴァレリー・ジスカール・デスタン、大統領に当選
1976年10月8日	ジスカール・デスタン、『フランスの民主主義』を刊行
1981年5月10日	フランソワ・ミッテラン、大統領に当選
1982年3月2日	地方分権に関するドフェール法成立。地域圏が正式に地方自治体として認められる
1984年6月17日	欧州議会選挙で極右・国民戦線が10議席を獲得
1986年1月1日	スペイン、ポルトガルが欧州共同体に加盟。加盟国12カ国となる
1986年3月16日	総選挙で右派が過半数を獲得。ジャック・シラクが首相就任。「共存（コアビタシオン）」体制となる
1988年5月8日	ミッテラン、大統領に再選
1991年1−3月	湾岸戦争
1991年4月	ボスニア・ヘルツェゴヴィナ紛争始まる。1994年からはNATO軍によるセルビア人勢力への空爆開始
1992年9月20日	マーストリヒト条約批准をめぐる国民投票で、賛成がわずかに反対を上回る
1993年3月21、28日	総選挙で右派が勝利し、2度目の「共存」政権へ。エドゥアール・バラデュールが首相に就任
1994年6月12日	欧州議会選挙で、ポピュリズム的傾向を持つタピ、ド・ヴィリエ、ル・ペンの率いる3リストが高得票を得る
1995年1月1日	オーストリア、フィンランド、スウェーデンが欧州連合に加盟。加盟国15カ国に
1995年5月7日	ジャック・シラクが大統領に当選
1997年5月25日、6月1日	下院が解散され、繰り上げ総選挙実施。社会党を中心とする左派が勝利し、リオネル・ジョスパンが首相に。3度目の「共存」政権

1939年9月1日	ドイツ、ポーランドを侵略。3日、英仏がドイツに宣戦布告
1940年5月10日	ドイツ軍、ベルギーとオランダ、次いでフランスに侵攻
1940年6月14日	ドイツ軍、パリに入城
1940年6月17日	ペタン元帥、首相に就任。ドイツに休戦条件を照会
1940年6月18日	ド・ゴール将軍、ロンドンよりドイツとの戦いの継続を呼びかけるラジオ放送を行う
1940年6月22日	独仏休戦協定締結
1940年7月10日	ヴィシー政権樹立。ペタン元帥、国家元首となる。第3共和制の終焉
1940年10月3日	ヴィシー政権、ユダヤ人身分法を制定。ユダヤ人は公務員、教員、軍、報道の職につけないこと等が規定される
1942年7月16-17日	フランス当局によるユダヤ人一斉検挙（いわゆるヴェル・ディヴ事件）により、1万3000人以上が収容所送りとなる
1942年11月8日	連合軍、アルジェリアとモロッコに上陸（トーチ作戦）
1942年11月10日	ドイツ軍、連合軍の北アフリカ上陸への報復として仏本土の非占領地域を占領下に置く
1943年5月27日	国内のレジスタンス勢力を統一した全国レジスタンス評議会（CNR）が設立される
1943年6月3日	フランス国土解放委員会（CFLN）がアルジェに設立される
1944年6月6日	連合軍、ノルマンディーに上陸
1944年8月25日	パリ解放。ド・ゴールを主席とするフランス共和国臨時政府がパリに樹立される
1945年5月8日	ドイツ降伏。欧州における第2次大戦が終結
1946年10月27日	第4共和制憲法公布
1952年7月23日	欧州石炭鉄鋼共同体発足
1954年11月1日	アルジェリア戦争始まる
1956年1月2日	総選挙でプジャード派が躍進（得票率12%）
1958年1月1日	欧州経済共同体発足
1958年6月1日	ド・ゴール、第4共和制最後の首相に就任
1958年10月5日	第5共和制発足
1959年1月8日	ド・ゴール、第5共和制初代大統領に就任
1962年3月19日	エヴィアン協定締結。アルジェリア戦争が終結
1962年7月5日	アルジェリア独立
1964年1月14日	空軍に戦略飛行隊が編成され、恒常的に核兵器が配備される

1870年9月4日	第3共和制樹立が宣言される
1871年3月28日	パリ・コミューン成立（5月28日に政府軍により鎮圧される）
1871年5月10日	フランクフルト条約により、アルザス・ロレーヌをドイツに割譲
1873年9-10月	シャンボール伯アンリによる王政復古の試みが失敗に帰す
1882年3月28日	フェリー法により、小学校が義務教育となる。公教育はライックとされる
1883年8月25日	フエ条約により、トンキンとアンナンが仏保護領となる
1886年1月7日	ブーランジェ将軍、フレシネ内閣の陸軍大臣に就任
1889年1月27日	ブーランジェ、パリでの下院補選に当選
1889年4月1日	ブーランジェ、ベルギーに逃亡
1894年12月22日	ドレフュス、軍法会議で有罪を宣告され、ギアナ沖の悪魔島に流刑となる
1898年1月13日	ゾラ、「ロロール」紙上に『私は弾劾する』を発表
1899年9月19日	ドレフュス、エミール・ルベ大統領により特赦される
1905年12月9日	政教分離法が成立。1801年の政教条約が破棄される
1906年7月12日	ドレフュスの名誉回復
1914年7月31日	ジョレス暗殺
1914年8月3日	ドイツ、フランスに宣戦布告。第1次大戦始まる
1917年4月2日	米国が第1次大戦に参戦
1918年11月11日	休戦協定締結。第1次大戦終結
1919年6月28日	ヴェルサイユ条約に署名。アルザス・ロレーヌがフランスに復帰
1920年12月	フランス共産党結成
1933年1月30日	ドイツで、ヒトラーが首相に就任
1934年2月6日	アクシオン・フランセーズなどの極右団体による反政府デモ。コンコルド広場付近で警官隊とデモ隊が衝突し、多数の死傷者が出る
1936年4-5月	総選挙で人民戦線が勝利
1936年6月	ブルム内閣成立。マティニョン合意により賃金増や雇用制度改革を決定。週40時間労働制や有給休暇も制度化される
1936年7月18日	スペイン内戦勃発
1938年9月29日	ミュンヘン協定締結。ズデーテン地方のドイツへの割譲を英仏が承認

1792年7月7日	議会でのラムレット演説（「ラムレットの接吻」）
1792年8月13日	ルイ16世とその家族、タンプル牢獄に収容される
1792年9月20日	ヴァルミーの戦いで、フランス軍がプロイセン軍を破る
1792年9月21日	国民公会、王制廃止を決議
1793年1月21日	ルイ16世、処刑される
1793年3月	ヴァンデとブルターニュの一部で反乱が起きる
1796年5月10日	グラッキュス・バブーフと「平等主義者の陰謀」の首謀者が逮捕される（バブーフは5月26日に処刑）
1799年11月9日	ナポレオン・ボナパルトによるブリュメール18日のクーデター。執政政府が設立される
1801年7月15日	ローマ法王庁との間で政教条約を締結
1804年12月2日	ナポレオンの戴冠。第1帝政発足
1805年12月2日	ナポレオン、アウステルリッツでプロイセン・ロシア連合軍を破る
1814年4月6日	ナポレオン退位
1815年2月26日	ナポレオン、エルバ島を脱出
1815年6月18日	ナポレオン、ワーテルローで英、プロイセン等の連合軍に敗れる
1821年5月5日	ナポレオン、セント・ヘレナ島で死去
1822年	ラス・カーズの『セント・ヘレナ覚書』出版
1825年5月29日	シャルル10世、ランスで最後の戴冠
1830年	フランスによるアルジェリアの植民地化開始
1830年7月27−29日	七月革命
1830年8月9日	ルイ＝フィリップ、「フランス人の王」として即位
1848年2月22-24日	二月革命。ルイ＝フィリップ退位
1848年2月25日	第2共和制樹立が宣言される
1848年6月	国営作業場の閉鎖に抗議する「六月蜂起」が発生。軍により鎮圧され、多数の死傷者が出る
1848年12月10日	ルイ・ナポレオン・ボナパルトが大統領に当選
1851年12月2日	ルイ・ナポレオン・ボナパルト、クーデターを起こす
1852年12月2日	第2帝政樹立
1860年1月23日	英国と自由貿易協定を締結
1860年3月24日	サヴォワとニースがフランス領となる
1870年1月2日	自由主義者エミール・オリヴィエが首相に就任
1870年9月2日	ナポレオン3世、スダンでプロイセン軍に降伏

1598年4月13日	アンリ4世によるナントの勅令の発布。プロテスタント信仰が認められる
1635年	アカデミー・フランセーズ創設
1643年	ルイ13世死去。ルイ14世即位。アンヌ・ドートリッシュが摂政となる。宰相にマザラン
1648年	ヴェストファーレン条約により、アルザスの一部がフランス領となる
1648-1653年	フロンドの乱
1659年	ピレネー条約により、アルトワ、ルッションなどの地方がフランス領に編入される
1661年	マザラン死去。ルイ14世による親政開始
1682年	ルイ14世、ヴェルサイユ宮殿を居城に定める
1685年	ルイ14世、ナントの勅令を廃止
1702年	セヴェンヌ地方で、プロテスタントによるカミザールの乱起こる
1715年	ルイ14世死去。ルイ15世が即位。摂政にオルレアン公フィリップ
1766年	ロレーヌ地方、フランス領に編入
1768年	コルシカがフランス領となる
1774年	ルイ15世死去。ルイ16世即位
1778年	アメリカ独立戦争で、フランスが正式に独立派を支援
1780年	アメリカ独立戦争で独立派を支援するため、ロシャンボー将軍指揮下の陸軍部隊をアメリカに派遣。フランス派遣軍はヨークタウンの戦いでの勝利などに貢献する
1789年5月5日	三部会、ヴェルサイユで開会
1789年7月14日	バスティーユ襲撃
1789年8月26日	「人および市民の権利宣言（人権宣言）」を憲法制定国民議会が採択
1790年3月4日	フランス全土を83の県に分割
1790年7月12日	聖職者民事基本法が憲法制定国民議会で可決
1790年7月14日	全国連盟祭をパリのシャン・ド・マルスで開催
1791年3月10日	法王ピウス6世、聖職者民事基本法を批判
1791年6月20日	ルイ16世、王妃マリー・アントワネットらを伴い、パリから国外逃亡を試みるが、仏東部ヴァレンヌで発見され、パリに連れ戻される
1791年9月14日	アヴィニョンと周辺地域がフランス領に編入される

フランス史略年表

紀元前52年	カエサルによるガリア征服
498-499年頃	クロヴィス、ランスにて洗礼を受ける
751年	小ピピン、フランク王となる。カロリング朝創始
768年	シャルルマーニュ（カール大帝）フランク王となる
800年	シャルルマーニュ、ローマ皇帝として法王レオ3世より戴冠
843年	ヴェルダン条約により、フランク王国は3分割される。シャルル禿頭王が西フランク王となる
987年	ユーグ・カペーがフランス王に選出され、カペー王朝を創始
1095年	法王ウルバヌス2世、十字軍への呼びかけを行う
1180年	フィリップ・オーギュスト即位。英国王ジョンとの戦いで徐々に領地を拡大
1190-91年	フィリップ・オーギュスト、第3回十字軍に参加
1214年7月27日	フィリップ・オーギュスト、ブヴィーヌで神聖ローマ皇帝オットー4世率いる軍勢を破る
1226年11月29日	聖王ルイ、ランスで戴冠
1270年8月25日	聖王ルイ、第7回十字軍に参加し、チュニスで死去
1337年-1453年	百年戦争
1415年10月25日	アザンクールの戦い。フランス軍、英国王ヘンリー5世の指揮する英軍に敗れる
1429年5月8日	ジャンヌ・ダルクによるオルレアン解放
1429年7月17日	シャルル7世、ランスにて戴冠
1431年5月30日	ジャンヌ・ダルク、ルーアンで火刑となる
1461年	ルイ11世即位
1532年	ブルターニュ、フランス領となる
1539年	ヴィレル・コトレ布告により、公式文書にフランス語を用いるべきことが定められる
1562年3月1日	ヴァッシーで、新教徒約50人がギーズ公の軍勢に虐殺される。宗教戦争の始まり
1572年8月24日	聖バルテレミの虐殺。カトリック派のギーズ公の家臣がコリニー提督らプロテスタントを殺害

フランス共産党　Parti communiste français　88, 91, 146, 147, 159, 200-203, 232, 238, 242, 266, 268-270, 299, 311, 317-319, 344, 387, 389
フランス民衆連合（RPF）　Rassemblement du Peuple Français　194
ペタン体制　régime pétainiste　→ヴィシー政権
ボナパルティスム　Bonapartisme　134, 137, 139-141, 143, 145, 148, 150, 161, 195, 223, 400

【ラ行】

ライク裁判　Procès Rajk　269
ライシテ、ライック　Laïcité, laïc　30, 32, 35, 69, 74-76, 129, 130, 172, 183, 202, 279, 280, 307-310, 369, 388, 391, 399-401
ラムレットの接吻　Baiser Lamourette　349, 350
レジスタンス　Résistance　88, 91, 127, 174, 178, 183, 192-194, 202, 231, 232, 234-236, 238, 239, 241, 268, 389
労働総同盟（CGT）　Confédération générale du travail　83-85
ロワイエ法　Loi Royer　106

政教分離法（1905 年 12 月 9 日） Loi du 9 décembre 1905 concernant la séparation des Eglises et de l'Etat 74, 126, 369
一九四〇年の敗戦 Défaite de 1940 9, 73, 143, 183, 192, 210, 234, 290, 343, 344, 355, 392, 395
全国連盟祭 Fête de la Fédération 19, 348

【タ行】

第一次大戦 Grande Guerre 45, 73, 100, 276, 290, 355, 397
第一帝政 Premier Empire 57, 58, 112, 133, 277
第五共和制 Cinquième République 53, 57-59, 63, 66, 130, 138, 145, 161, 187, 188, 195, 225, 346, 364
第三共和制 Troisième République 34, 47, 57, 73, 75, 104, 141, 148, 155, 161, 181, 198, 220, 224, 278, 295, 389, 393, 395
第二共和制 Deuxième République 136, 350
第二帝政 Second Empire 47, 58, 104, 123, 132, 136-139, 145, 152, 155, 161, 223, 224, 245, 250, 286
第四共和制 Quatrième République 57, 105, 145, 184, 220, 224, 356, 369
ドフェール法（地方分権化法） Loi Defferre 57, 254
ドレフュス事件 Affaire Dreyfus 32, 34, 35, 73, 74, 124, 158, 167-169, 176, 199, 258, 260, 262, 263, 271, 393, 395

【ナ行】

ナントの勅令 Edit de Nantes 33, 231
二月革命（1848 年） Révolution de 1848 123, 277, 348, 350

【ハ行】

パリ・コミューン Commune de Paris 81, 153, 210, 240, 248, 249
バンリウ Banlieue(s) 172, 250, 303-305, 338
人および市民の権利宣言（人権宣言） Déclaration des droits de l'homme et du citoyen 23, 275, 388, 391, 392
百年戦争 Guerre de Cent Ans 20, 311, 312
ファルー法 Loi Falloux 217, 218
フーシェ・プラン Plan Fouchet 365
ブーランジェ事件、ブーランジスム Boulangisme 123, 154-158, 388, 394
フランス革命（革命、大革命） Révolution française 12, 18, 22, 23, 47, 57, 62-65, 69-73, 77, 79, 83, 87, 98, 152, 166, 170, 172, 199, 205, 207, 208, 223, 231, 253, 261, 263, 274-276, 322, 335, 348, 355, 388, 390-393

事項索引

＊本索引では、本文中の語句が本索引中の項目名と一致しない場合でも、意味が同じであれば当該の項目中に含めることとした。

【ア行】

アクシオン・フランセーズ　Action Française　31, 50, 124-127, 389, 394, 395
アルジェリア戦争　Guerre d'Algérie　181, 183, 188-191, 202, 271, 385
アンシャン・レジーム　Ancien Régime　13, 56, 58, 102, 105, 120, 134, 177, 209, 251, 254, 261
アンリ偽造文書　Faux Henry　169
ヴァルミーの戦い　Bataille de Valmy　19, 106, 178, 335
ヴィシー政権　Vichy（régime de）　43, 66, 73, 126, 127, 144, 161, 178, 194, 199, 211, 231, 233-236, 241, 312, 343, 355, 389, 392, 395-397
ヴェル・ディヴ事件　Rafle du Vél' d'Hiv'　235, 395
王政復古　Restauration　122, 123, 130, 134-136, 179, 212, 393

【カ行】

急進党（急進社会党）　Parti radical　148, 203, 280, 295
憲法制定国民議会、立憲議会（フランス革命）　Assemblée constituante　65, 70, 80, 145, 275, 276, 370, 392
ゴーリスム（ド・ゴール主義）　Gaullisme　145, 146, 148, 400
五月革命　Mai 1968　83, 282, 336, 342
国民公会　Convention　152, 231
国民戦線　Front National　3, 160, 164, 296, 310
国立行政学院（ENA）　Ecole Nationale d'Administration　58, 59, 61, 118, 119

【サ行】

サン・キュロット、サン・キュロッティスム　Sans-culottes, sans-culottisme　81, 82, 153
七月王政　Monarchie de Juillet　135, 335, 350
七月革命（1830年）　Révolution de Juillet　122, 135, 199, 348
社会党　Parti socialiste　64, 159, 200, 202-204, 214, 225, 233, 235, 236, 254, 258, 259, 280, 305, 310, 340, 346, 361, 389
ジャコバン主義・思想　Jacobinisme　166, 194, 195, 224, 349
十字軍　Croisades　41, 45, 48, 49, 51, 311
一二月二日のクーデター　Coup d'Etat du 2 décembre　136, 138
人民戦線　Front populaire　201, 213, 264

レミ（ランス司教） Rémi (évêque de Reims) 39, 40
レモン，ルネ Rémond, René 384-386
ローラン，ジャック Laurent, Jacques 270
ロカール，ミシェル Rocard, Michel 227, 259, 330, 347
ロスチャイルド（ロッチルド）一族 Rothschild (famille) 167
ロズロ，ジャンヌ Rozerot, Jeanne 287
ロック，ジョン Locke, John 42
ロビタイユ，ルイ=ベルナール Robitaille, Louis-Bernard 373
ロブ=グリエ，アラン Robbe-Grillet, Alain 359
ロベスピエール，マクシミリアン Robespierre, Maximilien 149, 213
ロラン，オリヴィエ Rolin, Olivier 336
ロラン，ロマン Rolland, Romain 266
ロラン夫人 Madame Roland 115
ロワイエ，ジャン Royer, Jean 106
ロワイヤル，セゴレーヌ Royal, Ségolène 2

【ワ行】

ワシントン，ジョージ Washington, George 392
ワレサ，レフ Walesa, Lech 214

リシエ　Richier　39, 41
リュード，フランソワ　Rude, François　174
リュスティジェ（枢機卿），ジャン＝マリー　Lustiger (Cardinal), Jean-Marie　73
リュリ，ジャン＝バティスト　Lully, Jean-Baptiste　119
リヨーテイ（元帥），ユベール　Lyautey (Maréchal), Hubert　183, 279
ル・クレジオ，ジャン＝マリー・ギュスターヴ　Le Clézio, Jean-Marie Gustave　358
ル・ゴフ，ジャック　Le Goff, Jacques　385
ル・プレイ，フレデリック　Le Play, Frédéric　99
ル・ペン，ジャン＝マリー　Le Pen, Jean-Marie　151, 152, 159, 160, 164, 211, 239, 321, 340, 361
ル・ロワ・ラデュリ，エマニュエル　Le Roy Ladurie, Emmanuel　385
ルイ九世（聖王ルイ）　Saint Louis　40, 49
ルイ（ルートヴィヒ）敬虔王　Louis le Pieux　12
ルイ一一世　Louis XI　55
ルイ一五世　Louis XV　56
ルイ一四世　Louis XIV　10, 21, 33, 41, 52, 53, 55, 56, 178, 253, 376
ルイ一六世　Louis XVI　20, 33, 41, 56, 65, 66, 70, 122, 128, 209, 262, 276
ルイ＝フィリップ　Louis-Philippe　123, 136, 223
ルージュリ，ジャック　Rougerie, Jacques　82
ルーズヴェルト，フランクリン・D　Roosevelt, Franklin D.　193, 194, 234, 320
ルクレール・ド・オートクロック（元帥），フィリップ　Leclerc de Hauteclocque (Maréchal), Philippe　177
ルゲ，ジャン　Leguay, Jean　235
ルソー，ジャン＝ジャック　Rousseau, Jean-Jacques　34, 261, 393
ルッソ，アンリ　Rousso, Henry　396
ルナン，エルネスト　Renan, Ernest　18, 32, 208, 314
ルヌーヴァン，ベルトラン　Renouvin, Bertrand　127
ルヌーヴィエ，シャルル　Renouvier, Charles　350, 351
ルノー（ブーローニュ伯）　Renaud, comte de Boulogne　51
ルバテ，リュシアン　Rebatet, Lucien　164, 211, 267
ルフォール，クロード　Lefort, Claude　269
ルブラン，アルベール　Lebrun, Albert　141
ルベ，エミール　Loubet, Emile　394
ルメートル，ジュール　Lemaître, Jules　175
ルロワ＝ボーリウ，ポール　Leroy-Beaulieu, Paul　278
レイノー，ポール　Reynaud, Paul　192, 396, 397
レーニン　Lénine　79, 88, 187
レオ一三世　Leo XIII　73, 123
レティフ・ド・ラ・ブルトンヌ，ニコラ　Restif de la Bretonne, Nicolas　80

モリソン，ドナルド　Morrison, Donald　358, 359
モルネ，ダニエル　Mornet, Daniel　261
モレ，ギー　Mollet, Guy　271
モレリー，エティエンヌ=ガブリエル　Morelly, Etienne-Gabriel　79, 80
モンタニエ，リュック　Montagnier, Luc　358
モンテーニュ，ミシェル・ド　Montaigne, Michel de　228, 378
モンテスキュー　Montesquieu　21, 56
モンテルラン，アンリ・ド　Montherlant, Henry de　266, 267

【ヤ行】

ヤング，アーサー　Young, Arthur　20, 99, 100
ユイスマンス，ジョリス=カルル　Huysmans, Joris-Karl　47
ユゴー，ヴィクトル　Hugo, Victor　63, 136, 179, 252, 260

【ラ行】

ラ・フォンテーヌ，ジャン・ド　La Fontaine, Jean de　378
ラ・ブリュイエール，ジャン・ド　La Bruyère, Jean de　53, 97
ラ・ボエシ，エティエンヌ・ド　La Boétie, Etienne de　239
ラヴァル，ピエール　Laval, Pierre　389
ラヴィジュリー（枢機卿），シャルル・マルシアル　Lavigerie (Cardinal), Charles Martial　279
ラヴィス，エルネスト　Lavisse, Ernest　53
ラカリエール，ジャック　Lacarrière, Jacques　107
ラカン，ジャック　Lacan, Jacques　359
ラギエ，アルレット　Laguiller, Arlette　85
ラコスト，イヴ　Lacoste, Yves　9
ラス・カーズ，エマニュエル　Las Cases, Emmanuel　135
ラットル・ド・タシニー（元帥），ジャン・ド　Lattre de Tassigny (Maréchal), Jean de　177
ラファイエット（侯爵）　Lafayette (Marquis de)　348
ラファラン，ジャン=ピエール　Raffarin, Jean-Pierre　86
ラブレー，フランソワ　Rabelais, François　378
ラムレット，アントワーヌ=アドリアン　Lamourette, Antoine-Adrien　349
ラング，ジャック　Lang, Jack　217, 360
ランズマン，クロード　Lanzmann, Claude　199
ランボー，アルテュール　Rimbaud, Arthur　64
ランボー，アルフレッド　Rambaud, Alfred　278
リヴェット，ジャック　Rivette, Jacques　39
リクール，ポール　Ricoeur, Paul　68

マクマオン（元帥），パトリス・ド　Mac-Mahon (Maréchal), Patrice de　141, 203
マシュ（将軍），ジャック　Massu (Général), Jacques　149, 188
マナン，ベルナール　Manin, Bernard　82
マリー・ド・メディシス　Marie de Médicis　52
マリタン，ジャック　Maritain, Jacques　47, 72
マルクス，カール　Marx, Karl　88, 94, 103, 137, 149, 221
マルシェ，ジョルジュ　Marchais, Georges　88, 233
マルセイユ，ジャック　Marseille, Jacques　339, 340
マルロー，アンドレ　Malraux, André　268, 270, 271, 337
マレ，レオ　Malet, Léo　256
マロトー，ギュスターヴ　Maroteau, Gustave　153
マンク（将軍），ジョージ　Monck (Général), George　123
マンデリシュターム，ナデージダ　Mandelstam, Nadejda　94
マンデル，ジョルジュ　Mandel, Georges　396, 397
ミシュレ，ジュール　Michelet, Jules　19, 20, 48, 98, 284, 350
ミッテラン，フランソワ　Mitterrand, François　54, 198, 200, 204, 213, 225, 232, 233, 235, 236, 241, 242, 246, 253, 295
ミルザ，ピエール　Milza, Pierre　299, 386
ミルボー，オクターヴ　Mirbeau, Octave　182
ムーラン，ジャン　Moulin, Jean　193
ムッソリーニ，ベニート　Mussolini, Benito　126, 264
ムニエ，エマニュエル　Mounier, Emmanuel　44, 72
メストル，ジョゼフ・ド　Maistre, Joseph de　122, 167
メリーヌ，ジュール　Méline, Jules　212
メルシエ，セバスティアン　Mercier, Sébastien　58
メルラン・ド・ドゥエ，フィリップ=アントワーヌ　Merlin de Douai, Philippe-Antoine　18
メルロ=ポンティ，モーリス　Merleau-Ponty, Maurice　64, 269
モア，トマス　More, Thomas　80
毛沢東　Mao Zedoung　93
モーニエ，ティエリー　Maulnier, Thierry　265
モーラス，シャルル　Maurras, Charles　31, 32, 34, 50, 124-127, 163, 168, 169, 209, 263, 321, 388, 389, 394, 395
モーリアック，フランソワ　Mauriac, François　143, 248, 252, 268, 271
モールト，ミシェル　Mohrt, Michel　210
モネ，クロード　Monet, Claude　335
モラン，エドガール　Morin, Edgar　90
モラン，ルイ　Maurin, Louis　372
モリエール　Molière　111

239, 241, 312, 322, 333, 395, 396, 400
ベタンクール，リリアーヌ　Bettencourt, Liliane　363
ベッソン，エリック　Besson, Eric　3
ペトロヴィッチ，アレクサンダル　Petrovic, Aleksandar　339
ベランジェ，ピエール・ジャン・ド　Béranger, Pierre Jean de　135, 378
ベルグニウー，アラン　Bergounioux, Alain　82
ベルセ，イヴ=マリー　Bercé, Yves-Marie　101, 102
ベルティヨン，ジャック　Bertillon, Jacques　293
ベルナノス，ジョルジュ　Bernanos, Georges　47, 125, 126, 129, 183, 214, 265, 343
ペルフィット，アラン　Peyrefitte, Alain　364, 365, 375
ペレック，ジョルジュ　Perec, Georges　380
ベロー，アンリ　Béraud, Henri　265, 312
ベン・ジェルーン，ターハル　Ben Jelloun, Tahar　304
ベンサイド，ダニエル　Bensaïd, Daniel　94
ベンサム，ジェレミー　Bentham, Jeremy　392
ヘンリー二世（イングランド王）　Henry II, King of England　51
ホイットマン，ウォルト　Whitman, Walt　317
ポウェルス，ルイ　Pauwels, Louis　114, 117
ボーヴォワール，シモーヌ・ド　Beauvoir, Simone de　359
ホーソン，ナサニエル　Hawthorne, Nathaniel　35, 377
ボーマルシェ（カロン・ド），ピエール=オーギュスタン　Beaumarchais (Caron de) Pierre-Augustin　113
ポーラン，ジャン　Paulhan, Jean　268
ポーリュス　Paulus　176
ボシュエ，ジャック・ベニーニュ　Bossuet, Jacques Bénigne　53, 202
ボディス，ドミニク　Baudis, Dominique　259
ボナパルト，ナポレオン　Bonaparte, Napoléon　→ナポレオン一世
ボナパルト，リュシアン　Bonaparte, Lucien　133
ボナパルト，ルイ・ナポレオン　Bonaparte, Louis Napoléon　→ナポレオン三世
ボナルド，ルイ・ド　Bonald, Louis de　122, 167, 393
ポパー，カール　Popper, Karl　323, 326
ポリアコフ，レオン　Poliakov, Léon　162
ポル・ポト　Pol Pot　93
ボロレ，ヴァンサン　Bolloré, Vincent　362
ポワンカレ，レイモン　Poincaré, Raymond　212, 314
ポンピドゥー，ジョルジュ　Pompidou, Georges　241, 342

【マ行】

マキャヴェリ，ニッコロ　Machiavelli, Niccoló　190

フセイン，サダム　Hussein, Sadam　318, 319
ブタン，ピエール　Boutang, Pierre　127, 271
ブッシュ，ジョージ・H　Bush, George H.　318, 319
ブッシュ，ジョージ・W　Bush, George W.　365
ブノワ，アラン・ド　Benoist, Alain de　116, 323, 326
フュメ，スタニスラス　Fumet, Stanislas　283, 284
ブラジヤック，ロベール　Brasillach, Robert　163, 211, 265, 267, 268
ブラッサンス，ジョルジュ　Brassens, Georges　237, 238
フラッパ，ブリューノ　Frappat, Bruno　383
フラマン，ポール　Flamand, Paul　380
フランク，ロベール　Frank, Robert　400
フランス，アナトール　France, Anatole　169, 177, 263
プランタン，クリストフ　Plantin, Christophe　381
ブリソ，ジャック　Brissot, Jacques　349
ブリタニクス　Britannicus　349
ブリニョー，フランソワ　Brigneau, François　164, 322
ブリュヌティエール，フェルディナン　Brunetière, Ferdinand　262
プルースト，マルセル　Proust, Marcel　335
プルードン，ピエール=ジョゼフ　Proudhon, Pierre-Joseph　104
ブルジェ，ポール　Bourget, Paul　29, 31, 125, 270
ブルジェス=モヌリー，モーリス　Bourgès-Maunoury, Maurice　271
フルシチョフ，ニキータ　Khrouchtchev, Nikita　270
ブルジョワ，レオン　Bourgeois, Léon　104
ブルム，レオン　Blum, Léon　204, 213, 264, 266, 396, 397
フルランス，ギュスターヴ　Flourens, Gustave　250
ブレア，トニー　Blair, Tony　313
プレヴォ=パラドル，アナトール　Prévost-Paradol, Anatole　286
ブレジネフ，レオニード　Brejnev, Leonid　88
ブローデル，フェルナン　Braudel, Fernand　11, 385
フローベール，ギュスターヴ　Flaubert, Gustave　253, 353
ブロック，マルク　Bloch, Marc　40, 385
ブロワ，レオン　Bloy, Léon　47, 284
ペアン，ピエール　Péan, Pierre　233
ペイン，トーマス　Paine, Thomas　392
ヘーゲル，ゲオルク・ヴィルヘルム・フリードリヒ　Hegel, Georg Wilhelm Friedrich　137
ペギー，シャルル　Péguy, Charles　49, 168, 170, 183, 284, 335
ベケット，サミュエル　Beckett, Samuel　93
ペタン，フィリップ　Pétain, Philippe　43, 73, 142-144, 183, 192, 234, 236, 237,

バルト，ロラン　Barthes, Roland　359
バルニ，ジュール　Barni, Jules　351
バルベイ・ドルヴィイ，ジュール　Barbey d'Aurevilly, Jules　47
バレ=シヌシ，フランソワーズ　Barré-Sinoussi, Françoise　358
バレス，モーリス　Barrès, Maurice　30-32, 34, 35, 50, 140, 156-158, 163, 168, 169, 243, 262, 263, 314, 323, 347, 394, 395
バンダ，ジュリアン　Benda, Julien　23, 263
ピー（枢機卿）　Pie（Cardinal）　73
ピヴェール，マルソー　Pivert, Marceau　64, 267
ピウス九世　Pius IX　71, 277
ピウス一〇世　Pius X　72
ピウス六世　Pius VI　70, 71
ピカール，ジョルジュ　Picart, Georges　169
ビスマルク，オットー・フォン　Bismarck, Otto von　139, 154, 278
ヒトラー，アドルフ　Hitler, Adolf　126, 143, 162, 183, 192-194, 211, 232, 264, 266, 267, 270, 312, 314, 315, 318, 322, 395
ピピン三世（小ピピン）　Pépin III le Bref　40
ビュイソン，フェルディナン　Buisson, Ferdinand　74
ビヨー=ヴァレンヌ，ジャン=ニコラ　Billaud-Varenne, Jean-Nicolas　349
ファーブル=リュス，アルフレッド　Fabre-Luce, Alfred　267
ファヴィエ，ジャン　Favier, Jean　387
フアン・カルロス（スペイン王）　Juan Carlos I de España　128
フィリップ・オーギュスト（フランス王）　Philippe-Auguste　41, 51, 52
フーヴァー，ハーバート　Hoover, Herbert　324
フーコー，ミシェル　Foucault, Michel　359
ブーバー・ノイマン，マルガレーテ　Buber-Neumann, Margarete　90
ブーランヴィリエ，アンリ・ド　Boulainvilliers, Henri de　21
ブーランジェ，ジョルジュ　Boulanger, Georges　123, 153-158, 176, 388
フェーヴル，リュシアン　Febvre, Lucien　385
フェヌロン　Fénelon　21, 56
フェラン（フランドル伯）　Ferrand（Comte de Flandre）　51
フェリー，ジュール　Ferry, Jules　104, 153, 278
フェリー，リュック　Ferry, Luc　361
フォリソン，ロベール　Faurisson, Robert　165
ブザンスノ，オリヴィエ　Besancenot, Olivier　85
プジェ，エミール　Pouget, Emile　153
プシカリ，エルネスト　Psichari, Ernest　183
プジャード，ピエール　Poujade, Pierre　60, 103, 105, 106
ブスケ，ルネ　Bousquet, René　235

ドフェール，ガストン　Defferre, Gaston　57
ドラノエ，ベルトラン　Delanoë, Bertrand　246
ドリウ・ラ・ロシェル，ピエール　Drieu La Rochelle, Pierre　163, 211, 267, 268
ドリオ，ジャック　Doriot, Jacques　264, 389
ドリュオン，モーリス　Druon, Maurice　358
ドリュモン，エドゥアール　Drumont, Edouard　126, 163, 168, 169, 245, 394, 395
トレーズ，モーリス　Thorez, Maurice　89
トレネ，シャルル　Trenet, Charles　29, 30
ドレフュス，アルフレッド　Dreyfus, Alfred　169, 262, 393, 394

【ナ行】

ナポレオン一世　Napoléon Ier　22, 57, 122, 132-136, 140, 174, 178-180, 188, 335, 355, 376, 388
ナポレオン三世　Napoléon III　10, 41, 103, 132, 136-141, 148, 149, 184, 224, 251, 351
ニーチェ，フリードリヒ　Nietzsche, Friedrich　116
ニザン，ポール　Nizan, Paul　269
ニミエ，ロジェ　Nimier, Roger　270
ヌシ，フランク　Nouchi, Franck　377, 379
ネロ　Néron　349
ノラ，ピエール　Nora, Pierre　344, 386, 387

【ハ行】

バイエ，アルベール　Bayet, Albert　183
ハイネ，ハインリヒ　Heine, Heinrich　335
バイヤール（騎士）　Bayard, chevalier　174
バイル，フランソワ　Bayrou, François　2, 217, 308
パスカル，ブレーズ　Pascal, Blaise　37, 114, 377
パストゥール，ルイ　Pasteur, Louis　358
バダンテール，エリザベート　Badinter, Elisabeth　382, 386
バディウー，アラン　Badiou, Alain　93, 94
パニョル，マルセル　Pagnol, Marcel　347
バブーフ，グラッキュス　Babeuf, Gracchus　80, 81, 108
バラデュール，エドゥアール　Balladur, Edouard　55, 218, 346
バランシュ，ピエール・シモン　Ballanche, Pierre Simon　120
パリス・ド・ボラルディエール（将軍），ジャック　Paris de Bollardière, Jacques　178
バルザック，オノレ・ド　Balzac, Honoré de　15, 134, 136, 252
バルデ，ジャン　Bardet, Jean　380
バルデーシュ，モーリス　Bardèche, Maurice　326

【タ行】

ダヴィッド，マルセル　David, Marcel　352
タギエフ，ピエール=アンドレ　Taguieff, Pierre-André　160
タピ，ベルナール　Tapie, Bernard　119, 151, 152
ダラディエ，エドゥアール　Daladier, Edouard　266, 396, 397
ダルキエ・ド・ペルポワ，ルイ　Darquier de Pellepoix, Louis　235
チトー　Tito　269
チャーチル，ウィンストン　Churchill, Winston　194, 312
チャールズ一世（英国王）　Charles I of England　63
ツヴァイク，シュテファン　Zweig, Stefan　78
デア，マルセル　Déat, Marcel　389
ティエール，アドルフ　Thiers, Adolphe　81, 249
ディジョン，クロード　Digeon, Claude　314
ティボーデ，アルベール　Thibaudet, Albert　74, 199
ティヨン，シャルル　Tillon, Charles　233
テーヌ，イポリート　Taine, Hyppolite　210
デカルト，ルネ　Descartes, René　258
デシャネル，ポール　Deschanel, Paul　99, 141
デュ・ゲクラン，ベルトラン　Du Guesclin, Bertrand　174
デュアメル，ジョルジュ　Duhamel, Georges　324
デュクロ，ジャック　Duclos, Jacques　318
デュケーヌ，アブラアム　Duquesne, Abraham　174
デュトゥール，ジャン　Dutourd, Jean　334, 335
デュビー，ジョルジュ　Duby, Georges　385, 387
デュポン・ド・ヌムール，ピエール・サミュエル　Dupont de Nemours, Pierre Samuel　275, 392, 393
デュモン，アルセーヌ　Dumont, Arsène　289
デュラフール，ミシェル　Durafour, Michel　164
テュロー（将軍），ルイ・マリー　Turreau (Général), Louis Marie　231
デリダ，ジャック　Derrida, Jacques　359
デルレード，ポール　Déroulède, Paul　157
ド・ゴール，シャルル　De Gaulle, Charles　25, 53, 54, 66, 87, 121, 122, 127, 141, 144-146, 148-150, 174, 184, 187-197, 234, 240-242, 271, 281, 285, 291, 315, 316, 320, 321, 343, 356, 364, 365, 375, 376, 388, 389, 396, 397, 399
ドゥルーズ，ジル　Deleuze, Gilles　359
トゥルニエ，ミシェル　Tournier, Michel　92
トクヴィル，アレクシス・ド　Tocqueville, Alexis de　56, 79, 116, 221, 222, 323-325, 374
ドザンティ，ドミニク　Desanti, Dominique　89

シャルル七世　Charles VII　39
シャルル六世　Charles VI　162
シャロン，アリエル　Sharon, Ariel　172
ジャンセニウス　Jansenius　37
ジャンヌ・ダルク　Jeanne d'Arc　20, 44, 154, 174, 312
シャンボール伯，アンリ　Comte de Chambord, Henri　123, 168
ジュアンドー，マルセル　Jouhandeau, Marcel　163, 265, 267
シュヴァリエ，エルネスト　Chevalier, Ernest　253
シュヴァリエ，ルイ　Chevalier, Louis　245
シューレル=ケストネル，アルベール　Scheurer-Kestner, Albert　262
シュネブレ，ギヨーム　Schnaebelé, Guillaume　155
ジュペ，アラン　Juppé, Alain　218, 329
ジュリアン，クロード　Julien, Claude　320
ショーヴァン，ニコラ　Chauvin, Nicolas　175
ショーペンハウアー，アルトゥール　Schopenhauer, Arthur　290
ジョスパン，リオネル　Jospin, Lionel　59, 86
ショニュ，ピエール　Chaunu, Pierre　207, 208, 387
ジョフラン，ロラン　Joffrin, Laurent　36
ジョルジュ，ピエール　George, Pierre　100
ジョルジュ，ベルナール　George, Bernard　89
ジョレス，ジャン　Jaurès, Jean　30, 31, 46, 142, 168, 262
ジョン（イングランド王）　John, King of England　51
ジョンソン，リンドン　Johnson, Lyndon　320
シラク，ジャック　Chirac, Jacques　59, 76, 181, 182, 185, 218, 232, 309, 361
スーステル，ジャック　Soustelle, Jacques　271
スターリン　Staline　88-90, 93, 162, 187, 194, 232, 233, 264, 265, 267, 269, 270
スタール（夫人），ジェルメーヌ・ド　Staël, Germaine de　36, 313, 345
スタフ（男爵夫人）　Staffe, baronne　110
スタンダール　Stendhal　136, 179
スティル，アンドレ　Still, André　91, 318
ストロス=カーン，ドミニク　Strauss-Kahn, Dominique　378
スリー，ジュール　Soury, Jules　32
セリーヌ，ルイ=フェルディナン　Céline, Louis-Ferdinand　163, 265, 267, 322
ゼルディン，シオドア　Zeldin, Theodore　339
ソヴィー，アルフレッド　Sauvy, Alfred　294
ソクラテス　Socrate　373
ゾラ，エミール　Zola, Emile　260, 287-289
ソルジェニーツィン，アレクサンドル　Soljenitsyne, Alexandre　272

コールドウェル，クリストファー　Caldwell, Christopher　4
コールマン，デイヴィッド　Coleman, David　3
コナン，エリック　Conan, Eric　396
ゴビノー，ジョゼフ・アルテュール・ド　Gobineau, Joseph Arthur de　289
コリニー，ガスパール・ド　Coligny, Gaspard de　349
コワコフスキ，レシェク　Kolakowski, Leslek　215
ゴンクール，エドモン・ド　Goncourt, Edmond de　150, 253
コンスタン，バンジャマン　Constant, Benjamin　135, 345
コンパニョン，アントワーヌ　Compagnon, Antoine　359

【サ行】

サヴァリ，アラン　Savary, Alain　24
サヴォルニャン・ド・ブラザ，ピエール　Savorgnan de Brazza, Pierre　279
サラン（将軍），ラウール　Salan (Général), Raoul　149, 188
サルコジ，ニコラ　Sarkozy, Nicolas　2, 3, 67, 108, 218, 219, 310, 357, 360, 362, 367
サルトル，ジャン=ポール　Sartre, Jean-Paul　95, 167, 258, 268-270, 272, 359
サン=ヴァンサン（将軍），ピエール・ロベール・ド　Saint-Vincent, Pierre Robert de　178
サン=シモン公　Saint-Simon, duc de　56, 118
サンニエ，マルク　Sangnier, Marc　72
シーグフリード，アンドレ　Siegfried, André　203
ジイド，アンドレ　Gide, André　92, 264, 265
ジーブルク，フリードリヒ　Sieburg, Friedrich　38
シエイエス，エマニュエル=ジョゼフ　Sieyès, Emmanuel-Joseph　77
シェークスピア，ウィリアム　Shakespeare, William　312
ジェレン，クリスティアン　Jelen, Christian　302
ジオノ，ジャン　Giono, Jean　266
ジジェク，スラヴォイ　Zizek, Slavoj　93
ジスカール・デスタン，ヴァレリー　Giscard d'Estaing, Valéry　213, 220, 221, 226, 228, 242, 365
シモン，クロード　Simon, Claude　185
ジャクソン，マイケル　Jackson, Micheal　119
シャトーブリアン，フランソワ=ルネ・ド　Chateaubriand François-René de　122, 347
シャバン=デルマス，ジャック　Chaban-Delmas, Jacques　338
シャプタル，ジャン=アントワーヌ　Chaptal, Jean-Antoine　57
シャルドンヌ，ジャック　Chardonne, Jacques　267
シャルル九世　Charles IX　349
シャルル一〇世　Charles X　40, 122
シャルル禿頭王　Charles le Chauve　12

カストロ，フィデル　Castro, Fidel　164
ガダマー，ハンス・ゲオルク　Gadamer, Hans Georg　375
カベ，エティエンヌ　Cabet, Etienne　348
カミュ，アルベール　Camus, Albert　268, 269
カラス，ジャン　Calas, Jean　260
ガリエニ将軍，ジョゼフ　Gallieni (Général) Joseph　279
カルヴァン，ジャン　Calvin, Jean　33, 34
ガロディー，ロジェ　Garaudy, Roger　165
カント，イマヌエル　Kant, Immanuel　276
カントーロヴィチ，エルンスト・H　Kantorowicz, Ernst H.　46
ガンベッタ，レオン　Gambetta, Léon　73, 104, 203, 224, 351
ギゾー，フランソワ　Guizot, François　223
キヤール，ピエール　Quillard, Pierre　169
グーテンベルク，ヨハネス　Gutenberg, Johannes　381
クーリエ，ポール=ルイ　Courier, Paul-Louis　135
グールモン，レミ・ド　Gourmont, Rémy de　182
クーレ，フランソワ　Coulet, François　193
クシュネル，ベルナール　Kouchner, Bernard　282
グベール，ピエール　Goubert, Pierre　387
クラフチェンコ，ヴィクトール　Kravtchenko, Viktor　89
クラルスフェルド，セルジュ　Klarsfeld, Serge　235
クリントン，ビル　Clinton, Bill　379
グルーテュイゼン，ベルナール　Groethuysen, Bernard　98
グレヴィー，ジュール　Grévy, Jules　141, 153, 154
グレゴリウス（トゥールの）　Grégoire de Tours　12
グレゴリウス一六世　Gregorius XVI　71
クレベール（将軍），ジャン=バティスト　Kléber (Général), Jean-Baptiste　231
クレマンソー，ジョルジュ　Clemenceau, Georges　45, 141, 154, 168, 169, 262, 278, 376
クロヴィス　Clovis　39, 40, 52
クローデル，ポール　Claudel, Paul　17, 47, 243
クロムウェル，オリヴァー　Cromwell, Oliver　63, 123
クンデラ，ミラン　Kundera, Milan　90
ゲーテ，ヨハン・ヴォルフガング・フォン　Goethe, Johann Wolfgang von　240
ゲエノ，ジャン　Guéhenno, Jean　343
ケネディー，ジョン・F　Kennedy, John F.　320
ゴーシェ，マルセル　Gauchet, Marcel　378
ゴーティエ，テオフィル　Gautier, Théophile　378
ゴードフロワ・ド・ブイヨン　Godefroid de Bouillon　45
コール，ヘルムート　Kohl, Helmut　242

ヴィニー，アルフレッド・ド　Vigny, Alfred de　185
ヴイヨ，ルイ　Veuillot, Louis　47, 72
ウィリアム三世（英国王）　William III　63, 355
ヴィリエ，フィリップ・ド　Villiers, Philippe de　119, 151, 152, 211
ウィルソン，ダニエル　Wilson, Daniel　153
ヴィルパン，ドミニク・ド　Villepin, Dominique de　67, 86, 357, 361, 362
ヴィルヘルム二世（ドイツ皇帝）　Wilhelm II　18
ヴェイユ（政治家），シモーヌ　Veil, Simone　293
ヴェイユ（哲学者），シモーヌ　Weil, Simone　265
ウェーバー，マックス　Weber, Max　29
ヴェルコール　Vercors　269
ヴェルメルシュ，ウジェーヌ　Vermersch, Eugène　153
ヴェルレーヌ，ポール　Verlaine, Paul　379, 381
ヴォーバン　Vauban　174
ヴォルテール　Voltaire　37, 260, 261, 290, 336, 377
ウッズ，タイガー　Woods, Tiger　377
ウナムーノ，ミゲル・デ　Unamuno, Miguel de　340
ヴュイヨーム，マクシム　Vuillaume, Maxime　153
ヴルト，エリック　Woerth, Eric　363
エティアンブル，ルネ　Etiemble, René　269
エベール，ジャック・ルネ　Hébert, Jacques René　152
エリアス，ノルベルト　Elias, Norbert　111
エリュアール，ポール　Eluard, Paul　91
エルヴェ，ギュスターヴ　Hervé, Gustave　142, 143, 182
エルサン，ロベール　Hersant, Robert　214
エルマン，アベル　Hermant, Abel　182
オーウェル，ジョージ　Orwell, George　233
大江健三郎　Oe, Kenzaburo　185
オースマン，ジョルジュ=ウジェーヌ　Haussmann, Georges-Eugène　245, 246, 250
オズフ，モナ　Ozouf, Mona　146
オットー四世（神聖ローマ皇帝）　Otto IV　51
オランド，フランソワ　Hollande, François　397
オリヴィエ，エミール　Ollivier, Emile　138, 223
オルレアン公　Duc d'Orléans　125

【カ行】

カエサル，ユリウス　Caesar, Julius　133
カスー，ジャン　Cassou, Jean　269
カストリー，クリスティアン・ド　Castries, Christian de　177

人名索引

＊本索引においては、本書に登場する人名をカナ表記の50音順にて掲載するとともに、アルファベット表記を掲載した。アルファベット表記は原則として原書の表記に従い、フランス語式表記を採用している（例：アリストテレス⇒Aristote、レーニン⇒Lénine）。ただし、国王の名前についてはその国の言語による表記とし（例：ウィリアム三世⇒William III）、またローマ法王についてはラテン語表記を採用した（例：グレゴリウス一六世⇒Gregorius XVI）。

【ア行】

アゼマ，ジャン＝ピエール　Azéma, Jean-Pierre　144, 380, 386
アデナウアー，コンラート　Adenauer, Konrad　242, 315, 397
アベリオ，レイモン　Abellio, Raymond　267
アポリネール，ギヨーム　Apollinaire, Guillaume　247
アラゴン，ルイ　Aragon, Louis　91
アラン　Alain　55, 107, 198, 266
アリエ，ジャン＝エデルヌ　Hallier, Jean-Edern　164
アリエス，フィリップ　Ariès, Philippe　293, 296, 385
アリストテレス　Aristote　159
アルディソン，ティエリー　Ardisson, Thierry　128
アルフォンソ一三世（スペイン王）　Alfonso XIII　128
アレン，ウッディー　Allen, Woody　294
アロン，レイモン　Aron, Raymond　258, 269, 271, 272
アンジュー公　Duc d'Anjou　128
アンヌ・ドートリシュ　Anne d'Autriche　52
アンリ（中佐），ユベール　Henry, (lieutenant-colonel), Hubert　169
アンリ・ドルレアン（パリ伯）　Henri d'Orléans (Comte de Paris)　121, 128
アンリ四世　Henri IV　33
イサベル（カスティーリャ女王）　Isabel I de Castilla　162
イザベル・ド・エノー（フランス王妃）　Isabelle de Hainaut　51
ヴァイヤン，ロジェ　Vailland, Roger　101
ヴァシェ・ド・ラプージュ，ジョルジュ　Vacher de Lapouge, Georges　289
ヴァネイゲム，ラウール　Vaneigem, Raoul　62
ヴァレス，ジュール　Vallès, Jules　248
ヴァレリー，ポール　Valéry, Paul　5
ヴィダル＝ナケ，ピエール　Vidal-Naquet, Pierre　386
ヴィデール，トマ　Wieder, Thomas　384

著者紹介

ミシェル・ヴィノック（Michel Winock）

1937年パリ生まれ。歴史家。近・現代フランス政治史、政治思想史を専門とする、フランスにおけるナショナリズム、反ユダヤ主義、知識人の政治参加の代表的研究者の一人。ソルボンヌ大学卒、高等教員資格（アグレガシオン）取得。高校教員、パリ・ヴァンセンヌ大学助教授を経てパリ政治学院教授を務め、現在は名誉教授。「エスプリ」誌編集委員会委員を務め、スイユ社で歴史書出版に携わった他、「リストワール」誌創刊に参加した。

著書に『ナショナリズム・反ユダヤ主義・ファシズム』（*Nationalisme, antisémitisme, fascisme en France* 川上勉・中谷猛監訳、1995年、藤原書店、原書は1990, Seuil）、『知識人の時代――バレス／ジッド／サルトル』（*Le siècle des intellectuels* 塚原史・立花英裕・築山和也・久保昭博訳、2007年、紀伊國屋書店、原書は1997, Seuil）、『フランスとユダヤ人――一七八九年から現代まで』（*La France et les Juifs, de 1789 à nos jours, Seuil,* 2004）、『スタール夫人』（*Madame de Staël,* Fayard, 2010 ゴンクール伝記賞およびアカデミー・フランセーズ・ゴベール歴史大賞受賞）、『フローベール』（*Flaubert,* Gallimard, 2013）など。

訳者紹介

大嶋 厚（おおしま・あつし）

1955年東京生まれ。上智大学大学院博士前期課程修了。国際交流基金に勤務し、在ベルギー日本大使館文化担当官などを経て、パリ日本文化会館設立に携わる。その後、国際交流基金海外事務所課長、パリ日本文化会館副館長などを務めた。

フランスの肖像
歴史・政治・思想

2014年3月20日　初版第1刷発行

著　者　M・ヴィノック
訳　者　大嶋　厚
発行者　吉田真也
発行所　合同会社吉田書店
102-0072　東京都千代田区飯田橋1-6-4 幸洋アネックスビル3F
TEL：03-6272-9172　FAX：03-6272-9173
http://www.yoshidapublishing.com/

装丁　折原カズヒロ
印刷・製本　モリモト印刷
DTP　閏月社
定価はカバーに表示してあります。

ISBN978-4-905497-21-9